中国特色自由贸易港法治丛书

海南省高等学校教育教学改革研究重点项目“自由贸易港法治人才培养模式与课程体系研究”
（Hnjg2021ZD-2）成果

海南大学校级教育教学改革研究重点项目“自由贸易港法治人才培养模式与课程体系研究”
（hdjy2101）成果

中国特色
自由贸易港建设法治发展
理论与实践

常健　饶常林　王清粤　马文娟　著

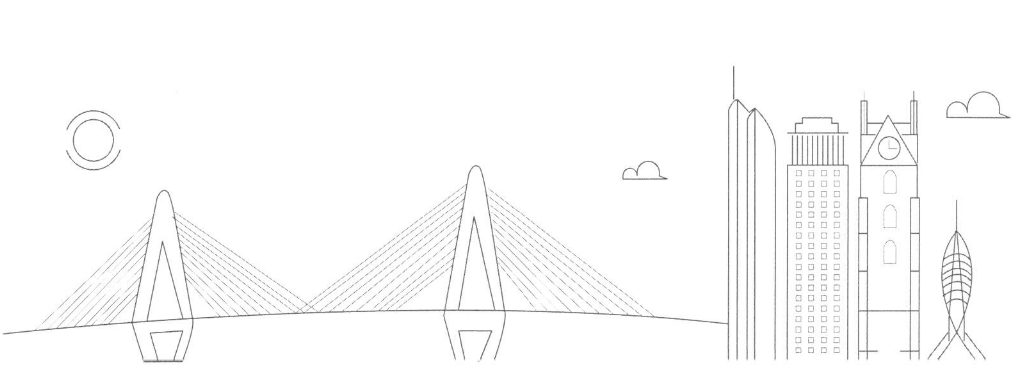

法律出版社
LAW PRESS · CHINA
北京

图书在版编目（CIP）数据

中国特色自由贸易港建设法治发展 ：理论与实践 /
常健等著. -- 北京 ：法律出版社，2024. -- ISBN 978
-7-5197-9863-5

Ⅰ. D922.295.4

中国国家版本馆 CIP 数据核字第 2024X06Y64 号

中国特色自由贸易港建设法治发展：理论与实践
ZHONGGUO TESE ZIYOU MAOYI GANG JIANSHE
FAZHI FAZHAN：LILUN YU SHIJIAN

常　健　饶常林
王清粤　马文娟　著

策划编辑 肖　越
责任编辑 肖　越
装帧设计 汪奇峰

出版发行 法律出版社
编辑统筹 法商出版分社
责任校对 裴　黎
责任印制 胡晓雅
经　　销 新华书店

开本 710 毫米×1000 毫米　1/16
印张 22.75　　**字数** 321 千
版本 2024 年 12 月第 1 版
印次 2024 年 12 月第 1 次印刷
印刷 北京新生代彩印制版有限公司

地址：北京市丰台区莲花池西里 7 号(100073)
网址：www.lawpress.com.cn
投稿邮箱：info@lawpress.com.cn
举报盗版邮箱：jbwq@lawpress.com.cn

销售电话：010-83938349
客服电话：010-83938350
咨询电话：010-63939796

书号：ISBN 978-7-5197-9863-5
定价：96.00 元

凡购买本社图书，如有印装错误，我社负责退换。电话：010-83938349

目录

第一章

从“法律绿灯”到“立法先行”：我国自由贸易港模式转变与法治一体建设

“加快实施自由贸易区战略，是我国新一轮对外开放的重要内容。党的十七大把自由贸易区建设上升为国家战略，党的十八大提出要加快实施自由贸易区战略。党的十八届三中全会提出要以周边为基础加快实施自由贸易区战略，形成面向全球的高标准自由贸易区网络。”①党的十九大又提出：“赋予自由贸易试验区更大改革自主权，探索建设自由贸易港。”在实践中，2013 年 8 月，国务院正式批准设立中国(上海)自由贸易试验区(以下简称上海自贸区)；从 2013 年 8 月至 2022 年 10 月，国务院先后批复设立了上海、广东、天津、福建、辽宁、浙江、河南、湖北、重庆、四川、陕西、海南等 20 余个自由贸易试验区。2018 年 4 月 13 日，习近平总书记在庆祝海南建省办经济特区 30 周年大会上讲话(以下简称“习近平总书记‘4·13 讲话’”)中宣布，“党中央决定支持海南全岛建设自由贸易试验区，支持海南逐步探索、稳步推进中国特色自由贸易港建设”。2018 年 4 月 14 日，中共中央、国务院《关于支持海南全面深化改革开放的指导意见》(中发〔2018〕12 号)(以下简称中央“12 号文”)发布，明确了海南自由贸易港发展的具体时间表，即到 2020 年，自由贸易试验区建设

---

① 习近平：《加快实施自由贸易区战略　加快构建开放型经济新体制》，载《决策导刊》2014 年第 12 期。

取得重要进展,国际开放度显著提高;到2025年自由贸易港制度初步建立,营商环境达到国内一流水平;到2035年,自由贸易港的制度体系和运作模式更加成熟,营商环境跻身全球前列;到21世纪中叶,率先实现社会主义现代化,形成高度市场化、国际化、法治化、现代化的制度体系,成为综合竞争力和文化影响力领先的地区。2020年6月1日,《海南自由贸易港建设总体方案》(以下简称《海南自贸港总体方案》)进一步明确,到2025年,初步建立以贸易自由便利和投资自由便利为重点的自由贸易港政策制度体系。到2035年,自由贸易港制度体系和运作模式更加成熟,以自由、公平、法治、高水平过程监管为特征的贸易投资规则基本构建,实现贸易自由便利、投资自由便利、跨境资金流动自由便利、人员进出自由便利、运输来往自由便利和数据安全有序流动。到21世纪中叶,全面建成具有较强国际影响力的高水平自由贸易港。

无论是自贸试验区还是正在探索建设的自贸港,均担负着推进改革和提高开放型经济水平的"试验田"的使命,意味着更高水平的对外开放,更全面的深化改革。法律的支撑与保障是我国自由贸易区(港)改革发展的重要基础。党的十八届四中全会提出的"重大改革于法有据"不仅是改革法治化的重要标志,而且为我国自由贸易区(港)改革发展明确了基本的前提与路径。"没有公开、透明,与国际接轨的法律制度,无法保障自贸试验区顺利运行;没有健全的'法制',自贸区内'法治'将难以实现。"[①]从上海自贸区"法律绿灯"式法律授权模式到支持海南全省建设中国特色自由贸易港的"立法先行"式授权立法模式,数年中自由贸易区(港)发展中法治的变迁,折射出非常清晰的我国自由贸易区(港)制度创新的模式变革与法治国家、法治政府、法治社会一体建设的发展路径。

一、"法律绿灯":上海自贸区的法律授权模式

从制度发展变迁的层面看,上海自贸区的设立审批由国务院主导,而《中

① 陈晶莹、黄洁、王诚:《自贸区的法律促进与保障》,载冯军、陈晶莹主编:《国际贸易法论丛》第5卷,中国政法大学出版社2014年版。

国(上海)自由贸易试验区总体方案》(以下简称《上海总体方案》)也由国务院常务会议讨论通过;十二届全国人大常委会第四次会议依据国务院的申请,通过全国人民代表大会常务委员会《关于授权国务院在中国(上海)自由贸易试验区暂时调整有关法律规定的行政审批的决定》(以下简称《授权决定》),授权国务院在上海自贸区暂时调整有关法律规定的行政审批;此后,国务院也批准《上海总体方案》;继而上海自贸区正式挂牌,依据全国人大常委会对国务院的授权安排,在上海自贸区内暂停实施《中外合资经营企业法》《中外合作经营企业法》《外资企业法》中 11 项审批事项。① 而根据国务院发布的《上海总体方案》等文件的要求,国务院各有关部门“积极做好协调配合、指导评估等工作,共同推进相关体制机制和政策创新”“及时制定实施细则或办法,加强指导和服务”。原国家工商行政管理总局制定了“试行注册资本认缴登记制”“试行‘先照后证’登记制”的规定,交通运输部推出了“允许外商设立独资企业从事船舶管理业务”的规定,海关总署提出“创新‘一线’进出境通关模式”“加强‘二线’进出区监管”,原国家质检总局则在上海自贸区“全面推行进出境动植

① 在上海自贸区设立发展过程中制定了大量的法律规则:2013 年 8 月,国务院正式批准设立上海自贸区;8 月 30 日第十二届全国人民代表大会常务委员会第四次会议通过《授权决定》;9 月 18 日,国务院批准《上海总体方案》;9 月 26 日,上海市第十四届人民代表大会常务委员会第八次会议通过《关于在中国(上海)自由贸易试验区暂时调整实施本市有关地方性法规规定的决定》;9 月 29 日,上海自贸区正式挂牌成立;2014 年 6 月 28 日,国务院批准了《中国(上海)自由贸易试验区进一步扩大开放的措施》;7 月 25 日,上海市人大常委会第十四次会议通过了《中国(上海)自由贸易试验区条例》;9 月 4 日,国务院发布《关于在中国(上海)自由贸易试验区内暂时调整实施有关行政法规和经国务院批准的部门规章规定的准入特别管理措施的决定》;2015 年 4 月 20 日,国务院发布《进一步深化中国(上海)自由贸易试验区改革开放方案》;2016 年 12 月 29 日,上海市第十四届人民代表大会常务委员会第三十四次会议发布《关于修改〈上海市人民代表大会常务委员会关于在中国(上海)自由贸易试验区暂时调整实施本市有关地方性法规规定的决定〉的决定》;2017 年 3 月 30 日,国务院发布《全面深化中国(上海)自由贸易试验区改革开放方案》;2018 年 11 月 7 日,国务院印发《关于支持自由贸易试验区深化改革创新若干措施的通知》。

物及其产品分类管理制度”,等等。[①] 一系列法律文件的出台,一方面,反映出上海自贸区建设中“重大改革于法有据”“立法先行”的法治发展道路。另一方面,在中国特色社会主义法律体系已经形成的今天,自由贸易区(港)建设中许多“先行先试”的制度安排与举措难免与现行法律、行政法规相冲突,甚至突破了现有的“法律红线”。在上海自贸区法律规则制定与实施过程中,在理论界与实务界中对自由贸易试验区法治创新的争论甚至上升到了“违法”“违宪”的问题。[②]

具体而言,一则对全国人大常委会作出的《授权国务院在上海自贸区暂时调整行政审批的决定》合法性与合宪性的质疑。该项质疑主要聚焦在:(1)全国人大常委会作出《授权国务院在上海自贸区暂时调整行政审批的决定》是否具有依据;(2)全国人大常委会是否有权对全国人大通过法律的效力进行调整;(3)全国人大常委会是否有权以作出《授权国务院在上海自贸区暂时调整行政审批的决定》的方式而不是制定法律的方式调整相关法律的效力;(4)《授权国务院在上海自贸区暂时调整行政审批的决定》是否能够授权国务院在上海自贸区不适用现行有效法律。[③] 二则对国务院作为被授

---

① 参见国家工商行政管理总局《关于支持中国(上海)自由贸易试验区建设的若干意见》(工商外企字〔2013〕147 号);交通运输部《关于中国(上海)自由贸易试验区试行扩大国际船舶运输和国际船舶管理业务外商投资比例实施办法》(交通运输部公告 2014 年第 2 号);海关总署《中国(上海)自由贸易试验区海关监管服务模式改革方案》(署加函〔2014〕44 号);国家质检总局办公厅《关于支持中国(上海)自由贸易试验区建设动植物检验检疫改革措施的通知》(质检办动函〔2014〕159 号);等等。

② 参见杨登峰:《区域改革的法治之路——析上海自贸区先行先试的法治路径》,载《法治研究》2014 年第 12 期;刘志刚:《暂时停止法律实施决定的正当性分析》,载《苏州大学学报(法学版)》2015 年第 4 期。

③ 在 2013 年第九届中国宪法学基本范畴与方法学术研讨会上,有学者提出了质疑:全国人大常务委员会能否根据授权停止全国人大的基本法律在中国特定区域的暂时使用? 全国人大常委会是否可以通过决议的方式,而不是法律的方式来停止最高国家权力机关全国人大制定的基本法律? 也有学者认为,暂时停止全国人大常委会制定的法律都是有问题的,通过一个决定就可以去改变一个法律的效力,这在一个法治国家中是不可以想象的。还有学者主张,暂时废止或者说中止这三部法律在上海地区的实行,这属于广义上的法律制定,既然属于法律制定,就应该由制定法律的机关本身来作出。参见范进学:《授权与解释:中国(上海)自由贸易试验区变法模式之分析》,载《东方法学》2014 年第 2 期;丁伟:《〈中国(上海)自由贸易试验区条例〉立法透视》,载《政法论坛》2015 年第 1 期;刘志刚:《暂时停止法律实施决定的正当性分析》,载《苏州大学学报(法学版)》2015 年第 4 期。

权主体的“转授权”资格与方式合法性的质疑。2013 年全国人大常委会授权国务院在上海自贸区内暂停实施“外资三法”相关行政审批工作，再由国务院将此授权转授地方。这种授权方式也被学者称为“双层授权”、“二次授权”或“转授权”。[①]《立法法》(2000)第 8 条规定，“基本经济制度以及财政、海关、金融和外贸的基本制度”只能由全国人大及其常委会制定法律予以规范。“外资三法”的内容显然属于“外贸基本制度”，全国人大常委会通过《授权国务院在上海自贸区暂时调整行政审批的决定》授权国务院对“外贸基本制度”暂停实施，从法定职能和立法权限上讲国务院难当此重任。[②] 而且这种“转授权”方式与《立法法》第 15 条规定相违背。[③] 三则对上海自贸区逐项改革超越现行法律的质疑。在国务院及其各部委、上海市出台的有关国内企业设立登记、外商投资管理、境外投资监管、税收减免、自贸区管委会设立等规则与现行法不符合。[④] 例如，2013 年 9 月原国家工商行政管理总局发布的《关于支持中国(上海)自由贸易试验区建设的若干意见》和上海市工商行政管理局的《关于中国(上海)自由贸易试验区内企业登记管理的规定》中提出，“除法律、行政法规以及国务院决定对特定行业注册资本最低限额另有规定的外，取消有限责任公司最低注册资金 3 万元、一人有限责任公司最低注册资本 10 万元、股份有限公司最低注册资本 500 万元的限制”。此

---

① 参见李猛：《中国自贸区授权立法问题研究》，载《甘肃政法学院学报》2017 年第 2 期；杨力：《中国改革深水区的法律试验新难题和基本思路——以中国(上海)自由贸易试验区的制度体系构建为主线》，载《政法论丛》2014 年第 1 期；刘沛佩：《对自贸区法治创新的立法反思——以在自贸区内“暂时调整法律规定”为视角》，载《浙江工商大学学报》2015 年第 2 期。

② 根据 2000 年《立法法》第 9 条的规定，本法第 8 条规定的事项尚未制定法律的，全国人民代表大会及其常务委员会有权作出决定，授权国务院可以根据实际需要，对其中的部分事项先制定行政法规，但是有关犯罪和刑罚、对公民政治权利的剥夺和限制人身自由的强制措施和处罚、司法制度等事项除外。而作为“外贸基本制度”的“外资三法”早已成为法律，国务院也就没有权限变更此类问题。参见傅蔚冈、蒋红珍：《上海自贸区设立与变法模式思考——以“暂停法律实施”的授权合法性为焦点》，载《东方法学》2014 年第 1 期。

③ 《立法法》第 15 条规定：“被授权机关应当严格按照授权决定行使被授予的权力。被授权机关不得将被授予的权力转授给其他机关。”

④ 参见杨登峰：《区域改革的法治之路——析上海自贸区先行先试的法治路径》，载《法治研究》2014 年第 12 期。

项规定直接违反并修改了 2005 年的《公司法》第 26 条、第 27 条 3 款、第 59 条、第 81 条的规定,突破了法律“红线”。[①]

面对上海自贸区改革中的诸多质疑与对法律“红线”的突破,有学者认为,这种法律授权模式与发展进路是可行的,是“法律绿灯”。[②] 而改革就是“变法”,我国的改革大多是从地方开始的,是试验式的,但地方政府特别是基层行政部门,没有足够的立法权甚至根本就没有立法权,它们要“先行先试”,就不可能不“违法”,就不可能不触动现行的法律秩序。40 多年改革开放的经验证明,先通过试点突破既有规则,试点成功后将局部成功经验推广,形成新规则的做法是可行的。“中国(上海)自由贸易试验区”本身冠以“试验”两字,就蕴含了不囿于既有规则之义。[③]

二、“立法先行”:海南中国特色自由贸易港的授权立法模式

“自由港是设在一国(地区)境内关外、货物资金人员进出自由、绝大多数商品免征关税的特定区域,是目前全球开放水平最高的特殊经济功能区。”[④]党的十九大报告提出,“探索建设自由贸易港”。习近平总书记“4·13 讲话”和中央“12 号文”都明确指出,“探索建设中国特色自由贸易港。根据国家发展需要,逐步探索、稳步推进海南自由贸易港建设,分步骤、分阶段建立自由贸易港政策体系”。对于海南中国特色自由贸易港(以下简称海南自贸港)的建设,2018 年 10 月 16 日,国务院批复同意设立中国(海南)自由贸易试验区并印发《中国(海南)自由贸易试验区总体方案》(以下简称《海南自贸区总体方案》);2020 年 6 月 1 日,中共中央、国务院印发《海南自贸港

---

① 2013 年 12 月 28 日第十二届全国人民代表大会常务委员会第六次会议对《公司法》进行了修订,才正式取消公司法定最低注册资本的要求。

② 参见刘华:《管理创新、“法律绿灯”与地方先行立法》,载《东方法学》2014 年第 2 期。

③ 参见沈国明:《法治创新:建设上海自贸区的基础要求》,载《东方法学》2013 年第 6 期;杨登峰:《区域改革的法治之路——析上海自贸区先行先试的法治路径》,载《法治研究》2014 年第 12 期。

④ 汪洋:《推动形成全面开放新格局》,载《人民日报》2017 年 11 月 10 日,第 4 版。

总体方案》;2021 年 6 月 10 日,《海南自由贸易港法》正式出台,在制度层面正式拉开了海南自贸港建设的序幕。

海南自贸港与上海自贸区建设比较而言,特色鲜明:(1)“整体推进”。不同于上海自贸区由国务院批准设立,各部委分头推进;海南自贸港的建设由中央成立的以韩正为组长的“推进海南全面深化改革开放领导小组”整体推进,也建立了中央统筹、部门支持、省抓落实的工作机制。目前,除《海南自贸区总体方案》由国务院印发外,《海南省创新驱动发展战略实施方案》《海南省建设国际旅游消费中心的实施方案》《关于支持海南全面深化改革开放有关财税政策的实施方案》《关于支持海南全面深化改革开放综合财力补助资金的管理办法》《关于调整海南离岛旅客免税购物政策工作方案》等均由中央全面深化改革委员会通过。① (2)“路径明晰”。不同于上海自贸区建设过程中的不断摸索与“摸着石头过河”,海南自贸港建设的路径自始清晰,即 2020 年、2025 年和 2035 年三个时间节点,每个时间节点的工作路径清晰、目标明确。(3)“全岛建设”。上海自贸区的行政区划与原有的行政区划范围不完全重叠,几经扩区,其面积仅达 120.72 平方公里,②而海南自贸港从建设起步开始就已经由党中央明确支持海南全岛建设自由贸易试验区,探索建设中国特色自由贸易港。(4)“特区优势”。不同于上海自贸区的

① 2018 年 11 月 14 日中央全面深化改革委员会第五次会议召开,会议通过了《海南省创新驱动发展战略实施方案》等多个有关海南自贸港建设的规则,会议指出,党中央着眼于我国改革开放和社会主义现代化建设全局,赋予海南全面深化改革开放新的使命,支持海南建设全岛自由贸易试验区,逐步探索、稳步推进中国特色自由贸易港建设。要按照党中央决策部署,完善政策体系,做好各项实施方案编制工作,尽快把“四梁八柱”搭建起来。对海南实施创新驱动发展战略、建设国际旅游消费中心、加大财税支持力度、加强综合财力补助资金管理、调整离岛旅客免税购物政策,要统筹推进、抓好落实。参见《中央深改委通过〈海南省创新驱动发展战略实施方案〉》,载新浪财经,http://finance.sina.com.cn/china/2018-11-14/doc-ihnvukfe9781230.shtml。

② 2013 年 9 月 29 日中国(上海)自由贸易试验区正式成立,面积 28.78 平方公里,涵盖上海市外高桥保税区、外高桥保税物流园区、洋山保税港区和上海浦东机场综合保税区等 4 个海关特殊监管区域。2014 年 12 月 28 日全国人大常务委员会授权国务院扩展中国(上海)自由贸易试验区区域,将面积扩展到 120.72 平方公里。扩展区域包括陆家嘴金融片区、金桥开发片区和张江高科技片区。

法律授权在《宪法》《立法法》层面引起的争论,海南作为经济特区,具有特区立法权,海南全岛作为自贸港,通过全国人大及其常委会授权与特区立法权的运用,法律冲突问题得以缓解。

海南自贸港建设具有"整体推进、路径明晰、全岛建设、特区优势"等特点,使"重大改革于法有据""立法先行"在海南自贸港的建设过程中真正落地,形成新型海南自贸港的授权立法模式。一方面,党的十八届四中全会通过的《中共中央关于全面推进依法治国若干重大问题的决定》明确指出,"加强党对立法工作的领导,完善党对立法工作中重大问题决策的程序。凡立法涉及重大体制和重大政策调整的,必须报党中央讨论决定"。海南自贸港建设的最初决策来自中央,具体的制度推进也首先由中央全面深化改革委员会、中央全面依法治国委员会等机构决定,充分体现了党对立法工作的领导。另一方面,《海南自贸区总体方案》第 27 条中明确规定:"……各项改革政策措施,凡涉及调整现行法律或行政法规的,经全国人大及其常委会或国务院统一授权后实施……"由于海南本身即为经济特区,自由贸易区(港)的制度建设及于海南全岛,自贸区与行政区划一致,在法律授权领域具有先天优势。根据《立法法》第 84 条的规定,全国人民代表大会可以授权经济特区制定法规,在经济特区范围内实施。海南省人民代表大会及其常务委员会根据法律规定,制定海南自贸港法规,在海南自由贸易港范围内实施。这为全国人大授权海南自贸港"先行先试"进行法律规则的特殊设计提供了明确而直接的法律依据,避免了"违宪""违法"的争议。此外,2019 年 2 月 25 日,中央全面依法治国委员会第二次会议审议通过《关于全面推进海南法治建设　支持海南全面深化改革开放的意见》等文件,强调对改革开放先行先试地区相关立法授权工作要及早作出安排。① 这说明对于海南自贸港制度的建设,通过党对立法工作的领导,依据《立法法》的相关规定,全国人大对海南经济特区(自贸港)进行立法授权,真正落实了"重大改革于法有据"、"立

① 《习近平主持召开中央全面依法治国委员会第二次会议并发表重要讲话》,载中国政府网,https://www.gov.cn/xinwen/2019-02/25/content_5368422.htm。

法先行”与“法律引导”。

三、从“法律绿灯”到“立法先行”：模式转变与法治的一体建设

在《上海总体方案》和《海南自贸区总体方案》中均提及国际水准的法治环境是自由贸易区（港）总体目标之一，也是自由贸易区（港）建设的根本制度保障。然而，上海自贸区的法律授权模式被许多人认为“授权缺乏宪法文本、法律文本上的直接依据，将其视为法律修改的理由不足，既缺乏直观层面的正当性，更缺乏宪法原理上的正当性”[①]，是一种“法律绿灯”。[②] 这种“法律绿灯”模式，在我国全面依法治国的大背景下显得十分突兀，甚至在理论界引发了“法律绿灯”是否为“良性违法（违宪）”的思考。[③]

坚持法治国家、法治政府、法治社会一体建设是中央全面依法治国的重要举措。[④] 而海南自贸港的授权立法模式则基于“整体推进、路径明晰、全岛

---

① 刘志刚：《暂时停止法律实施决定的正当性分析》，载《苏州大学学报（法学版）》2015 年第 4 期。

② 参见刘华：《管理创新、“法律绿灯”与地方先行立法》，载《东方法学》2014 年第 2 期。

③ “良性违宪”的争论肇始于 20 世纪 90 年代，郝铁川 1996 年在《论良性违宪》一文中提出，“所谓良性违宪，就是指国家机关的一些举措虽然违背当时宪法的个别条文，但却有利于发展社会生产力、有利于维护国家和民族的根本利益，是有利于社会的行为”。但这一论断也受到了很多批评，引发了大量争论。参见郝铁川：《论良性违宪》，载《法学研究》1996 年第 4 期；童之伟：《“良性违宪”不宜肯定——对郝铁川同志有关主张的不同看法》，载《法学研究》1996 年第 6 期；童之伟：《宪法实施灵活性的底线——再与郝铁川先生商榷》，载《法学》1997 年第 5 期；郝铁川：《温柔的抵抗——关于“良性违宪”的几点说明》，载《法学》1997 年第 5 期；韩大元：《社会变革与宪法的社会适应性——评郝、童两先生关于“良性违宪”的争论》，载《法学》1997 年第 5 期；阮露鲁：《立宪理念与良性违宪之合理性——评郝、童两先生关于“良性违宪”的争论》，载《法学》1997 年第 5 期；曦中：《对“良性违宪”的反思》，载《法学评论》1998 年第 4 期；游伟、杨利敏：《论冲突及冲突的解决——关于“良性违宪”的若干思考》，载《社会科学》1998 年第 6 期；杨登峰：《区域改革的法治之路——析上海自贸区先行先试的法治路径》，载《法治研究》2014 年第 12 期。

④ 2012 年年底，习近平总书记在纪念现行宪法公布施行 30 周年大会和在中共中央政治局第四次集体学习时强调，坚持法治国家、法治政府、法治社会一体建设，不断开创依法治国新局面。党的十八届三中全会通过的《中共中央关于全面深化改革若干重大问题的决定》、党的十八届四中全会通过的《中共中央关于全面推进依法治国若干重大问题的决定》以及党的十九大报告也均明确提出，坚持法治国家、法治政府、法治社会一体建设。

建设、特区优势”的特点,基本剔除“法律绿灯”对全面依法治国的负面影响,切实可行地适应了“立法先行”“重大改革于法有据”的法治要求,成为合法有效地推进海南自贸港制度创新“先行先试”的治理模式。这种从“法律绿灯”到“法律先行”的转变折射出我国推进自贸区(港)建设法治模式的变革和法治国家、法治政府、法治社会一体建设,是全面依法治国的深入发展与鲜明写照。

虽然在“坚持法治国家、法治政府、法治社会一体建设”中“法治”是法治国家、法治政府、法治社会的共同要素,但法治要素在三者中表现出不同的侧重。“法治国家侧重于强调保证宪法法律的有效实施,切实维护国家法治统一、尊严与权威;法治政府强调政府依法行政,即国家行政权力行使的法治化,行政权力要受到法律的约束;而法治社会则侧重于推动和保障社会的多元化、自治化与法治化”①。(1)在我国的宪法体系与立法体系中,要具有独立性的地方法治需要三个重要前提,即该地方获得全国人大及其常委会的授权;该地方具有相对独立的立法权;该地方有相对独立的地方国家机关体系。② 海南全岛建设自由贸易港,是全国人大通过坚持党对立法工作的领导,依据《立法法》的相关规定,对海南自贸港进行立法授权,海南在全面深化改革开放过程中“先行先试”,真正落实“重大改革于法有据”“立法先行”“法律引导”,切实维护了国家法治统一、尊严与权威,遵循了全面依法治国的基本要求。(2)上海自贸区制度建设发展迅速,短短数年已经制定了大量

---

① 常健、饶常林:《论法治国家、法治政府、法治社会一体建设的基本路径》,载《南通大学学报(社会科学版)》2016 年第 4 期。

② 具体而言,地方法治具有独立性的前提:(1)该地方必须获得全国人大或者全国人大常委会的授权,允许法律、行政法规的某些规定甚至某些法律、行政法规的全部规定可以不必在该地方实施。因为只有这样,该地方才有在宪法、法律包括行政法规之外确立和实施特殊制度的空间。(2)该地方必须有相对独立的立法权。因为享有立法权,该地方才有权变通乃至不执行法律和行政法规的某些规定,独立制定符合本地方情况和特点的法律、法规。(3)该地方必须有相对独立的民意机关、行政机关、审判机关或者检察机关。因为只有这样,才能保证本地方相对独立的法律法规制度得到实施。参见刘松山:《论自贸区不具有独立的法治意义及几个相关法律问题》,载《政治与法律》2014 年第 2 期。

规则与制度;其在法律法规制定中采用了大量“政策入法”的做法,即将国务院及其部委、“一行两会”等部门对上海自贸区支持政策进行概括抽象选择纳入《中国(上海)自由贸易试验区条例》。但对于国家政策的变化,《中国(上海)自由贸易试验区条例》第46条则采取“政策变我也变”的策略,①使得立法缺乏稳定性,难以给投资者一个明确而稳定的预期。② 而海南自贸港的政策除《海南自贸区总体方案》之外,迄今并没有大规模政策法规出台。这并不是说海南自贸港发展滞后,而是“整体推进”的发展模式强调通过中央的整体部署,全国人大及其常委会统一授权、统一立法、一体化推行;这在制度层面上进一步降低了“政策多变性”对改革创新预期的影响,在法律授权的基础上推动政府依法行政,推进法治政府建设。(3)海南自贸港建设被定位为国家新一轮对外开放的载体,是全面深化改革的基地,显然自贸港建设不可能仅仅成为一国的“制度洼地”,更应该以“制度创新”为核心,以完善的制度对接国际最高标准和投资规则,吸引全世界投资者的到来。③ 那么,海南自贸港建设应该对标香港、新加坡、迪拜等国际自贸港境内关外、经济自由化、经济关系国际化、功能综合性的特征,需要从顶层设计的角度对于市场自由化、政府职能转变和社会充分自治进行整体规划。在这一过程中如何进一步强化“法无禁止即可为”的法治透明,如何转变政府职能从而实现有限政府、责任政府和服务政府,如何在强调放松管制发挥市场的作用与有效监管发挥政府的职能之间形成互相补充和促进的关系。这些问题的规划与设想在习近平总书记“4·13讲话”、中央“12号文”、《海南自贸港总体方案》、《海南自由贸易港法》以及中央全面深化改革委员会和中央全面依法治国委员会形成的诸多决议中均有要求,体现了对建设法治社会的具体规划。

---

① 根据《中国(上海)自由贸易试验区条例》第46条第2款的规定,国家规定的自贸试验区投资、贸易、金融、税收等改革试点措施发生调整,或者国家规定其他区域改革试点措施可适用于自贸试验区的,按照相关规定执行。

② 参见贺小勇:《TPP视野下上海自贸区的法治思维与问题》,载《国际商务研究》2014年第4期。

③ 参见胡家祥:《我国自由贸易港建设的法治创新及其意义》,载《东方法学》2018年第4期。

第二章

协同治理、指导性授权与自由贸易港治理模式的法律设计

从上海自贸区的设立到海南自贸港建设的有序推进，其决策都直接来源于中央，中央统筹推动自由贸易(区)港的建设，自由贸易(区)港在中央指导与授权的基础上"大胆试、大胆闯、自主改"。这种中央与地方相互协同的治理模式，与以往通过鼓励地方政府制度创新和地方政府制度竞争推动改革开放发展的治理模式有着显著的区别。2019年3月15日，"开展……海南自由贸易港等立法调研、起草，确保如期完成立法"相关内容写入全国人大常委会工作报告，并获得大会表决批准。2020年5月25日，全国人民代表大会常务委员会工作报告提出，制定海南自由贸易港法。2020年6月1日，《海南自贸港总体方案》也明确提出制定实施海南自由贸易港法。2020年6月20日，全国人大常委会2020年度《立法工作计划》正式将《海南自由贸易港法》列入"初次审议的法律案"。2021年6月10日，第十三届全国人民代表大会常务委员会第二十九次会议通过《海南自由贸易港法》。随着《海南自由贸易港法》的制定出台，这种中央与地方相互协同的治理模式的法律本质是什么，在实施中还存在哪些不足，未来海南自由贸易港法规体系中应如何体现和完善这种治理模式，成为我们需要在理论上进行系统梳理

的问题。

一、协同治理：自由贸易港治理模式的形成与发展

从 2013 年 8 月起，国务院先后批复设立了上海、广东、北京、海南等共计 21 个自由贸易试验区，已经初步形成了“1 + 3 + 7 + 1 + 6 + 3”的自由贸易试验区基本格局；而从 2018 年 4 月起，“逐步探索、稳步推进海南自由贸易港建设”则将我国自由贸易（区）港改革提升到了新的高度。“自由港是设在一国（地区）境内关外、货物资金人员进出自由、绝大多数商品免征关税的特定区域，是目前全球开放水平最高的特殊经济功能区”①。自由贸易港的建设作为我国全面深化改革开放的一项国家重大战略，它不仅是打造我国对外开放高地、促进我国对外开放模式和经济发展方式转变的重要举措和大胆尝试，也是全面推动我国国家治理体系和治理能力现代化的“试金石”与“试验田”。作为“全球开放水平最高的特殊经济功能区”的自由贸易港的建设，与传统的通过地方政府“朝底竞争”推动“突破法律红线式”改革而导致经济粗放型高速增长的模式具有明显差异。② 本轮以自由贸易（区）港建设为标志、由中央政府主导的改革开放，通过中央政府与地方政府频繁政策互动、交流合作、法律授权，将中央政府的重要决策与战略部署内化为地方政府深化改革的动力和制度创新的源泉，形成中央与地方对自由贸易（区）港“协同治理”的新模式。

以上海自贸区的建设为例，2007 年党的十七大报告明确提出要实施自

① 汪洋：《推动形成全面开放新格局》，载《人民日报》2017 年 11 月 10 日，第 4 版。

② “以经济建设为中心”的改革开放 40 年，很多学者认为，中国经济的高速增长根源于地方政府之间的竞争；但地方政府竞争的负面效应也十分明显，例如环境污染恶化、经济波动、地方保护以及公共品供给的扭曲等。参见沈荣坤、金刚：《中国经济增长 40 年的动力——地方政府行为的视角》，载《经济与管理研究》2018 年第 12 期；周业安：《地方政府竞争与经济增长》，载《中国人民大学学报》2003 年第 1 期；周业安、宋紫峰：《中国地方政府竞争 30 年》，载《教学与研究》2009 年第 11 期；周黎安：《晋升博弈中政府官员的激励与合作——兼论我国地方保护主义和重复建设问题长期存在的原因》，载《经济研究》2004 年第 6 期；等等。

由贸易区战略,2012 年党的十八大报告强调要“加快实施自由贸易区战略”。2013 年 8 月国务院正式批准设立上海自贸区,8 月 30 日第十二届全国人民代表大会常务委员会第四次会议通过《授权决定》,9 月 18 日,国务院批准《上海总体方案》,逐步启动了解上海自贸区的建设。可见,一方面,上海自贸区的设立源于中央政府直接的决策,中央政府采用直接推动和直接授权的模式在地方制度创新与改革发展中明确自己的政策意图,中央主导的色彩非常明显。另一方面,充当着上海自贸区建设运营的统筹规划、整体推动和路线指引职能的《上海总体方案》则是由国务院商务部会同上海市政府联合拟定,具体内容由双方结合实际协商确定报国务院核准印发。[①] 这表明在中央政府主导下地方政府积极参与改革方案设计,既维护了中央政府的权威性也保障了地方政府推进改革的积极性、主动性与可操作性。[②] 此外,根据国务院发布的《上海总体方案》等要求,国务院各有关部门要共同推进相关体制机制和政策创新。上海自贸区成立后不久,约 26 个国家部委与上海市相关机构进行直接对接,[③]制定了推动本领域综合和单项改革试验的配套

---

① 参见李猛:《中国自贸区国家立法问题研究》,载《理论月刊》2017 年第 1 期。

② 国务院正式批准设立上海自贸区之后,上海市也先后发布大量地方性法规、规章和规范性文件对《上海总体方案》中的各项政策予以回应和细化。2013 年 9 月 26 日,上海市第十四届人民代表大会常务委员会第八次会议通过《关于在中国(上海)自由贸易试验区暂时调整实施本市有关地方性法规规定的决定》(已修改);9 月 29 日,上海自贸区正式挂牌成立;9 月 29 日,上海市政府发布《中国(上海)自由贸易试验区管理办法》;2014 年 7 月 25 日,上海市人大常委会第十四次会议通过了《中国(上海)自由贸易试验区条例》;2015 年 3 月 30 日,上海市政府发布《关于中国(上海)自由贸易试验区管理委员会集中行使本市有关行政审批权和行政处罚权的决定》;2016 年 12 月 29 日,上海市第十四届人民代表大会常务委员会第三十四次会议发布《关于修改〈上海市人民代表大会常务委员会关于在中国(上海)自由贸易试验区暂时调整实施本市有关地方性法规规定的决定〉的决定》;2019 年 8 月 12 日,上海市政府发布《中国(上海)自由贸易试验区临港新片区管理办法》。此外,上海市相关部门还发布有关上海自由贸易试验区制度创新与改革的各类规范性文件近百部。

③ 参见毛明江:《上海自贸区制度创新最长三年移植推广》,载《上海证券报》2013 年 11 月 8 日,第 F01 版。

政策。[1] 这些配套政策可以看作在自由贸易区领域中央与地方合作的制度性成果,体现了国家部委对自由贸易区的大力支持,赋予了地方政府进行制度创新更大的适用空间;这些配套政策通常包括某一领域具有开创性和引领性作用的改革举措,也符合我国当下"简政放权"的行政体制改革的新导向。[2]

海南自贸港的建设也是如此。2017 年 10 月 18 日,习近平总书记在党的十九大报告中首次明确提出:"赋予自由贸易试验区更大改革自主权,探索建设自由贸易港。""自由贸易港建设"一经提出,得到各地方政府积极响应,已获批设立了自由贸易试验区的省份更是积极筹划,自由贸易港花落谁家一时间众说纷纭。[3] 习近平总书记"4 · 13 讲话"中郑重宣布党中央决定支持海南逐步探索、稳步推进中国特色自由贸易港建设,分步骤、分阶段建立自由贸易港政策和制度体系。2018 年 4 月 14 日,中共中央、国务院出台的中央"12 号文"明确提出"高标准高质量建设自由贸易试验区""探索建设中国特色自由贸易港"。海南自贸港建设模式与上海自贸区由国务院批准设立各部委分头推进的模式具有明显差别;在中央层面,"推进海南全面深化改革开放领导小组"成为海南自贸港建设指导机关,对自贸港的建设进行

---

① 原国家工商行政管理总局制定了"试行注册资本认缴登记制""试行'先照后证'登记制"的规定,海关总署提出"创新'一线'进出境通关模式""加强'二线'进出区监管",原银行业监督管理委员会"允许符合条件的外资银行在区内设立子行、分行、专营机构和中外合资银行",交通运输部"允许外商设立独资企业从事船舶管理业务",证券监督管理委员会"支持自贸区内符合一定条件的单位和个人按照规定双向投资于境内外证券期货市场",原国家质检总局则在上海自贸区"全面推行进出境动植物及其产品分类管理制度",等等。

② 参见潘同人:《指导性授权:自由贸易试验区改革中的协同治理逻辑》,载《改革与战略》2018 年第 11 期。

③ 参见元利兴:《建设中国特色自由贸易港应关注的几个关键问题》,载《中国经贸导刊》2018 年 16 期。

整体部署，初步建立了中央统筹、部门支持、省抓落实的工作机制。① 而各部委也积极参与自由贸易港建设，如 2019 年 11 月 7 日，海关总署为了推动自由贸易港海关监管特殊区域的制度安排尽快落地，从全国范围抽调 40 余名业务专家参与自由贸易港海关制度建设；②国家发改委也成立了推进海南自贸港建设工作专班，统筹各部门推进自贸港建设。2020 年 6 月中共中央、国务院发布的《海南自贸港总体方案》从中央层面推动了海南自贸港的建设；2021 年 6 月全国人大常委会通过《海南自由贸易港法》，从中央立法的角度提升了海南自贸港建设的法律定位。

在自由贸易(区)港建设中，中央和地方的频繁互动实质上是通过府际主体间的政策协同来提高治理体系的整体绩效；通过机制层面的府际主体间频繁互动与协同来降低治理单元之间的交易成本，弥补体制层面的阻隔与壁垒。③ 这种府际间的协同治理是一个过程，是目前中国改革进入"深水区"并面对自由贸易港等全新命题后，各级政府通过合作、协商、确立认同和构建共同目标等方式实施的对宏大公共事务进行协调、统筹推进的一个上

---

① 《海南自由贸易港法》第 6 条明确规定："国家建立海南自由贸易港建设领导机制，统筹协调海南自由贸易港建设重大政策和重大事项。国务院发展改革、财政、商务、金融管理、海关、税务等部门按照职责分工，指导推动海南自由贸易港建设相关工作。国家建立与海南自由贸易港建设相适应的行政管理体制，创新监管模式。海南省应当切实履行责任，加强组织领导，全力推进海南自由贸易港建设各项工作。"确立了央地协调治理的体制机制。《海南自贸港总体方案》中也明确要求，"在推进海南全面深化改革开放领导小组指导下，海南省要切实履行主体责任，加强组织领导，全力推进海南自由贸易港建设各项工作。中央和国家机关有关单位要按照本方案要求，主动指导推动海南自由贸易港建设，进一步细化相关政策措施，制定出台实施方案，确保政策落地见效。推进海南全面深化改革开放领导小组办公室牵头成立指导海南推进自由贸易港建设工作小组，由国家发展改革委、财政部、商务部、中国人民银行、海关总署等部门分别派出干部驻海南实地指导开展自由贸易港建设工作，有关情况及时上报领导小组"。

② 参见王威：《海关总署选派 40 余名专家支援海南自贸港建设》，载中国新闻网，https://www.chinanews.com.cn/gn/2019/11-08/9002044.shtml。

③ 参见余敏江、黄建洪：《生态区域治理中中央与地方府际间协调研究》，广东人民出版社 2011 年版，第 11 页。

下互动的管理过程。[①] 这种中央与地方在自由贸易(区)港建设中的协同治理运行的现实效果在于:(1)权威。设立自由贸易试验区和设立自由贸易港,是以习近平同志为核心的党中央治国理政的重大战略实践。[②] 与以往改革中中央政府通过财政、行政与人事分权,鼓励地方政府"自主探索",甚至默许"大胆突破法律红线",逾越既有的法律法规和部门规章的"地方政府竞争模式"不同,[③]中央与地方协同治理强调中央的权威,强调"顶层设计",强调"重大改革于法有据""立法先行"。自由贸易(区)港建设中的协同治理,更加注重从自由贸易区到自由贸易港的改革系统性,从中央决策到制定《各个自由贸易区和自由贸易港建设的总体方案》的改革整体性,从各个总体方案到地方实施细则的改革协同性,从而保障了中央的权威与地方的协同。(2)互动。自由贸易(区)港建设过程中,地方政府并非被动的执行者,中央与地方的互动频繁。一方面,在政策制定过程中,中央与地方互动频繁,如商务部会同上海市政府联合拟定了《上海总体方案》;全国人大和国务院相关部门在海南自由贸易港建设和《海南自由贸易港法》立法过程中对海南的频繁调研与交流。另一方面,地方政府通过各种渠道对于自由贸易(区)港建设中亟须解决或突破的问题请示上级,向上级要政策要授权,从而形成"请示授权"的新形态。[④] 通过央地协同互动,中央与地方之间在改革进程中相互博

---

① 参见俞可平:《治理和善治引论》,载《马克思主义与现实》1999年第5期。

② 该项重大战略实践,其理念之新在于从政策激励型开放转变为建设开放型经济体制,提高了开放水平;其思想之新在于以开放倒逼改革,以改革推进开放,揭示了改革与开放在新阶段上的深刻联系;其战略之新在于以个别地区的探索试验发现风险、创造经验,以推广复制实现全国深化改革扩大开放目标。参见张幼文:《自贸区试验的战略内涵与理论意义》,载《世界经济研究》2016年第7期。

③ 参见何显明:《市场化进程中的地方政府角色及其行为逻辑——基于地方政府自主性的视角》,载《浙江大学学报(人文社会科学版)》2007年第6期。

④ 所谓"请示授权"是指地方政府为了解决可能具有普遍性的属地问题,将创新意愿形成实践方案并正式报告高层级政府,请求高层级政府批准试点;在获得高层级政府正式确认并授权成为试点后,开展实践。参见郁建兴、黄飚:《当代中国地方政府创新的新进展——兼论纵向政府间关系的重构》,载《政治学研究》2017年第5期。

弈、寻求共识、维持信任和达成合作等次序展开的协同行为已成为常态。[①] 这种协同互动既维护了中央政府推进改革开放的权威性，防范了地方政府的改革举措对中央政策精神的偏离，也保障了地方政府具体推进改革的积极性、主动性与可操作性。(3)创新。中国地方政府“自主探索”式的制度创新是我国社会经济发展重要的改革力量与源泉。[②] 在自由贸易区建设中，21个自由贸易区总体方案和《海南自贸港总体方案》虽由中央制定，但各总体方案均为中央基于各自由贸易(区)港所在地的地理环境、社会、政治、经济、文化、发展定位的不同而“量身打造”。[③] 这一方面是鼓励各自由贸易(区)港能够基于自身优势最大限度地激发市场活力，实现差异化发展；另一方面，也是授权地方在各总体方案的指导下先行先试，大胆探索，实现各自由贸易(区)港的有序竞争。所以在自由贸易(区)港政策出台后，各地差异化的地域优势得以发挥，形成了所谓的“上海模式”“广东模式”“天津模式”

---

① 参见黄永明、游海燕、朱芸殊：《部省合作模式及推进机制：闽粤经验对武汉城市圈的启示》，载《学习与实践》2011年第4期。

② 例如，自1978年至1984年广东省的一系列“放权让利”改革试点源自清远县实行的工业企业“超计划利润提成奖”；1983年开始的全国性“村民自治”试点发源于广西屏南公社合寨大队的艰难探索；1995年深圳市成立的“联合审批服务中心”、上海浦东新区设立的“社会矛盾调解中心”、1997年海口市龙华区创办的“外来工之家”等；深圳“社会组织管理体制改革”、石泉“关爱留守儿童长效机制”、温岭“民主恳谈会”等。上述制度创新均源于地方政府“自主探索”的活力得到了空前释放后涌现出的高显适度、高认可度的创新实践。其中一部分“自主探索”创新，还得到了高层级政府甚至中央政府的肯定与推广，这更加坚定了地方政府自发创新的信心。“自主探索”成为地方政府克服治理困境、提升治理绩效的重要方式。参见郁建兴、黄飚：《当代中国地方政府创新的新进展——兼论纵向政府间关系的重构》，载《政治学研究》2017年第5期。

③ 例如，中央“12号文”中明确，海南自由贸易港的战略定位为：全面深化改革开放试验区、国家生态文明试验区、国际旅游消费中心、国家重大战略服务保障区。而上海自由贸易区深化改革开放的内容锁定在加快转变政府职能、创新投资管理制度、创新贸易监管制度、创新金融制度、加强法制和政策保障等五个方面；天津自由贸易区被赋予“加快实施京津冀协同发展战略”的特殊任务；福建自贸区重点聚焦对台合作，突破性的政策主要体现在服务业对台资开放上；广东自贸区的“主打牌”则是深化与港澳的经济合作。参见王平：《复制推广自贸区经验要注意什么》，载《中国党政干部论坛》2016年第6期。

“福建模式”“海南模式”等，释放出自由贸易（区）港自由灵活、系统有序、开放创新的特性。[①] （4）引领。自由贸易（区）港设立的主要目的之一，即促进中国建设更高水平开放型经济新体制，为中国经济社会发展探索更加先进与开放的，甚至对标世界最高水平的经贸法律和制度体系，将一些成熟的、经过一段时间试验的自由贸易（区）港改革措施，向全国其他地方进行复制、移植和推广。[②] 目前，我国自由贸易（区）港制度创新与开放引领的效果非常明显。例如，上海自贸区设立后，全国人大常委会以决定的方式授权国务院在上海自贸区内暂停实施“外资三法”相关行政审批工作，这极大地促进了外资在自由贸易区内的投资自由。上述规则在上海自贸区试点运行数年，积累了大量的经验和数据，为 2019 年《外商投资法》的制定所吸收借鉴，起到了引领改革创新与对外开放的显著作用。

二、自由贸易港协同治理的核心：指导性授权及其法治困境

（一）自由贸易港协同治理的核心：指导性授权及其价值

“现代社会的不确定性、风险性和公共问题的复杂性，官僚制、市场制等传统治理方式遭遇前所未有的挑战，协同治理逐渐成为现代公共事务治理的关键形式。”[③]而治理作为一种过程，其不同于政府自上而下地对社会公共事务实行单向管理的权力运行，而是通过合作、协商、伙伴关系、确立共同目标等方式实施对复杂公共事务管理的上下互动的过程。[④] 在治理的发展过程中，“公共事务的高度复杂性和高度不确定性增加了主体间的依赖性”[⑤]，治理主体间通过权力与价值的协调共享，相互协作以达成共同目标，这使治

① 参见李猛：《中国自贸区国家立法问题研究》，载《理论月刊》2017 年第 1 期。

② 参见郑少华：《论中国（上海）自由贸易试验区的法治新议题》，载《东方法学》2013 年第 6 期。

③ 田玉麒：《制度形式、关系结构与决策过程：协同治理的本质属性论析》，载《社会科学战线》2018 年第 1 期。

④ 参见俞可平：《治理和善治引论》，载《马克思主义与现实》1999 年第 5 期。

⑤ 李辉：《协同型政府：理论探索与实践经验》，新华出版社 2014 年版，第 50 页。

理主体之间联系更紧密、信任水平与相互依赖程度更高;而协同则是治理过程中最高程度的互动与协作。① 党的十八大以来的制度创新呈现出中央顶层设计和地方自主探索相结合的新特征,这与现代公共管理改革中的协同理念高度契合。② 一方面中央政府正在以一种更加具有建设性的姿态推进改革,在保障中央政府掌控改革基本方向和尽可能降低改革成本的前提下,对地方政府的改革创新和积极探索更乐于主动沟通、稳妥推进,更加包容自信、张弛有度;另一方面也表明中央政府自上而下地指导并授权自由贸易(区)港开展"先行先试",而地方政府则可以通过自由贸易(区)港建设所带来的自主权扩张引领改革开放的发展,并获得更加丰厚的治理成果和政绩。③ 从目前来看,自由贸易(区)港的治理主要集中于中央政府与省级政府的合作与互动,其协同治理的关键是纵向府际关系的重组,是中央与地方的权力不断调整与重塑。"目前中国权力配置格局是一种以集权为核心具有分权特征的权力结构"④,这种权力结构下的协同治理更多的是中央政府主导下的对地方政府的指导性授权,以激发地方政府改革创新的积极性与主动性。⑤ 自 2013 年自由贸易区建设以来,中共中央、国务院出台的各自由贸易区的总体方案和《海南自贸港总体方案》,全国人大常委会先后出台的多

---

① See Robyn Keast & Kerry Brown & Myrna Mandell, *Getting the Right Mix: Unpacking Integration Meaning and Strategies*, International Pubic Management Journal, Vol. 1, p. 9 – 33(2007).

② 实际上,自 20 世纪 80 年代以来,公共管理改革引发的政府职能的分化与重组,并不是公共权力的简单移位或者机械式的分权,而是在职能分离和权力下行的基础上进行的权力协同和管理合作:既有横向的立法权力与行政权力的合作以及行政权内部的决策、执行与监督的合作;也有纵向的中央与地方、地方上级与下级之间的合作,以及政府机关、社会组织和公民之间的合作。参见汪进元:《国家治理体系中政府权力的分化与重组》,载《法商研究》2014 年第 3 期。

③ 参见潘同人:《"自贸区"改革中的地方自主性扩张研究》,载《中国特色社会主义研究》2015 年第 6 期。

④ 陈红太:《中国政府体系与政治——概念、总结与探索》,河南人民出版社 2005 年版,第 81 页。

⑤ 参见潘同人:《指导性授权:自由贸易试验区改革中的协同治理逻辑》,载《改革与战略》2018 年第 11 期。

部授权性决定，[1]《海南自由贸易港法》第 6 条自贸港建设中的央地分权、第 7 条支持海南行使改革自主权[2]、第 10 条制定海南自由贸易港法规的授权[3]等规定，《立法法》第 84 条授权制定浦东新区法规和海南自由贸易港法规，均以指导性授权的方式推动自由贸易(区)港的协同治理与制度创新。自由贸易(区)港协同治理模式的核心在于中央对地方的指导性授权；作为具有独立的法律地位的新型授权制度，[4]这种指导性授权的价值在于：

1. 中央统筹与专业指导推进相结合

为了防止历次改革中"中央一收就死、一放就乱"的"权威体制与有效治

---

① 具体包括：2013 年 8 月 30 日第十二届全国人民代表大会常务委员会第四次会议通过全国人民代表大会常务委员会《关于授权国务院在中国(上海)自由贸易试验区暂时调整有关法律规定的行政审批的决定》，2014 年 12 月 28 日第十二届全国人民代表大会常务委员会第十二次会议通过的全国人民代表大会常务委员会《关于授权国务院在中国(广东)自由贸易试验区、中国(天津)自由贸易试验区、中国(福建)自由贸易试验区以及中国(上海)自由贸易试验区扩展区域暂时调整有关法律规定的行政审批的决定》，2015 年 12 月 27 日第十二届全国人民代表大会常务委员会第十八次会议通过的全国人民代表大会常务委员会《关于授权国务院在广东省暂时调整部分法律规定的行政审批试行期届满后有关问题的决定》，2019 年 10 月 26 日第十三届全国人民代表大会常务委员会第十四次会议通过的全国人民代表大会常务委员会《关于授权国务院在自由贸易试验区暂时调整适用有关法律规定的决定》，2020 年 4 月 29 日第十三届全国人民代表大会常务委员会第十七次会议通过的全国人民代表大会常务委员会《关于授权国务院在中国(海南)自由贸易试验区暂时调整适用有关法律规定的决定》。

② 《海南自由贸易港法》第 7 条规定："国家支持海南自由贸易港建设发展，支持海南省依照中央要求和法律规定行使改革自主权。国务院及其有关部门根据海南自由贸易港建设的实际需要，及时依法授权或者委托海南省人民政府及其有关部门行使相关管理职权。"

③ 《海南自由贸易港法》第 10 条规定："海南省人民代表大会及其常务委员会可以根据本法，结合海南自由贸易港建设的具体情况和实际需要，遵循宪法规定和法律、行政法规的基本原则，就贸易、投资及相关管理活动制定法规(以下称海南自由贸易港法规)，在海南自由贸易港范围内实施。海南自由贸易港法规应当报送全国人民代表大会常务委员会和国务院备案；对法律或者行政法规的规定作变通规定的，应当说明变通的情况和理由。海南自由贸易港法规涉及依法应当由全国人民代表大会及其常务委员会制定法律或者由国务院制定行政法规事项的，应当分别报全国人民代表大会常务委员会或者国务院批准后生效。"

④ 对于此类中央对地方指导性授权的法律性质，有学者在深入对比了立法授权和行政授权的基础上，提出该类授权具有独立的法律地位，是一种新型授权制度。参见杨登峰：《行政改革试验授权制度的法理分析》，载《中国社会科学》2018 年第 9 期。

理之间的矛盾”[①],自由贸易(区)港建设中央与地方的协同治理中改变了以往地方政府“摸着石头过河”的治理模式,在“重大改革于法有据”“立法先行”的约束下强调中央主导与中央权威;由中央政府指导地方政府开展自由贸易(区)港制度创新的“先行先试”。例如,为推动和指导海南自贸港建设,中央还专门成立“推进海南全面深化改革开放领导小组”。《海南自由贸易港法》第6条第1款也明确规定,“国家建立海南自由贸易港建设领导机制,统筹协调海南自由贸易港建设重大政策和重大事项”。国家各部委在支持各自由贸易(区)港建设中,也通过明确各领域改革的任务与目标,直接参与自由贸易(区)港的业务指导,为地方政府开展制度创新提供自主探索的制度框架。[②] 由于自由贸易(区)港的改革涉及面广、专业性强,为保障自由贸易(区)港各项改革的“于法有据”,全国人大常委会多次以“决议”的形式授权国务院暂停实施法律中相关行政审批工作,再由国务院将此授权转授地方,[③]以应对自由贸易(区)港发展中与现行法律相冲突的情况。而中共中央、国务院则出台多部自由贸易区总体方案和《海南自贸港总体方案》,对已经设立的22个自贸试验区和海南自贸港的改革创新进行专业化、差异化指导。尤其是在金融、财税、海关等专业领域,国家各部委需要在协同治理的过程中最大限度地投入智力资源,对各自由贸易(区)港各项专业领域改革的开展进行分类指导,在海关监管特殊区域、人民币资本项目可兑换等敏感

---

① 周雪光:《权威体制与有效治理:当代中国国家治理的制度逻辑》,载《开放时代》2011年第10期。

② 国家各部委除了制定综合改革试验的配套政策以及推动本领域单项改革试验的配套政策之外,还采取多种形式参与自由贸易(区)港建设的指导。例如,2015年11月,商务部专门组织力量整理印发了《自由贸易试验区“最佳实践案例”》,其中涵盖了上海自贸区国际贸易单一窗口等8个典型案例。通过这些典型案例的梳理,商务部试图为各地的自由贸易(区)港树立标杆和榜样,指导地方政府以正确的方式实施新制度。

③ 这类授权性决定被学者称为“双层授权”、“二次授权”或“转授权”。参见李猛:《中国自贸区授权立法问题研究》,载《甘肃政法学院学报》2017年第2期;杨力:《中国改革深水区的法律试验新难题和基本思路——以中国(上海)自由贸易试验区的制度体系构建为主线》,载《政法论丛》2014年第1期;刘沛佩:《对自贸区法治创新的立法反思——以在自贸区内“暂时调整法律规定”为视角》,载《浙江工商大学学报》2015年第2期。

领域甚至直接参与改革。

2. 中央整体授权与地方自主创新相结合

2019 年 11 月 5 日,商务部等 18 部门联合印发了《关于在中国(海南)自由贸易试验区试点其他自贸试验区施行政策的通知》,将国家批准的在其他自贸试验区施行的四个方面 30 项政策整体授权适用于海南自贸试验区,从而加速推进海南自贸试验区和自由贸易港的建设和发展。这种中央对自由贸易(区)港指导性的整体授权中包含了大量贸易便利化、投资自由化与社会治理现代化的举措,其实质是中央政府向地方政府、向社会、向市场的整体放权。尤其是海南自贸港建设,其战略定位为全面深化改革开放试验区、国家生态文明试验区、国际旅游消费中心、国家重大战略服务保障区,"着力在建设现代化经济体系、实现高水平对外开放、提升旅游消费水平、服务国家重大战略、加强社会治理、打造一流生态环境、完善人才发展制度等方面进行探索"①。为了实现自由贸易港的上述战略目标,就需要自由贸易港的建设从规则升级到开放升级,从开放升级到制度升级,从而最终促进产业结构升级和我国在全球价值链中地位跃升。② 显然通过整体性授权激励地方政府"先行先试"、锐意进取是必不可少的。《海南自由贸易港法》第 7 条、第 10 条分别赋予海南自贸港"改革自主权"和"遵循宪法规定和法律、行政法规的基本原则,就贸易、投资及相关管理活动制定法规"的权限。实质上,这种整体授权与鼓励地方自主创新也是世界主要自由贸易(区)港立法的普遍方式。一方面有利于健全和完善自由贸易(区)港法律制度,保障自由贸易(区)港在法治框架下实现有序发展;另一方面有利于鼓励地方的自主创新,自由贸易(区)港可以变更适用与之发展不相适应的其他法律法规以推动(区)港内各项制度创新的实施应用,化解自由贸易(区)港建设中源自上位

① 参见中共中央、国务院《关于支持海南全面深化改革开放的指导意见》,载中国政府网,http://www.gov.cn/zhengce/2018-04/14/content_5282456.htm。

② 参见彭羽、沈玉良:《全面开放新格局下自由贸易港建设的目标模式》,载《亚太经济》2018 年第 3 期。

法的固有制度障碍。①

3. 央地平衡协调与良性互动相结合

中央对自由贸易(区)港建设的指导性授权具有两条路径:一是“直接授权”。中央制定总体方案和配套措施为地方政府推进自由贸易(区)港建设提供“半成品”,地方政府“大胆试、大胆闯、自主改”,发挥自主性开展“先行先试”,将“半成品”的政策与措施逐步完善为具体的制度创新与改革举措。二是“请示授权”。在自由贸易(区)港建设中,地方政府就制度创新向中央政府建议与请示,由中央政府作出创新施行与否的决策,授权地方政府具体落实创新举措,从而实现了中央顶层设计与地方自主探索良性互动。② 可见,无论是直接授权还是请示授权,中央主导下央地互动成为制度创新的主旋律,促进了中央“顶层设计”与“地方探索”的良性平衡。中央希望将自由贸易(区)港作为新一轮改革的重要载体,通过扩张地方自主权的方式改变地方政府的运行逻辑和行为模式,引导以自由贸易(区)港探索为标志的地方经济管理模式朝着国际化、市场化和法治化方向发展。③ 例如《海南自由贸易港法》第7条便赋予了地方充分的“改革自主权”。中央政府源源不断

---

① 参见李猛:《中国自贸区法律制度的构造及其完善》,载《上海对外经贸大学学报》2017年第2期。

② 例如,2013年出台的《上海总体方案》是由国务院商务部会同上海市政府联合拟定,具体内容由双方结合实际协商确定报国务院核准印发。2016年8月22日,致力于建设创新之城、人文之城、生态之城的《上海市城市总体规划(2016-2040)(草案)》由上海市政府制定并向社会公示征求各界意见。2017年12月15日,经国务院批复同意的《上海市城市总体规划(2017-2035年)》正式发布,对《上海市城市总体规划(2016-2040)(草案)》中确立的“区域生态环境、区域交通设施、区域市政基础设施、区域文化网络”四大区域事权进行了再次确认,形成协同治理的互动模式。参见唐亚林、于迎:《大都市圈协同治理视角下长三角地方政府事权划分的顶层设计与上海的选择》,载《学术界》2018年第2期。党的十八大以来,湖南、山东、浙江等多个省(区)先后讨论并印发地方政府改革创新方案报告全面深化改革领导小组审议的办法或通知。“请示授权”日益得到制度确认,成为多个省(区)党委和政府明确主张的改革创新路径。参见郁建兴、黄飚:《当代中国地方政府创新的新进展——兼论纵向政府间关系的重构》,载《政治学研究》2017年第5期。

③ 参见潘同人:《“自贸区”改革中的地方自主性扩张研究》,载《中国特色社会主义研究》2015年第6期。

的政策输出与指导成为制度创新的原动力与外部推动力，其塑造了自由贸易(区)港改革的主体框架与基本方向；而地方政府的积极探索与主动落实，则有效平衡了制度创新过程中合法性与创新性的紧张关系，进一步提高了创新的可行性与持续性。

(二)自由贸易港建设指导性授权的法治困境缘由

1. 自由贸易港建设的法治顶层设计缺失

中国社会在改革开放以来快速发展的关键因素在于地方政府的竞争与创新。党的十八大之后，中央政府提出“顶层设计”“重大改革于法有据”“立法先行”等改革新举措，在一定程度上削弱了地方政府创新的动力，尤其是地方政府治理创新“自主探索”的活力衰退。① 而中央大力推进自由贸易(区)港的建设，通过中央与地方的协同治理、中央的指导性授权有序扩张和维护地方政府制度创新的自主权，将自由贸易(区)港建设为对外开放新高地；改变原有地方政府“摸着石头过河”、人走政息的运行逻辑，促进良性的制度变迁与地方经济社会治理现代化的实现。作为制度变迁路径方向性的约束力量，宏观政策架构与法治顶层体系设计是构建协同治理体系与指导性授权制度的必要条件。② 美国、新加坡、土耳其、韩国、日本等诸多国家均是采取“先立法、后设(区)港”的自由贸易(区)港发展模式，这使各国自由贸易(区)港无论是建立还是运营均可在一个较为完善的法治框架下有序进行，自由贸易(区)港内各项事务可以做到有法可依。③ 但毋庸讳言，我国目前各自由贸易(区)港建设的整体框架与法治顶层设计并不清晰，无法为各自由贸易(区)港的发展提供有效的预期和明确的指导。例如，2013 年 8 月

---

① 参见俞可平：《大力建设创新型政府》，载《探索与争鸣》2013 年第 5 期；秦平：《政府创新具有示范作用》，载《法制日报》2015 年 4 月 17 日，第 7 版；吴天适：《“地方政府创新奖”十六年回望：地方创新如何持续》，载《南方周末》2016 年 11 月 3 日，第 9 版。

② 参见张振波：《论协同治理的生成逻辑与建构路径》，载《中国行政管理》2015 年第 1 期。

③ 参见李猛：《中国自贸区法律制度的构造及其完善》，载《上海对外经贸大学学报》2017 年第 2 期。

30日第十二届全国人民代表大会常务委员会第四次会议通过《授权国务院在上海自贸区暂时调整行政审批的决定》后,这种自由贸易(区)港授权立法的模式在理论界与实务界引起了很大争论,甚至上升到了"违宪""违法"的问题。① 2013年9月18日国务院批准的《上海总体方案》是上海自贸区最主要的基础性法律文件,对上海自贸区的发展具有绝对的指导功能。但10月1日公布的《中国(上海)自由贸易试验区外商投资准入特别管理措施(负面清单)(2013年)》规定的多达190项管理措施远超当时国内外商投资产业限制和禁止类指导目录的170项。上海自贸区此项规定显然有违《上海总体方案》的基本理念和政府职能转变、减少行政审批制度等改革初衷,甚至有学者提出了"到底是上海自由贸易区还是上海不自由贸易区,在上海试行开放,还是试行管制"②等疑问。在上海自贸区改革中最有显示度的金融改革,也远没有公众预期的那么高,"含金量"大打折扣,诸多改革的难题无法突破。③ 各自由贸易(区)港的工业产值等各项经济指标与之前相比并无显著变化,形成"有店无市"的局面;而对外资的吸引力也明显不足,难以达到最高开放标准和对外开放新高地的设计要求。④ 自习近平总书记"4·13讲话"后,虽然中央"12号文"等指导性文件规划了海南自贸港的发展路径,但是其建设步伐缓慢,调法调规数量有限。即使《海南自贸港总体方案》和《海

---

① 参见杨登峰:《区域改革的法治之路——析上海自贸区先行先试的法治路径》,载《法治研究》2014年第12期;范进学:《授权与解释:中国(上海)自由贸易试验区变法模式之分析》,载《东方法学》2014年第2期;丁伟:《〈中国(上海)自由贸易试验区条例〉立法透析》,载《政法论坛》2015年第1期;刘志刚:《暂时停止法律实施决定的正当性分析》,载《苏州大学学报(法学版)》2015年第4期。

② 吴思:《四大难题考验上海自贸区》,载《中国经济报告》2013年第10期。

③ 参见陶庆:《"问题倒逼"与政府职能转变——以上海自贸区建设的若干困境为例》,载《经济体制改革》2015年第6期。

④ 多方面的统计表明,各自由贸易试验区对内资的吸引力远大于外资,内资占据绝对优势地位。如上海自贸区入驻企业中97%是内资企业,外资企业只占3%;而河南自由贸易试验区外资企业数和外资投资金额仅占同期进入自由贸易试验区企业和资金总数的0.4%。参见胡加祥、王兴鲁编著:《上海自贸区成立三周年回眸(数据篇)》,上海交通大学出版社2016年版,第78~85页;佟家栋:《中国自由贸易试验区的改革深化与自由贸易港的建立》,载《国际商务研究》2018年第1期。

南自由贸易港法》的出台为海南自贸港的建设提供了有力的法律依据，但在现有法治架构下依然要"坚持'先立后破、不立不破'，在新的法律法规和制度规则没有出台前，原有的要继续执行，避免出现空档期，确保改革有条不紊、工作平稳有序"①。在《海南自由贸易港法》不能为自由贸易港建设提供原则性、基础性的法治保障的情况下，海南自贸港的建设依然面临缺乏稳定预期、缺乏基本法律授权的问题。

2. 自由贸易港建设的法律整体性授权不足

在自由贸易（区）港的立法中，为了保障自由贸易（区）港管理机构的自主性，法律对自由贸易（区）港管理机构进行的指导性授权往往是整体性和概括性的。通过法律的整体授权，自由贸易（区）港管理机构有权自主完成对法律内容的补充与完善，一方面能够因更加贴近实践需求而推动法律内容的自发修复；另一方面也降低了立法成本，避免了修改上位法所带来的烦琐程序。② 2013 年上海自贸区设立，全国人民代表大会常务委员会颁布《授权决定》开启了自由贸易（区）港指导性授权的先河；2021 年 6 月 10 日《海南自由贸易港法》的出台使中央对自由贸易（区）港的整体性授权初具雏形。

但不能否认的是，一方面，上述指导性授权依然采取"一事一议"的方式，是针对某个或某几个问题的具体授权，其授权周期长，实践效果并不显著。尤其是"一事一议"的指导性授权方式，只能对现有制度进行修修补补，无法从根本上对制度创新进行真正的顶层设计和整体推动。以海南自贸港建设为例，由于需要协调各国家部委、需要经过"协商""会签"等诸多环节，自 2018 年起海南向中央上报的 30 项调法调规申请，截至目前获得批准的数量很少，影响了海南自贸港建设的进程。2021 年 4 月 7 日国家发改委和商务部联合发布的《关于支持海南自由贸易港建设放宽市场准入若干特别措施的意见》规定了 22 项特别措施，但截至 2022 年 2 月 18 日，在海南自贸港

① 何立峰：《在海南建设中国特色自由贸易港　引领更高层次更高水平开放型经济发展》，载《人民日报》2020 年 6 月 2 日，第 6 版。

② 参见周阳：《论美国对外贸易区的立法及其对我国的启示》，载《社会科学》2014 年第 10 期。

实际只落地了5项特别措施。“海南自由贸易港建设本身是一个改革的过程,需要对贸易、投资、金融、税收、人才等多领域法律法规和制度规则进行创新,每一步都涉及突破旧观念、旧体制。”①但“一事一议”的指导性授权模式使各个自由贸易(区)港的“先行先试”难以为继,甚至成为各个自由贸易(区)港发展建设与制度创新的窒碍,使得自由贸易(区)港的制度创新难以突破现有制度框架。

另一方面,随着2023年《立法法》的修订,《立法法》第11条明确规定了专属中央的11项事权,使中央事权与地方事权的划分逐步明晰;②除非有特别授权,第11条中所规定的所有事项地方无权进行创设和修改。③ 而随着《立法法》规定的备案审查制度的推行,包括特区立法权在内的地方立法权均不能逾越“法律红线”,突破《立法法》第11条的规定开展制度创新。根据《海南自由贸易港法》第10条的规定,海南省人民代表大会及其常务委员会可以就贸易、投资及相关管理活动制定法规,在海南自由贸易港范围内实施。但第10条授权的范围仅及于贸易、投资及相关管理活动,法律授权不充分不明确,难以发挥其应有的价值功效。(1)海南自贸港的“三区一中心”建设涉及领域众多,对贸易、投资及相关管理活动的授权范围过窄,无法对自由贸易港制度集成创新形成有效的激励;(2)此种授权与《立法法》第11条规定的法律保留事项的法律用语不同,难以对应《立法法》的相关规则,无法形成《海南自由贸易港法》与《立法法》的有效衔接;(3)此种授权的规定不

① 何立峰:《在海南建设中国特色自由贸易港 引领更高层次更高水平开放型经济发展》,载《人民日报》2020年6月2日,第6版。

② 《立法法》第11条规定:“下列事项只能制定法律:(一)国家主权的事项;(二)各级人民代表大会、人民政府、监察委员会、人民法院和人民检察院的产生、组织和职权;(三)民族区域自治制度、特别行政区制度、基层群众自治制度;(四)犯罪和刑罚;(五)对公民政治权利的剥夺、限制人身自由的强制措施和处罚;(六)税种的设立、税率的确定和税收征收管理等税收基本制度;(七)对非国有财产的征收、征用;(八)民事基本制度;(九)基本经济制度以及财政、海关、金融和外贸的基本制度;(十)诉讼制度和仲裁基本制度;(十一)必须由全国人民代表大会及其常务委员会制定法律的其他事项。”

③ 参见李猛:《新时代我国自由贸易港建设中的政策创新及对策建议》,载《上海经济研究》2018年第5期。

清晰，在实践运用中很容易在国家各部门之间、国家各部门与海南省之间因对“贸易、投资及相关管理活动”的认识不同而产生争议（如破产制度是否属于“贸易、投资及相关管理活动”），导致自贸港难以在短时间内实现制度集成创新。因此需针对“贸易、投资及相关管理活动”的内涵与外延作出进一步的解释性规定，避免实践中由于认知不同而产生的立法争议。这就是包括作为经济特区的海南在内，建设自由贸易港“大胆试、大胆闯、自主改”的立法需求与上位法立法限制相冲突而无法及时有效开展“先行先试”制度创新的缘由。

3. 自由贸易港建设的具体制度衔接错位

理论上讲，自由贸易（区）港是推动形成我国全面开放新格局、对外开放新高地的重要实践基地和服务“一带一路”倡议的重要支点。但自由贸易（区）港建设法治顶层设计的缺失和法律整体性授权的不足，使港区建设中诸多具体制度创新的举措与原有的政府行政组织架构的衔接不畅，改革推进的难度大。例如，从中国香港、新加坡、迪拜等著名自由贸易港的建设经验看，港区一体化海关监管制度和组织架构改革都是核心议题。但在我国由于特殊监管区外海关管理权限的法理冲突、特殊监管区内海关与地方政府综合管理的权限冲突、自由贸易港更深层次改革的管理机构设置冲突、港内自由的综合监管需要和跨境管理的多部门交叉监管冲突等因素，自由贸易港建设中所需的综合监管难以建立。① 此外，在金融创新与金融监管体制的衔接、准入后行政管理体制机制变革、自由贸易港竞争政策的调整等诸多方面也存在制度调整与衔接的问题。

三、协同治理模式立法表达：自由贸易港指导性授权的法律设计

自由贸易港具有的境内关外、经济关系国际化、经济自由化、功能综合

---

① 参见艾德洲：《中国特色自由贸易港下行政边界冲突和机构改革问题研究》，载《经济学家》2018年第5期。

性的特征,决定了自由贸易港建设离不开法治保障,因而也决定了自由贸易港立法“自上而下”的基本特点。[①] 2019 年 2 月 25 日,中央全面依法治国委员会第二次会议审议通过《关于全面推进海南法治建设 支持海南全面深化改革开放的意见》等文件,强调对改革开放先行先试地区相关立法授权工作要及早作出安排。[②] 2020 年 5 月 25 日,全国人民代表大会常务委员会工作报告提出,制定《海南自由贸易港法》。《海南自贸港总体方案》也明确提出制定实施海南自由贸易港法。2021 年 6 月 10 日,十三届全国人大常委会第二十九次会议审议通过《海南自由贸易港法》。那么,《海南自由贸易港法》构建的制度框架,是否能够契合自由贸易港指导性授权与协同治理的状况,能否满足自由贸易港建设的制度需求,成为亟须在理论上厘清的问题。

(一)自由贸易港协同治理的立法模式:整体授权

现有的中央对自由贸易港建设的指导性授权,其实质是从整体规划与系统推进的角度对于自由贸易港全面深化改革开放进行重点布局和协同治理。这无疑为自由贸易港的制度创新提供了明确的“路线图”,是推动海南自贸港制度创新的源泉与外部力量,有效保障了制度创新的可持续性。[③] 地方在中央决策与指导性授权的基础上“先行先试”,大胆创新;地方对改革开放中的深层次矛盾与问题有更深切体会,对于问题的处理与制度的创新也具有无可比拟的信息优势。然而,上海自贸区设立时全国人大常委会对国务院的指导性授权,曾经因授权模式的法律属性、授权的合法性与正当性等

① 参见胡加祥:《我国自由贸易港建设的法治创新及其意义》,载《东方法学》2018 年第 4 期。

② 《习近平主持召开中央全面依法治国委员会第二次会议并发表重要讲话》,载中国政府网,https://www.gov.cn/xinwen/2019-02/25/content_5368422.htm。

③ 参见潘同人:《指导性授权:自由贸易试验区改革中的协同治理逻辑》,载《改革与战略》2018 年第 11 期。

问题导致了激烈争论。[①] 为了缓解上述争议,2023 年修订的《立法法》第 16 条第 1 款的规定明确了此类授权的法律依据,[②]不仅是为了满足改革实践对立法变革的迫切需要,也是为了在给社会发展和改革提供明确法律授权的同时,为改革者构筑容错试错的空间。[③] 但毋庸讳言,该种授权依然是“一事一议”模式,即自由贸易港建设的每一项改革创新如果需要在部分地方暂时调整,或者暂时停止适用法律的部分规定,都需要全国人民代表大会及其常务委员会或国务院分别进行单独授权。[④] 法律或行政法规的“立改废”均需经过特殊法定程序,不具备经常性使用的可能,过程复杂且效率低下。在“一事一议”过程中地方政府还需要与中央各部委进行大量的沟通协调和反复博弈。“协调”是我国立法过程中使用频率最高的词汇之一,虽然经过反复协调和妥协形成的规范内容可能更有现实可行性,更能体现共识;但不可否认,“一事一议”过程中的体制压力和协调成本过大会极大地增加实现预期目标的难度,极大降低制度创新的可能性。[⑤] 而《立法法》第 11 条的规定,也使海南自贸港的“先行先试”面临难以逾越的“法律红线”。

---

① 参见范进学:《授权与解释:中国(上海)自由贸易试验区变法模式之分析》,载《东方法学》2014 年第 2 期;刘松山:《论自贸区不具有独立的法治意义及几个相关法律问题》,载《政治与法律》2014 年第 2 期;杨登峰:《区域改革的法治之路——析上海自贸区先行先试的法治路径》,载《法治研究》2014 年第 12 期;刘志刚:《暂时停止法律实施决定的正当性分析》,载《苏州大学学报(法学版)》2015 年第 4 期;彭浩:《授权地方改革试点决定的性质与功能探析》,载《法制与社会发展》2018 年第 1 期。

② 《立法法》第 16 条第 1 款规定:“全国人民代表大会及其常务委员会可以根据改革发展的需要,决定就特定事项授权在规定期限和范围内暂时调整或者暂时停止适用法律的部分规定。”

③ 参见江国华、梅扬、曹榕:《授权立法决定的性质及其合宪性审查基准》,载《学习与实践》2018 年第 5 期。

④ 例如,为支持海南省试点发展国际医疗旅游相关产业,将在海南博鳌乐城国际医疗旅游先行区内医疗机构临床急需且在我国尚无同品种产品获准注册的医疗器械和临床急需的少量药品(不含疫苗)的进口申请审批权下放给海南省人民政府,国务院先后就上述两项“一事一议”通过《关于在海南博鳌乐城国际医疗旅游先行区暂停实施〈医疗器械监督管理条例〉有关规定的决定》(国发〔2018〕10 号)和《关于在海南博鳌乐城国际医疗旅游先行区暂时调整实施〈中华人民共和国药品管理法实施条例〉有关规定的决定》(国发〔2018〕43 号)。

⑤ 参见周阳:《论美国对外贸易区的立法及其对我国的启示》,载《社会科学》2014 年第 10 期。

反观世界上典型自由贸易（区）港的立法，整体性授权的立法模式运用成为各自由贸易（区）港成功的基本要件。如作为美国对外贸易区法律制度框架中的“基本法”与发挥对对外贸易区最为重要的方向性指引的法律，即1934年通过的《美国对外贸易区法》[①]，该法较为充分地授权对外贸易区委员会在对外贸易区范围内可对部分联邦法规予以变更适用的权利，以适应市场的变化与对外贸易区发展的需要。[②] 而阿联酋通过修订宪法将涉及国家事权的事项，如金融、贸易、投资、税收、海关、司法等，通过整体授权的方式授权迪拜自由贸易港，使其在国家中具有“法律特区”之特别定位。[③] 阿联酋甚至允许迪拜自由贸易港拥有独立的司法管辖权——作为大陆法系国家的阿联酋允许迪拜自由贸易港试行普通法系的规则和庭审模式来处理民商事案件。[④]

依据《海南自贸港总体方案》的设计，海南自贸港作为我国改革“先行先试”的“排头兵”与“试验田”，在许多领域的制度创新具有突破性，这难免与我国现有的法律和行政法规相抵触。在海南自贸港改革过程中，中央也反复强调坚持“先立后破、不立不破”，打破原有体制也必须在法治轨道上实施，做到重大改革于法有据。[⑤] 但“一事一议”的授权立法模式无法从根本上解决自由贸易港对外开放高地建设中政策创新的体制障碍；这也直接导致立法授权成本大、授权周期长、授权不充分和不系统等问题的出现。实际上，早有学者在论及上海自贸区时指出，自由贸易试验区本身冠以“试验”两

---

① 按照美国法律编撰习惯，1934年《美国对外贸易区法》被编入《美国法典》第19卷“关税”第1A章第81条(a)～(u)款，总计21款，至今经过多次修改依然有效。该法的具体论述，参见周阳：《论美国对外贸易区的立法及其对我国的启示》，载《社会科学》2014年第10期。

② See Susan Tiefenbrun, *U. S. Foreign Trade Zones, Tax-free Trade Zones of the World, and Their Impact on the U. S. Economy*, Journal of International Business and Law, Vol. 13, p. 149 – 161 (2013).

③ 参见贺小勇：《迪拜自由区的“创法路径”与借鉴意义》，载《检察风云》2019年第4期。

④ 参见黄晓松：《从一宗案件看阿联酋的法律体系》，载《中国经贸》2012年第5期。

⑤ 参见何立峰：《在海南建设中国特色自由贸易港　引领更高层次更高水平开放型经济发展》，载《人民日报》2020年6月2日，第6版。

字，就蕴含了不囿于既有规则之义。[①] 所以，在海南自贸港建设中如何把握《立法法》第 11 条关于国家事权的立法限制与《海南自由贸易港法》第 7 条赋予海南自贸港改革自主权、第 10 条创设海南自贸港法规之间的平衡，便成了体现习近平总书记寄言海南“大胆试、大胆闯、自主改”和“要把制度集成创新摆在突出位置”真正内涵的关键所在。[②]《海南自由贸易港法》第 10 条按照党中央要求“赋予海南更大改革自主权”“给予充分法律授权”的精神，改变现有的“一事一议”的授权立法模式，规定涉及依法由全国人民代表大会及其常务委员会制定法律或者由国务院制定行政法规事项的海南自贸港法规，应当报全国人民代表大会常务委员会或者国务院批准后生效。这为海南自贸港建设过程中制度集成创新提供了直接的法律依据。但《海南自由贸易港法》第 10 条中规定的“贸易、投资及相关管理活动”具体是指什么？如果对应《立法法》的相关规定，“贸易、投资及相关管理活动”的范围有哪些？海南自贸港法规报全国人民代表大会常务委员会或者国务院批准的程序是什么？上述问题存在巨大的理论争议和不确定性。[③]《海南自由贸易港法》中规定的海南自贸港法规制定权赋予海南省人民代表大会及其常务委员会已经三年有余，如被冠以海南自贸港的《海南自由贸易港公平竞争条例》等地方性法规颁布也有 30 余部，但海南自贸港法规制定权却从未被真正使用过。所以，结合《立法法》第 48 条、第 49 条的规定，海南省人民代表大会常务委员会可以向全国人民代表大会常务委员会提出解释《海南自由贸易港法》第 10 条的请求，使海南自贸港整体性授权和法规制定权的权属清晰，更具可操作性。

有学者认为，基于《宪法》明示或暗示，《立法法》第 11 条虽然对法律保

① 参见沈国明：《法治创新：建设上海自贸区的基础要求》，载《东方法学》2013 年第 6 期。

② 参见常健：《以法治推进海南自由贸易港建设》，载《人民日报》2020 年 7 月 9 日，第 9 版。

③ 参见熊勇先：《论海南自由贸易港法规制定权及其行使》，载《暨南学报（哲学社会科学版）》2022 年第 8 期；郑毅：《论海南自由贸易港法规制定机制及其实施——兼论与浦东新区法规的比较》，载《政治与法律》2023 年第 12 期；姚建宗、张誉龄：《论制定自贸港（区）法规的技术性原则——以海南自由贸易港法规建设为中心的考察》，载《苏州大学学报（法学版）》2023 年第 2 期。

留事项明确列举,但其规定的是法律相对保留事项,全国人民代表大会及其常务委员会有权将上述行政管理与经济制度领域的事项授权其他主体行使,这与宪法精神和宪法规定并不违背。[①] 根据习近平总书记“4 · 13 讲话”、中央“12 号文”和《海南自贸港总体方案》的指示精神,海南自贸港承担着推动更高层次改革开放的历史使命。全国人民代表大会常务委员会基于整体授权的立法模式,在对《海南自由贸易港法》进行解释时,应明确坚持以促进贸易投资自由便利为基本标准,除涉及国家主权、国家组织机构制度、特别自治制度、国家安全制度以外,与“贸易、投资及相关管理活动”具有直接关联性的法律相对保留事项,对海南自贸港进行“一揽子”立法授权。授权海南省人民代表大会及其常务委员会可突破现有的法律和行政法规的限制,运用海南自贸港法规制定权在除上述特别事项外的其他领域单独制定地方性法规在海南自贸港范围内适用;通过整体性立法授权支持海南完成中央所确立的各项重大改革任务,更好地发挥指导性授权立法的保障与引领作用。为了在海南自贸港中央与地方协同治理过程中保障中央的权威性和主导性,对于突破现有法律和行政法规的地方性法规,报全国人民代表大会常务委员会或者国务院批准后生效,在海南自贸港范围内施行。一方面,通过《海南自由贸易港法》整体指导性授权规则的制定,破除海南自贸港建设中的制度障碍,有效践行了“重大改革于法有据”的法治精神和理念;另一方面,《海南自由贸易港法》整体性授权规则的规定,为海南自贸港建设中大胆创新提供了直接的法律依据,降低了改革过程中不断进行国家层面调法调规的频次和难度。此外,对于海南自贸港建设过程中突破现有法律和行政法规的地方性法规,报全国人民代表大会常务委员会或者国务院批准后生效,也有效地维护了中央的权威,明确了中央对海南自贸港改革的最终决定权。

---

① 参见江国华、梅扬、曹榕:《授权立法决定的性质及其合宪性审查基准》,载《学习与实践》2018 年第 5 期。

（二）自由贸易港协同治理的管理模式：法律设计与基本原则

1. 自由贸易港协同治理管理模式的法律设计

有学者指出，自由贸易试验区被定位为制度创新示范平台，但其受现有法律法规和政策框架的约束，强调创新要在现有法律框架下对制度进行“小修小补”；而自由贸易港的开放程度和投资贸易自由化程度要大大高于自贸试验区，其功能定位则是国家对外开放的制度高地，治理创新与制度创新的程度高。① 那么，自由贸易港的协同治理管理模式就需要适应其自身的功能定位与发展需求。习近平总书记“4·13 讲话”中强调，“中央和国家有关部门要从全局高度出发，会同海南省做好顶层设计，坚持先谋后动，积极研究制定支持举措，共同推动各项政策落地见效”。目前，在中央层面成立了“推进海南全面深化改革开放领导小组”，由该机构对海南自贸港建设中的重大政策创新实施科学决策、整体协调及监督，以保证各项创新举措和改革安排的必要性、合理性与可操作性；这也体现了在自由贸易港协同治理过程中中央的权威与引领，体现了中央统筹与专业指导推进相结合的特征。

这种管理模式在《海南自由贸易港法》第 6 条中予以保留并进一步法治化，即“国家建立海南自由贸易港建设领导机制，统筹协调海南自由贸易港建设重大政策和重大事项”。目前，“推进海南全面深化改革开放领导小组”作为临时机构，主要以全体会议、专题会议等形式开展工作。这虽然也具有良好的领导力、执行力与治理成效，但临时性治理机制并不能取代常规治理机制。“常规治理是不能被取代的，因为只有常规治理、正式制度水平与绩效不断提升，才能够真正地实现国家治理现代化。”②《海南自由贸易港法》第 6 条还规定“国务院发展改革、财政、商务、金融管理、海关、税务等部门按照职责分工，指导推动海南自由贸易港建设相关工作”。由于非常规治理的偏狭，海南自贸港建设中国家部委推进过程并不顺畅，诸多项目“一事一议”，

---

① 参见彭羽、沈玉良：《全面开放新格局下自由贸易港建设的目标模式》，载《亚太经济》2018 年第 3 期。

② 达尔罕：《领导小组机制的运行逻辑与优化建构》，载《领导科学》2022 年第 6 期。

使地方政府与中央各部委的沟通成本高，运行效率不足。因此，海南自贸港建设“中央统筹、部委推进、省抓落实”的协同治理管理模式需要以常规治理机制逐步取代临时治理。依据《海南自由贸易港法》第6条“国家建立与海南自由贸易港建设相适应的行政管理体制，创新监管模式”的要求，在中央层面将“推进海南全面深化改革开放领导小组”改造成为“海南自贸港发展促进委员会”，其职责包括：进行制度创新决策，负责制定宏观发展规划，对自由贸易港的发展提供政策指导与评估，统筹协调各部委并一体化推进自由贸易港建设和改革相关事宜，对重点任务的工作调度、协调和督促检查等。① 在海南地方层面，借鉴各自由贸易试验区以及世界主要自由贸易港的经验，单独成立具有行政职能的“海南自贸港管理委员会”，其作为海南自贸港发展促进委员会的直接派出机构与地方政府合署办公。海南自贸港管理委员会的职责范围涵盖与海南自贸港建设直接相关的特殊性具体事务，剩下的一般性地方事务由地方政府履职。海南自贸港管理委员会与地方政府在履行具体的自由贸易港管理、社会治理与经济制度创新职能过程中，一方面，在得到中央层面的海南自贸港发展促进委员会的宏观指导的基础上，依据《海南自由贸易港法》第7条“支持海南省依照中央要求和法律规定行使改革自主权”，授权包括“海南自贸港管理委员会”在内的政府机构自主改革。另一方面，在准确把握现今国际自由贸易港的港口数字化、贸易数字化、聚焦特定产业发展趋势的基础上，②依据《海南自由贸易港法》第7条“国务院及其有关部门根据海南自由贸易港建设的实际需要，及时依法授权或者委托海南省人民政府及其有关部门行使相关管理职权”规定，国务院及其

---

① 《海南自贸港总体方案》规定：“推进海南全面深化改革开放领导小组办公室牵头成立指导海南推进自由贸易港建设工作小组，由国家发展改革委、财政部、商务部、中国人民银行、海关总署等部门分别派出干部驻海南实地指导开展自由贸易港建设工作，有关情况及时上报领导小组。国务院发展研究中心组织对海南自贸港建设开展全过程评估，牵头设立专家咨询委员会，为海南自贸港建设建言献策。”2020年6月16日，海南自贸港建设专家咨询委员会在北京正式成立。委员会核心使命、根本宗旨是推进《海南自贸港总体方案》的落实，为海南自贸港建设提供高水平智力支持。

② 参见沈玉良、彭羽：《海南自由贸易港建设思路》，载《中国口岸科学技术》2020年第4期。

有关部门及时依法授权或者委托海南行使海关、税务、金融等自由贸易港建设直接相关的管理职权，进一步优化政府职权，降低行政成本，提高行政效率，逐步在海南自贸港建设中形成社会合作治理新格局。这种“央地协同、整体推进”的管理模式，更有利于建立中央统筹、部门支持、省抓落实的工作机制，使海南自贸港建设能够实现港、产、城融合发展。

2. 自由贸易港协同治理管理模式的运行原则

（1）一体推进原则。一方面，《海南自由贸易港法》对央地一体推进、协同治理的基本规则进行明确是依法开展海南自贸港建设的必由之路。“海南自贸港发展促进委员会”是海南自贸港建设的顶层决策机构，“海南自贸港管理委员会”则是顶层决策的执行机构和涉及海南自贸港事务的管理机构。二者共同推动海南自贸港发展，实现海南自贸港治理水平和制度体系的优化。“自由贸易港阶段的制度创新很重要的一点就是系统集成的分量更重，对自由贸易港政策和制度体系的整体要求更高，对专业性、系统性、协同性要求更强。”①另一方面，要构建城乡发展的协同治理体系。中央“12号文”为海南发展设立的目标即包括“基本公共服务均等化基本实现”；中央“12号文”和《海南自贸港总体方案》均明确提出“打造共建共治共享的社会治理格局”；《海南自由贸易港法》第48条也规定“海南自由贸易港积极推进城乡及垦区一体化协调发展”。在我国，传统的乡村治理方式与高度工业化、城镇化的乡村社会不兼容，基本公共服务城乡差距显著，由此造成的社会管理分治成为城乡一体化进程中的突出矛盾。在构建城乡发展的协同治理体系过程中，要赋予全面破解城乡二元社会管理体制的基本职权，并建立相关试错容错机制，以现代城市社会的治理方式来治理自由贸易港，纠正社会现实与社会治理方式之间的错位，形成以现代城市为蓝底的自由贸易港社会管理体系，实现基本公共服务均等化。② 此外，还要注意海陆发展的协

---

① 刘赐贵：《关于〈中共海南省委关于提升治理体系和治理能力现代化水平　加快推进海南自由贸易港建设的决定（讨论稿）〉的说明》，载《今日海南》2019年第12期。

② 参见张立荣、张金庆：《论推进新型城镇化的协调逻辑：一个复合型分析框架》，载《华中师范大学学报（人文社会科学版）》2017年第2期。

调共进。根据中央有关文件和指示精神,海南自贸港要构建具有国际竞争力的海洋服务体系,积极发展海洋物流、海洋旅游、涉海金融、涉海商务等海洋产业。海洋是海南自贸港发展投资贸易、国际运输的重要地理依凭,也是世界典型自由贸易(区)港普遍具备的自然资源优势。所以,在推动投资贸易领域改革创新的同时发展海洋产业、进行海洋保护是海南自贸港建设的应有之义。

(2)鼓励创新原则。创新是引领发展的第一动力,是打造开放型经济新体制的战略支撑。习近平总书记"4·13讲话"明确指出,海南全岛建设自由贸易港,要以制度创新为核心,赋予海南更大改革自主权;《海南自贸港总体方案》《海南自由贸易港法》也规定了"推进改革创新"原则。"鼓励创新原则"贯穿于"海南自贸港发展促进委员会"和"海南自贸港管理委员会"具体工作的始终,在贸易自由便利、投资自由便利、跨境资金流动自由便利、人员进出自由便利、运输来往自由便利和数据安全有序流动等领域对接国际高水平经贸规则,进行系统性制度设计,加强改革系统集成,促进生产要素自由便利流动,推动形成全面开放新格局,使我国能够在高新技术、服务贸易、人才集聚、资金汇聚、数据交流等代表未来发展方向的领域确立国际竞争新优势。①

(3)平衡协调的原则。所谓平衡协调原则,即自由贸易港协同治理要基于社会整体利益,引导、促进或强化各类制度的创新和发展在社会整体利益平衡的轨道上运行,协调各类制度创新,协调各类主体的行为系统协同,打破原有的形式平等的权利义务分配,构建实质上的利益平衡和社会公正,从而达到社会经济发展宏观与微观、创新与风险、当前利益与可持续发展的平衡协调。平衡协调原则在《海南自由贸易港法》的具体表现在于:第一,"海南自贸港发展促进委员会"与"海南自贸港管理委员会"的政策创新的平衡协调。在特殊监管区内海关与地方政府综合管理的权限不清、金融创新与

① 参见竺彩华、李光辉、白光裕:《中国建设自由贸易港的目标定位及相关建议》,载《国际贸易》2018年第3期。

金融监管机制的衔接、准入后行政管理体制机制的变革、自由贸易港竞争政策的调整等诸多问题上进行中央与地方制度建设的整体协调，真正做到制度集成创新。第二，制度创新与风险管控的平衡协调。在探索海南自贸港政策创新的同时需注重对自由贸易港内各类风险管控，以利益平衡原则为出发点，保障各项政策创新与风险管控措施的系统协调，将制度创新与各类风险管控作为相互影响、相互作用的统一整体进行制度集成创新。要改变原有的单一行政命令式的监管，在自由贸易港政策创新中以法治手段、契约精神、市场规则、利益衡平等多元治理机制实现风险与回报、公平与效率、成本与收益的平衡协调。第三，经济发展与环境保护的平衡协调。和谐的生态环境不仅有利于吸引外资前来投资兴业，也是海南自贸港各项产业可持续发展的重要根基。海南自贸港建设是长期持续且越发精细的过程，保护生态环境就是保护海南自由贸易港发展的潜力和后劲，实现生态效益向经济效益的动态正向转化。所以，维持经济发展与环境保护的平衡协调是确保海南自贸港建设顺利推进的必要条件，应当在建设过程中给予足够重视。[①]

结　语

在国家的自由贸易港建设战略中，自由贸易港建设将引领我国新一轮的对外开放，是我国对外开放40年来重要的里程碑。[②] 目前，我国自由贸易（区）港中央与地方协同治理的建设模式已经初步形成，呈现出权威、互动、创新和引领的实践效果。自由贸易（区）港建设协同治理模式的核心在于中央的指导性授权。作为具有独立法律地位的新型授权制度，其具有中央统筹与专业性指导推进相结合、整体授权与地方自主创新相结合、平衡协调与央地良性互动相结合的价值功效。但自由贸易（区）港建设指导性授权也存

---

① 参见曹晓路、王崇敏：《中国特色自由贸易港立法的基本框架与实现路径——以海南自由贸易港立法为视角》，载《当代法学》2020年第4期。

② 参见史本叶、王晓娟：《探索建设中国特色自由贸易港——理论解析、经验借鉴与制度体系构建》，载《北京大学学报（哲学社会科学版）》2019年第4期。

在法治顶层设计缺失、法律整体性授权不足、具体制度衔接缺位等问题。国家为推动海南自贸港建设给予了诸多特殊政策支持，也应该在自由贸易港的法治建设方面给予相应的立法授权，使之建立与自由贸易港发展相适应的法治环境，否则难以达到让自由贸易港尽快发展的初衷。[①] 因此，完善海南自贸港法规体系，在立法实践中打破现行"一事一议"的授权方式和对海南自贸港地方立法权的限制，采用整体性授权的立法模式，赋予海南自贸港制度集成创新的能力；明确中央与地方协同治理的管理机构、职责权限与运行原则，从而为海南自贸港构建具有中国特色的现实可行的指导性授权的制度安排与协同治理的体制框架。

---

① 参见王春业：《论我国"特定区域"法治先行》，载《中国法学》2020年第3期。

第三章

自由贸易港营商环境便利化的法治引导：域外经验与中国路径*

一、自由贸易港营商环境便利化：法治基础与引导方向

（一）营商环境：影响市场主体活动的制度安排

营造国际一流的营商环境是我国政府与中央在新时代作出的重要战略部署。党中央于十八届五中全会提出，要形成对外开放新体制，完善法治化、国际化、便利化的营商环境。① 2017 年 7 月，习近平总书记要求改善投资和市场环境，营造稳定公平透明、可预期的营商环境。② 2018 年 11 月，习近平总书记要求营造“国际一流营商环境”。③ 在国务院颁布的《优化营商环境

---

* 本章内容与钟文颢（海南大学法学院）合作完成。

① 参见《形成对外开放新体制》，载新华网，http://www.xinhuanet.com/politics/2015-11/24/c_128463176.htm。

② 参见《习近平主持召开中央财经领导小组第十六次会议强调：营造稳定公平透明的营商环境，加快建设开放型经济新体制》，载中国政府网，https://www.gov.cn/xinwen/2017-07/17/content_5211349.htm。

③ 参见习近平：《共建创新包容的开放型世界经济——在首届中国国际进口博览会开幕式上的主旨演讲》，载中国政府网，http://www.gov.cn/gongbao/content/2018/content_5343724.htm。

条例》中,营商环境被定义为"企业等市场主体在市场经济活动中所涉及的体制机制性因素和条件"。① 营商环境是指影响市场主体活动的各类制度安排,涵盖体制制度、法律规范、程序性规则等。② 依据世界银行相关方法论,又可将营商环境总结归纳为影响企业营商的10类制度安排③,并以此作为指标对各国家(地区)整体的营商环境优劣进行综合评判。

(二)营商环境便利化的关键:减少制度性交易成本

市场运行成本是个综合性很强的概念,当前政府着力降低的主要是指制度性交易成本,也称"交易成本"或"交易费用"④。与此同时,许多学者从不同角度就制度与营商环境的关系发表各自观点。(1)企业需求的角度:以马斯洛需求层次理论为逻辑推演前提,可推导出企业亦有自身需求。⑤ 如为了满足生存需求而寻求的生产条件(为了达到开工条件需要获取的环境影响评价、消防许可证等)与生产要素(《营商环境报告》提及的水电供应、土地审批等);⑥以及可以理解为企业在生产经营中需要与不同利益主体保持良好关系的"社交需求"。⑦ 因此,有学者认为应着力构建"服务型政府"以降低企业生产经营的制度性交易成本,为企业提供便利化的营商环境以满足

---

① 参见《优化营商环境条例》,载中国政府网,https://www.gov.cn/zhengce/zhengceku/2019-10/23/content_5443963.htm。

② 参见沈荣华:《优化营商环境的内涵、现状与思考》,载《行政管理改革》2020年第10期。

③ 即开办企业、办理建筑许可、获得电力、登记财产、获得信贷、保护少数投资者、跨境贸易、缴纳税费、执行合同、办理破产。

④ 所谓"交易成本"或"交易费用",是制度经济学的核心概念,交易费用的思想在大卫·休谟(David Hume)和亚当·斯密(Adam Smith)相关著作中见其肇端,1937年由科斯在其经典论文《企业的性质》中提出,其原义是"为了进行一项市场交易,有必要发现和谁交易,并告知人们自己愿意交易及交易的条件,交易中进行谈判、讨价还价、拟定契约、实施监督来保障契约的条款得以按要求履行"所发生的费用。这一概念日后被张五常等人发扬光大,概括为"制度运行的费用"。

⑤ 参见陈伟伟、张琦:《系统优化我国区域营商环境的逻辑框架和思路》,载《改革》2019年第5期。

⑥ 参见王琛伟:《我国"放管服"改革成效评估体系的构建》,载《改革》2019年第4期。

⑦ 参见郝晔、王国海:《技术引进中企业利益相关方的博弈分析》,载《财经理论与实践》2008年第5期。

企业需求。[①] (2)营商制度软环境的角度：有学者通过梳理我国30个大城市营商环境数据，分析得出了营商制度软环境与经济发展呈正向关系。[②] (3)“不确定性、营商环境与企业活力”的角度：地方制度、政策的不确定性将增加企业制度性交易成本并削弱企业的经营活力。市场化、法治化的营商环境将缓解政府与企业间的信息不对等，降低制度性交易成本，从而在制度层面为企业提供保障。[③] (4)制度环境的角度：营商环境的核心是制度环境，制度本质是一种契约。[④] 良好的契约环境具有企业违约成本高、违约概率低的比较优势，进而吸引投资与交易。[⑤] 制度环境较差地区的制度改革可显著降低生产成本，从而深化厂商产品的多样性。[⑥]

综观前述各学者的观点，不难发现学界已从不同视角就营商环境与制度性交易成本的关系进行了深入研究，且普遍认为便利化营商环境的良好与否，与企业所付出制度性交易成本的高低紧密联系。营商环境便利化是一个国家(地区)制度质量高低的客观反映。制度性交易成本是否降低可作为衡量制度质量高低的标准。因此，营商环境便利化的关键便是如何降低企业制度性交易成本。

企业在营商过程中，将产生以下两种制度性交易成本：其一，企业在获取制度的过程中产生的交易成本。制度，无论它是市场的还是非市场的都可以提供有用的服务。与任何其他服务一样，制度性服务的获得要支付一定的费用，例如手续费、时间等。企业获得制度性服务的成本集中体现在其

---

① 参见陈伟伟、张琦：《系统优化我国区域营商环境的逻辑框架和思路》，载《改革》2019年第5期。

② 参见董志强、魏下海、汤灿晴：《制度软环境与经济发展——基于30个大城市营商环境的经验研究》，载《管理世界》2012年第4期。

③ 参见于文超、梁平汉：《不确定性、营商环境与民营企业经营活力》，载《中国工业经济》2019年第11期。

④ 参见倪外：《有为政府、有效市场与营商环境优化研究——以上海为例》，载《上海经济研究》2019年第10期。

⑤ See Nathan Nunn, *Relationship-Specificity, Incomplete Contracts, and the Pattern of Trade*, the Quarterly Journal of Economics, Vol. 122:2, p. 569 – 600 (2007).

⑥ See Johannes Moenius & Daniel Berkowitz, *Law, Trade, and Development*, Journal of Development Economics, Vol. 96:2, p. 451 – 460 (2011).

所付出的时间成本，因此世界银行在营商环境评估中，也在多个一级指标项下设立时间、手续等二级指标以评估企业在营商过程中所付出的时间成本。马克思在《1857—1858 年经济学手稿》中提出“真正的经济——节约——是劳动时间的节约。”①时间的节约就意味着经济上的节约，反之，浪费时间即代表时间价值损失，损失的价值构成了企业的成本。其二，因维持公共制度供给产生的成本。政府是公共制度供给的唯一主体，②因此，除时间成本外，企业为保障公共制度的供应，还需向政府缴纳各类税赋以维持政府正常运转。

综上所述，企业在以上两方面所付出的成本皆属张五常所称的在“鲁滨逊 · 克鲁索经济”中不可能存在的成本，即制度性交易成本。营商环境便利化的关键在于减少制度性交易成本，而减少制度性交易成本的思路主要在于：其一，降低企业在营商过程中所付出的时间成本。其二，减轻企业在营商过程中的税负。

（三）自由贸易港营商环境便利化的重心及法治引导的方向

2017 年 10 月，党的十九大强调：“赋予自由贸易试验区更大改革自主权，探索建设自由贸易港。”习近平总书记“4 · 13 讲话”中提出要支持海南逐步探索、稳步推进中国特色自由贸易港建设。③ 自由贸易港制度创新的本质及自身逻辑便是要依靠制度创新降低交易成本，并吸引、促使区际乃至国际生产要素向港内涌入与聚集。④ 高级生产要素流入是产业升级的基础，其

---

① 《马克思恩格斯全集》（第 46 卷）（下），人民出版社 1980 年版，第 225 页。

② 参见冯俏彬、李贺：《降低制度性交易成本：美国税改与中国应对方略》，载《中央财经大学学报》2018 年第 5 期。

③ 参见习近平：《在庆祝海南建省办经济特区 30 周年大会上的讲话》，载中国政府网，http://www.gov.cn/xinwen/2018-04/13/content_5282321.htm。

④ 参见史本叶、王晓娟：《探索建设中国特色自由贸易港——理论解析、经验借鉴与制度体系构建》，载《北京大学学报（哲学社会科学版）》2019 年第 4 期。

中的溢出效应与竞争效应①共同推动自贸港产业升级与转型，进而解除我国“低端锁定风险”并提升我国在全球价值链中的地位与作用。② 综合自由贸易港自身的发展特点，促使生产要素向港内聚集可围绕着以下三个重心进行制度安排：贸易、投资、税收，其三类制度安排皆可起到吸引生产要素、促进产业转型的作用，因而自由贸易港便利化营商环境也应围绕前述三类制度安排进行优化。

1. 贸易、投资与税收：自由贸易港降低制度性交易成本的三个重心

(1)贸易的作用

交易便捷是现代商法的基本原则，其核心内容是减少交易手续、降低交易成本。③ 在国际贸易中存在大量交易成本，如何降低交易成本便是国际贸易扩张的关键。俄林在其所著的《区际贸易与国际贸易》一书中认为，劳动力、土地、资本等自然禀赋是国际贸易产生的条件之一。④ 有学者据此提出天然的深水港口及其所在优越的地理位置亦属于地区自然禀赋，如地处国际航运战略要道的新加坡及位于太平洋和印度洋航道的香港。⑤ 优越的地理位置及天然的深水港口一方面有效地降低了该地区国际贸易的货物运输成本，另一方面也有利于提高船舶及货物的流通效率。港内政府为进一步挖掘港口的自然禀赋，通过法治引导出台相关通关便利与监管便利方面的制度，进一步形成制度上的比较优势。凭借以上制度进一步降低港内的制度性交易成本并提升生产要素的流通效率，最终达到推动地方经济发展的目的，这也是早期自由贸易港制度的雏形。而关于贸易便利的优化方向，自由贸易港在制度设计上遵循商法的基本原则，其制度构建的一大目标就是

① 竞争效应，是指自贸港开放的环境致使企业、资本的大量涌入，与本土企业形成竞争，并致使本土企业在竞争中实现升级、发展与转型。

② 参见张小燕：《自贸区建设背景下产业升级机制与策略分析》，载《经济论坛》2020 年第 10 期。

③ 参见《商法学》编写组编：《商法学》，高等教育出版社 2019 年版，第 19 页。

④ 参见[瑞典]伯特尔・俄林：《区际贸易与国际贸易》，逯宇铎等译，华夏出版社 2017 版，第 6 ~ 40 页。

⑤ 参见林锋：《上海发展转口贸易的相关要素分析》，载《国际经济合作》2009 年第 5 期。

通过降低海关成本而增加贸易。[①] 降低海关成本主要可从以下两个方面考量:一是在货物的通关方面,通关环境是影响贸易便利化程度的重要因素,[②] 港内政府需对船舶、货物的报关、检验检疫及通关等施行便利化的通关措施;二是在通关监管方面,以不影响贸易和国际货运便利化为原则,构建简便、自由、灵活的监管机制。

(2)投资的作用

投资是自由贸易港吸引生产要素并实现港内产业结构转型与升级的有效手段之一。有学者认为,投资便利主要指一国为了便于境外资本流入,对外来投资行为采取的简化投资运营手续、缩短投资流程、改善投资软硬件环境等措施,以达到降低投资者交易成本的目的。[③] 根据亚太经济合作组织(APEC)投资便利化的定义,投资便利化是指政府采取的一系列旨在吸引外国投资,并在投资周期的全部阶段上使其管理有效性和效率达到最大化的行动或做法。[④]

(3)税收的作用

我国肇始于20世纪70年代末的市场化改革,其重要的内容在于打破制度的桎梏,促进生产要素的跨区域流动与重组。作为与改革开放一脉相承的自由贸易港政策,其作用在于以海南作为对外开放的"窗口"吸引并促进区际、国际的生产要素在此流动与重组,并最终实现国家的产业升级与经济发展。如前所述,税收是自由贸易港发展中不可忽视的重要内容,其作用主要体现在以下两方面:一是在生产要素聚集方面,税收在政府引导生产要素

---

① See John J. Da Ponte Jr. , *United States Foreign-Trade Zones:Adapting to Time and Space*, Maritime Lawyer, Vol. 5:2, p. 197(1980).

② See John S. Wilson & Catherine L. Mann & Tsunehiro Otsuki, *Trade Facilitation and Economic Development: A New Approach to Quantifying the Impact*, The World Bank Economic Review, Vol. 17:3, p. 367 – 389(2003).

③ 参见李轩:《中国自贸试验区深化投资便利化制度建设进展及创新路径分析》,载《辽宁大学学报(哲学社会科学版)》2020年第3期。

④ 参见沈铭辉:《APEC投资便利化进程——基于投资便利化行动计划》,载《国际经济合作》2009年第4期。

聚集、提高生产要素配置效率方面发挥着重要作用。[①] 二是在产业转型升级方面的实践中，税制调整会通过改变商品的相对价格、企业资源配置等影响企业投资收益效率、投资结构，进而促进产业结构改变。[②]

2. 促进贸易、投资与税收便利化的法治引导方向

首先，贸易便利化的法治引导方向在于：根据 1973 年《京都公约》（修订）专项附约四第二章及 1992 年《欧共体海关法典》对自由贸易区的解释，可知自由贸易港建设的关键在于海关建设，海关建设的共性在于加快货物流通，促进海关便利化。[③] 另据《海南自由贸易港法》第二章"贸易自由便利"（除第 17 条外），全章内容皆在规定货物通关方面的相关监管、便利措施，因而无论是从国际视野抑或是国内立法方向，通关便利与监管便利皆是促进贸易便利化的法治引导方向。其次，投资便利化法治引导的方向在于：《海南自由贸易港法》的投资便利化规则聚焦于投资主体的准入、投资流程的简化及针对投资者的保护三个方向。《海南自由贸易港法》第三章"投资自由便利"的第 18 条至第 20 条所规定的是准入前国民待遇、负面清单、放宽外商投资准入等准入方面的内容；第 21 条规定的则是简化投资流程方面的内容；第 22 条至第 24 条则皆是与保护投资者相关的内容，诸如保护中小投资者、保护投资者的知识产权、保护市场公平竞争等。因此，外商投资的准入、投资流程的简化及对投资者的保护是自由贸易港投资便利法治引导的三个核心方向。最后，税收便利化法治引导的具体方向在于：根据《海南自由贸易港法》第四章"财政税收制度"第 27 条至第 30 条之规定可知，税收优惠制度与简税制度是我国海南自贸港税收便利化法治引导的方向。

---

① 参见王鲁宁、胡怡建：《我国区域间税负差异与生产要素流动的相关性分析》，载《上海财经大学学报》2013 年第 5 期。

② 参见陈明艺、庞保庆、王璐璐：《减税效应、技术创新与产业转型升级——来自长三角上市公司的经验证据》，载《上海经济研究》2021 年第 1 期。

③ 参见王淑敏、冯明成：《〈贸易便利化协定〉与〈京都公约〉（修订）比较及对中国自由贸易港的启示》，载《大连海事大学学报（社会科学版）》2019 年第 2 期。

二、著名自由贸易港(区)营商环境便利化法治引导的经验梳理与评析

(一)通关与监管:著名自由贸易港(区)贸易便利化法治引导的经验评析

1. 新加坡法治引导的经验分析

新加坡自由贸易港保持高水准的贸易便利化营商环境的法治引导在于:第一,在通关便利化法治引导的具体措施上,一方面,新加坡自由贸易港施行单一窗口制(贸易网即 TradeNet)。海关、口岸及新加坡其他政府部门通过 TradeNet 管控货物的移动并保障了健康、安全等相关法律的要求,实现了各部门在表格、申请、界面及流程上的统一。TradeNet 实现了贸易商与监管机构间的全天候电子信息数据交换,一个原先需 2 ~7 天才能获得批准的申请通过 TradeNet 平均只需 10 分钟即可完成。与进出口贸易相关的申报、审查、许可、监管等手续均可通过 TradeNet 进行电子支付。在实现贸易商与运输商便利的同时亦提高了口岸的管理效率。另一方面,新加坡自由贸易港亦注重单一窗口制度与国际条约的衔接,并通过《建立和实施东盟单一窗口的协定》等国际条约为单一窗口制度提供法治保障,以此有效地减少了货物在通关方面的时间成本。第二,在监管便利化法治引导的具体措施上,新加坡自由贸易港通过《自由贸易园区法》明确除法律明文禁止进口的货物(如烟草、酒等商品)外,其他货物均可自由流入自由贸易港。① 此举减少企业在新加坡自由贸易港进行贸易中的不确定性,进而降低了企业的制度性交易成本。

2. 中国香港自由贸易港法治引导的经验分析

香港作为我国营商环境排行最高的地区,保持高水平贸易便利化营商

① See Free Trade Zone Act, Article 5, "Goods of any description, except such as are specifically and absolutely prohibited by any written law, may be brought into a free trade zone." Singapore Statutes online, https://sso. agc. gov. sg/Act/FTZA1966?ProvIds = P12-#pr5-.

环境的法治引导。在具体的通关便利化法治引导上：一是施行极简报关制度，除豁免报关的商品外，承运人只需于货物输入或输出后14日内向海关详细呈报进口或出口商品的所有付运资料和进/出口报关单，[①]是典型的"先入关，后报关"的便利海关管理模式。[②] 二是推行一系列便捷通关计划，最具代表性的为"海易通计划"。"海易通计划"为海运货运代理提供了一个电子渠道，以Excel/CSV档案预先向海关提交副提单数据。三是注重香港通关便利化措施与国际条约相衔接，并援引国际条约作为香港通关便利化措施的法治保障。如加入《伊斯坦布尔公约》(又称《货物暂准进口公约》)，依据公约为部分进口货物提供暂准进口服务，颁布暂准进口凭证。[③] 以上三项代表性通关便利化法治引导举措共同提高了香港贸易便利化程度，有效地减少了市场主体在货物通关过程中的时间成本。

在监管便利化的法治引导上，香港秉持"一线放开原则"：第一，通过《进出口条例》明确规定了禁运物品及相对应的处罚措施；除禁运物品外的其他货物皆可免于海关查验，[④]以此体现"一线放开原则"。第二，在监管便利化的法治保障上，香港注重本土海关监管措施与国际条约的衔接。如为履行1988年《联合国禁止非法贩运麻醉药品和精神药物公约》所规定的国际义务，香港出台《化学品管制条例》，规定香港对27种可用于制作危险药品或精神药品的化学品施行管制。

3. 美国对外贸易区法治引导的经验分析

美国对外贸易区发展至今，已成为发达国家中最成功的自由贸易区之

---

① 参见商务部国际贸易经济合作研究院课题组：《中国(上海)自由贸易试验区与中国香港、新加坡自由港政策比较及借鉴研究》，载《科学发展》2014年第9期。

② 参见徐伟、李佳宁等：《香港海关货物通关详解》，载《中国海关》2015年第8期。

③ 参见李猛：《中国自贸区法律制度建立与完善研究》，人民出版社2017年版，第181页。

④ 参见《进出口条例》，载Hong Kong e-Legislation，https://www.elegislation.gov.hk/hk/cap60!sc@2021-04-22T00:00:00?keyword.SEARCH_KEYWORD=%E8%BF%9B%E5%87%BA%E5%8F%A3%E6%9D%A1%E4%BE%8B。

一。[①] 为促进通关便利化,美国对外贸易区推行以下法治引导举措:(1)"周报关制",由2000年修改后的"贸易发展法案"确立,即对外贸易区用户可申请对运往区外需要报关的各单货物,集中为一周申报一次。[②] "周报关制"有效地降低了企业的报关费用。在每周报关结算上,每次货物处理费485美元,按平均每周入区20次、每年52周计算,区外企业每年所应支付的货物处理费为50.44万美元,而区内企业按周结算且上限为485美元,即每年应支付的货物处理费为2.52万美元;另按每次报关费用125美元、年报关1040次计算,区外企业每年度需支付的报关费合计为13万美元,而区内施行"周报关制"的企业每年度所应支付的报关费仅为6500美元。[③] (2)直通程序制,即对外贸易区企业可将以其名义进口的货物向所在地口岸海关关长申请直通程序。获批的货物无论抵达美国的何处口岸,皆可以保税方式进入对外贸易区,无须事前向抵达口岸的地方海关申报。直通程序将海外货物运送给对外贸易区用户的平均运输时长缩短1~2日,有效地减少了企业的时间成本。

在监管便利化的法治引导上:其一,《美国法典》第19卷第81d条明确,对外贸易区需由财政部部长派驻海关官员与监管人员,以保护税收,监管入境的外国商品。虽然海关并不需要在对外贸易区处常驻监管,但需在对外贸易区的每一笔货物上签字。[④] 其二,在"社会共治方面",依据相关法律规定,受让人、经营人皆有权对区内货物进行管理,其管理的权力源自委员会依据相关法律规定作出的权力让渡。《美国法典》第19卷第81b条a款的委员会准入授权条款规定了受让人制度,受让人通常指一家被授予设立、运营与维持对外贸易区特权的公共公司或私营公司;经委员会审查、批准后,

① 参见姜作利:《美国发展对外贸易区的经验与启示》,载《山东师范大学学报(人文社会科学版)》2014年第2期。

② 参见吴蓉:《借鉴美国对外贸易区经验推进我国保税区发展》,载《上海商业》2004年第6期。

③ 参见董岗:《纽约-新泽西港务局运营自由贸易区经验及借鉴》,载《水运管理》2013年第9期。

④ See Mary Jane Bolle & Brock R. Williams, *U. S. Foreign-Trade Zones: Background and Issues for Congress*, CRS report for Congress, 2013, p. 14.

可以拥有制定货物监管规则等权力。①

4. 著名自由贸易港(区)贸易便利化法治引导的经验评析

世界著名自由贸易港(区)贸易便利化法治引导具有如下特性:第一,在通关便利化上积极借鉴国际先进规则,并将其援引为本国(地区)自由贸易港(区)通关便利化制度的法治保障。例如,新加坡援引《建立和实施东盟单一窗口的协定》作为其单一窗口制的法治保障;香港加入《伊斯坦布尔公约》并援引其作为颁布暂准进口凭证的依据等。对标国际先进规则的意义在于减少企业在营商过程中面临的制度对接障碍,降低符合成本②。第二,在监管便利化上,一是施行"负面清单式监管",即以法律、法规、条例等清单方式载明禁止入港货物及经申报后入港货物,除此之外任何货物皆可入港。此举极大地降低了港内外商事主体在营商过程中的不确定性,进而减少了相应的制度性交易成本。二是构建海关主管与"社会共治"的监管模式。以美国对外贸易区为例,其通过立法手段,推动了海关监管职权的下沉。通过授权的方式使相关社会主体(受让人、经营人)拥有制定货物监管规则等权力及相应监管权力。③ 海关主管与"社会共治"体系极大地降低了对外贸易区海关监管的压力并提高了区内的通关便利化程度。海关通过全权授权开发管理公司管理货物进出过程,并运用计算机技术对对外贸易区货物进出及区内流动进行区域性的动态监管。此举将繁杂的海关手续降至最简,使海关管理效率成倍提升。例如,纽约1号对外贸易区可利用计算机通过海关联网在一天内办结240多家使用者的报关手续;又如,迈阿密32号对外贸易区1994年货物进出口总值达12亿美元,仅需两名海关人员便可办理相关手续。④ 上述举措极大地降低了企业的制度性交易成本。

---

① 参见周阳:《美国对外贸易区法律问题研究》,法律出版社2015年版,第133页。

② 所谓符合成本,是指在投资国与东道国的投资标准与法规存在较大差异的前提下,投资者为实现在东道国的投资目标,进而调整自身投资行为以达到东道国的标准与法规之要求产生的成本,而符合成本将阻碍资本的国际流动。参见李轩:《中国自贸试验区深化投资便利化制度建设进展及创新路径分析》,载《辽宁大学学报(哲学社会科学版)》2020年第3期。

③ 参见周阳:《美国对外贸易区法律问题研究》,法律出版社2015年版,第133页。

④ 参见钟坚:《美国对外贸易区的发展模式及其运行机制》,载《特区经济》2000年第6期。

(二)准入、简化与保护:著名自由贸易港(区)投资便利化法治引导的经验评析

1. 新加坡自由贸易港法治引导的经验分析

(1)在投资者准入方面:在新加坡自由贸易港内除国防等关乎国家命脉的行业外,政府对外资市场准入几乎不做任何限制,商业、金融、网络、电信等行业全面对外开放。[①] (2)在投资流程简化方面:新加坡设立了交换网络,该网络体系是世界上首个用于文件综合处理的全国性电子数据信息网络体系。通过该网络体系,在投资者的注册流程中,实现全流程数据化并保证投资者在24小时内获得相关证照。(3)在投资者保护方面:新加坡在知识产权保护等方面拥有完善的法律体系,有健全、公正的司法审判体系以及援助企业解决纠纷的有效渠道。新加坡自由贸易港拥有一整套完备且行之有效的知识产权保护法律制度,主要包括《专利法案》《商标法案》《版权法》等成文法。在知识产权方面为投资者提供全方位的法治保障。

2. 迪拜自由贸易港法治引导的经验分析

(1)在投资者准入方面:在迪拜自由贸易港内,对外资实施国民待遇并不设股比限制。除涉及石油开采、国家安全、环保等领域外,所有领域的投资者皆可在24小时内完成企业注册。(2)在投资流程简化方面:以"互联网+园区"模式实现信息、服务和基础设施的共享,推行"自由贸易区倡议",外资企业仅凭一张许可证即可在多个贸易区运营。(3)在投资者保护方面:通过设立迪拜国际金融中心法院、引入伦敦国际仲裁院等方式建立起多元化的国际商事争端解决机制,为迪拜自由贸易港的可持续发展打牢了法治根基。

3. 中国香港自由贸易港法治引导的经验分析

(1)在投资者准入方面:香港自由贸易港对外资企业在港内注册资本额度并未设限,投资者只需支付少量的厘印税,便可至香港公司注册处集中办理相关手续。在办理过程中无须验资,对实缴出资亦不做限定。(2)在投资

---

① 参见李猛:《中国自贸区法律制度建立与完善研究》,人民出版社2017年版,第161页。

流程简化方面:外资企业在香港自由贸易港内注册登记仅需三个步骤:首先,通过网上注册中心查询企业名称可用与否。其次,通过网上注册中心提交注册公司所需的相关文件并缴纳相应费用。最后,经相关机构核准并备案后,获得相应的《公司注册证书》及《商业登记》。网上递交申请一般一小时内回复结果,纸质申请一般4个工作日内给予官方回复。(3)在投资者保护方面:香港自由贸易港建构了完备的市场竞争规则体系。[①] 例如《香港法例》《公司条例》《商业登记条例》等成文法皆对我国香港自由贸易港对外进行投资和贸易等行为进行了详尽的规制;而《版权规则》《商标条例》《注册外观设计条例》等成文法也充分保障了港内投资者的知识产权。[②]

4. 著名自由贸易港(区)投资便利化法治引导的经验评析

世界各先进自由贸易港(区)投资便利化法治引导具有如下特性:第一,在准入方面,尽可能降低准入门槛及注册限制。如香港无须验资,对注册资本额度不设限制。第二,在投资流程方面,推行极简注册流程制,并进一步将企业获得证照的时间限定为24小时。如新加坡与迪拜皆保证投资者在24小时内获得相应证照。第三,在投资者的保护方面,构建事前立法及事后争端解决机制的投资者保护体系。在事前以成文的商事法案、法例、条例组成完备的法治体系为投资者在知识产权、商事活动方面提供健全、完善的法治保障。如我国香港颁布的《公司条例》及新加坡颁布的《商标法案》等。在事后建立多元化商事争端解决机制,以解决企业间的商事争端。如迪拜成立国际金融中心法院等。

(三)税收优惠与简税:著名自由贸易港(区)税收便利化法治引导的经验评析

为了从世界各先进自由贸易港(区)的税收优惠制度、简税制度中汲取探索自由贸易港便利化营商环境的经验,有必要将各先进自由贸易港(区)

---

① 参见范宏云、孙光永:《香港建设自由贸易港的经验》,载《特区实践与理论》2008年第3期。

② 参见李猛:《中国自贸区法律制度建立与完善研究》,人民出版社2017年版,第178页。

税收优惠制度、简税制度做一次综合比较与分析。

1. 著名自由贸易港(区)法治引导的经验分析

(1)新加坡自由贸易港税收优惠制度:①除机动车等四类货物外,均免征其余入港货物关税;②对内外资商事主体统一征收17%的所得税;③按11级(最高22%)征收个人所得税;④按7%征收增值税;[①]⑤国际运输服务、进出口相关运输服务等均适用零税率。

(2)迪拜自由贸易港税收优惠制度:①推行零关税制度;②港内外企业在50年内免征所得税,优惠期限届满后可再延长15年;③货物在港内储存、贸易、加工等不征收进口环节的关税与增值税。[②]

(3)韩国自由贸易区税收优惠制度:①在关税方面,对境外企业采取免征或可先征后退;②法人税、所得税,三免两减半(其中马山自由贸易区不计外商投资额,一律五免两减半优惠);③对带入自由贸易区并进行申报的国内货物和入驻企业提供的外国货物或服务施行增值税零税率。(免税对象为:从事高新技术企业的外商投资者;投资额达1000万美元以上的制造业外商投资者;投资额达500万美元以上的物流业外商投资者。)[③]

(4)中国香港自由贸易港税收优惠制度:①免征关税(除酒等四类商品)、增值税;②企业按16.5%(有限公司)、15%(非有限公司)缴纳所得税;③按5级(最高17%)超额累进税征收个人所得税,个人的利息、股息、红利、股票等投资所得无须纳税。[④]

(5)日本冲绳自由贸易区税收优惠制度:①所得减税(对象行业:制造、包装、仓储):区内拥有员工20人以上企业在其成立的10年内减免所得

---

① 参见黄庆平、李猛:《国际竞争性税制经验对中国探索建设自由贸易港的启示》,载《国际贸易》2019年第9期。

② 参见陈诚、林志刚、任春杨:《探索建设自由贸易港的政策安排与路径分析》,载《国际贸易》2018年第5期。

③ 参见张云华:《支持海南自由贸易试验区(港)建设的税收制度安排》,中国财政经济出版社2018年版,第107~108页。

④ 参见陈诚、林志刚、任春杨:《探索建设自由贸易港的政策安排与路径分析》,载《国际贸易》2018年第5期。

35 %(法人事业税、法人居民税)。②投资减税(对象行业:制造、包装、道路货物运输、批发):新增超过 1000 万日元的设备,可按设备的购置金额一定比例从法人税种减扣。③法人事业税减免(对象行业:制造、包装、仓储、道路货物运输、批发):新增 1000 万日元的设备时,5 年内可免缴部分法人事业税。④减免不动产取得税(对象行业:制造、包装、仓储、道路货物运输、批发)。[①]

2. 著名自由贸易港(区)简税制度

世界著名自由贸易港(区)另一大税制特点体现在简明的税制安排上:税收种类少,如迪拜仅有增值税等六大税种[②];香港仅设包含薪俸税等 12 个税种[③]。实践证明,税收制度越简单、越中性、税负越低就越能吸引要素和市场主体的进入。[④]

3. 著名自由贸易港(区)税收便利化法治引导的经验评析

世界著名自由贸易港(区)税收便利化法治引导具有如下特性:这些形成已久的著名自由贸易港(区)之所以被普遍认可,与其卓越的营商环境,特别是它们普遍具备的税制简明和税率偏低的赋税体制是密切相关的。[⑤] 一是施行零关税制。零关税是各自由贸易港(区)的标配,其既降低了境外货物通关的制度性交易成本;也是"境内关外"特点的具体表现。二是低税率。低税率主要体现在增值税、个人所得税、企业所得税的减免上,如迪拜便免征个人所得税、增值税、企业所得税(除外资银行、石油石化公司外);韩国对已申报的入区国内货物及外国货物、服务均实行零增值税制。三是简税制。

---

① 参见邬展霞、王周伟等:《世界自由贸易区的产业集聚及其税制模式》,载《税务研究》2014 年第 9 期。

② 即增值税、关税、销售税、市政税、社会保障税、企业所得税。

③ 即薪俸税、物业税、差饷、利得税、地租及地税、印花税、博彩税、商品税、酒店房租税、商业登记费、飞机乘客离境税、车辆首次登记税。

④ 参见冯俏彬:《建设海南自由贸易港的相关税收制度解析》,载《税务研究》2020 年第 9 期。

⑤ See James J. Wang & Michael C. B. Cheng, *Mature Hub Ports in the Free Trade Environment, the Way Forward from a Global Supply Chain Perspective: An Asian Case*, Maritime Policy and Management, Vol. 42:5, p. 436 – 458(2015).

简税的功能在于进一步吸引市场要素流入;各自由贸易港(区)秉持简税制,尽可能减少企业制度性交易成本。

三、我国海南自贸港营商环境便利化的法治引导:以对标国际先进规则为视角

(一)我国海南自贸港贸易便利化的法治引导

1.通关便利优化的法治引导:对标国际规则

积极对接国际公约、协定、标准,以此推动海南自贸港通关便利法治引导的"国际合规性",以降低外商的"符合成本"。在法治引导的过程中注重对标、借鉴国际性高水平贸易便利化方面的公约,如世界贸易组织的《贸易便利化协定》、世界海关组织的《京都公约》(修订)及高标准区域贸易协定即《跨太平洋伙伴关系协定》(Trans-Pacific Partnership Agreement,TPP)、《北美自由贸易协定》(North American Free Trade Agreement,NAFTA)。以上公约、贸易协定对我国海南自贸港通关便利化的法治引导在于:第一,采纳《贸易便利化协定》的规定,保障信息时效性和透明度。利用互联网等信息手段及时对外提供、更新进出口、过境程序所需单证信息,以满足进出口企业对通关信息的需求。第二,遵循《京都公约》(修订)的具体制度,如规定货物申报格式应与联合国单证格式一致,允许企业自我评估等。[①] 第三,借鉴NAFTA、TPP相关核心条款。如NAFTA第五章的加强国际海关合作理念,TPP的重视中小企业贸易便利化措施,TPP的为中小企业提供加急海关程序等。[②] 在国际海关合作方面,应奉行"1+3"对外合作理念[③],即"一个法律体系"与"三个重点合作方向"。所谓"一个法律体系",是指以我国在与他国

① 参见王淑敏、冯明成:《〈贸易便利化协定〉与〈京都公约〉(修订)比较及对中国自由贸易港的启示》,载《大连海事大学学报(社会科学版)》2019年第2期。

② 参见沈玉昊、康青青:《TPP透视:"海关管理和贸易便利化"议题及其影响》,载《国际经济合作》2015年第12期。

③ 参见王珉:《丝绸之路经济带海关国际合作法律机制的构建》,载《东北亚论坛》2017年第6期。

进行海关互助合作时所签署的双边或多边贸易协定为基础,形成的一整套海关间开展合作的法律体系。"三个重点合作方向"则指我国在与他国开展海关合作时,应以信息互换、监管互认和执法互助为重点合作方向。在促进中小企业通关便利化措施方面,鼓励在我国海南自贸港建立国际快件处理中心专门处理中小企业通关货物,探索设立"海外仓"。①

2. 监管便利优化的法治引导:货物监管负面清单和协同监管体系

我国海南自贸港监管便利优化的法治引导路径应由货物监管负面清单及协同监管体系构成。第一,制定货物监管负面清单。世界著名自由贸易港(区)在监管上多秉持"一线放开"原则。除明令禁止入港(区)的货物外,其余货物在其自由贸易港(区)皆可自由流通。我国海南自贸港也应借鉴前述各港(区)做法,以负面清单形式对外公示禁止入港货物及经申报后入港货物,而非禁止入港货物则可自由流通于我国海南自贸港。以此方能体现"一线放开"的监管原则。第二,构建协同监管体系。以"行业协会内部意见反馈+海关外部监管"机制构建中国海南自贸港协同监管体系。协会的发展需要政府去推动,并依靠其自律、自治实现有效配置。② 具体路径如下:首先,海关可颁布关于构建海关部门与行业协会合作关系的规章,作为协同监管体系的法治保障,以此可更有效地发挥行业协会的内部意见反馈作用。其次,构建海关与港内行业协会定期磋商的制度,让海关能迅速了解业内企业的诉求与愿望。最后,海关可委托港内相关行业协会承担事务。如就港内数据统计、行业标准制定等问题进行调研。将相关行业协会出具的调研报告作为海关制定相关部门规章的重要参考。

(二)我国海南自贸港投资便利化的法治引导

1. 外商投资准入优化的法治引导

2019 年颁布的《外商投资法》第 4 条中确定了我国施行以"准入前国民

---

① 参见王淑敏、张丹:《TPP 与中国海关法中通关便利化规则之比较》,载《海关与经贸研究》2016 年第 5 期。

② 参见翟鸿祥主编:《行业协会发展理论与实践》,经济科学出版社 2003 年版,第 38～30 页。

待遇加负面清单管理”为核心的外商投资准入管理制度。完善外商投资准入管理的路径在于：(1)发达国家通常将负面清单划分为现行负面清单及未来负面清单。我国目前推行的负面清单多属于现行负面清单，今后可探索未来负面清单以保护我国自由贸易港尚不足以同外资企业竞争的核心产业。(2)结合海南自贸港产业发展进一步精简负面清单内容。目前，上海自贸区针对本区产业发展方向进一步降低相关产业的投资门槛；如降低外资在上海设立商业、资信调查、融资租赁等子公司的投资门槛。[①] 海南自贸港制定和修改市场准入特别措施（特别清单）时，亦可吸收上海自贸区的探索成果，进一步放开医疗、教育、金融、新能源等与海南自贸港未来发展方向相适应的投资准入限制。(3)落实准入前国民待遇。目前我国已通过《外商投资法》将准入前国民待遇的权利赋予外资，但我国还存在内外资法标准不一、国家安全审查机制滞后等问题，进而影响外资对准入前国民待遇的权利行使。可借助海南自贸港改革自主权，在法治上寻找前述问题的突破口，切实、全面落实准入前国民待遇。

2. 投资流程优化的法治引导

第一，据改善投资的软件硬件环境。运用大数据、云计算等现代化高科技信息技术手段简化投资流程，降低外商投资的交易成本。在数据共享上，一是要便利审批数据在各部门间的互通共享；二是中央政府要注重强化顶层设计，构建国家级——省级——地市级的审批系统，以此实现中央与地方政府、地方间审批数据的互通、共享。[②] 第二，深化行政审批改革，强化顶层设计。从行政职权体系分工的合理化方面出发，[③]精简与投资相关的流程并积极对外公开各级政府部门审批事项。要打造“阳光型”政府，其投资审批全流程均应向所有投资者、社会公开，进一步提升政府透明度和公众参

---

① 参见路遥：《海南自由贸易港投资法律体制建构研究》，载《上海政法学院学报（法治论丛）》2020年第4期。

② 参见宋林霖、何成祥：《大数据技术在行政审批制度改革中的应用分析》，载《上海行政学院学报》2018年第1期。

③ 参见张定安：《关于深化“放管服”改革工作的几点思考》，载《行政管理改革》2016年第7期。

与感。

3. 投资者保护优化的法治引导

法谚有云，无救济即无权利。缺乏救济机制，东道国的外资准入制度将沦为无法履行的一纸空文。[①] 我国的《外商投资法》既是法律，也是对外资的承诺。因而构建外资准入救济机制既是《外商投资法》的内在要求，也是海南自贸港为适应未来投资环境变化的必然趋势。

第一，应明确外资准入争议的可诉性及诉讼中能否援引国际条约作为抗辩理由。在可诉性的问题上，根据我国《行政诉讼法》《行政复议法》等规定，针对具体行政行为，境外法人、自然人可提起相关行政诉讼或申请行政复议；最高人民法院《关于审理国际贸易行政案件若干问题的规定》也明确规定外国投资者可依法提起行政诉讼。[②]《外商投资法》《外商投资法实施条例》也规定了外国投资者可就行政行为提起行政诉讼，明确外国投资者有权利对于规范性文件申请审查。[③] 而在适用国际条约的问题上，《外商投资法》第4条第4款规定："中华人民共和国缔结或者参加的国际条约、协定对外国投资者准入待遇有更优惠规定的，可以按照相关规定执行。"虽然该条并未明确外国投资者在诉讼中是否可以援引国际条约作为抗辩依据，但也为未来海南自贸港立法提供些许参考。综上，未来海南自贸港在相关立法中应着重明确外国投资者在诉讼程序中是否可以援引适用我国签订的相关国际条约作为支持其诉求或抗辩的依据。

---

① 参见徐树：《外资准入国民待遇的救济体系论》，载《环球法律评论》2020年第2期。

② 根据最高人民法院《关于审理国际贸易行政案件若干问题的规定》第3条规定，自然人、法人或者其他组织认为行政机关有关国际贸易的具体行政行为侵犯其合法权益的，可以向人民法院提起行政诉讼。

③ 《外商投资法》第26条第3款，外国投资者认为行政机关的行政行为侵犯其合法权益的，可以依法申请行政复议、提起行政诉讼；《外商投资法实施条例》第26条规定："政府及其有关部门制定涉及外商投资的规范性文件，应当按照国务院的规定进行合法性审核。外国投资者、外商投资企业认为行政行为所依据的国务院部门和地方人民政府及其部门制定的规范性文件不合法，在依法对行政行为申请行政复议或者提起行政诉讼时，可以一并请求对该规范性文件进行审查。"

第二，探索、建立我国海南自由贸易港内外资纠纷调解制度。美国、欧盟等发达国家（国家集团）在与他国缔结的投资条约中均允许当事人寻求调解。如2012年的《美国双边投资协定范本》第23条中明确："如发生投资争端，当事人可通过磋商、谈判及使用第三方程序解决争议。"《欧盟与新加坡投资保护协定》第3.4条规定："投资争议方可随时寻求调解或其他替代性争端解决方式……"因此，通过调解化解投资纠纷是国际通行手段。但调解也存在当事人对国际公约的认知不足、程序过长、透明度过低、调解结果难以执行等问题。① 因而构建调解机制应注重如下方面：一是在海南自贸港内培养涉外法律人才的同时引进港外优秀的法律专家，以组建一批专事于国际投资纠纷调解的法律人才队伍。二是简化、规范调解程序，明确并规范与调解时限、流程、证据及结果相关的程序。三是积极与国际商事仲裁程序对接，争取在双方调解不成的情形下，双方为调解所准备的相关文书、证据亦能再次用于国际商事仲裁的程序中，并符合国际商事仲裁对于文书、证据的格式要求。四是关于调解协议的可执行性，海南自贸港可对标2018年12月通过的联合国《关于调解所产生的国际和解协议公约》，该公约可为海南自贸港关于投资调解协议的可执行性提供有益的借鉴思路。

（三）我国海南自由贸易港税收便利化的法治引导

1. 税收优惠制度优化的法治引导：进一步厘清"实质性运营"的概念

税收优惠是世界著名自由贸易港（区）的核心表征。根据《海南自贸港总体方案》第二部分与第三部分的相关规定与《海南自由贸易港法》第四章规定可知，我国已初步形成海南自贸港税收优惠法治体系。而税收优惠制度在吸引港外生产要素的同时，若监管不当亦可能对海南自贸港造成税基侵蚀，使海南自贸港沦为港外资本的"避税天堂"。针对前述问题，国家层面已出台了财政部、税务总局《关于海南自由贸易港企业所得税优惠政策的通

---

① See UNCTAD, *Investor-State Disputes: Prevention and Alternatives to Arbitration*, UNCTAD Series on International Investment Policies for Development, https://unctad.org/system/files/official-document/diaeia200911_en.pdf, 2010, p. 35 - 39.

知》和财政部、税务总局《关于海南自由贸易港高端紧缺人才个人所得税政策的通知》，针对企业与个人的税收优惠分别提出了“实质性运营”①与“在海南自由贸易港工作”②两个限定条件。关于个人所得税优惠部分的限定条件，可结合户籍、留港天数、社保、劳动合同等指标判断。“实质性运营”则规定得较为模糊，应进一步细化与完善。可参考借鉴国际实践，如英属维尔京群岛和开曼群岛 2019 年 1 月 1 日颁布了《经济实质法》，该法规定在英属维尔京群岛和开曼群岛，相关企业的活动应满足如下要求：（1）核心营收活动在本岛（英属维尔京群岛或开曼群岛）进行。（2）相关营收活动在本岛（英属维尔京群岛或开曼群岛）内接受管理、指导。（3）考察本岛（英属维尔京群岛或开曼群岛）开展相关营收活动所获得的取相关收入水平。③ 结合国际上的实践经验，可通过以下路径对“实质性经营”这一规则进行完善：其一，审查企业是否在海南自贸港内实际开展营商活动。其二，审查企业核心业务是否实际在海南自贸港开展。其三，审查企业主要工作人员是否在海南自贸港内工作生活。其四，经审查后发现企业并未在海南自贸港内实际性运营，而仅是借助海南自贸港的税收优惠政策避税、逃税的，应对其施以相应的处罚或惩戒。

2. 简税制度优化的法治引导：构建“销售税”的制度

《海南自贸港总体方案》在“2025 年前重点任务”第 18 条中规定：“依法将现行增值税、消费税、车辆购置税、城市维护建设税及教育费附加等税费

---

① 财政部、税务总局《关于海南自由贸易港企业所得税优惠政策的通知》把“实质性运营”定义为“企业的实际管理机构设在海南自由贸易港，并对企业生产经营、人员、财务、财产等实施实质性全面管理和控制”。

② 海南省人民政府《关于印发海南自由贸易港享受个人所得税优惠政策高端紧缺人才清单管理暂行办法的通知》（琼府〔2022〕31 号）对“在海南自由贸易港工作”的条件限定为：（1）一个纳税年度内在海南自由贸易港累计居住满 183 天。（2）属于海南省各级人才管理部门所认定的人才或一个纳税年度内在海南自由贸易港收入达到 30 万元人民币以上（海南省根据经济社会发展状况实施动态调整）。

③ 参见蔡伟年、邓依雯：《避税天堂修法：英属维尔京群岛和开曼群岛的经济实质探析》，载《国际税收》2019 年第 6 期。

进行简并,启动在货物和服务零售环节征收销售税相关工作。"该规定明确了海南自贸港应以"销售税"为核心,探索自由贸易港"简税"方向。基于法治的视角,明确销售税改革方向的关键在于销售税的制度构建:第一,明确征税范围,因销售税是增值税等"五税费"的简并,且主要针对的是货物、服务的征收。因此可出台三个正面清单以明确征收范围,即应税货物正面清单、应税服务正面清单、免税货物与服务正面清单。第二,构建销售税征管制度。参考境外经验,生产商、批发商、零售商等商事主体皆需至相关税务部门完成销售税登记并获取相应证照。① 因此,海南推行销售税制度后,对港内的批发、零售、生产等商事主体应严格施行注册登记制度。

① 参见张云华、何莹美:《海南自由贸易港销售税的制度设计》,载《税务研究》2020 年第 9 期。

第四章

海南自贸港开放第七航权的法律构建

一、第七航权法律规则与海南自贸港:基本理论分析

(一)航权与航权交换的法律基础

1. 航权的法律概念与分类

航权是重要的航空资源,对世界民航经济的发展至关重要。获取航权是各国参与国际民航运输的前提,航权的开放程度是衡量一国国际航空运输自由化程度的关键指标。航权交换是各国对参与全球经济一体化的积极响应,有利于各国在经济与文化等诸多领域进行交流。

航权,又称航空运营权、交通权或"空中自由",是国际民用航空运输业发展的关键资源。根据世界贸易组织在《服务贸易总协定》的《空运服务附件》中规定,"航权"被定义为"从一国境内前往另一国境内或在该国境内定期或非定期地运送乘客、货物和邮件以获得报酬的权利,航权内容包括服务的地点、运营的航线、运输的类型、提供的运力、收取的运价,以及指定航空

公司的数量、所有权和控制权等”[①]。

1944 年芝加哥会议召开并通过著名的国际民用航空“宪法”——《国际民用航空公约》(Convention on International Civil Aviation,也被称为《芝加哥公约》)。[②] 芝加哥会议还通过了《国际航班过境协定》和《国际航空运输协定》。上述三个公约和协定为国际航空运输多边管理框架的形成奠定了基础。《国际航班过境协定》中约定缔约国之间享有第一航权与第二航权,《国际航空运输协定》则约定缔约国之间可互换第一至第五航权。这些规则的出台标志着法定航权分类的初步形成。以航权的特征为分类标准,在学理上可以将第一航权至第五航权进行初步分类,即第一类是“过境权”,包括第一航权与第二航权;第二类是“营运权”或“商业运输权”,包括第三航权、第四航权及第五航权。[③]

随着国际航空业不断向纵深发展,航权又拓展出第六航权、第七航权、第八航权以及第九航权。中国民航局将第一航权至第九航权分别命名为领空飞越权、技术经停权、目的地下客权、目的地上客权、中间点权或延远权、

① Annex on Air Transport Services 6. Definitions: (d) “Traffic rights” mean the right for scheduled and non-scheduled services to operate and/or to carry passengers, cargo and mail for remuneration or hire from, to, within, or over the territory of a Member, including points to be served, routes to be operated, types of traffic to be carried, capacity to be provided, tariffs to be charged and their conditions, and criteria for designation of airlines, including such criteria as number, ownership, and control,载国际经济法网,https://ielaw. uibe. edu. cn/fgal/gjgy/18469. htm。

② 实际上,1919 年《巴黎航空管理公约》对航权制度的构建影响深远,其首次定义了航空器的概念,创建了国际航行委员会,并首次宣告了空气空间主权的存在。不过由于美国对于将立法权授予国际组织持反对态度,该国最终签署但未批准该公约。而且美国还认为《巴黎航空管理公约》仅属于欧洲,美洲应创建美洲公约。所以,可以认为《巴黎航空管理公约》是著名国际民用航空宪法《国际民用航空公约》的前身。参见屈凌:《国际航空运输侵权研究——以华沙体系为视角》,武汉大学 2011 年博士学位论文,第 7 页。

③ 参见赵维田:《国际航空法》,社会科学文献出版社 2000 年版,第 41 页。董萧在叙述自商业性航空运输角度发展出来的航空自由学说时,交替使用航权与航空自由的名称。参见董萧:《航权交换研究》,知识产权出版社 2010 年版,第 42 页。

桥梁权、完全第三国运输权、(连续)国内运输权以及(不连续)国内运输权①。2002 年 5 月,国际民用航空组织(International Civil Aviation Organization,ICAO)(以下简称"国际民航组织")航空运输监管小组第十次会议报告明确提出要将第六航权至第九航权正式化,并且对"完全市场准入"与"开放天空协议"进行统一定义。② 在学理上,有学者将第一航权至第九航权分为"过境权"、"交通权"以及"国内运载权",即第一航权与第二航权为"过境权",第三航权、第四航权以及第五航权为"交通权",第三类"国内运载权"则涵盖了国际惯例中新设的第六航权、第七航权、第八航权以及第九航权。③ 当然,此种分类也稍有瑕疵,第六航权与第七航权并不涉及一国国内航线,应归入交通权的范畴;而商业运输离不开便利的交通,将与商业运输有关的航权归纳为交通权也未尝不可。所以,在理论上,九类航权依据各自特点,大体分为"过境权"(第一航权、第二航权)、"交通权"(第三航权、第四航权、第五航权、第六航权、第七航权)、"国内运载权"(第八航权、第九航权)。航权基本概念与分类问题的明晰,成为对航权理论进行深入研究的基本前提。

2. 航权交换的基本法理分析

(1)航权交换原则

航权交换的首要原则是尊重各国领空主权原则。国家主权是各国之间进行国际交往的前提和基础,是航权的权利基础,为国际法所认可。航空私法确立了自罗马法后土地所有者享有其土地上空的空气空间的排他性权

---

① 其实,第八航权与第九航权非常相似,区别在于后者可完全在他国国内开设航线。参见《航权专题》,载中国民用航空局网,http://www.caac.gov.cn/GYMH/MHBK/HQZT/。

② See ICAO, *International Civil Aviation Organization Air Transport Regulation Panel Tenth Meeting*, 2002, https://www.icao.int/Meetings/ATConf5/Documents/atrp10Report_en.pdf.

③ See S. Lilly, *ASEAN Open Sky Policy and Air Freedom Rights from the Perspective of Defense Strategy and the Airspace Sovereignty*, Turkish Journal of Computer and Mathematics Education, Vol. 12:10, p. 660 - 669(2021).

利,航空公法确立了国家享有其领土上空的空气空间的主权。[①] 1974 年联合国通过的《各国经济权利和义务宪章》规定了国家主权在经济领域的内容,包括经济活动的永久主权原则和经济领域的主权平等原则。[②] 中国著名启蒙思想家梁启超主张"主权在国",即国家拥有法律人格,国家主权单独归属于国家。[③] 传统国际法认为国家主权具有完全排他性。领土主权所涉范围涵盖海陆空等领域,最早由 1919 年《巴黎航空管理公约》确立为一项国际法规则。[④] 我国《民用航空法》确立了中国的领空主权原则。[⑤] 航权与一国领土主权相挂钩,航权的开放涉及一国领土主权,与国家主权密切相关,一国的国家主权当属于国家这个有机体。由此推断,航权这一自然资源属于一国独立进行管理的领空资源。在如今构建人类命运共同体的浪潮下,将共同利益放在首位是海南自贸港开放第七航权的重点考虑因素。正如习近平总书记所说,必须坚持各国相互尊重、平等对待。[⑥] 在航空运输领域,西方奉行的国家主权观仅仅注重本国的国家主权而无视他国,属于"霸权主义",已不适用于当今全球经济一体化的浪潮。[⑦] 比如美国在与世界各国进行"开放天空"谈判时,其谈判内容体现西方的国家主权观,无视他国利益,是西方个人主义的排他式国家主权理念。

航权交换还应在《国际民用航空公约》所确立的"机会平等"原则上保障各国利益。国家之间通常通过签署航空运输协定的方式互换航权,这是由于《国际民用航空公约》规定航权应由两个缔约国家协商而定,协商的内容

---

① 参见覃华平:《航空器致第三方损害赔偿责任公约研究》,中国政法大学出版社 2013 年版,第 3 ~ 4 页。

② 参见董蕭:《航权交换研究》,知识产权出版社 2010 年版,第 38 页。

③ 参见侯德彤:《梁启超的国家主权思想》,载《东方论坛》2021 年第 6 期。

④ 《巴黎航空管理公约》第 1 条规定:"缔约各国承认,每个国家对其领土之上空气空间具有完全的和排他的主权。"

⑤ 根据《民用航空法》第 2 条规定,中华人民共和国的领陆和领水之上的空域为中华人民共和国领空。中华人民共和国对领空享有完全的、排他的主权。

⑥ 参见习近平:《论坚持推动构建人类命运共同体》,中央文献出版社 2018 年版,第 206 页。

⑦ 参见胡荣涛:《人类命运共同体理念下的国家主权观建构》,载《安徽行政学院学报》2021 年第 6 期。

主要包括航线(航路)、运力、运价。① 其中,航线由各国严格监管,双边协定中对航线的约定是一国航司拓展国际航线的首要前提,属于“硬权利”。运力通常涉及在双边协议中如何约定运力管理原则与运力分配方法的问题,以及以何种程序保障运力管理原则与运力分配方法的实施的问题。② 而确定运价的方式则较为复杂,在最终确立之前通常需要经过三个阶段,一是航司间签订协议,二是与其他航司间进行协商,三是经过各方批准。③ 为营造公平竞争环境,各国在进行第五航权及以上航权交换时的谈判关键,则在于两国之间是否进行等值权利交换。如欧盟坚持单边主义大力推行的航空碳税政策,将航班在公海上的碳排放纳入统计数据,缺乏法律依据,该行为直接影响了航司的航线选择,实质上违背了《国际民用航空公约》所确立的公平均等的机会原则。④

(2)航权交换模式

航权交换模式,是指世界各国进行国际航空运输活动的重要法律行为。目前存在三种航权交换模式,分别为单边主义模式、双边主义模式以及多边主义模式,三种模式各有利弊。国际民航组织一直致力于缔结一份关于定期国际航空运输商业权利的多边航空运输协定,但目前仍未具备所需条件。国家间最主要采用签订双边航空运输协议的方式交换航权,极少情况下会出现一国采取单边主义模式开放航权的情形。

单边主义模式,是指在与一个或多个国家或国际组织交往中,由一个或多个国家联合通过通知或其他方式作出具有法律效力的单方面说明。国际航空运输领域的单边主义模式盛行于“一战”以前,是指由一国单方面对其他国家涉及本国航空业的相关行为作出允许或禁止的决策。⑤ 国际层面的

① 参见董萧:《航权交换研究》,知识产权出版社2010年版,第46页。

② 参见[英]郑斌:《国际航空运输法》,徐克继译,中国民航出版社1996年版,第299~300页。

③ 参见[英]郑斌:《国际航空运输法》,徐克继译,中国民航出版社1996年版,第323页。

④ 参见李聆怡:《领空主权内涵在航权交换中的侧重变迁》,载《中国市场》2014年第22期。

⑤ 参见贺富永、王盛蕾:《论国际航空运输管理体制发展历程及基本走向》,载《北京航空航天大学学报(社会科学版)》2015年第3期。

“单边主义”这一术语具有“艺术性”,一是因为对国家或区域机构作出的决定进行评估时仅考虑是否符合相关法律,未考虑国际宪法权威;二是因为行使主权自治的领土界限仍处于不断变化的状态;三是因为国际法制定的标准在许多领域仍然不完整且模棱两可。[①] 因此各国或各地区经由“单边主义”所作出的各类决策可能会存在潜在的冲突。不过,采用单边主义模式开放航权,实质上并不涉及对其他国家或地区强加义务,而是赋予其他国家或地区以权利。因此,本章所指的作为航权交换模式之一的单边主义模式,并不具有所谓的“艺术性”。国际航空领域的单边主义模式与国家主权、领空管辖权密切相关。[②] 一国采取单边主义模式开放航权,是指在未缔结双边航空运输协议或多边航空运输协议的情况下采取单方行动,是领空自治行为。比如1990年印度宣布实施航空货运“开放天空”政策;1992年巴基斯坦在卡拉奇机场进行开放客运与货运第七航权为期一年的试点;俄罗斯交通部2019年年底宣布从2020年开始在俄罗斯第四大机场普尔科沃机场开放第七航权,从俄罗斯发布的实行无限制航班的国家及城市名单来看,俄罗斯出于保护本国航空公司竞争利益的需要,排除了部分旅游热点地区;[③]2020年中国宣布在海南省试点开放客运与货运第七航权;乌兹别克斯坦交通运输部于2020年6月21日出台符合自由化政策的航空货运条款,宣布对外国航

---

① See P Sands, “*Unilateralism*”, *Values, and International Law*, European Journal of International Law, Vol. 11:2, p. 291 - 302(2000).

② See P Sands, “*Unilateralism*”, *Values, and International Law*, European Journal of International Law, Vol. 11:2, p. 291 - 302(2000).

③ 取消了对飞往21个国家的航班的所有限制:比利时、丹麦、爱沙尼亚、芬兰、冰岛、爱尔兰、拉脱维亚、立陶宛、卢森堡、马其顿、马耳他、荷兰、挪威、波兰、葡萄牙、罗马尼亚、塞尔维亚、斯洛伐克、斯洛文尼亚、瑞士和瑞典。对9个国家除首都与较大城市外取消航班限制:奥地利(维也纳除外)、保加利亚(索菲亚除外)、英国(伦敦除外)、德国(柏林、杜塞尔多夫、汉堡和慕尼黑除外)、西班牙(巴塞罗那和马拉加除外)、意大利(罗马和米兰除外)、塞浦路斯(拉纳卡和帕托斯除外)、法国(巴黎和尼斯除外)和捷克(布拉格除外)。See *Pulkovo Airport to Introduce Seventh Freedom of Air Starting Early* 2020, Russian Aviation Insider (2019. 11. 25), http://www.rusaviainsider.com/pulkovo-to-introduce-seventh-freedom-of-air-starting-early-2020/.

空承运人在指定机场开放货运第七航权。[①]

两个国家或地区之间签订双边航空运输协议仍是开放航权的主流模式。1913 年法德两国签署了全球第一份航空运输协议，构成了现代航空运输协议的基础框架，内容包括航权交换、承认领空主权及飞行许可文件等。1944 年芝加哥会议确定国际航空双边运输协定范式后，双边主义模式逐渐成为各国进行民航业交往的主要模式。当时，《国际民用航空公约》未能解决经济监管问题，各国之间若有意开放天空，须进行一系列双边谈判。1946 年美国和英国所缔结的《百慕大Ⅰ号》双边航空运输协定一度成为各国缔结双边航空运输协定的模板，两国在该协议中约定互相交换航权，并适用调节费率的机制，该协议模板解决了包括安全问题在内的部分“软权利”问题。该协议实质上并未基于美英双方完全的空中自由，只是对容量控制问题采取“自由主义”而非“保护主义”的方法。[②] 1976 年英国在意识到美国航空公司利用《百慕大Ⅰ号》协议获取超过英国的营运量的背景下，约定重新签订协议，此时《百慕大Ⅱ号》协议出台，英国在该协议中新增对《百慕大Ⅰ号》协议的部分条款的限制，纳入了包机规则并且新增安全条款，[③]但该协议并未形成各国可以固定引用的模板。现代双边航空运输协议的内容包括市场准入（承运人、航线）、国籍条款、运价、运力频率、公平竞争、争议解决、安全、货物。美国自 1978 年放松管制开始在谈判中追求更加自由的双边协议，将“硬权利”授予同意开启航空自由化的国家。美国自 1992 年开始进行更加自由的“开放天空”双边谈判，授予各国航空承运人联盟反托拉斯豁免权。1992 年美国与荷兰签订了第一个第二代“开放天空”协议，该协议允许荷兰

---

① See *Advancements in Air Connectivity in COVID-19 Times*, International Civil Aviation Orgonization (ICAO) (2021. 7. 6), https://www. icao. int/MID/Documents/2021/7th% 20Freedom% 20Webinar/Overview-Advancements% 20in% 20Air% 20Connectivity% 20in% 20COVID-19% 20Times. pdf.

② See Barry R. Diamond, *The Bermuda Agreement Revisited: A Look at the Past, Present and Future of Bilateral Air Transport Agreements*, Journal of Air Law and Commerce, Vol. 41:3, p. 419 – 496 (1975).

③ 新增条款内容申明缔约双方恪守三个反劫机公约（东京公约、海牙公约、蒙特利尔公约）的规定，以及遵守国际民航组织关于航空安全所制定的规则。

皇家航空公司和其他任何荷兰航空公司飞往美国的任何地点，并允许美国航空公司飞往荷兰的任何地点。美国在意识形态上坚持开放市场，因此航权的不平衡并不重要。此外，开放荷兰将使荷航从周边航空公司网络中分走部分客流量，这最终将鼓励周边航空公司要求其政府与美国签署双边"开放天空"协议。1993 年美国授予西北航空公司和荷航之间的联盟反垄断豁免权。随着第六航权的开放范围逐渐扩大，包围政策开始腐蚀对自由化的阻力；汉莎航空及当时的法国航空也要求他们的政府签署自由双边协议。①

双边主义模式确保了航空权力仍由国家控制，便于各国保障领空安全，并且国家间进行谈判的成本较低，对于违反协议的国家可直接按照协议约定的责任与义务进行处理，双边协议实质上简化了合规程序并且对缔约国提供更高的合规激励，②因此为世界各国所采用。双边协定的缔约国之间享有在特定条件下免除商业性飞行权的事先外交许可。③ 传统双边主义模式下，国际航空运输业呈有序增长趋势，双边主义模式是可靠的，但阻碍了国际航空运输业的监管制度优化。双边主义模式未提供可预测的监管框架，没有开放市场的弹性和灵活性。目前，由《服务贸易总协定》对国际航空服务"软权力"进行多边经济监管，但其监管对象排除了航权这类"硬权力"。④若各国民航业之间采取严格的双边主义，将不利于提升国际民航业的经济实力，因为双边主义模式的根本原则是保护国家安全，其经济效益不高。此外，在双边主义模式与公民身份纯度规则的双重影响下，无法产生真正意义上的全球化的航空公司。⑤ 85% 的双边协议约定对两国关税进行双重批准，

---

① See Dr. Paul Stephen Dempsey, *Air Traffic Rights: Deregulation and Liberalization*, McGill (2015. 5. 8), https://www.mcgill.ca/iasl/files/iasl/aspl_633_dempsey_air_traffic_rights.pdf.

② See Mark L. Morrison, *Navigating the Tumultuous Skies of International Aviation: The Federal Aviation Administration's Response to Non-Compliance with International Safety Standards*, Southwestern Journal of Law and Trade in the Americas, Vol. 2:2, p. 621 - 656(1995).

③ 参见［英］郑斌：《国际航空运输法》，徐克继译，中国民航出版社 1996 年版，第 161 页。

④ 软权利是指：飞机维修和保养、航空运输服务的销售和营销、计算机预订系统服务。

⑤ See Brian F. Havel & Gabriel S. Sanchez, *The Emerging Lex Aviatica*. Georgetown Journal of International Law, Vol. 42:3, p. 639 - 672(2011).

90%的协议约定实质性所有权和有效控制条款("国籍条款"),仅6%的协议约定了主要营业地条款。① 有学者认为双边协定体制具有限制性,其本质上属于国家保护主义。② 因而双边协议模式无法适用于一切航权交换的场景。

双边主义模式的进步之一在于双边协议的多边化,使孤立的发展中国家有机会参与到全球体系中。在此框架下,各方之间存在不同程度的互惠义务。双边主义模式在增加市场准入机会的同时,为监管提供便利,并且参与主体的增加可提高整个系统的灵活性。

双边主义模式的进步之二在于双边协议逐步开放货运与客运第七航权,其自由度远超传统"开放天空"协议。自1995年至2000年,在国际民航组织备案的1500个双边协议中,有16个协议涉及开放货运第七航权,但涉及同时开放客运与货运第七航权的仅有新西兰与布隆迪在1999年签署的1份双边协议。③ 2007年11月21日,新加坡和英国签署了具有里程碑意义的《开放天空协议》,该协议约定双方取消对客运和货运的所有限制,取代了两国之间1971年的双边航空服务协议。2008年3月30日《开放天空协议》全面生效后,新加坡航空公司等新加坡指定的承运人将自由运营从伦敦希思罗机场到纽约肯尼迪机场的跨大西洋航班。

双边主义模式下,国家之间的谈判尤为重要。以加拿大为例,加拿大外交部、贸易和发展部及运输部三个部门共同负责对加拿大与外国的航空运输协议进行谈判。自2006年11月起,加拿大开始推行"蓝天政策",该政策提倡区别对待航空运输协议谈判活动,以积极主动为原则进行谈判,并且在符合加拿大的整体利益的情形下,寻求签订互惠型"开放天空"协议的可能,

---

① See Council for Trade in Services, *Second Review of the Air Transport Annex Developments In The Air Transport Sector (Part Two)*, World Trade Organization (2006.11.30), https://docs.wto.org/dol2fe/Pages/SS/directdoc.aspx?filename=Q:/S/W00.pdf&Open=True.

② 参见王瀚、张超汉、孙玉超:《国际航空法专论》,法律出版社2017年版,第31页。

③ See WTO, *Air Transport And The GATS*: 1995 - 2000, World Trade Organization (2006.11.30), https://www.wto.org/english/res_e/booksp_e/airtransport_2000_e.pdf.

这一做法避免了恶劣的公平竞争环境对加拿大现有航空市场的冲击,为加拿大消费者在目的地和直飞航班数量方面提供了更多选择。[①] 加拿大在进行航空协议谈判时的主要目标包括:提供一个鼓励竞争和不断发展壮大的国际航空服务框架,以使旅客、托运人以及旅游和商业部门受益;为加拿大航空公司提供在更加自由的全球环境中成长和公平竞争的机会;使机场能够最大限度地以不受双边限制的方式进行自我推销;支持和促进加拿大的国际贸易目标;支持安全、可靠、高效、经济健康和可行的加拿大航空运输业。

"二战"后,各国在订立正式的双边协定之前,通常先互相授予临时许可。芝加哥会议后,航权开放相关的双边航空协定经过多种模式演变。赵维田认为"二战"后已形成百慕大式、事先确定式和自由式三种双边航空协定模式。[②] 百慕大式起源于1946年英国与美国签订的《百慕大Ⅰ号》协定。该协定的签署意味着持不同航空政策的英美两国就运力、运价、航路达成一致,在运力方面,两国首先通过指定的承运人自由决定,再由政府进行事后审查;在运价方面,运价由国际航空运输协会的"营运会议"统一拟定;在航路方面,经过两国指定的承运人可自由安排第五航权。[③] 百慕大式以其自由灵活的百慕大运力原则著称,该原则的内容为:"(1)运力要由各指定航空公司依市场要求,按公平与均等机会原则确定。(2)一方航空公司确定运力时,应考虑到他方政府(指定的)航空公司的利益,使之不过度影响后者在同一航路全程或部分航段提供的服务。(3)应把为第三、四航权的市场提供充分的运力列为主要目标,而把第五种自由的市场运力列为次要或辅助性需求。(4)一旦发现有不符上述规定的情况,由双方航空主管部门做事后检

---

① See Global Affairs Canada: *Bilateral Air Relations Between Canada and Foreign Countries*, Canada.ca(2002. 7. 14), https://www.international.gc.ca/trade-agreements-accords-commerciaux/agr-acc/other-autre/air-air.aspx?lang=eng.

② 参见赵维田:《论双边航空协定的三种模式》,载《法学研究》1988年第2期。

③ 参见董萧:《航权交换研究》,知识产权出版社2010年版,第65页。

查"[①]。百慕大运力原则本质上意为运力完全自由、不受约束,但有关限制运力的表述模糊,导致在实践中无法直接适用该条款。相较于采取百慕大式,大多数小国以及"二战"后新成立的国家所采取的双边航空协定模式为事先确定式。在该模式下,运力由政府事先确定,各国仅交换第三、第四航权。"实际上所有双边协定都列有国家主要所有权的条款"[②],对协议航班要求其始发点需为指定航空公司所在国领土内,这其实对第七航权进行了严格限制。自由式("自由式"即"开放天空"[③])最初由美国开始推行,在初期遭到许多国家的反对,后来才在欧共体得到发展。1978 年荷兰与美国签订了世界上第一个自由式双边航空协定。随后美国与以色列、新加坡等国对原有的双边协定进行了修改。由于各国很难形成有关航权内容中航线交换的共同模式,国际航空运输中多边机制难以实现。[④] 基于航权交换多边体制难以建立的现实困境,芝加哥会议制定了各国缔结双边航空协议的范本,即《临时航线协议标准格式》(也称"芝加哥标准协定"),其中"辅助性权利"部分为后来的双边协议所广泛借鉴。[⑤]

部分国家间互相开放的航权范围已突破第七航权,并放宽至代码共享、航司定价权以及航空运输领域的环保合作。[⑥] 中国航空运输的市场化改革在航空运输自由化的推动下进行,航企的经营政策由粗放经营转向集约经营。[⑦]

多边主义的应用大多在区域之中,成效较为明显。区域主义即各国为获取航空经济利益而缔结区域性航空运输协议,可以称之为一定地理区域

---

① 赵维田:《论双边航空协定的三种模式》,载《法学研究》1988 年第 2 期。

② [英]郑斌:《国际航空运输法》,徐克继译,中国民航出版社 1996 年版,第 221 页。

③ 美国运输部于 1992 年才公布"开放天空"政策的官方定义,此前称为"自由式"双边航空协定。

④ 参见董萧:《航权交换研究》,知识产权出版社 2010 年版,第 48 页。

⑤ 参见董萧:《航权交换研究》,知识产权出版社 2010 年版,第 64 ~ 65 页。

⑥ 参见李艳伟、郑兴无:《"天空开放"背景下我国民航运输产业成长路径研究》,载《南京航空航天大学学报(社会科学版)》2014 年第 2 期。

⑦ 参见王孝存:《国际航空运输服务自由化的原因、影响及对策》,载《国际商务(对外经济贸易大学学报)》2002 年第 2 期。

范围内的多边主义。区域主义这一术语的出现较晚于双边主义,在开放航权领域区域主义是较新的概念。航空业中的区域主义通常以区域多边主义的形式出现,即在特定地理范围内签署多边航空运输协议,比如欧盟、安第斯共同体、南方共同市场。欧盟是最成功的航空区域主义示范区,其设有独立机构——欧盟委员会,独立机构的优点在于其中立的视角,它们不代表某一方的利益,因此可以坚持发展的远见并保持广阔的视野,这对于废除根深蒂固的传统和行为模式至关重要。[①] 实践表明,航空运输区域主义之下的第七航权得到了最大化开放。

(二)第七航权产生的理论基础

1."开放天空"政策

美国交通部创造了"开放天空"一词(open skies 被国内学者翻译为"天空开放"或"开放天空",本章采用"开放天空"的翻译),"开放天空"协议所涉及的航空运输服务协议通常对航线、关税、容量以及第五航权进行约定。而其他世界贸易组织成员(如澳大利亚、新西兰)所指"开放天空"协议,其内容则涉及主要营业地、第七航权以及特定情形下的国内运载权。[②] James Jordan 认为实施"开放天空"政策的国家将允许外国承运人获得本国机场无限制的降落权,并且"开放天空"与开放一国航空市场紧密相关,保障了外国承运人享有第三航权、第四航权、第五航权以及第七航权。[③]

---

① Arnt R. Göppert, *The Liberalization of International Air Transport Services: Developments in the US-German Bilateral Relations and their Implications on Future Regulatory Approaches Towards Aviation*, McGill University, 1998, p. 16.

② See Brian F. Havel & Gabriel S. Sanchez, *The Emerging Lex Aviatica*, Georgetown Journal of International Law Vol. 42:3, p. 639 – 672 (2011); Council for Trade in Services, *Second Review Of The Air Transport Annex Developments In The Air Transport Sector (Part Two)*, World Trade Organization (2006. 11. 30), https://docs. wto. org/dol2fe/Pages/SS/directdoc. aspx? filename = Q:/S/W00. pdf&Open = True.

③ See James Jordan, *Asean Liberalisation: Open Skies Achieves Full Ratification, May 2016*, HFW (2016. 5. 10), https://www. hfw. com/ASEAN-liberalisation-open-skies-achieves-full-ratification-May-2016.

“开放天空”的目的是通过消除对商业航空公司制定有关航线、运力、定价决策的政府干预，增加游客流量，开发航空枢纽的潜力，使消费者获益，并且促进航空运输业形成良性竞争环境，保障经济发展。“开放天空”产生于国际航空自由化的背景之下，以新自由主义作为理论基础，各国在尊重各国主权前提之下互相开放航空运输市场。[①] 新自由主义是对古典自由主义的承继，古典自由主义强调市场机制的作用，强调消极自由；而新自由主义则认为个人与企业是创造财富的关键，自由的贸易与市场能有效解决世界范围内的贫穷问题，[②]强调积极自由。古典自由主义在 19 世纪末 20 世纪初占据主流地位，国家权力对个体自由权利被动消极地保障，古典自由主义推崇的是“守夜人”型政府。[③] 新自由主义在 20 世纪六七十年代得到发展，推崇的是“新守夜人”型政府，具备有限性、消极性以及法治性的特点。[④]

美国 1978 年推行的放松管制政策在航空运输业领域逐渐发展为“开放天空”政策。1992 年美国与荷兰缔结了第一个“开放天空”协议，这份协议提升了荷兰国家航空公司在其他欧洲承运人中的竞争地位，其他国家也纷纷开始与美国签署“开放天空”协议。该协定不仅完全开放市场准入，并且对缔约国之间所开放的第五航权不设限制，以自由定价的方式进行运价管理。2001 年美国与 52 个国家缔结了双边“开放天空”协定。美国为追求航

---

① 参见刘伟民：《“世贸组织”（WTO）法律制度对“航权”制度的影响（续）》，载《民航经济与技术》2000 年第 9 期。

② 古典自由主义，参见吴玉军：《个人自由与国家权力的边界——对古典自由主义自由观的一种考察》，载《同济大学学报（社会科学版）》2017 年第 2 期。新自由主义，参见［美］大卫·哈维：《新自由主义简史》，王钦译，上海译文出版社 2016 年版，第 74～75 页。

③ 参见吴玉军：《个人自由与国家权力的边界——对古典自由主义自由观的一种考察》，载《同济大学学报（社会科学版）》2017 年第 2 期。

④ 参见聂圣平：《后金融危机时代新自由主义政府观与我国政治安全研究》，南京航空航天大学 2018 年博士学位论文，第 16～17 页。

空自由化而率先推行"开放天空"政策是美国航空自由化进程中的第三阶段。[①] 最初,美国推行"开放天空"政策,是为了解决保持市场竞争而造成航线价格被迫降低与国内市场产能过剩的问题,并鼓励外国(主要是欧洲国家)政府单方授予美国航空公司大量航空自由权利。美国施行的"开放天空"政策本质在于通过签订权利义务不对等的协议,为美国航空公司创造竞争优势,保护美国本国航空公司。例如,在实践中来自美国的航空公司可竞标他国的航空运输,而来自他国的航空公司则不能竞标美国的航空运输。[②] 美国实施的"开放天空"政策无法促进世界形成一个真正开放的国际航空服务环境。美国以不平等为原则的"开放天空"政策于 1997 年欧盟与美国签订第三个(一揽子)方案后被揭露。欧盟开始意识到"开放天空"政策导致美国承运人将美国多余的运力转移到欧洲,但只给予欧盟承运人进入美国的最低限度。[③] 2007 年美国和欧盟签署"开放天空"条约,放开了跨大西洋商业航空公司的运营,[④]此后美国在全球推行"开放天空"政策。而实践中,欧洲或亚洲较大的国家均未与美国签订"开放天空"协议,因为美国"开放天空"政策追求完全放松管制,各国担忧其领空主权。不过,由于欧盟奉行独特航空区域主义,尽管美国与欧盟未签署"开放天空"协议,美国仍可通过绕行的方式进入欧洲市场内部。[⑤]

美国与新加坡的双边航空运输协议是典型的现代"开放天空"双边协

① 美国航空自由化进程三阶段:第一阶段,航空规制的取消;第二阶段,"市场开放"政策;第三阶段,"开放天空"政策。参见彭金芝:《美国航空自由化进程思考》,载《人民论坛》2015 年第 35 期。

② 参见彭金芝:《美国航空自由化进程思考》,载《人民论坛》2015 年第 35 期。

③ See Jacob A. Warden, *Open Skies at Crossroads: How the United States and European Union Should Use the ECJ Transport Cases to Reconstruct the Transatlantic Aviation Regime*, Northwestern Journal of International Law & Business, Vol. 24:1, p. 227 – 256(2003).

④ 英国和美国 1977 年签订《百慕大Ⅱ号》协议,协议分别允许两国两家航空公司为伦敦希思罗机场提供服务,并且禁止美国航空公司为源自英国的欧洲航线提供服务,禁止英国航空公司为美国城市之间的服务点提供服务。

⑤ 观察欧洲地区的国家分布,可知其国与国之间紧邻,具有紧凑性的特点。美国航空公司进入位置优越的中心地区,则相当于可以自由进出欧洲地区,绕开航权限制而获取丰厚的利润。

议，其进步意义在于将磋商纳入协议内容中，即任何一个国家都可以要求就另一方维持的航空安全标准进行磋商。① 磋商的意义在于当 A 国认为 B 国的安全标准低于《国际民用航空公约》所要求的安全标准时，可将其安全标准所存在的缺陷及补救措施通知 B 国，此时 B 国必须采取适当的纠正措施。若 B 国未能在合理时间内行动，则 A 国可以“扣留、撤销、暂停或限制 B 国航空公司的运营授权或技术许可”。欧洲各国逐渐感受到“开放天空”协议带来的压力，到 1995 年年底，美国与 1993 年占欧美市场 19.8% 份额的欧洲小国签订了 10 个“开放天空”协议。② 由于其中五个国家与德国直接相邻，汉莎航空也感受到新的自由协议所带来的竞争压力。

美国所主导的“开放天空”政策初现于航空货运领域，该政策对于自身运力较弱的国家来说极具吸引力，因而这些国家纷纷积极加入开放航空货运服务的队伍。自 20 世纪 90 年代以来，美国已经与来自世界各个地区和各个经济发展水平的 120 个合作伙伴实现了“开放天空”。③ 超过 70% 的从美国出发的国际航班飞往“开放天空”的合作伙伴，但美国与其他国家所签订的“开放天空”协议中对双方开放航权的约定并不对等。④ “开放天空”协议的内容已由初期仅针对航权，发展到公司所有权和控制权等领域。⑤ 在美国“开放天空”政策的影响下，世界上许多国家相继试点航空自由化。“开放天空”已然成为国际航空运输自由化的必然趋势。目前国际上较为成功

---

① See *Agreement between the United States of America and Singapore*, U. S. Department of State (2019. 2. 12), https://www. state. gov/wp-content/uploads/2019/02/12850-Singapore-Transporation-Aviation-Transport-Services-4. 8. 1997. pdf.

② See Arnt R. Göppert, *The Liberalization of International Air Transport Services: Developments in the US-German Bilateral Relations and their Implications on Future Regulatory Approaches Towards Aviation*, McGill University, 1988, p. 78.

③ See *Open Skies Partnerships: Expanding the Benefits of Freer Commercial Aviation*, U. S. Department of State (2016. 9. 16), https://2009-2017. state. gov/r/pa/pl/262022. htm.

④ 外国所占有美国航空公司的股份不得超过 25%，董事会主席与 2/3 以上的股东和管理人必须是美国人。

⑤ 参见张恒阁、张得志：《天空开放的新进展与中美中欧新航空协议》，载《中国经贸》2007 年第 10 期。

的“开放天空”模式主要包括以美国为代表的国家式“开放天空”协议模式和以欧洲为代表的区域式“开放天空”协议模式。① 欧洲区域式“开放天空”协议模式无疑是最成功的,因为欧盟内部民用航空市场已经实现真正意义上的“开放天空”——欧盟成员方之间已实现第三航权至第九航权自由化。②

东盟各国的经济发展水平以及航空业实力存在巨大差异。东盟地区“开放天空”应考虑各类政策(比如竞争政策、各国补贴政策等),使得东盟各国作为一个整体受益。东盟“开放天空”可分阶段进行,循序渐进,在次级区域进行试点。有学者认为在各国开放运力与航线的基础上,东盟各国的航空公司获得不受限的航权,唯有如此才可发展二级航线。③ 东盟“开放天空”所面临的问题在于,持保护主义观念的国家是否会为了追求经济利益而减少对本国航空企业的保护,以及各国能否因此均衡受益。实践证明,新加坡是东盟“开放天空”的最大受益国。新加坡是东南亚最小的国家,但却是“开放天空”政策的最大受益国。自 1960 年以来,新加坡在“开放天空”政策方面积累了丰富经验,不仅具备完善的基础设施与配套服务,而且政府出台了一系列支持政策(比如安排大量预算用于发展航空制造业),因而新加坡一直处于航空运输自由化的最高水平。④ 在 ASL 计划⑤与双边税收协定等优惠政策的支持之下,新加坡也成为全球重要的航空金融租赁中心之

---

① 参见崔泽林、孙嘉威、张兆宸:《开放天空协议模式的比较研究及对我国的借鉴意义》,载《职工法律天地》2019 年第 4 期。

② 参见董萧:《航权交换研究》,知识产权出版社 2010 年版,第 160 页。

③ See Peter Forsyth & John King & Cherry Lyn Rodolfo, *Open Skies in ASEAN*, Journal of Air Transport Management, Vol. 12:3, p. 143 - 152(2005).

④ See Adhy Riadhy Arafah, *Indonesia Air Space Liberalization towards ASEAN Community* 2015, Indonesian Journal of International Law, Vol. 8:3, p. 541 - 556(2011).

⑤ 新加坡于 2004 年开始实施 ASL(Approved shipping & Logistics)计划,其主要针对新加坡航运业的船舶代理机构、船舶管理机构、国际物流运营企业和货运代理企业。根据该计划,在新加坡企业上缴 17% 所得税的基础上,针对飞机租赁业务收入的适用税率可在 5 年间降至 10%,甚至 5%。同时,在 2017 年 3 月 31 日前用于购买飞机或飞机发动机的贷款可享受预扣税豁免。

一。[①] 全球一体化背景下,各国航空运输业发展必然将走向航空运输自由化,航空运输自由化在美国与欧盟体现为“开放天空”,在中国则体现为“放松管制”。海南与新加坡地理位置相似,新加坡航空运输业的发展趋势具有重要借鉴意义。海南在本轮“放松管制”政策之下,可通过完善制度政策、基础设施以及配套服务,融合“互联网 +”与民用航空法律规制,构建相关大数据信息服务平台,高效解决空防安全、空中交通管制以及民航业民商事纠纷等问题,充分发挥开放第七航权的政策优势,将海南打造成国际航空枢纽。

从不同视角看待“开放天空”政策可得出不同的结论。站在保护国内航空市场的角度看,向外国“开放天空”似乎会影响国内航空公司的经济利益;站在航空运输业发展的角度看,“开放天空”则有益于扩张航线网络、保护消费者利益。开放第七航权的海南自由贸易港所对标的是世界最高水平的自由化,应成为探索“开放天空”政策的一面鲜明的红色旗帜。

“开放天空”政策为国际航空运输发展赋能,有利于航空运输业效率的提升,有利于提升行业整体收益,有利于消费者享受便捷廉价的航空运输服务,有利于全球贸易经济一体化发展。Cosmas 等人认为,航空市场自由化是交通增长的必要条件而非充分条件,提高服务水平不可仅靠自由化。[②] 从宏观层面看,“开放天空”将造成各国之间的竞争;从微观层面看,“开放天空”造成的是航空企业之间的竞争。第七航权与“开放天空”密不可分,“开放天空”是国际航空运输自由化的跃进。世界各国的“开放天空”政策对于中国民航业的发展颇具影响,应严控未来发展方向,把握双边及多边航空运输协定协议的谈判主动权。

---

① 参见魏君:《小国家的大战略——新加坡航空产业发展的启示》,载《大飞机》2016 年第 2 期。

② See Alex Cosmas & Peter Belobaba & William Swelbar, *The Effects of Open Skies Agreements on Transatlantic Air Service Levels*, Journal of Air Transport Management, Vol. 16:4, p. 222 – 225 (2009).

2. 航空自由化

美国最早提出国际航空运输自由化的概念,广义上的自由包括贸易自由化、管理自由化,以及降低市场准入、运力、运价的限制等,是指在航权、航空承运人、机场、空中航行服务等航空产业价值链中的所有利益攸关方的自由化。狭义上的自由则等同于航权,指航空公司得以运营相关航线的权利。航空自由化广受新自由主义者推崇,在新自由主义者看来,自由是指可以做某事的积极的权利,自由并非指不受限制,而是指获得的一种积极的权利。①航空运输自由化促进世界范围内的航空联盟的产生,赋能各国航空运输业的改革,高效配置各国航空资源,各国消费者因此获得了低价便捷的航空服务,其最终目标是构建单一航空市场。②

国际航空运输自由化在双边、区域以及多边框架下蓬勃发展,世界各国积极推动本国国际航空运输自由化,就连对航空运输持保护主义态度的拉美国家也参与到"追求更加自由的天空"这一行动中来。1991 年哥伦比亚和委内瑞拉缔结了"开放天空"协议,墨西哥为吸引更多的外国航空公司,也制定了"部分航空自由化"措施。欧洲是除了美国外,航空自由化发展最迅速的地区。1987 年加拿大与英国签订了航空运输自由双边协议,1988 年加拿大与荷兰签订了航空运输自由双边协议。在英国与其他欧洲国家所缔结的自由化双边协议中发挥重要作用的,是英国与卢森堡、荷兰、比利时和德国签署的协议,这些协议内容包括开放第七航权,这些协议快速推动了国际航空运输自由化的发展。③

---

① 参见吴玉军:《个人自由与国家权力的边界——对古典自由主义自由观的一种考察》,载《同济大学学报(社会科学版)》2017 年第 2 期。

② See ACAO, *Presentation on the 7th Freedom for the Air Transport of Goods*, The International Civil Aviation Organization (ICAO) (2021. 7. 6), https://www. icao. int/MID/Documents/2021/7th%20Freedom%20Webinar/2. 3%20ACAO%20PPT%20on%20the%207th%20freedom%20for%20the%20air%20transport%20of%20Goods. pdf.

③ See Alex Cosmas & Peter Belobaba &William Swelbar, *The Effects of Open Skies Agreements on Transatlantic Air Service Levels*, Journal of Air Transport Management, Vol. 16:4, p. 222 – 225 (2009).

各国进行航空自由化改革主要路径有两条：一是国际航权互换，世界上主要经济体开放本国市场皆采用此种方式；二是放宽国家对航空公司的所有权与控制权的要求，助力海外资本流入。① 各经济体根据自身航空业发展特征因地制宜，采用适合当地发展的政策。欧洲在美国实施放松管制的航空政策后，颁布《区域内航空服务规章》。欧洲航空运输市场与美国之间存在巨大差异，在欧洲，其他交通工具与航空业之间存在巨大竞争。这是由于欧洲人口数量比美国多，②但欧洲的地理空间却远比美国小。③ 2020 年欧盟航空客运量不到 3 亿人，仅为 2019 年的 24%，④因此以新冠疫情发生前的数据进行说明。2018 年欧盟铁路与航空客运量相差 7 倍。欧盟 27 国的国家铁路网有 80 亿名乘客出行，欧盟 27 国的机场客运量为 10 亿人，其中涉及欧盟 27 国以外的国际航班数量占 50%，涉及欧盟 27 国内部的国际航班数量占 34%，仅 16% 的航班为国内运输。⑤ 欧盟内部航空自由化历经三次"一揽子"计划，第三次"一揽子"计划实施后，其航空运输一体化的建设工作已经基本完工。航线准入规则作为第三个"一揽子"计划的核心，保障了欧盟各成员国间的航权自由。在运营内部航线时，欧盟各成员国享有充分的第三航权、第四航权、第五航权自由。在 1997 年 4 月 1 日后，欧盟内部航空运输已经实现完全自由化。2000 年左右，欧盟各国之间代码共享快速发展。⑥ 欧盟的自由市场原则仅适用于欧盟承运人，在监管的同时要避免外国"搭便

① See International Transport Forum, *Liberalisation of Air Transport*, International Transport Forum (2017. 5. 2), https://www.itf-oecd.org/sites/default/files/docs/liberalisation_air_transport_1.pdf.

② 2021 年欧盟人口数量为 4.47 亿人，2021 年美国人口数量为 3.32 亿人（数据来源：中经数据）。

③ 欧盟面积为 4,379,963 平方公里，美国面积为 9,370,000 平方公里。

④ See *Number of Passengers Carried by Air in the European Union from 2008 to 2023*, Statista (2020. 9. 21), https://www.statista.com/statistics/1118397/air-passenger-transport-european-union/.

⑤ See *Archive: Passenger Transport Statistics*, Eurostat (2022. 2. 15), https://ec.europa.eu/eurostat/statistics-explained/index.php?title=Archive:Passenger transport_statistics&oldid=499254.

⑥ See Karim Zbidi, *The Impact of Total Liberalization on Domestic Air Transport on the Social Welfare and on the Dynamics of Competition: Comparison between United States and the European Union*, Air Transport Research Society World Conference, p. 1 – 15 (2003).

车”，因为外部（国际）航空运输市场尚未自由化，仍受双边航空服务协议的约束，因此在欧盟内部与欧盟外部存在不同限制。在内部，对欧盟承运人进行了明确规定：在股权方面，由欧盟国家或其国民拥有多数股权（超过50%）；欧盟承运人由欧盟国家或其国民有效控制，即此欧盟国家或其国民必须对欧盟航空承运人的管理产生决定性影响；欧盟承运人主要营业地位于欧盟国家，且该国家已向相关航空承运人授予有效的运营许可证。① 在外部，2002 年欧洲法院作出“开放天空”案件的裁决后，欧盟航空承运人条款须在欧盟与第三国签订的双边航空服务协议中实施。②

国际航空运输自由化在总体原则中规定应对发展中国家提供优惠措施，确保航空运输自由化进程中的实质公平。③ 然而我国航空自由化的进程较慢。世界贸易组织于 2006 年制定航空自由化指数（Aviation Liberalization Index，ALI）④，对航空自由化程度进行了量化分析，伊朗与英国、我国澳门地区、新加坡之间的航空运输协议的航空自由化指数在 13 ~ 20，协议中包含多个航空自由条款。⑤ 以 ALI_STAN + ⑥指数进行对比，欧美国家指数较高（美

---

① See International Transport Forum, *EU Air Transport Liberalisation Process*, *Impacts and Future Considerations*, International Transport Forum（2015. 1. 1），https://www. itf-oecd. org/sites/default/files/docs/dp201504. pdf.

② See International Transport Forum, *EU Air Transport Liberalisation Process*, *Impacts and Future Considerations*, International Transport Forum（2015. 1. 1），https://www. itf-oecd. org/sites/default/files/docs/dp201504. pdf.

③ See *Liberalization of Air Cargo Services*, International Civil Aviation Organization（ICAO），2012. 6. 20, https://www. icao. int/Meetings/ATConf5/Documents/atconf5_wp100_en. pdf.

④ 航空自由化指数（ALI）是对航空运输协议的相对自由度进行量化。指标包括：适用的定价制度、政府对运力的控制程度、国家对飞行运营商数量的限制、交换的交通权（第五航权、第七航权、国内运输权）、对指定航空公司的外国所有权限制、运力、运价等。ALI 范围为 0 ~ 50，其中 50 表示最自由。

⑤ See Dr Joseph Wilson, *Pakistan's Experience Fostering Competition in Air Transportation*, Studylib（2013. 4. 23），https://studylib. net/doc/8740041/pakistan-s-experience-fostering-competition-in-air-transp…% EF% BC% 89.

⑥ ALI_STAN + 是一个平均值，即一国（地区）和其他国家（地区）国际航空运输自由化之和除以协议国家（地区）个数，以此计算单个国家（地区）的国际航空运输自由化指数。

国为 24. 96),我国指数极低(我国为 3. 73),这意味着我国国际航空运输自由化程度非常低。[①] 航空自由化指数适用于评价特定航空服务协议,双边航空服务协议的评分范围为 0 ~ 50,评分越低的协议越严格,而评分越高的协议则越自由。[②] 东北亚地区的增长潜力被看好,2006 年中日韩三国政府在第一届东北亚航空自由化研讨会上展望了未来东北亚航空自由化的局势,即在双边谈判的基础之上逐步推进三国之间的航空自由化,使东北亚区域中各国航空公司达到互相持股的区域合作状态,[③]因此我国制定航空服务协议的方式非常重要。我国所采取的方式是渐进式授予与国际市场规模相称的航权,而非完全的航空自由化,[④]我国所签署的大多航空运输协定的自由度较低。[⑤] 截至 2010 年,我国几乎所有的双边航空运输协定都没有对外开放所有权和实际控制权,而是更倾向于采用开放第五航权的方式推进航空自由化。[⑥] 我国与世界各国签订国际航空运输协定的数量逐年递增(如图 4 - 1 所示)。截至 2021 年,我国与其他国家或地区所签订的双边航空运输协定数量为 128 个,其中,大多是与亚洲国家及欧洲国家签订(亚洲国家为 44 个,欧洲国家为 38 个)。[⑦]

---

① 参见张乾:《国际航空运输自由化和航空公司效率关系实证研究》,中国民航大学 2016 年硕士学位论文,第 27 ~ 28 页。

② See Council for Trade in Services, *Second Review of the Air Transport Annex Developments in the Air Transport Sector (Part Two)*, World Trade Organization (2006. 11. 30), https://docs. wto. org/dol2fe/Pages/SS/directdoc. aspx?filename = Q:/S/W00. pdf&Open = True.

③ 参见李拯宇:《中日韩共同呼吁加强东北亚地区民用航空合作》,载民航资源网 2006 年 6 月 9 日,https://news. carnoc. com/list/70/70119. html。

④ See International Transport Forum, *Liberalisation of Air Transport* (2019. 5. 2), https://www. itf-oecd. org/sites/default/files/docs/liberalisation_air_transport_1. pdf.

⑤ 参见周亚光:《美国航空运输协定的模式演进及我国的借鉴》,载《法商研究》2017 年第 4 期。

⑥ 参见张乾:《国际航空运输自由化和航空公司效率关系实证研究》,中国民航大学 2016 年硕士学位论文。

⑦ 参见中国民航局:《2021 年民航行业发展统计公报》,载中国民用航空局网,http://www. caac. gov. cn/XXGK/XXGK/TJSJ/202205/t20220518_213297. html。

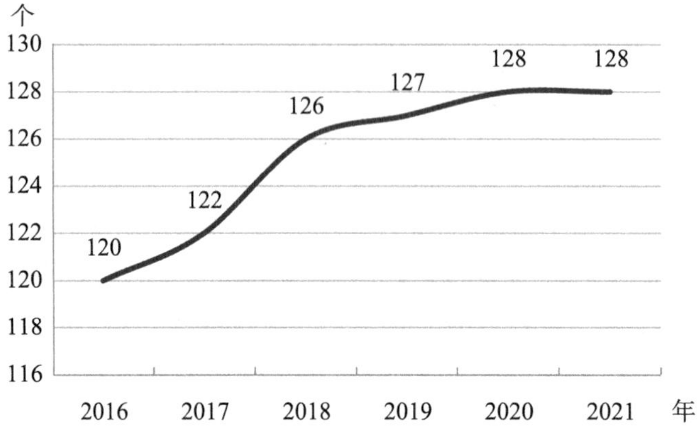

图 4－1　2016～2021 年我国国际双边航空运输协定数量

国际航空运输自由化对于发达国家与发展中国家的意义大不相同。对于发达国家来说,国际航空运输自由化是航空运输市场的扩张,将为本国带来丰厚的利润。而对发展中国家来说,国际航空运输自由化则意味着引入优胜劣汰的竞争机制,与发展中国家本国的航空运输业是否有足够的竞争力呈强相关。① 制约国际航空运输自由化发展的原因在于航空业在外部压力之下追求自身利益,在此过程中,发展较弱的航空公司站在反对航空自由化的一侧,而强大的航空公司则希望通过航空自由化提高其市场占有率从而获得更多利益。② 两国之间进行谈判时,存在影响航空自由化的三大因素:一是两国航空公司的利益最大化原则;二是航权交换遵循互惠原则(由对自由化不感兴趣的国家决定自由化的速度和条件);三是谈判立场由各国利益集团决定。当航空公司愿意自由化时,消费者也能从这些协议

---

① 参见王孝存:《国际航空运输服务自由化的原因、影响及对策》,载《国际商务(对外经济贸易大学学报)》2002 年第 2 期。

② See Arnt R. Göppert, *The Liberalization of International Air Transport Services: Developments in the US-German Bilateral Relations and their Implications on Future Regulatory Approaches Towards Aviation*, McGill University, 1988, p. 96.

中受益。[①]

航空自由是一把“双刃剑”，在促进一个国家的贸易和商业发展的同时，亦可能对其本国的航空业产生毁灭性的影响。2015 年《航空服务自由化报告》(Air Serrice Liberalization Report)指出，国际航空运输自由化通过引入市场竞争压力，可增加空中交通量(取消两国之间航空服务业的监管限制通常会使客运交通量增加约 16%)、降低票价。2018 年《跨越国界的航空福利报告》(Aviation Benefits Beyond Borders Report)指出，机场交通量的增长必将确保其产生的直接就业机会增加。[②] 目前，部分国家仍然将保护本国航空公司置于提升公共利益的整体福利之前，这些国家认为本国航空公司不适合与大型外国航空公司竞争，于是采取限制竞争机会的手段进行保护。经国际航空运输协会研究，仅需解除 320 个双边航空运输协议中的限制框架，就可以创造出 2410 万个全职工作岗位，并额外产生 4900 亿美元的国内生产总值(相当于一个巴西经济体)。[③] 航空自由化的发展使得低成本航空公司可以进入市场，低价的机票增加了市场需求，刺激了贸易发展以及旅游业的增长。[④]

3. 第七航权的概念和特点

在航空法词典中，第七航权被称为“第七种自由”，也被称为完全第三国运输权。[⑤] 通俗来讲，就是属于第三国的飞机无须返回其本国即可在境外的

---

① See Arnt R. Göppert, *The Liberalization of International Air Transport Services: Developments in the US-German Bilateral Relations and their Implications on Future Regulatory Approaches Towards Aviation*, McGill University, 1988, p. 94.

② See Nikhaar Gogna, *7th Freedom in Indian Aviation: Explore with Caution!*, India Business and Trade (2020. 7. 17), https://www.tpci.in/indiabusinesstrade/blogs/7th-freedom-in-indian-aviation-explore-with-caution/.

③ See *The Economic Impacts of Air Service Liberalization*, The International Air Transport Association (IATA) (2006. 1. 5), https://www.iata.org/en/iata-repository/publications/economic-reports/the-economic-impacts-of-air-service-liberalization---intervistas/.

④ See International Transport Forum, *Liberalisation of Air Transport*, https://www.itf-oecd.org/sites/default/files/docs/liberalisation_air_transport_1.pdf.

⑤ 参见孙占芳:《亚太地区航空旅客运输业发展现状及展望》,载《物流工程与管理》2012 年第 7 期。

两国之间进行客货运输,[①]航空公司并非一定以本国作为一段航线的始发站或终点站,而是可以直接在两个不同国家之间运营航线。比如海南自贸港开放第七航权后,来自奥地利的航空公司可运营海口(中国)与东京(日本)之间的国际客货航班。依据运输类型的不同,可将第七航权分为客运第七航权与货运第七航权。

第七航权具有边缘性与高效性。第七航权被世界贸易组织服务贸易委员会认定为现存双边航空运输协定的"边缘特征",据统计,各国在所签订的航空运输协议中约定的第七航权的数量仅占国际航空服务协议的2%。[②] 相较第五航权、第六航权而言,第七航权具有高效性。航空承运人若被授予第七航权,则运营航线不需要以其所属国作为起点或终点(第七航权与第五航权的区别),承运人也不需要回到航空公司的所属国进行中转(第七航权与第六航权的区别)。航空承运人进行国际航空运输活动的空间将得到有效拓展,运营成本也大大降低。开放第七航权对航空运输业基础设施的要求极高,需投入大量成本建立配套的世界级基础设施。开放第七航权将吸引更多承运人,将提升出口商对承运人的可选择性,并且在市场竞争的带动下提高我国民航业的服务与效率,带动相关行业一同发展(如酒店行业),拉动地区就业。[③] 与此同时,应注意防范本地较弱航企由于市场被挤占而最终破产的情况发生。

(三)海南自贸港开放第七航权的必要性与合理性

1. 产业生命周期的必然导向——我国民航产业处于成长期

航空业发展的限制因素较多。新冠疫情对世界航空业造成了巨大影响,其对全球航空业的破坏程度远超2003年的非典疫情,2020年全球航空

---

① 参见[荷]I. H. Ph. 迪德里克斯-范思赫:《国际航空法》(第9版),黄韬等译,上海交通大学出版社2014年版,第49页。

② See Brian F. Havel & Gabriel S. Sanchez, *The Emerging Lex Aviatica*, Georgetown Journal of International Law, Vol. 42:3, p. 639-672(2011).

③ 依据经验法则,机场每接待100万名乘客,就会在机场创造大约1000个工作岗位。

公司总体客运量相较 2019 年减少 60%,航空客运损失总计约 3720 亿美元。[①] 我国民航业也遭受重创。根据国家统计局发布的《2021 年国民经济和社会发展统计公报》,新冠疫情影响之下的我国民航业发展水平几乎倒退了 5 年。民航旅客运输周转量在总旅客运输周转量中的占比与 2016 年的 26.7% 相差无几(2021 年为 33%)。民航货物运输周转量在总货物运输周转量中的占比为 0.12%,与 2016 年持平。[②] 对 2016 年至 2021 年我国航空业的部分指标进行分析(数据来源:中国民用航空局官网),可发现新冠疫情前(2016 年至 2019 年),我国的国际航线运输呈高速线性上升发展趋势(如图 4-2 所示),年均增长量为 10.9%(2017 年增长量为 14.1%,2018 年增长量为 12.0%,2019 年增长量为 6.6%)。2016 年至 2019 年我国国际航空客运量稳步上升,而 2020 年则直线下降,并在 2021 年再创新低,2021 年我国航企的国际航线旅客周转量(90.56 亿人公里)仅为 2019 年的 2.8%(如图 4-3 所示),国际航线旅客运输量(147.72 万人次)仅为 2019 年的 2%(如图 4-4 所示)。2016 年至 2021 年 5 年间我国国际航空货运的发展,则呈现出与航空客运不同的线性上升趋势。2021 年我国的国际航空货运已经恢复,相较于疫情之前还有所增长。2021 年我国的国际航线货邮周转量(207.57 亿吨公里)相较于 2019 年增长了 12.4%(如图 4-5 所示),国际航线货邮运输量(266.7 万吨)相较于 2019 年增长了 10.2%(如图 4-6 所示)。此外,在复杂的国际局势与新冠疫情双重打击下,国际交流合作难度增加,国际旅客运输对于国际定期航班航线数量的需求降低。2021 年我国航线网络布局中的国际定期航班航线数量骤减,存量仅为 2019 年的 29%(如图 4-7 所示)。

---

① See *Effects of Novel Coronavirus*(*COVID*-19) *on Civil Aviation*: *Economic Impact Analysis*, Arab Air Carrier's Organization (AACO) (2020.11.3), https://www.aaco.org/Library/Files/Uploaded%20Files/Economics/Corona%20studies/3dec%20ICAO_Coronavirus_Econ_Impact.pdf.

② 参见《2021 年国民经济和社会发展统计公报》,载中国政府网,http://www.gov.cn/xinwen/2022-02/28/content_5676015.htm。

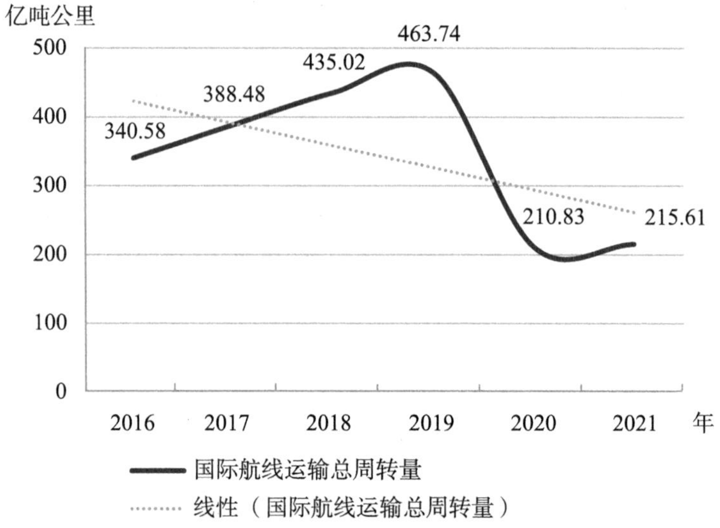

图 4－2　2016～2021 年我国国际航线运输总周转量

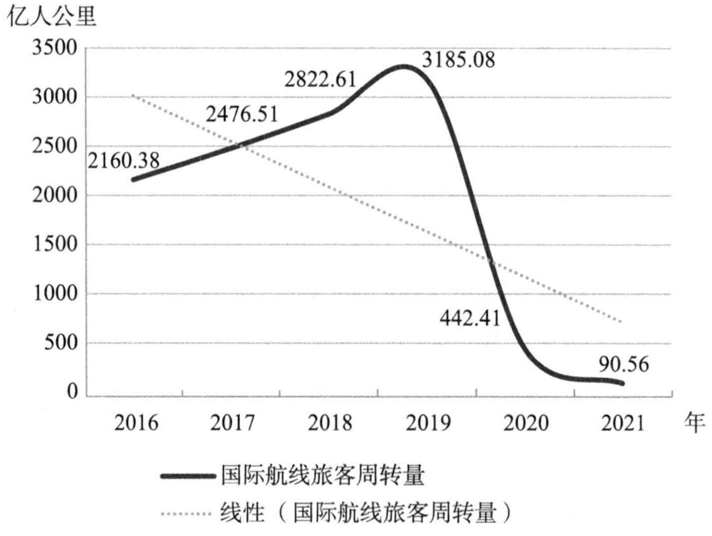

图 4－3　2016～2021 年我国国际航线旅客周转量

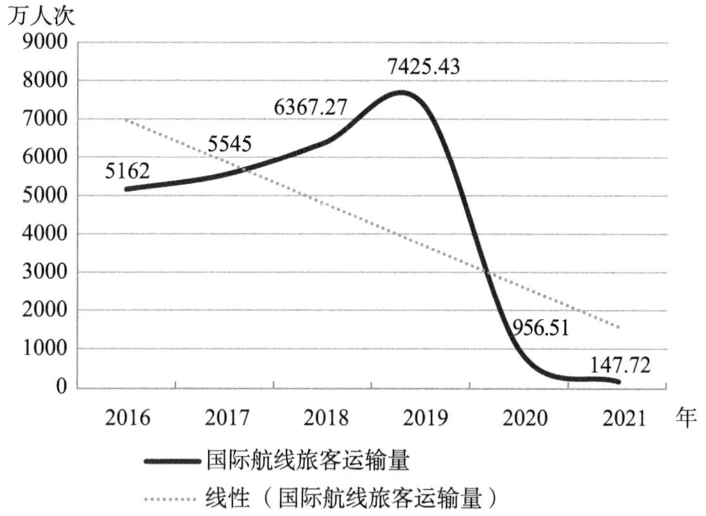

图 4－4　2016～2021 年我国国际航线旅客运输量

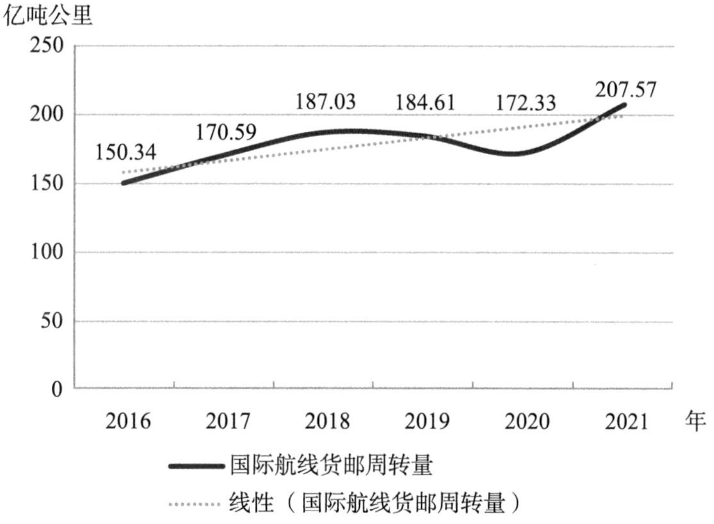

图 4－5　2016～2021 年我国国际航线货邮周转量

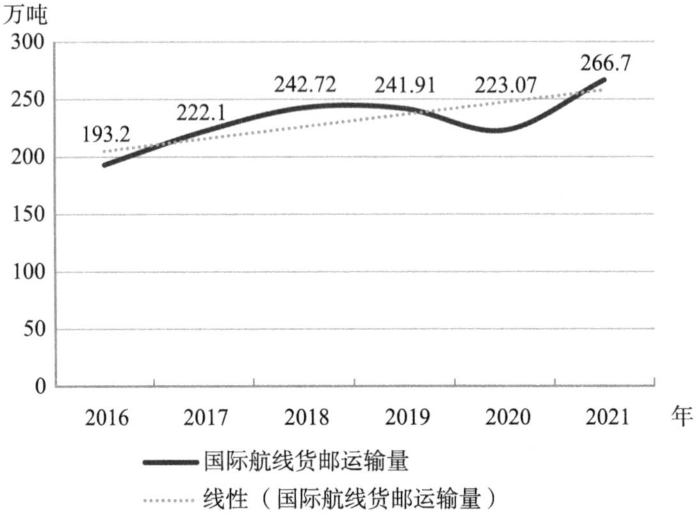

图 4 -6　2016 ~ 2021 年我国国际航线货邮运输量

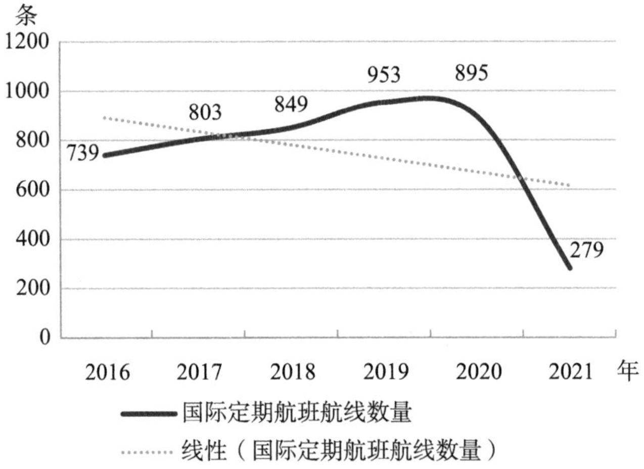

图 4 -7　2016 ~ 2021 年我国国际定期航班航线数量

根据产业生命周期理论,在不同的产业阶段存在不同的集聚需求,并且每个产业集群都会经历从新兴至衰亡的过程。苏东水将产业集群的生命周期归纳为形成期、成长期、成熟期及衰退期四个阶段。① 张会恒认为完整的

① 参见苏东水主编:《产业经济学》,高等教育出版社 2015 年版,第 368 ~ 369 页。

产业生命周期包括导入期、成长期、成熟期和衰变(或蜕变)期。[①] 我国的高技术产业高速发展,航空业属于高新技术产业,[②]结合产业生命周期理论可知,我国的民航业正处于四大发展阶段中的成长期,成长速度较快。成长期的特征包括市场机制的日趋成熟、产业技术的逐渐完善、用户需求的逐步提升以及企业的进入壁垒不断增高。[③] 在快速成长期,政府应扮演好"新守夜人"的角色,企业为适应市场机制的变革,应配套进行管理改革与技术创新。民航业的发展离不开政府的适度调控与市场中航企的良性竞争,政府可借鉴生命周期理论制定一国民航业发展的宏观政策,航企可通过研究生命周期理论针对性制定符合企业发展的竞争策略。政府应充分发挥对企业的监督和引导作用,采取宏观调控方式发挥航企的集聚效应,例如搭建政企沟通平台、扩大招商引资、培训专业化人才等。[④] 我国民航业自身从未停下发展的脚步。2016 年至 2023 年的 7 年间,我国航空业基础设施不断完善,2023 年全国运输机场数量相较 2016 年增加了 36 个,共有 254 个机场。我国航空业的市场竞争主体数量逐渐增加;截至 2022 年年底,航空企业数量由 2016 年的 59 家增加至 66 家。[⑤]

海南省拥有"中国最自由的天空",[⑥]并已形成开放航权的"海南模式"。2003 年海南以单边模式开放第五航权,对旅游业产生了正相关影响。仅

---

① 参见张会恒:《论产业生命周期理论》,载《财贸研究》2004 年第 6 期。

② 参见李春凤:《中国三大城市群高技术产业集聚对区域创新效率的影响研究》,吉林大学 2022 年博士学位论文,第 33 页。

③ 参见张丽、韦薇:《中国民航产业发展阶段及市场集中度分析》,载《上海工程技术大学学报》2016 年第 3 期。

④ 参见李云龙:《基于生命周期理论的我国航空产业集群演化分析》,载《天津科技》2017 年第 2 期。

⑤ 66 家运输航空企业中,包含全货运航空公司 13 家,中外合资航空公司 9 家。参见《【行业新闻】预见 2023:〈2023 年中国航空发动机行业全景图谱〉(附市场现状、竞争格局和发展趋势等)》,载新浪财经,https://finance.sina.cn/2023-10-24/detail-imzsesep3480390.d.html。

⑥ 海南是全国首个开放第三航权、第四航权、第五航权的省份。

2002 年至 2008 年的 6 年间,海外旅客人数就由 40 万人增长至 100 万人。[①] 目前海南民航运输业正稳步发展。依据《海南省 2021 年国民经济和社会发展统计公报》,民航运输是海南旅客运输的主要方式,80% 的旅客周转量由民航运输贡献;水运是海南货物运输的主要方式,99% 的货物周转量由水运贡献,民航所贡献的货物周转量仅占比 0.1%。不过 2021 年海南航空货物运输的增幅可观,相较 2020 年增长了 18.7%。2020 年 6 月 1 日《海南自贸港总体方案》提出要在海南试点开放客货运第七航权,这是我国首次同时对外开放客运及货运第七航权,在我国航权开放史乃至在世界航权开放史上都是一座里程碑。"由于第七航权涉及第三国,开放第七航权的国家要么是一个高度成熟的经济体,不介意第三国的承运人接载你的乘客,要么你是一个极度贫穷的经济体,完全没有办法运送乘客。"[②]这种说法固然有其道理,不过稍显片面,我国此次以海南作为试点就能够避免过于自由的天空可能对国内民航市场带来的巨大挑战。对外开放第七航权是产业生命周期理论使然,此次试点将为处于成长期的我国民航业贡献海南力量。

2. 开放第七航权在自由贸易港建设中的法律价值

国际上存在诸多关于"自由港"的定义,《京都公约》将"自由港"的特征概括为"国境之内海关以外"。龚柏华对于自由区与自由港作出了定义区分,自由贸易港是自由港的子集,具有中国特色,是中国自由贸易试验区的概念升级;并且,自由港亦是自由区的子集,自由港具有特定区位,狭义上指的是建设在港口的海港,广义上则包括海港与空港。[③] 依据《海南自贸港总

① See Yahua Zhang and Christopher Findlay, *Quantifying the Impacts of Structural Reforms on Air Traffic Flows in APEC Economies*, Asia-Pacific Economic Cooperation (APEC) (2011.1.10), https://www.apec.org/docs/default-source/Publications/2011/1/The-Impacts-and-Benefits-of-Structural-Reforms-in-Transport-Energy-and-Telecommunications-Sectors/TOC/Quantifying-the-impacts-of-structural-reforms-on-air-traffic-flows-in-APEC-economies.pdf.

② Nikhaar Gogna, *7th Freedom in Indian Aviation: Explore with Caution*!, India Business & Trade (2020.7.17), https://www.tpci.in/indiabusinesstrade/blogs/7th-freedom-in-indian-aviation-explore-with-caution/.

③ 参见龚柏华:《上海自由贸易港"境内关外"概念和机制辨析》,载《海关与经贸研究》2018 年第 2 期。

体方案》,海南自贸港应具有"运输来往自由便利",因而有运输、贸易等功能,属于六大自由港类型中的综合型自由港。① 综上,海南自贸港沿用"境内关外"的定义,秉持"一线开放"与"二线管住"相结合的原则,符合《京都公约》中有关"自由港"特征的描述,是具有中国特色的、具有特定区位的、包括海港与空港的综合型自由港。

《海南自贸港总体方案》表明要在海南自贸港开放客运与货运第七航权,而要落实航权政策,须厘清航权开放的法律价值逻辑。随着经济的发展,开放航权由专业法律问题逐渐演变为民生经济问题与法律问题的综合体。国际航空运输业作为一种商业活动,受到价值规律的约束。② 开放航权涉及法治运行的方方面面,价值因素存在于法治运行的立法、执法、司法等环节之中。我国法理学界并未形成统一的法律价值理论,有关法律价值的范围说法不一。周安平认为法律价值是人对法律的看法和态度。③ 张文显则认为秩序、自由、效率、正义等目的价值均可体现法律价值。④ 此外,法律具有内在价值与外在价值,内在价值即其自身所蕴含的价值,外在价值即其工具性价值。⑤ 综上,开放第七航权的法律价值可概括为进一步航空自由化的自身价值,与协调航空运输业竞争秩序的工具性价值。

航权与自由密不可分,开放第七航权意味着更自由的国际航空运输。1944 年芝加哥会议上,各国仅以第一航权与第二航权作为谈判的筹码。⑥ 后来随着航空运输业的发展,各国为追求更加开放的天空,在进行航空运输协议谈判时加入第三航权、第四航权以及第五航权等作为谈判筹码。第五航权的开放对于降低货运成本、提升物流效率、优化航空货运资源配置具有重

① 参见王冠玺:《自由港管理的法律制定与研究》,浙江大学出版社 2020 年版,第 11 页。

② 参见赵维田:《论双边航空协定的三种模式》,载《法学研究》1988 年第 2 期。

③ 参见周安平:《法律价值何以是与何以不是》,载《深圳大学学报(人文社会科学版)》2020 年第 3 期。

④ 参见张文显编:《法理学》(第 5 版),高等教育出版社 2018 年版,第 324 ~ 342 页。

⑤ 参见陈晓庆、张斌峰:《试论法律价值逻辑》,载《湖北大学学报(哲学社会科学版)》2019 年第 5 期。

⑥ 参见[英]郑斌:《国际航空运输法》,徐克继译,中国民航出版社 1996 年版,第 20 页。

大意义。[①] 近年来各国频繁进行航权交换活动,国际航空运输也不断向着天空自由化前进,各国正逐渐摸索如何开放第七航权。海南自贸港开放第七航权,是我国对航空自由化的一次大胆尝试,其内在法律价值在于进一步航空自由化。

开放第七航权可作为协调航空运输业竞争秩序的一种有效手段。国际通航本质上是平衡各国利益后的结果,要以安全与秩序为第一前提,以有序的市场竞争秩序助力航空运输业的发展。《国际民用航空公约》第 44 条为国际民航运输业奠定了安全有序的基调,[②]各国为保证国际航空运输有序发展,陆续签订了《东京公约》《海牙公约》《蒙特利尔公约》等。《民用航空法》第 1 条表明其立法目的在于保障中国航空运输安全有序进行。[③] 在实践中,民航运输市场普遍存在扰乱市场公平竞争秩序的垄断现象。比如各航空公司通过形成价格联盟、联合抵制、经营者集中以及行政垄断等手段追逐利益最大化,损害市场正常的价格调节机制。[④] 在此背景下,美国较早开始进行反托拉斯法律制度评估。在 1938 年成立民用航空委员会以前,[⑤]美国航空业处于无序竞争状态。后来在民航委员会的庇护下,航司之间组成卡特尔组织瓜分市场,最终形成垄断。因此 1978 年美国航空运输业试行放松管制,[⑥]不过仍保留对航司经营实施反托拉斯监管,监管内容包括航司间合并、滥用市场支配地位以及垄断协议,美国司法部与交通部均对航司经营过程

---

① 参见姚瑞、董雨、宋高阳:《第五航权驱动西安“一带一路”建设与世界城地融合的研究》,载《综合运输》2021 年第 10 期。

② 《国际民用航空公约》第 44 条第 1 项规定:“保证全世界国际民用航空安全地和有序地发展。”

③ 《民用航空法》第 1 条规定:“为了维护国家的领空主权和民用航空权利,保障民用航空活动安全和有秩序地进行,保护民用航空活动当事人各方的合法权益,促进民用航空事业的发展,制定本法。”

④ 参见张军:《民航客运市场垄断行为及其法律规制》,载《广西社会科学》2016 年第 11 期。

⑤ 民用航空委员会是专门负责航空业的独立管制机构,其拥有的权力包括:批准市场准入和退出、决定飞机的航空线路、调整票价和运价等。

⑥ 1978 年 10 月 28 日,卡特总统签署《放松航空管制法案》,民用航空委员会在反垄断问题(包括合并、公司间协议等)方面的自由裁量权被移交给司法部。

中的反托拉斯监管起重要作用。[①] 美国司法部负责航空运输业中对航司间并购的审核与批准，若航司不赞同司法部的决定而坚持实施合并，此时美国司法部可将其起诉至法院，由法院阻止其合并。[②] 交通部负责对航司间代码共享与航空联盟进行审查，美国的航司与外国航司之间若要进行代码共享需提前获得交通部的许可，两国交换基本定期航权，国际航空公司联盟以及已与美国签署"开放天空"协议国家的航司可获得反托拉斯豁免。[③] 博登海默认为秩序是人类所运用的一般性原则、规则以及标准的法律倾向，[④]民航业的发展必须在保障有序竞争的前提下进行。海南自贸港开放第七航权将引入国际优秀航空公司参与市场竞争，这是一种有效调节民航市场秩序的手段。

二、域外第七航权制度：现实发展与困境

（一）域外第七航权的运行现状

1. 货运第七航权——开放主义

各国在追求更加开放自由的天空这一进程中越发倾向采取开放第七航权的方式。这一趋势首先发生在国际航空货运领域，对于通常为单向流通状态的国际航空货运来说，对一国航空承运人开放货运第七航权有助于提升其国际航空货运服务规划的灵活性，从而扩大本国货物出口。[⑤] 印度 1990

---

① 参见刘锋：《美国政府对航空公司经营的反垄断监管（一）》，载《中国民用航空》2010 年第 1 期。

② 据《谢尔曼法》第 4 条、《联邦贸易委员会法》第 5 条（e）款的规定，与其他案件相比，对于反托拉斯案件，法院予以优先尽快审理，优先作出判决。

③ 49U. S. C41712 条规定美国交通部有权阻止反竞争效果的代号共享。（有关航空业的法律主要体现在《美国法典》第 49 编）

④ 参见［美］E. 博登海默：《法理学：法律哲学与法律方法》，邓正来译，中国政法大学出版社 2004 年版，第 227 页。

⑤ See Jae Woon Lee & Umakanth Varottil, *Against Aviation Orthodoxy*: *India's Foreign Investment Regime for the Airline Industry*, Brooklyn Journal of International Law, Vol. 44：1, p. 51 – 108 (2018).

年单方面宣布航空货运领域的“开放天空”政策,规定任何满足其特定运营和安全要求的航空公司(无论是印度航空公司还是外国航空公司),都可以运营往返印度机场的定期与不定期货运航班,并考虑同意外国航空公司申请增加由客货机混合运营的客运航班。① 印度的“开放天空”政策实质上是向世界各国单方开放货运第七航权,尽管此次货运航空自由化初尝试最终被不合格的基础设施扼杀。美国作为世界航空大国,其“开放天空”的进度一直是世界航空运输业的风向标。2007 年 3 月,美国与加拿大签署一项新的双边“开放天空”协议,两国约定互相开放货运第七航权。② 依据美国 2016 年的统计数据,与美国签订“开放天空”协议的有 120 个合作伙伴,美国与其中的 85 个合作伙伴约定了开放全货运第七航权。③

开放货运第七航权是建立实质意义上的单一航空市场的第一步。澳大利亚与新西兰最早缔结的单一航空市场协议在 1996 年 11 月 1 日生效,当时仅将航空承运人分为国内航空公司与单一市场航空公司两类,而并没有将市场扩展至第三国。2002 年澳大利亚与新西兰为助力商品出口,正式签署“开放天空”协议,构建塔斯曼单一航空市场。④ 该项协议是澳大利亚签署的第一个“开放天空”协议。⑤ 在澳大利亚与新西兰之间形成的单一航空市场中,纯货运航空承运人被授予第七航权,该权利允许一国的货运航空公司将

---

① See Secretariat ICAO, *India's Open Sky Policy on Air Cargo*, The International Civil Aviation Organization (ICAO) (2003.12.29), https://www.icao.int/sustainability/CaseStudies/StatesReplies/India_En.pdf.

② See Aram Daniel Kerkonian & Nivedita Raju, *The Legal Challenges of International Suborbital Flights: A Bilateral Solution*, Journal of Air Law and Commerce, Vol. 85:3, p. 387 – 420(2020).

③ 美国与尼加拉瓜之间的“开放天空”协议仅约定对包机开放全货运第七航权。See the Bureau of Economic and Business Affairs, *Open Skies Partners*, U. S. Department of State (2016.1.14), https://2009-2017.state.gov/e/eb/rls/othr/ata/114805.htm.

④ See the ICAO Secretariat, *Trans Tasman Single Aviation Market*, The International Civil Aviation Organization (ICAO) (2003. 12. 29), https://www.icao.int/sustainability/CaseStudies/StatesReplies/Trans-Tasman_En.pdf.

⑤ See Mark Gosche, *Australia and New Zealand sign Open Skies Agreement*, The New Zealand Goverment(2000.11.20), https://www.beehive.govt.nz/release/australia-and-new-zealand-sign-open-skies-agreement.

飞机驻留另一国,从澳大利亚和新西兰的任一国际机场运营往返第三国的货运航班。[①] 塔斯曼单一航空市场协议实质上打破了国内运载权的阻碍。2005 年,澳大利亚与新西兰之间的航空运输量相较于自由化之前高出 56% 。[②] 两国并未就开放客运第七航权达成一致意见,但已承诺在未来进行谈判,该单一航空市场存在进一步自由化的可能。

2003 年全世界有 28 份开放货运第七航权的双边航空运输协议,截至 2012 年 10 月底,各国缔结的 400 多个"开放天空"协议中有 100 多个协议为航空货运开放了第七航权。[③] 与 2003 年相比,短短 9 年的时间,有关货运第七航权的协议数量增长了约 257% 。在后新冠疫情时代,国际民航组织正式建议各成员国考虑暂时取消对于国际航空货物运输的诸多限制条款,[④]呼吁各国通过开放货运第七航权提升新冠疫情下供应链的连通性,[⑤]解决全球一体化背景下的经济活动往来与电子商务困境。在 2021 年 7 月 6 日国际民航组织支持举办的第七航权航空货运网络研讨会上,得出第七航权是新冠疫情时代的航空货运和更广泛的供应链的推动者,是提供全球疫苗运输连通性的关键,是助力国际电子商务蓬勃发展的推手的结论。部分国家与地区

---

① See *Agreement between the Government of Australia and the Government of New Zealand relating to Air Service*, Parliament of Australia (2002. 9. 17), https://www. aph. gov. au/parliamentary_business/committees/house_of_representatives_committees? url = jsct/augustandseptember2002/report/chapt6. pdf.

② See IATA, *The Economic Impact of Air Service Liberalization*, International Air Transport Association (IATA)(2006. 1. 5), https://www. iata. org/en/iata-repository/publications/economic-reports/the-economic-impacts-of-air-service-liberalization---intervistas/.

③ See Jae Woon Lee & Umakanth Varottil, *Against Aviation Orthodoxy: India's Foreign Investment Regime for the Airline Industry*, Brooklyn Journal of International Law, Vol. 44:1, p. 51 – 108 (2018).

④ See Alex Lennane, *Allow Seventh Freedoms for Air Freight, Pleads ICAO*, The Loadstar (2023. 3. 15), https://theloadstar. com/lift-global-restrictions-on-seventh-freedoms-for-air-freight-says-iaco/.

⑤ See Alex Lennane, *Allow Seventh Freedoms for Air Freight, Pleads ICAO*, The Loadstar (2023. 3. 15), https://theloadstar. com/lift-global-restrictions-on-seventh-freedoms-for-air-freight-says-iaco/.

已经响应国际民航组织的号召,开放全货运第七航权。2020 年 12 月,拉丁美洲民航委员会已经为缔约国航空公司的全货运航班临时开放第七航权,[①]该地区成员国的航空公司在其他两个签署国之间提供全货运服务,不受航线和运力限制,[②]期限截至 2021 年年底。[③] 乌兹别克斯坦与阿塞拜疆也以单方模式开放全货运第七航权,在乌兹别克斯坦的外国航空公司有权在纳沃伊和铁尔梅兹机场利用第七航权营运全货运航班。沙特阿拉伯也正在为开放第七航权打造国际航空货运枢纽而努力。沙特阿拉伯严重依赖航空货运来进口基本消费品,开放第七航权将使沙特阿拉伯成为全球航空货运承运人运营的区域和洲际航线的中转站,是简化阿拉伯贸易和降低其进口货物物流成本的关键。阿拉伯民航总局已计划将吉达国王阿卜杜勒阿齐兹国际机场(以下简称吉达机场)和利雅得哈立德国王国际机场(以下简称利雅得机场)打造为全球货运枢纽,届时吉达机场将实现每年超过 100 万吨的货运量,利雅得机场将实现每年 300 万吨的货运量。[④]

国际航空货运市场相较国际航空客运市场来说更加自由,开放货运第七航权已逐渐成为各国常态,这将有利于 FedEx、DHL 以及 UPS 等全球快递承运人在本国市场之外的国家建立枢纽,构建真正意义上的全球航空货运网络。[⑤] 航空货运自由化可能带来的贸易和经济发展潜力十分可观,但部分

---

① 共计十个国家,分别是巴西、智利、厄瓜多尔、危地马拉、巴拿马、巴拉圭、秘鲁、多米尼加共和国、乌拉圭和委内瑞拉。

② See ICAO, *Advancements in Air Connectivity in COVID-19 Times*, The International Civil Aviation Organization (ICAO) (2021. 7. 16), https://www. icao. int/MID/Documents/2021/7th%20Freedom%20Webinar/Overview-Advancements%20in%20Air%20Connectivity%20in%20COVID-19%20Times. pdf.

③ See Alex Lennane, *Air Cargo Carriers Get Temporary Seventh Freedom Rights Across Latin American*, The Loadstar (2021. 12. 22), https://theloadstar. com/air-cargo-carriers-get-temporary-seventh-freedom-rights-across-latin-america/.

④ See GACA, *7th Freedom Utilization in Saudi Arabia*, The International Civil Aviation Organization (ICAO) (2021. 7. 6), https://www. icao. int/MID/Documents/2021/7th%20Freedom%20Webinar/2. 4%207th%20Freedom%20Utilization%20in%20Saudi%20Arabia. pdf.

⑤ See International Transport Forum, *Liberalisation of Air Transport*, International Transport Forum (2019. 5. 2), https://www. itf-oecd. org/sites/default/files/docs/liberalisation_air_transport_1. pdf.

国家仍然担心这是否将对航空组合服务(客运+货运)产生不利影响,此类单边开放的行为是否会扰乱国际航空自由化进程。

2. 客运第七航权——保守主义

开放客运第七航权在全球民航运输市场极其罕见,而对于全货运航班来说开放货运第七航权则较为普遍。① 起初,客运第七航权以机会平等原则作为其开放的基础原则。1996 年美德两国经过协商,签署了《关于修改 1955 年 7 月 7 日航空运输协定的议定书》,并在其中新增有关第七航权的约定:"如果两国中任一缔约国向第三国的承运人开放第七航权,则应向另一缔约国的承运人提供类似的机会,两国需要进行事先磋商并达成一致,磋商内容包括类似机会的定义以及如何实施。"②该条款对两国之间是否开放第七航权的规定仍较模糊,但是为两国日后"开放天空"埋下伏笔,为未来开放跨大西洋航空市场奠定基础。

大多数国家本土航空公司竞争力较弱,无法应对客运第七航权带来的市场冲击,因此各国出于保护本国安全与经济的考量,对开放客运第七航权十分谨慎。巴基斯坦曾试点同时开放客运与货运第七航权。1992 年巴基斯坦决定在卡拉奇机场单方面开放客运与货运第七航权,但该政策将非洲航空公司引入卡拉奇与迪拜之间的航线中来,严重侵蚀了巴基斯坦国际航空公司市场,最终该政策在第二年即被取消。③

航空集群化的发展提升了开放第七航权的可行性,区域经济一体化驱使区域内通过签署多边协定的方式开放客运第七航权,但任何经济部门的

---

① See InterVISTAS-EU Consulting Inc, *The Impact of International Air Service Liberalisation on the United Arab Emirates*, International Air Transport Association(IATA)(2009. 7), https://www.iata.org/en/iata-repository/publications/economic-reports/uae-benefits-from-further-liberalization/.

② *Protocol Between The Government of the United States of America and The Government of the Federal Republic of Germany To Amend the Air Transport Agreement of July 7, 1955*, U. S. Department of State(2001. 1. 20), https://1997-2001.state.gov/issues/economic/tra/opskies_us_germany.html.

③ See Hamza Hameed, *Liberalization without Privatization: A Perspective from Aviation Industry*, LUMS Law Journal 3, Vol. 3, p. 16 - 31(2016).

自由化进程在本质上都是渐进式,欧盟的航空自由化进程也不例外。欧盟地区作为目前区域经济深度整合的唯一示范,[①]采用逐步放宽的方式实现市场准入的完全自由化,允许任何欧盟承运人在任一成员国之间运营。各成员国间首先放宽第三航权、第四航权,1997 年放宽客运与货运第三航权、第四航权、第五航权、第六航权、第七航权,之后逐步放宽第八航权、第九航权。[②] 2001 年欧洲法院裁决宣布欧盟成员国间在双边协议中所约定的"国籍条款"在欧盟法律下失效,随后各成员国签署"横向航空服务协议"。该协议是欧洲内部"开放天空"协议,取消了包括运力、运价以及欧洲任何航线的市场准入限制,欧洲单一航空市场以"社区所有权"取代"国籍条款",推翻了欧盟各成员国所签订的双边航空运输协定中的"国籍条款",为欧盟各国国民和航司在其他成员国之间自由经营提供了法律依据。欧盟承运人至此获得第七航权,欧盟任一承运人均有权在两个非本国的欧盟成员国之间提供商业航空服务,并独立于其往返本国的任何航线。在欧盟完全一体化的单一欧洲航空市场内,各成员国之间自由竞争,市场准入标准宽松。欧盟内所有航空公司机会平等,享有不受限制的第五航权和第七航权。[③] 低成本航空公司的商业模式逃离了复杂的轮辐式运营的桎梏,专注泛欧洲运营,在此契机下蓬勃发展。全服务航空公司则须将其在欧洲的航空运营与其枢纽的长途网络相结合,受困于双边航空运输协议的框架之下。欧洲通过建立单一航空市场追求航空自由化,对欧盟所有成员国以及其他非欧盟国家均产生了深远影响。

---

① See Jason R. Bonin, *Regionalism in International Civil Aviation: A Reevaluation of the Economic Regulation of International Air Transport in the Context of Economic Integration*, Singapore Year Book of International Law Vol. 12, p. 113 – 132(2008).

② 规定了各成员国之间在 1997 年 4 月 1 日以前除两种情况外,不得要求互相开放国内运载权。See *Council Regulation (EEC) No. 2408/92 of 23 July 1992 on access for Community Air Carriers to intra-Community Air Routes*, European Unionl (2007. 1. 1), https://eur-lex. europa. eu/legal-content/EN/TXT/?uri = CELEX:01992R2408-20070101.

③ See Alan Dobson, *Civil Aviation and European Integration: Creating the Seemingly Impossible SEAM*, Journal of Common Market Studies, Vol. 48:4, p. 1127 – 1148(2010).

欧盟单一航空市场建立后，开始以整体的形式进行对外交往。2007 年欧盟与美国签署第一阶段航空运输协议，美国认同了“欧洲共同体航空承运人”的概念。① 该协议是欧盟委员会代表欧盟成员国与非欧盟成员国达成的第一份谈判协议，是一项特殊的航空运输协议，超越了双边航空运输协议的范围，本质上是“开放天空”协议。虽然此协议所形成的一体化航空区域的规模不及欧盟单一航空市场，但为单一航空市场在世界其他地区的出现作出了表率，为跨大西洋紧密联系奠定了基础。该协议取消了市场准入的限制，不限制缔约国的所有航司在所有美国与欧盟城市之间的航行，协议开放的航权包括没有限制的第三航权、第四航权以及全货运第七航权，美国与部分国家（克罗地亚、挪威）之间甚至开放客运第七航权。② 欧盟航空公司可以在美国与欧盟以及欧洲共同航空区（包括挪威、冰岛、阿尔巴尼亚和以前属于南斯拉夫的国家）中的任何地点之间提供联合客运服务。美国对欧盟航空公司开放无限制的全货运第七航权，欧盟对美国航空公司指定了 8 个成员国服务点（捷克共和国、法国、德国、卢森堡、马耳他、波兰、葡萄牙和斯洛伐克）。2010 年美国与欧盟之间更新“开放天空”协议，标志着跨大西洋单一航空市场的正式形成。

区域航空联盟为构建实质意义上的单一航空市场、使区域航空经济最大化，要求各成员国之间必须开放货运与客运第七航权。但除欧盟单一航空市场外，其他单一航空市场的成员国之间航空运输业发展程度参差不齐，各成员国对开放客运第七航权态度不一。东盟单一航空市场的构建过程是最典型的例子。东盟没有类似欧盟委员会的机构迫使成员国将集体地区利益置于自身利益之上，东盟航空公司最终将在与快速发展的对手的竞争中处于严重劣势地位。亚洲航空公司已经开创了跨境合资或子公司模式，该

① See OECD, *EU Air Transport Liberalisation Process, Impacts and Future Considerations*, International Transport Forum (2015. 1. 1), https://www. itf-oecd. org/sites/default/files/docs/dp201504. pdf.

② See European Commission, *The EU-US "Open Skies" Air Transport Agreement-Q&A*, European Commission (2008. 3. 28), https://ec. europa. eu/commission/presscorner/detail/en/MEMO_08_185.

模式允许航空公司绕过未开放第七航权的限制，使用一个具有知名度的品牌在多个枢纽运营。通过这种方式，亚洲航空公司目前已接近成为东盟共同体承运人。[①] 20 世纪初东盟为打造单一航空市场提出经济一体化，计划在 2008 年取消东盟各国首都之间航空运输限制，2009 年取消货运限制，2010 年取消客运的限制，最终在 2015 年实现东盟单一航空市场。[②] 航空业早在 2004 年便被东盟领导人列为经济一体化的 11 个优先领域之一，但各成员国对航空业仍坚持保护主义。各成员国于 2009 年签署《东盟多边航空服务协定》（MAAS）、2010 年签署《东盟全面开放旅客航空服务多边协定》（MAFLPAS），确立了一项非运输原则，用于禁止外国航司运营东盟成员国各国国内航线。[③] 东盟区域市场的航空自由化进程受阻。此后，东盟于 2015 年开始实施"开放天空"政策，[④]2016 年单一航空市场协议已经被批准，形式上的东盟单一航空市场已经形成。东盟已经计划于 2020 年或 2025 年之前，在东盟成员国的首都城市之间开放第七航权，这一开放附加了限制条件，内容包括各国指定承运人数量、座位容量，以及定期审查等。东盟各成员国对于在单一市场内任意两点之间开放无限制航权尚未做足准备，但不可忽视成功的欧盟单一航空市场在其自由开放的天空之下航空业的迅猛发展，东盟开放第七航权是其构建单一航空市场的必然选择。在目前缺失第七航权的东盟航空市场，东盟以外的国家若拥有第三航权、第四航权，即可自由出入东盟所有地点，东盟成员国之间碍于第七航权的缺失，未形成实质意义上的单一航空市场，将来东盟航空承运人将受到拥有多个航空枢纽和便捷航

---

① See Alan Khee-Jin Tan, *Toward a Single Aviation Market in ASEAN: Regulatory Reform and Industry Challenges*，载学术范网 2015 年 9 月 15 日，https://www.xueshufan.com/publication/2212390155/reference。

② See Adhy Riadhy Arafah, *Indonesia Air Space Liberalization towards ASEAN Community* 2015, Indonesian Journal of International Law, Vol. 8:3, p. 541 – 556(2011).

③ 参见欧亚系统科学研究会：《东南亚的航空外交：地区的软实力战略》，载欧亚系统科学研究会网 2022 年 2 月 28 日，https://www.essra.org.cn/view-1000-3575.aspx。

④ 参见欧亚系统科学研究会：《东南亚的航空外交：地区的软实力战略》，载欧亚系统科学研究会网 2022 年 2 月 28 日，https://www.essra.org.cn/view-1000-3575.aspx。

运网络的欧盟承运人带来的挑战。为保护东盟民航运输业的发展,东盟单一航空市场须从实质上解决市场准入、所有权和控制权、对外关系三大问题。① 东盟各成员国之间缔结的双边协议仍然有效,其中的"国籍条款"限定了承运人由指定国实际控制,限制了外商投资与区域合作,将传统的"所有权与控制"模式转变为"主要营业地"模式,有利于东盟航空自由化。需注意"主要营业地"的认定标准包括是否根据相关国际法律法规在指定方领土内成立和注册,是否在指定国的实体设施中进行较大数额的运营和资本投资,是否交纳所得税,是否在指定国注册飞机,是否雇用大量指定国国民担任管理以及技术等职位。② 在东北亚地区未来形成单一航空市场之前,东盟必须通过开放第七航权实现东盟内部成员国之间的航空自由。有学者建议在2040 年以前可以尝试在次级区域(如环太平洋—东盟区域)进行第七航权"沙盒"试点,如果试行"沙盒"监管后发现第七航权是有益的,那么将为东盟形成真正的单一航空市场铺平道路。③

缔结多边航空运输协议的复杂性在于需要得到所有缔约国的同意,因此各国往往会在缔结正式协议之外附加议定书。美国与四个环太平洋国家(文莱、智利、新西兰和新加坡)在 2000 年亚太经合组织部长级会议期间就《国际航空运输自由化多边协议》达成了共识,五国于 2001 年签署了第一份多边"开放天空"航空运输协议——《国际航空运输自由化多边协议》。该协议有助于加强区域航空服务的合作,推进航空自由化发展。协议内容包括开放无限制的第五航权与货运第七航权。④ 新加坡、新西兰、智利与文莱四

---

① See Alan Khee-Jin Tan, *Prospects for a Single Aviation Market in Southeast Asia*, Annals of Air and Space Law, Vol. 34, p. 253 - 283(2009).

② See *Report of the Tenth Meeting of the Air Transport Regulation Panel*, International Civil Aviation Organization (ICAO) (2012. 6. 20), https://www. icao. int/Meetings/ATConf5/Documents/atrp10Report_en. pdf.

③ See ERIA, *ASEAN Vision 2040: Towards a Bolder and Stronger ASEAN Community*, Economic Research Institute for ASEAN and East Asia (ERIA), https://www. eria. org/uploads/media/7. AV2040_VOL_1_Integrative_Chapter. pdf.

④ See *Multilateral Agreement on the Liberalization of International Air Transportation*, The International Civil Aviation Organization (ICAO) (2003. 3. 23), https://www. icao. int/meetings/atconf5/documents/kiser. pd.

国在该协议基础上进一步开放彼此的天空区域，并在附加议定书中同意互相开放客运第七航权与国内运载权。①

如何开放第七航权成为世界各国共同关注的航空运输业发展的关键问题。2003 年 3 月 24 日在蒙特利尔召开的第五届世界航空运输大会（主题为"自由化的挑战和机遇"）上，各国讨论了如何实现逐步国际航空运输自由化。秘书处认为最大限度地实现商业权利的多边主义仍然是国际民航组织的目标之一，但是目前航权交换达成全球多边协议的时机仍未成熟、条件仍未满足，市场准入不仅仅涉及航权交换，还包括开放容量、定价、非预订业务等相关服务，例如代码共享、地勤和计算机预订系统。经济自由化对安全与安保监管存在影响，在引入经济自由化时，各国应确保商业考虑不损害安全和安保，并为参与任何自由化安排的各方建立明确的安全与安保责任制。韩国建议为保护运力较弱国、平衡国家间的关系，在开放货运第七航权的同时开放第八航权。② 新加坡在会上提出一种分阶段的多边空运自由化，可以独立于客运服务自由化来实现。该方法包含三大要点：一是指定承运人对定期或不定期运营的所有货运服务行使第三航权至第七航权；二是通过代码共享等合作安排，在使用地面设施、清关和其他服务方面对承运人一视同仁；三是考虑到各国发展水平各异，制定出分阶段逐步实现多边空运自由化的明确时间表。③

3. 第七航权与低成本航空公司

低成本航空公司与第七航权同步成长。在区域主义下，低成本航空公

---

① See Cheng Pei Feng, *Singapore and International Law-Recent International Legal Developments in Singapore* (*July-December* 2003), Singapore Journal of International & Comparative Law, Vol. 7:2, p. 589 – 602(2003).

② 如果在航空货运领域开放第五航权与第七航权，那么同时也应开放第八航权，以保持相关国家之间的平衡，这将补偿谈判能力较弱的国家由于货运领域开放第五航权和第七航权而带来的不利影响。See *Liberalization of Air Cargo Services*, International Civil Aviation Organization (ICAO) (2012. 6. 20), https://www. icao. int/Meetings/ATConf5/Documents/atconf5_wp100_en. pdf.

③ See *Liberalization of Air Freight on a Multilateral Basis*, International Civil Aviation Organization (ICAO) (2012. 6. 20), https://www. icao. int/Meetings/ATConf5/Documents/atconf5_wp038_en. pdf.

司发展迅猛,其运营基地现已遍布欧洲。低成本航空公司与第七航权具有强相关性,前者在航线运营中高效利用第七航权。与第七航权相关的航线主要是往返同属于“开放天空”市场的国家的短途航线(比如往返于欧洲共同航空区成员国之间)。[①] 欧洲的低成本航空公司市场份额在 2001 年至 2013 年从 3% 增长到 27%,而相较之下,全服务航空公司受到规模经济、范围经济以及密度经济的影响后,仍专注于在本国市场运营长途运输航线。不过,在低成本航空公司的刺激下,全服务承运人正奋起直追,欧洲航空市场正在发生改变。同时,低成本航空公司对俄罗斯开放第七航权兴趣浓厚。[②]

对于东盟各国来说,低成本航空公司的加入使消费者有了更多选择和更优惠的票价,提升了东盟各国航空业的效率。东盟内部民航运输业发展的限制因素包括区域内各国之间签署的双边航空运输协议所划定的框架、未开放客运第七航权、双边协议中针对航空公司所设定的“国籍条款”。东盟单一航空市场的航空自由程度不及欧盟单一航空市场,东盟成员国之间并未开放国内运载权,东盟承运人仅可在各国间运营国际航线,无法进入各国国内航空市场。尽管低成本航空公司受以上因素的限制,运营范围较小,但通过设立低成本航空公司提升经济效益的成效仍十分明显。东盟各国 2015 年通过签署“开放天空”协议助力单一航空市场的构建,该协议削弱了“国籍条款”的影响,同时为依靠中短途航线发展的低成本航空公司提供了有利条件,进一步促进东盟地区低成本航空公司与全服务航空公司数量的增长。[③] 在货运第七航权的加持下,低成本航空公司开始在二级市场中发挥

---

① 同属于“开放天空”市场的国家:欧洲共同航空区成员国(挪威、巴尔干)、美国、以色列、格鲁吉亚和瑞士。

② 俄罗斯交通部已经收到了来自 WizzAir、Ryanair、EasyJet、Volotea、airBaltic 和 Fly One 低成本航空公司的询问。See *Pulkovo Airport to Introduce Seventh Freedom of Air starting early 2020*, Russian Aviation Insider (2019. 12. 25), http://www. rusaviainsider. com/pulkovo-to-introduce-seventh-freedom-of-air-starting-early-2020/.

③ See Volodymyr Bilotkach et al. , *Measuring the impact of ASEAN Open Skies on International Air Traffic Movements from and to Southeast Asian Cities*, Transport Policy, Vol. 110, p. 368 – 378 (2021).

重要作用。目前,全服务航空公司通过建立低成本子公司参与竞争,虽然此举对东盟区域内的监管提出了较高要求,但引入市场竞争对于东盟航空运输业自由化的发展大有裨益。

(二)域外第七航权现存困境

1. 航权市场化分配程度较低

(1)航权分配审核标准模糊

航权资源具有稀缺性与自然垄断性,是重要的公共资源,航权分配所需技术成本较高,行业内竞争将导致更高的成本和价格。合理分配航权成为政府进行有效宏观调控的手段。航权资源的总量由国家或地区间签订的双边航空运输协议或多边航空运输协议所确定。航空承运人获得在一国经营定期航线的权利有两种途径:一是成为双边航空运输协议或多边航空运输协议中的指定航空承运人,二是获得一国的许可。[①] 一国进行航权分配的方式包括先到先得法、征收使用费法、抽签法、拍卖法以及文件审查法五种,各有利弊。其中,文件审查法被认为是用于分配航权的最合适的方法。因为先到先得法采取随机分配航权的方式,忽视了航空枢纽、航空辐射体系以及各大航空公司联盟这一复杂的航空运输结构,并且未考虑航司是否达到利用航权的技术高度,极大可能造成航权资源的浪费;征收使用费法难以确定一个合适的价格,可能拉长航权分配的时间长度;抽签法与先到先得法具有相似的缺点,无法选定最合适的航空承运人,并且该方法程序较为冗长;拍卖法具有透明性、公开性、公正性,不过财务实力较强的大型航空公司更容易通过该方法获得航权,可能最终导致垄断,并且签订国际航空运输协议的各方分配航权的方式可能不同,单方采取拍卖法来分配航权将提升本国航司的经营成本,降低其国际竞争力。[②] 采用文件审查法应注意拟定合适的审

---

① See Rajaram Ramiah and Amos Tan, *Singapore*, Quahe Woo & Palmer LLC. (2020. 7. 25), https://www.quahewoo.com/web/skin/uploads/2020/07/AmosTan-GTDT.pdf.

② See Martin & Bartlik, *The Distribution of Air Traffic Rights*, eScholarship (2019. 9. 23), https://escholarship.mcgill.ca/concern/theses/rv042t58r.

查标准，避免主观因素对审核结果造成不公正的影响。

航空承运人能否行使航权主要取决于是否被航权登记国指定。各国普遍规定了航权分配的审核标准。航权分配遵循四项基本原则，即公共利益最大化原则、促进枢纽建设原则、资源使用效率最大化原则以及提升综合竞争力原则。[①] 这四项原则体现在各国进行航权分配的审核标准中（具体内容如表 4－1 所示）。[②]

表 4－1 航权分配原则在各国航权分配审核标准中的体现

国家	公共利益最大化原则	促进枢纽建设原则	资源使用效率最大化原则	提升综合竞争力原则
法国	—运价政策（特别是票价，减价和其他调整的规定） —服务质量（特别是飞机的布局，替代机票的规定和是否有向公众开放的销售办公室） —所使用飞机的环境性能，特别是在噪音污染方面	—对地区规划的贡献 —发展法国旅游业的潜力	—对服务的可持续性是否有保证 —航空运输需求的满足情况（混合或纯货运服务，直接或间接服务，服务频率，服务天数）	—提高社区注册飞机在有关航线上的市场份额的潜力 —对创造令人满意的供应方竞争水平的贡献

---

① See Z. Jun & C. Xumei, *A Data-Driven Comprehensive Evaluation Method for Scarce International Traffic Rights Resource Allocation*, 2020 IEEE 2nd International Conference on Civil Aviation Safety and Information Technology (ICCASIT), p. 172－175 (2020).

② 法国由法国民航部进行审核，审核标准见《分配有限航权的国家程序》第 6 条规定，参见 *French National Procedure for the Allocation of Limited Air Traffic Rights*, European Union (2006. 10. 7), https://eur-lex. europa. eu/legal-content/EN/TXT/?uri = CELEX:52006XX1007(01)；瑞典由瑞典交通局进行审核，审核标准见《有限航权分配指南》，参见 *Guidelines for the Allocation of Limited Air Traffic Rights*, European Union (2006. 7. 29), https://eur-lex. europa. eu/legal-content/EN/TXT/?uri = CELEX:52006XC0729(04)；新加坡由航权委员会进行审核，审核标准见《空中导航（航空服务许可）条例》，参见 *Air Navigation (Licensing of Air Services) Regulations*, Singapore Statutes Online. (2022. 12. 1), https://sso. agc. gov. sg/SL/ANA1966-RG2?DocDate = 20140101&ViewType = Compare&ProvIds = P1I-#pr2A-。

续表

国家	公共利益最大化原则	促进枢纽建设原则	资源使用效率最大化原则	提升综合竞争力原则
瑞典	—提供最大的消费者利益 —以最低的合理价格提供服务以满足所有通常的运输要求 —对环境的影响	—促进共同体航空运输业、贸易和旅游业的健康发展 —符合公共运输政策目标,如有关区域发展	—提供的服务 —航班频率 —飞机类型及其配置 —直接或间接交通 —开始日期 —年内交通水平 —交通类型(如客运或货运) —消费者获得服务的机会(预订和购买机票) —连接航班 —定价	—促进共同体航空公司之间最有效的竞争
新加坡	—申请者的财政资源及其维持充分、令人满意、安全和有效率的航空服务的能力 —如果向申请人发放许可证或延长其许可证,将给公众带来的好处(包括提供有效、高效、经济和安全的航空服务) —如果向申请人颁发许可证或延长其许可证,在多大程度上可以促进与外国政府的良好关系和合作(特别是在提供航空服务方面)	—申请人建议的整体航空服务网络在多大程度上能促进新加坡成为一个航空枢纽 —申请人建议的整体航空服务网络将给新加坡带来的任何其他好处 —如果向申请人发放许可证或将其许可证续期,可在多大程度上促进新加坡成为航空枢纽	—申请人在以下方面提供航空服务的建议(申请人打算提供的航空服务网络和用于这些航空服务的机队,包括:建议开始这些航空服务的日期;目标市场群体;拟提供的航空服务的品牌;在与其他运营商的合作安排下所提供的市场;申请人整体商业模式的可行性,包括对申请人所提供的航空服务的流量预测)	—其他航空公司沿申请航线提供航空服务的情况 —申请人在申请前提供的任何航空服务的表现 —如果向申请人颁发许可证或延长其许可证,可在多大程度上促进旅游业 —如果向申请人颁发许可证或将其许可证续期,可在多大程度上促进国际贸易的发展

注:See Rajaram Ramiah and Amos Tan, *Singapore*, Quahe Woo & Palmer LLC. (2020. 7. 25), https://www. quahewoo. com/web/skin/uploads/2020/07/AmosTan-GTDT. pdf.

瑞典和法国属于欧盟成员国，配备有限航权分配程序。目的是在各国与第三国所签订的航空服务协议中限定航空运输频率及有权运营航班的航司数量的情形下，在符合条件的共同体承运人之间分配受到限制的航权，确定获得航空运输授权的航空公司。瑞典交通局发布了《关于航空许可和行使航权的规定》，规定航空承运人在瑞典营运特定类型的航班需要获得瑞典交通局的许可，并且第三国运营商申请交通许可还必须经过欧洲航空安全局的安全批准。上述特定类型的航班包括：瑞典和第三国之间的定期航空服务和包机；在瑞典和欧盟内部航空市场的国家之间以及瑞典国内航空运输的定期服务和包机服务；不具有双边或多边协议以及《国际民用航空公约》所规定的飞越权且须飞越瑞典领空的航班；第三国的航空承运人或飞机运营商在瑞典进行的专门业务；第三国运营商打算在瑞典作为国内航班的短程飞机。[①] 有关瑞典缔结的双边空中交通协议下的空中交通权的信息，以及根据这些准则作出的有关授予交通权的决定，由瑞典民航局提供并在其网站上公布。[②] 法国在《法国分配有限航权的国家程序》中对航权作出了定义，航权是指航空承运人在特定的航线、时间、容量和代码共享安排的基础上，运输乘客、货物或邮件的权利。[③]《法国分配有限航权的国家程序》第 2 条规定了航空承运人申请经营航空服务许可证应提交的申请文件内容，[④]由

---

① See *Traffic Permits*, Transport Styrelsen (2024. 8. 12), https://www. transportstyrelsen. se/en/aviation/Air-operators/Traffic_permits/.

② See *Guidelines for the Allocation of Limited Air Traffic Rights*, European Union (2006. 7. 29), https://eur-lex. europa. eu/legal-content/EN/TXT/?uri = CELEX:52006XC0729(04).

③ See French National Procedure for the Allocation of Limited Air Traffic Rights, European Union (2006. 10. 7), https://eur-lex. europa. eu/legal-content/EN/TXT/? uri = CELEX: 52006XX1007(01).

④ 申请文件的内容包括：a）企业的经营许可证，航空运营商的证书和预订业务的保险证书；b）在法国设立承运人的理由；c）计划服务的相关描述（计划的航线、服务频率和服务天数、使用的飞机类型、预订的服务开始日期、可能的代码共享、关税、流量预测、预计三年的经营账户）；d）能够评估申请的航空承运人经营预订服务的经营和财务能力的要素，特别是根据第 2407/92 号条例第 5 条。See *French National Procedure for the Allocation of Limited Air Traffic Rights*, European Union (2006. 10. 7), https://eur-lex. europa. eu/legal-content/EN/TXT/? uri = CELEX: 52006XX1007(01).

民航部审核评估后决定是否准予发放许可证。在新加坡,外国承运人经营往返新加坡的非定期航线的前提是获得新加坡民航局的批准,《新加坡空中导航(航空服务许可)条例》对航司如何申请航空服务许可进行了具体规定。① 三国的审核标准均较为模糊,具有不确定性,其审核部门具有较大的解释权,仍未消除主观因素对结果造成不良影响的可能。

(2)空域管理机制缺乏公平性

美国联邦航空管理局为降低在恶劣天气与空域拥堵的情况下航空承运人的运营成本,为处理航路空域问题而实施空中交通流量管理计划。该计划在降低中断成本方面非常成功,不过在结合飞行运营商的特定需求、适应不断变化的天气和交通条件方面缺乏灵活性。并且该计划的传统目标是在为航班分配资源时优化系统效率,没有考虑到公平性,导致航空公司不愿意与美国联邦航空管理局分享自己的详细运营信息,形成联邦航空局无法为航空公司提供公平服务的恶性循环。②

此外,美国联邦航空管理局制定的安全评估计划遭到各国抵制。国际航空业的发展始终将保障航空安全置于第一位。20 世纪 90 年代,国际航空缺乏国际统一的普遍规范,部分发展中国家航空公司的事故率高于发达国家。空难将造成诸如生命的陨落、环境的破坏以及经济的重创等不利影响。据统计,68% 的空难事故是人为因素造成,18% 的空难事故原因为设备故障。③ 荷航副机长在与塔台的通话中使用了不标准的用词是造成 1977 年特内里费空难的原因之一。④ 1990 年 1 月 25 日哥伦比亚航空公司第 52 号航

---

① See *Air Navigation (Licensing of Air Services) Regulations*, Singapore Statutes Online(2022. 12. 1), https://sso. agc. gov. sg/SL/ANA1966-RG2?DocDate = 20140101&ViewType = Compare&ProvIds = P1I-#pr2A-.

② See Amy Miyoung Kim, *Collaborative Resource Allocation Strategies for Air Traffic Flow Management*, eScholarship(2011. 3. 5), https://escholarship. org/uc/item/4f07r35r.

③ See Omotoso Oluwatuyi & Nathaniel Omotoba, *Air Disaster and Its Implications in the Developing Countries: A Case Study of Nigeria*, Modern Social Science Journal, p. 1 – 15(2014).

④ 参见《特内里费空难事件　空中浩劫发生的原因分析》,载走红网 2022 年 4 月 2 日, https://www. zouhong365. com/zixun/yule/18679. html。

班由于燃料耗尽而坠毁，最终致使机上 73 人全部遇难。[①] 该起空难案件辩护律师认为美国联邦航空局的空中管制与驾驶飞机的飞行员之间所存在的沟通问题是事故发生的原因之一。[②] 在该起空难事件后，美国联邦航空管理局于 1992 年制定了国际航空安全评估计划。该计划基于国际民航组织标准判断外国承运人能否进入利润丰厚的美国航空市场，该计划是确保各国遵守国际民航组织所规定的安全标准的有效手段，对加强国际航空安全具有重要意义。[③] 不过该计划的出台更多是出于经济而非安全考虑，因为在出台该评估计划之前，曾有美国航司向交通部反馈外国航空公司能够压低美国航空公司价格的原因是外国安全法规的缺失致使外国航空公司成本大大降低。[④]

国际航空安全评估计划存在透明度低、政策应用不一致、应用过程中缺乏民航组织协调、缺乏书面运行指导等缺点，并且美国始终奉行大国单边主义，最终评估计划遭到各国抵制。[⑤] 美国联邦航空管理局负责评估往返美国的航空公司所属国家保障安全运营的能力，[⑥]其确定一国是否满足安全监管要求的考量因素包括：相关政府部门是否能通过制定必要的法规以满足国际民航组织的最低监管要求；是否违反国际航空组织的现行法规；是否配备

---

① See Anthony J. Broderick & James Loos, Government Aviation Safety Oversight-Trust, but Verify, Vol. 67, Journal of Air Law and Commerce, p. 1039 (2002).

② See Paul Stephen & Dempsey , *The Regulation of International Aviation Safety*, Public International Air Law, p. 118(2017).

③ See Mark L. Morrison, *Navigating the Tumultuous Skies of International Aviation: The Federal Aviation Administration's Response to Non-Compliance with International Safety Standards*, Southwestern Journal of Law and Trade in the Americas, Vol. 2:2, p. 621 – 656(1995).

④ See Shirlyce Manning, *The United States' Response to International Air Safety*, Vol. 61, Journal of Air Law and Commerce, p. 505 (1995).

⑤ See Shirlyce Manning, *The United States' Response to International Air Safety*, Vol. 61, Journal of Air Law and Commerce, 505 (1995); Paul S. Dempsey, *Compliance & Enforcement in International Law: Achieving Global Uniformity in Aviation Safety*, Vol. 30:1, N. C. J. INT'L L, p. 1 – 74 (2004).

⑥ See *International Aviation Safety Assessment (IASA) Program*, Federal Aviation Administration (2024. 7. 15), https://www.faa.gov/about/initiatives/iasa.

执行上述法规的相应执法程序;是否制定航空承运人认证、例行检查和监管的计划;相关人员和组织设置。[①] 部分国家认为该计划实质上造就了不公平的贸易。首先,一国如果在评估中获得的评级较低则无法获得外国航空承运人许可证,[②]将导致该国任何承运人都被禁止飞往美国。但是评级较低的国家却可以通过租赁美国机组人员和飞机的手段在美国运营,美国因此获得了更大的航空市场份额。其次,该计划是在美国联邦航空管理局单方主持下强加给各国的义务,其公开的禁飞国家名单的权威性和公正性遭到质疑。美国交通部的公告就曾对拉丁美洲航空公司的常旅客计划 Latinpass 产生负面影响并造成巨大损失。为确保国际航空运输的有序安全增长,国际民航组织应尽快召开全球论坛,综合各国意见,制定实质意义上的国际航空安全评估计划,确保所有成员国政府充分参与监督其国家的航空运营。[③]

(3)航空业落后地区开放第七航权缺乏经济意义

对大多数国家来说,开放第七航权让航司在本国枢纽网络之外发展新航线缺乏经济意义。欧盟与美国于 2008 年签订"水平开放天空协议",该协议中所约定的新服务仅对曾经受到限制的市场(例如美国—西班牙和美国—伦敦希思罗机场)开通。流量增长的决定因素还包括市场放松管制的程度、航线类别是短途航线还是长途航线、航运市场规模的大小等。挪威航空尝试对其飞往美国的航班适用第七航权,但收效甚微。虽然欧盟各国之间开放了第七航权,但对于其他非"开放天空"市场来说,两国所签订的双边

---

① See Olga Barreto & Safety Oversight, *Federal Aviation Administration, International Civil Aviation Organization, and Central American Aviation Safety Agency*, Vol. 67, Journal of Air Law and Commerce, p. 651(2002).

② 交通部长有权签发外国承运人许可证。航空公司必须满足美国联邦航空管理局的标准来促进航空器在航空商业中的安全飞行,以便在该国开展业务。See *49 U. S. C. § 41302*, U. S. Government Information(2024. 1. 3), https://www. govinfo. gov/content/pkg/USCODE-2011-title49/pdf/USCODE-2011-title49-subtitleVII. pdf.

③ See Mark L. Morrison, *Navigating the Tumultuous Skies of International Aviation: The Federal Aviation Administration's Response to Non-Compliance with International Safety Standards*, Southwestern Journal of Law and Trade in the Americas, Vol. 2:2, p. 621 – 656(1995).

协议仍对航权进行限制，只有在两国均为“开放天空”市场的情况下，欧盟航空公司才会开通从非欧盟国家到第三国的第七航权，并且对于某些目的地来说，开放第七航权为非必须项。①

2. 现有国际监管体制存在三大矛盾

（1）“国籍条款”限制航空自由化。“国籍条款”是指各国出于控制本国经济的需要，在双边航空运输协定与多边航空运输协定中规定的针对航空公司的一种“身份纯度”要求，只有由本国或本国公民拥有和控制的航空公司，才可以代表本国提供国际航空运输服务，也被称为所有权与控制权条款。各国基于领空主权原则设定“国籍条款”，“国籍条款”以“一刀切”的模式成为国家安全保护主义的重要工具，对于保护本国航空公司具有重要意义。设置“国籍条款”有利于保障国家安全，因为民航机队是各国国防的军事储备，“国籍条款”有利于为国家利益相关者保留航权、发展国内航空公司。根据服务贸易委员会的统计，90% 的双边协议中约定有“国籍条款”。美国“开放天空”协议范本第 3 条即设定有“国籍条款”。② “国籍条款”的存在完全是为了保护本国航空企业，“国籍条款”所发挥的安保作用完全可以用发布禁飞“黑名单”的方式取代。③

国际航空运输业的监管体系对于加深该行业的商业自由程度产生了阻碍，一是限制自由竞争，比如管控航权、关税以及容量。二是限制外国所有权，比如双边协议中的“国籍条款”，要求航空公司由本国或本国公民拥有和

① See Sven Maertens & Wolfgang Grimme, *Traffic Impacts of EU Horizontal Air Service Agreements*, Transportation Research Procedia, Vol. 37, p. 290 – 297(2019).

② 第 3 条规定各缔约方在收到另一缔约方的航空公司按经营授权和技术许可规定的形式和方式提出的申请时，应及时给予适当的授权和许可。See *Current Model Open Skies Agreement Text*, U. S. Department of State (2012. 1. 12), https://2009-2017. state. gov/e/eb/rls/othr/ata/114866. htm.

③ See Brian F. Havel & Gabriel S. Sanchez, *The Emerging Lex Aviatica*, Georgetown Journal of International Law, Vol. 42:3, p. 639 – 672(2011).

控制。[1] 取消“国籍条款”是实现国际航空运输业全球化的必要步骤,并且还需辅助暂停各国对于本土航空公司的外国所有权与控制权的条款。不过,需要注意到,尽管消灭了“国籍条款”,国际航空运输服务业仍会由双边协议主导,航权仍由主权国家进行分配。

限制航空公司的所有权和控制权的措施,削弱了航空公司获得资本和完成并购的能力,对于本国资本市场有限的国家来说,无疑是增加了其航空承运人的资本成本,此类国家无法充分利用规模经济与密度经济。拉丁美洲国家普遍遵循对所有权和控制权的自由政策,智利已经取消了对其航空承运人的外国投资上限,与包括阿根廷和巴西在内的拉丁美洲国家一道,允许国际承运人在受竞争法约束的情况下进行跨境合并。2012 年智利 LAN 航空公司与巴西 TAM 航空公司合并为拉丁美洲最大的航空公司 LATAM 航空集团,同时遵守巴西对其 20% 的外资所有权限制的规定。增加投资的好处在于高效利用资本减少债务、合理使用航空资源,航空业是资本密集型行业,获取成本最低的资本是其最佳发展路径。[2]

航空公司进入另一个市场的最佳方式是参股已经在那里运营的航空公司。但由于国家对航空公司的所有权和控制权存在严格的国籍要求,所以这种情况较为罕见。[3] 航空公司与其他跨国经济企业的区别就在于不存在跨国航空公司。这是由于“国籍条款”阻碍了外国资本的流入,全球航空公司无法实现真正意义上的跨国合并。“国籍条款”的双重锁定作用体现在外国投资上限与本国法律中规定的内部国家投资上限,缺乏外商投资机会无疑是阻碍航空业发展的一个重要因素。航空业需要注入大量资本,在全球

---

① See IATA, *A Short Path to Greater Commercial Freedom for Airlines*, International Air Transport Association (IATA)(2008. 10. 26), https://www.iata.org/contentassets/d476c23d6a874bbe8565e5f6adb85147/chairman_summary_w_attachment.pdf.

② See International Transport Forum, *Liberalisation of Air Transport*, International Transport Forum (2019. 5. 2), https://www.itf-oecd.org/sites/default/files/docs/liberalisation_air_transport_1.pdf.

③ 需要说明的是,美国对于外国资本控制本国航空公司的持股比例作出最高为 25% 的规定。但也有例外,欧盟内部的航空公司所有权和控制权规则已经放宽,最多可将 49% 的股份分配给来自其他欧盟国家的国民。

航空运输业相互依存的当下，外商投资是行业发展的关键。在"国籍条款"对外国所有权和控制权的严格限制下，投资者投资航空公司的立足点很脆弱。

与美国相比，欧盟在对航司所有权和控制权的规定方面，无疑是更加先进的。美国是世界第一个实行"开放天空"政策的国家，然而其与各国签订的航空运输协议，无一不包含"国籍条款"(包括2007年美欧协议)。这一做法，限制了美国国内航空公司获得外资的可能性，而全球航空联盟的形成构成了美国与共同体航空公司之间唯一可行的跨境合作形式。① 欧洲与亚洲之间存在市场渗透率以及航空政治方面的不平等，涉及跨国合并、股权注入等问题。截至2023年年底，欧盟的承运人通过共同体范围内的资本注入而越发强大，但亚洲的承运人仍然在限制性的外国所有权和控制条件下工作。② 亚洲国家所需要的航空运输自由化，不仅需要开放第五航权和第七航权，同时还需要放宽国家之间双边协议中对于外国所有权和控制权的限制。

(2)国际民航组织缺乏经济监管权。"二战"后，英美两大航空大国在经济监管领域存在分歧，英国倡导政府间监管制度，主张建立一个国际组织来分配与管理国际航线以及关税等；美国倡导国际航空公司之间的自由竞争制度，主张完全的竞争自由。③ 1944年的《国际民用航空公约》设立了国际民航组织，截至2023年年底，国际民航组织成员国共有193个。④ 国际民航组织的服务宗旨是确保全球国际民用航空安全有序发展，促进国际空中航

---

① See Julia Anna Hetlof, *US/EU Air Transport: Open Skies but still not Open Transatlantic Air Transport Services*, McGill University, p. 89(2010).

② See Alan Khee-Jin Tan, *Singapore's New Air Services Agreements with the E. U. and the U. K.: Implications for Liberalization in Asia*, Journal of Air Law and Commerce, Vol. 73:2, p. 351 – 374 (2008).

③ See Andras Vamos-Goldman, *The Stagnation Of Economic Regulation Under Public International Air Law: Examining Its Contribution to the Woeful State of the Airline Industry*, Transportation Law Journal, Vol. 23:3, p. 425 – 470(1996).

④ 参见ICAO:《关于国际民航组织》，载国际民航组织网2024年7月30日，https://www.icao.int/about-icao/Pages/ZH/default.aspx。

行飞行安全，是各国国际民用航空的全球论坛。[①]

《国际民用航空公约》中对国际经济管理的内容体现在第 1 条、第 5 ~ 7 条、第 15 条、第 17 ~ 24 条、第 37 ~ 38 条、第 44 条、第 77 ~ 79 条、第 81 ~ 83 条以及第 96 条中。[②] 其中，第 1 条承认各国对其领土上空享有空气空间主权，重申了《巴黎公约》对空气空间主权的规定，第 5 条赋予非定期航班第一航权与第二航权，并且将是否开放第三航权与第四航权交由主权国家自行决定，第 6 条规定任何外国定期航班未经一国许可不可飞越其领空，[③]第 7 条规定了国内载运权原则。[④] 这些条款明确了《国际民用航空公约》缔约国如何自由地行使对他国开放航权的权利，航权成为国际商业航空网络中的关键一环。不过，《国际民用航空公约》对国际航空运输业的发展兼具积极意义与消极意义。《国际民用航空公约》积极意义在于其第 44 条规定了缔约国的机会平等原则，[⑤]国际民航组织保障缔约国享有“公平机会”，该原则在各国控制国际航空运输业的准入门槛方面颇为重要，是确保所有国家平等参与国际航空运输的必要手段。《国际民用航空公约》对定期航班适用航班准入限制，曾一度造成全球包机服务剧增。《国际民用航空公约》的消极意义在于未对国际民用航空制定全面的经济政策与全方位的航权交换规则。[⑥] 并且在公约所规定的国籍登记制度与双边框架下，各国在签订双边航

---

① 国际民航组织在国际航空运输业中起到的作用。See Assad Kotaite, *Security of International Civil Aviation-Role of ICAO*, 7 ANNALS OF AIR & SPACE L. 95 (1982).

② 参见中国民用航空局：《芝加哥公约简介》，载中国民用航空局网，http://www.caac.gov.cn/XXGK/XXGK/GJGY/201510/t20151029_9005.html。

③ 《国际民用航空公约》第 6 条明确主权国家授权后外国定期航班才具有在一国的领空飞越权与运营权。

④ 《国际民用航空公约》第 7 条明确缔约国具有自由支配是否允许外国航空公司在本国运营航线的权利。

⑤ 《国际民用航空公约》第 44 条规定了设立国际民航组织的宗旨与目标，保证缔约各国的权利充分受到尊重，每一缔约国均有经营国际空运企业的公平的机会；避免缔约各国之间的差别待遇。

⑥ See Andras Vamos-Goldman, *The Stagnation of Economic Regulation Under Public International Air Law: Examining Its Contribution to the Woeful State of the Airline Industry*, Transportation Law Journal, Vol. 23:3, p. 425 – 470 (1996).

空运输协议时常设"国籍条款",该条款限制了在一国注册的飞机仅能在其注册国已协商的航线上飞行。[①]

《国际民用航空公约》第44条对国际民航组织职责的定义存在矛盾,[②]仅授予国际民航组织关于经济问题的咨询权及在技术方面的管辖权,其主要工作在于保障国际航空安全与安保。[③] 因此国际民航组织无法在技术事务监管方面有效发挥作用,无法在保障各航空公司自身利益的同时保障国际航空运输系统高效运转,最终导致了持保护主义的利益集团将国际民航组织排除在国际商业航空经济监管之外的局面。

国际民航业作为资本、劳动力以及燃料密集型的企业,运营成本与固定成本十分高昂,在激烈的国际航空运输市场的竞争之下,国际民航运输业的商业风险较高。[④] 为保障国际民航业的健康有序发展,需要对其进行经济监管。国际民航运输的经济监管,指的是监管一国准许其他国家的商业飞机进入其领空的权利,经济监管实质上是指监管一国的航权开放、所有权与控制权条款、其他市场准入的商业辅助手段。航权开放行为包括向其他国家分配国际航线、运力、运价等;所有权与控制权条款决定航空公司能被哪一国合法拥有和控制;[⑤]其他商业辅助手段则包括营销等。对于国际民航业的经济监管,目前国际上存在三大组织,分别是国际民航组织、国际航空运输

---

① 《国际民用航空公约》第12条规定了缔约国航班须遵循的空中规则,第17条至第21条规定了航空器的国籍和注册要求,第30条至第32条规定了其余适航规则。

② 《国际民用航空公约》第44条对国际民航组织的宗旨与目标进行了规定,但并不具有强制执行力,仅仅是倡议。

③ See Paul S. Dempsey, *Pennies from Heaven: Breaking Through the Liability Limits of Warsaw*, XXII - I Annals of Air & Space Law, p. 267 - 287 (1997).

④ See Andras Vamos-Goldman, *The Stagnation Of Economic Regulation Under Public International Air Law: Examining Its Contribution to the Woeful State of the Airline Industry*, Transportation Law Journal, Vol. 23:3, p. 425 - 470(1996).

⑤ 该领域大多数学者认为,在国际航空运输业的经济监管与国际公法对准入的限制的双重影响下,承运人之间被迫进行更密切的合作,但此类合作仍受到外国所有权和控制权的国内限制。See Thomas D. Grant, *Foreign Takeovers of United States Airlines: Free Trade Process, Problems, and Progress*, Harvard Journal on Legislation, Vol. 31:1, p. 63 - 152(1994).

协会及世界贸易组织。除此之外,各区域内的民航组织以及行业协会(比如国际机场理事会与国际飞行员协会等)也参与到国际航空运输的经济监管中来。[①] 国际航空运输协会在促进和协调经济自由化进程以及确保国际航空运输的安全、安保和环境保护方面发挥全球领导作用;促进与其他对国际航空运输感兴趣的政府间组织和非政府组织的有效沟通与合作,以协调和避免全球层面的工作重复;提供监管方案促进各国实现国际航空运输的自由化;统计国际航空运输的发展情况,包括在各个层面引入的自由化安排等。[②]

航空公司在贸易全球化的大背景之下,受到各国对其领空空气空间主权的制约,通过签订双边协议、多边协议等方式进行国际航空运输往来存在一定的局限性,如何协调平衡国家主权与适用国际经贸规则进行经济监管是值得深入研究的问题。有效监管控制的认定标准包括航空公司是否持有机构颁发的有效运营执照或许可证,航空公司是否符合指定方的指定标准,指定方是否按照国际民航组织的标准制定并维持安全、安保监督方案。[③]《国际民用航空公约》虽然规定了国际航空运输监管制度,但制度的可执行性较弱,在实践中对于各国的约束力较差,存在大量航空服务协议未在国际民航组织登记的情形,模糊的协议监管不利于国际航空运输业的发展。

(3)航空碳减排的单边监管与多边监管艰难共存。航空自由化带来了许多好处,也提出了与公平竞争、维持高劳工标准及如何减轻不断发展的行业对环境的影响有关的问题。[④] 国际航空碳抵消和减排计划是全球第一个行业减排市场机制,由世界民航组织 2016 年开始推行。2021 年国际航空碳

---

① 包括国际机场理事会、国际航空公司飞行员协会联合会以及国际运输工人联合会在内的各类协会,会出台相应干预措施。

② See *Liberalization of Air Cargo Services*, International Civil Aviation Organization (ICAO)(2012. 6. 20), https://www. icao. int/Meetings/ATConf5/Documents/atconf5_wp100_en. pdf.

③ See ICAO, *Air Transport Regulation Panel Tenth Meeting*, International Civil Aviation Organization (ICAO)(2012. 6. 20), https://www. icao. int/Meetings/ATConf5/Documents/atrp10Report_en. pdf.

④ See International Transport Forum, *Liberalisation of Air Transport*, International Transport Forum (2019. 5. 2), https://www. itf-oecd. org/sites/default/files/docs/liberalisation_air_transport_1. pdf.

抵消和减排计划自愿试点期已经开始，自2027年起国际航空碳抵消和减排计划将成为所有航空公司的强制性规定。国际航空碳抵消和减排计划有助于帮助航空业以具有成本效益的方式实现航空碳减排目标。新加坡已经表明在2021年至2026年自愿参与国际航空碳抵消和减排计划。2019年国际民航组织A40－19号决议中设置了"排他性条款"，将国际航空碳抵消和减排计划作为控制国际航空二氧化碳排放的唯一措施，其目的在于避免其他国家或地区制定的国际航空市场措施造成国际航空二氧化碳排放量的重复计算。① 国际民航组织2019年所发布的A40－19号决议对于欧盟来说并不具有法律约束力，但会影响欧盟的政治决策。

欧盟自2008年开始决定将航空活动纳入欧盟排放交易体系。② 欧盟在航空领域实行"最后通牒战略"③，该战略在名义上表示优先考虑多边主义，实质上则是为单边主义发布欧盟碳排放交易系统计划进行铺垫。欧盟成员国外的其他国家已经通过经济制裁的方式迫使欧盟作出退步，让欧盟将其在2012年发布的关于往返欧盟领土的航班的国际航空碳排放指令的适用范围限制在欧洲境内的航班。欧盟自2016年起推进单边征收航空碳税，而美国已经将碳排放标准纳入新的飞机适航认证的标准体系之中。④ 欧盟并非

---

① See *Resolution A40－19：Consolidated Statement of Continuing ICAO Policies and Practices Related to Environmental Protection—Carbon Offsetting and Reduction Scheme for International Aviation (CORSIA)*, International Civil Aviation Organization (2019.10.11), https://www.icao.int/environmental-protection/Documents/Assembly/Resolution_A40－19_CORSIA.pdf.

② 欧盟2008年发布2008/101/EC指令决定将航空活动纳入温室气体排放配额计划，自2009年2月2日起实施。

③ "最后通牒战略"即2002年欧盟发布6th EAP计划，指出如果国际民航组织在2002年以前未就减少航空温室气体排放达成一致，那么欧盟将自行确定并采取具体行动。

④ 2020年12月28日，美国国家环境保护局宣布将开始对进入(美国)市场的新的飞机设备实施温室气体排放标准考核，该决议也代表美国政府正式开始执行国际民航组织在2017年最后确定的飞机温室气体减排目标。美国联邦航空管理局将可以正式地把碳排放标准作为其新的飞机适航认证标准之一，同时也将带领美国自己的飞机引擎和机身制造商进入与其他已经采取该国际标准的国家的制造商相同的政策和标准环境中。参见于占福：《拥抱更加清洁、开放和公平的天空(二)——全球航空碳排放结构及行业减碳目标》，载民航资源网2021年8月19日，http://news.carnoc.com/list/567/567913.html。

国际民航组织的成员,也不是《国际民用航空公约》的正式缔约方;对于欧盟在继承其成员国的权利的同时是否应承担相应的义务,仍存在较多争议。但在航空方面,欧盟在功能上继承了《国际民用航空公约》规定的某些义务,包括关于不遵守国际民航组织标准和建议措施的第 38 条。[①]

联合国环境与发展大会 1992 年通过的《里约宣言》规定了 27 条原则,其中第 15 条预防原则赋予了各国以单边主义的方式制定有关环境保护措施的权利,长期以来导致了众多国际分歧的产生。[②] 一国如何把握保护环境与制定贸易措施之间的平衡关系,是国际社会一直致力研究的问题。一国用于评估境外生产商或服务商对其境内环境所造成影响的环境标准是否基于多边环境协定而制定,是评判该国是否采取单边主义政策的重要标准。在国际航空运输领域,全球航空碳排放存在多边监管与单边监管之间的摩擦。国际航空碳抵消和减排计划不承认欧盟排放交易计划配额,并且欧盟排放交易计划从 2021 年 1 月 1 日起,不再承认国际抵消信用额度以及国际航空碳抵消和减排计划视为合格的信用额度。[③] 欧盟具有超国家行为体的特质,可将其作出的行为视为行使集体单边主义,欧盟的碳排放交易系统政策是集体单边主义的体现。对于欧盟是否有权对在其领土和管辖范围以外的地区所进行的活动实施其保护标准仍存在争议。在国际"软法"(国际民航组织所制定的国际航空碳抵消和减排计划)的制约下,[④]欧盟的价值观是否得

① See Natalie L. Dobson, *Competing Climate Change Responses: Reflections on EU Unilateral Regulation of International Transport Emissions in Light of Multilateral Developments*, Netherlands International Law Review, Vol. 67:2, p. 183 - 210(2020).

② 《里约宣言》第 15 条原则:预防原则。各国根据自己的能力,应广泛应用预防办法保护环境。凡有严重威胁或不可逆转的损害,不得使用缺乏充分的科学确定性为理由推迟采取防止环境退化的措施。

③ See European Union Aviation Safety Agency & European Aviation Environmental, *Report 2019*, Publications Office(2019), https://data.europa.eu/doi/10.2822/309946.

④ 国际民航组织在建立和实施国际航空碳抵消和减排计划时,通过了决议、标准和建议措施、技术条款等,这些法律文书都属于"软法"。不过国际民航组织在 A39 - 3 号决议中使用了 13 次"决定"一词,表明国际民航组织希望赋予该计划"准法律"效力。See *Commission Staff Working Document: Impact Assessment Report*, European Commission (2021.7.14), https://eur-lex.europa.eu/legal-content/EN/TXT/PDF/?uri=CELEX:52021SC0603.

到了国际认可仍需讨论。因为国际民航组织所作出的大会决议并不具备法律约束力,最多被视为“软法律”,所以国际民航组织第 37 届大会通过的关于国际航空碳抵消和减排计划的全球市场措施的决议没有法律约束力。①综上,欧盟在一定程度上保留了监管自由。如何平衡欧盟的单边监管与国际组织的多边监管,是亟须研究的问题。但欧盟的单边监管的首要前提是充分尊重其他国家的主权。国际航空碳抵消和减排计划与欧盟碳排放交易系统计划不同,国际航空碳抵消和减排计划的特色在于排放量可以由来自其他行业不同减排项目的“抵消单位”补偿,总体排放量可以无限制地增长;欧盟碳排放交易系统计划则设定了排放量的数量上限,分配了一定数量的信用额度以在市场上交易。②

3. 放松规制改革未彻底消除破坏性竞争

(1)政府规制与反垄断法。规制的英文为“regulation”,《布莱克法律词典》以及《元照英美法词典》对规制的解释有三种,一是由行政机关所发布的具有法律约束力的规则,二是用于内部管理的规则制度,三是监督管理的动作。规制理论的发展分为规制国阶段与后规制国阶段。公共机构的角色和定位产生变化,从而引发规制内涵的发展。植草益对公共规制进行研究后,将其分为经济性规制与社会性规制。1929 年经济大萧条过后,国家干预介入经济领域,形成经济性规制,现代社会步入规制国阶段。经济性规制所针对的行业具有自然垄断和信息不对称等特性,规制目的在于确保此类稀缺资源的有效配置以及公平。经济性规制遵循效率原则,由较少规制发展为强化规制,并途经放松规制到再规制的变革。“二战”前后国家干预进入社会领域,社会性规制兴起。社会性规制与经济性规制互补,目的在于保障消

---

① See ICF Consulting et al. , *Assessment of ICAO's Global Market-based Measure (CORSIA) Pursuant to Article 28b and for Studying Cost Pass-through Pursuant to Article 3d of the EU ETS Directive*, European Commission (2022. 1. 21), https://op. europa. eu/en/publication-detail/-/publication/471ca3b9-7cca-11ec-8c40-01aa75ed71a1/language-en.

② See Natalie L. Dobson, *Competing Climate Change Responses: Reflections on EU Unilateral Regulation of International Transport Emissions in Light of Multilateral Developments*, Netherlands International Law Review, Vol. 67:2, p. 183 – 210(2020).

费者的安全、健康以及环境。[①] 社会性规制遵循公平原则、正义原则以及安全原则,“市场失灵”的外部性与信息不对称对市场的威胁日益严重,因而社会性规制逐渐受到各国政府重视。法学界所使用的“法律规制”一词,更多意义上为“对策”或“应对”等含义。[②] 法学角度的规制主要分析规制主体法律架构的合理性、规制行为的合法性、规制程序的正当性以及行使规制裁量权的有效性。[③] 航空运输业属于具有自然垄断性的公用事业,航空企业存在法定垄断地位。[④] 公用事业需时刻把握社会福利与企业利润之间的平衡,对民航业的规制需考虑将公法与私法相结合,既要制约权力也要保障权利。[⑤]

航空运输业自身存在自然垄断的特征。一般来说,垄断的治理路径包括竞争政策和政府规制。[⑥] 政府规制是在事前与事中进行管制,事后由反垄断法进行监管。适用反垄断法的法律前提是出现垄断行为。[⑦] 一般来说,政府通过颁布《反垄断法》来消除垄断的负面效果,《反垄断法》奉行“价格中心主义”,但在实践中中容易出现法官过度依赖价格的情形,因此,“价格中心主义”颇受质疑。波斯纳指出:“在反垄断案件中,经济学家作为专家证人试图通过观察市场变化、价格和产出的变化、价格歧视的存在等来建立或反驳阴谋的存在已成为普遍现象。”兰德斯认为:“当价格上涨时,法官们说这是垄断,当价格下跌时,他们说这是掠夺性定价,当价格保持不变时,他们表示这是默契共谋。”20 世纪 20 年代的法律现实主义将法律学术和法律思想批评为概念性的、教条主义的,但仅限于法官所说的法律,而不是法律的实

---

① 参见[日]植草益:《微观规制经济学》,朱绍文等译,中国发展出版社 1992 年版,第 22 页。

② 参见张宝:《规制内涵变迁与现代环境法的演进》,载《中国人口·资源与环境》2020 年第 12 期。

③ 参见张宝:《规制内涵变迁与现代环境法的演进》,载《中国人口·资源与环境》2020 年第 12 期。

④ 参见李剑:《反垄断违法还是管制逃避?——基于 79 号指导性案例的研究》,载《南大法学》2020 年第 1 期。

⑤ 参见高薇:《平台监管的新公用事业理论》,载《法学研究》2021 年第 3 期。

⑥ 参见[美]赫伯特·霍温坎普:《联邦反托拉斯政策:竞争法律及其实践》,许光耀等译,法律出版社 2009 年版,第 782 ~ 783、787 页。

⑦ 参见王磊:《走出平台治理迷思:管制与反垄断的良性互动》,载《探索与争鸣》2022 年第 3 期。

际情况、法律如何实际运作和影响社会中的人们的行为。[①] 不仅如此，在部分情形下，由于反垄断的经济分析依赖于理论模型的构建以及思想实验，也可能造成实践中并不存在反垄断所分析的对象对应的局面出现。[②] 反垄断案件中涉及“共谋”时，由于判定标准更依赖间接证据，经济专家经常被要求就间接证据举证。美国专家证言制度中的道伯特规则在反垄断法领域可以保障法官在采信专家证言的过程中履行看守职责。[③] 道伯特规则规定了法官采用专家证言须符合相关性和可靠性两个标准，相关性意指无论专家是否具有丰富经验，所提供的证据都必须与解决案件中的问题紧密相关；可靠性则要求专家证词与“科学知识”相关，但通常难以评判是否达到标准。[④] 反垄断法律体系依赖经济分析，而随着经济学学科的进步与理论的丰富，现今的计算模型与计算公式已超越了法官的专业范围，因而法官判案的依据并非自己的分析，而是专家证言。[⑤]

政府规制，在经济学范畴内特指政府对垄断行业的价格控制与对部分公共事务的强制管理。[⑥] 政府主要通过对经济进行规制和颁布《反垄断法》两种方式规制公用事业。规制与《反垄断法》之间为互补关系，规制注重事前与事中监管，具有预防性特征；而《反垄断法》注重事后监管，具有救济性特征。与反垄断相比，规制的特殊性在于其治理时间点早，违法行为尚未发生；以避免发生竞争损害为目的并且及时高效。规制与《反垄断法》相辅相成，规制加强了《反垄断法》的执法工作。对公用事业的规制须在注重政府公权力监管的同时，保护消费者私权利。协调政府与市场的关系一直是市

---

① See Edmund W. Kitch, *The Fire of Truth: A Remembrance of Law and Economics at Chicago, 1932 – 1970*, The Journal of Law and Economics, Vol. 26:1, p. 163 – 234(1983).

② 参见高薇：《平台监管的新公用事业理论》，载《法学研究》2021 年第 3 期。

③ 参见金雷霆、李红：《论美国专家证言的采信规则》，载《中国司法鉴定》2018 年第 3 期。

④ See Roger D. Blair & Jill Boylston Herndon, *The Implications of Daubert for Economic Evidence in Antitrust Cases*, Washington and Lee Law Review, Vol. 57:3, p. 801 – 830(2000).

⑤ See Roger D. Blair & Jill Boylston Herndon, *The Implications of Daubert for Economic Evidence in Antitrust Cases*, Washington and Lee Law Review, Vol. 57:3, p. 801 – 830(2000).

⑥ 参见魏华：《从“政府管制”到“规制政府”》，载《中国国情国力》2014 年第 2 期。

场经济需要重视的现实问题，民航运输业发展的关键一环在于如何协调与平衡市场调节和政府规制之间的关系。政府调节体系包括追求持续性经济绩效的政府规制与追求短期经济绩效的宏观经济政策。政府规制的应用早于宏观经济政策，并且在全球经济一体化的发展与西方国家在"滞胀"中推动的资本主义的经济金融化背景之下，新自由主义得到重视，这一时期，主要发达国家采取放松规制的政策，放松了对交通、电力、通讯及金融产业的规制。金融危机的出现使经济性规制所历经的放松规制阶段面临挑战，再规制得到初步认同。纵观美国航空业的放松规制历程，市场机制的调节与政府进行宏观把控之间并不矛盾，两者协同发展，在考虑边际效应的基础之上进行放松规制。

规制的核心要素包括主体、对象、手段以及依据。第七航权的法律规制应关注对规制主体（合法进行规制的机构）进行法律构造、准确界定规制对象（何种航空运输活动应被认定为第七航权法律规制的对象）、确保以公平公正的手段进行规制。综上，对第七航权的法律规制应重点关注规制法律关系的构造，保障过程合法并贯彻最小伤害原则，并为第七航权规制制定合法高效的法律依据，保障有法可依。此外，航空业具有自然垄断性以及信息不对称性，其规制离不开经济性规制。航空业以安全原则作为航空自由化的基本原则，因而其规制更加离不开社会性规制。

（2）放松规制与破坏性竞争。社会公众福祉与财政赤字之间的矛盾造成政府规制之下的政府失灵局面。20 世纪六七十年代后，西方国家为调节市场与政府之间的矛盾，开始试行放松规制。放松规制不完全等于放弃规制，放松规制的本质在于依据社会发展的不同时期，再造出顺应时代发展的规制。一般认为，放松规制主要针对经济性规制。[①] 美国是世界上第一个通过取消对航空公司进入和运营市场的所有经济控制来放松国内航空运输规制的国家。在 1977 年与 1978 年分别对航空货运市场与航空客运市场进行

---

① 参见张红凤、杨慧：《规制经济学沿革的内在逻辑及发展方向》，载《中国社会科学》2011 年第 6 期。

放松规制改革,美国的航空网络由点对点服务模式转变为轮辐模式。[①] 美国放松规制并非完全放弃规制,只是对经济性规制的放松,而对于社会性规制则持续强化。

航权交换源于各国对航空自由的追求,其本质是为了以航空运输业的发展带动本国经济的进步。双边航空运输自由协定的模式几经变迁,当下以美国为首的国家所推崇的航空自由化更符合航空运输业全球一体化的发展。20 世纪七八十年代,美国与多国对国际航空运输进行了双边谈判,谈判内容主要包括开放缔约国间的市场准入、增加通航点、开放第五航权、取消运力限制并且基于"双不批准"原则进行运价管理等。[②] 美国于 1978 年开始施行放松规制,因为当时政府所施行的经济性规制与社会性规制可能导致公共选择失灵,即政府失灵。加之放松规制可减轻政府财政负担,并提升市场机制的调节功效,因而一度颇受推崇。不过好景不长,消费者享受了低票价的同时,逐渐意识到机场越发拥堵,航班延误的频次逐渐增加。有学者认为航空运输系统的影响因素包括放松规制、技术变革以及公共政策等,[③]这些影响因素在维系航空运输系统的动态平衡的过程中相互作用,应在考虑边际成本的前提之下对各要素进行适当调整。美国放松规制、减少监管,从而打开了美国国内市场,降低了许多票价并增加了一些服务,但它并没有消除运力过剩和破坏性竞争的弊端,最终导致服务市场的航空公司数量远低于监管时期。由于各国之间的双边航空协议等一系列经济监管框架的阻碍,在保护主义盛行的国际航空运输业中,综合性国际监管框架迟迟无法出台。

国际航空业竞争环境的影响因素包括国际燃油的价格波动、恐怖主义威胁之下的安全问题、远程航线上飞机仍须飞回其枢纽国家的风险(新加坡

---

① See International Transport Forum, *Liberalisation of Air Transport*, International Transport Forum (2019. 5. 2), https://www.itf-oecd.org/sites/default/files/docs/liberalisation air transport_1.pdf.

② 参见彭金芝:《美国航空自由化进程思考》,载《人民论坛》2015 年第 35 期。

③ See Steven A. Morrison, et al., *Enhancing the Performance of the Deregulated Air Transportation System*, Brookings Papers on Economic Activity. Microeconomics, Vol. 1989, p. 61(1989).

航空公司一直在寻求从澳大利亚直飞欧洲和从澳大利亚直飞美国的权利,以缓解这一风险)。[①] 对于第三种因素,各国之间可以通过谈判来寻求解决方案。竞争政策对航空业的发展贡献了力量,但存在两大矛盾:一是目前国际航空公司私有化的发展与各国政府的竞争政策之间存在冲突,二是国际航空秩序与各国国内航空竞争政策之间存在冲突,各国在进行国际航空运输服务时应谨慎适用国家竞争法与竞争政策。因为仅仅依靠各国之间的执法合作,无法真正解决实质性差异。国际航空运输协会多边联运系统对全球航空运输至关重要,多边联运系统为解决上述问题正在实施一项十年计划,以尽量减少要求获得竞争法豁免的活动数量,满足多个法域的需求。[②] 随着越来越多的国家采用竞争法,未来将一般竞争法应用于航空运输业的可能性极大,一般竞争法对于涉及航空运输的合并、限制性做法和滥用支配地位的行为相当有效,不过需要注意使竞争法条款草案的规定与竞争主管机构之间协议中已有的合作安排和做法保持一致。[③] 实践表明,放松规制措施仍未彻底消除破坏性竞争的情形。

4. 缺失有效争议解决机制

依据相对人的不同可将国际航空运输争端分为"航空商业人—消费者"之间的争端与"航空商业人—航空商业人"之间的争端,两种争端所适用的纠纷解决方式不同。民商事纠纷争议解决的主要方式包括诉讼、仲裁和调解,民航纠纷具有专业性极强的特点。解决"航空商业人—消费者"之间产生的争端,通过诉讼手段解决纠纷通常耗时较长,并且消费者在航空公司面

---

① See Loizos Heracleous & Jochen Wirtz, *Strategy and Organisation at Singapore Airlines: Achieving Sustainable Advantage Through Dual Strategy*, Energy, Transport & the Environment, Springer, p. 479 – 493 (2012).

② See *Report of the Tenth Meeting of the Air Transport Regulation Panel*, International Civil Aviation Organization (ICAO) (2012. 6. 20), https://www.icao.int/Meetings/ATConf5/Documents/atrp10Report_en.pdf.

③ See *Report of the Tenth Meeting of the Air Transport Regulation Panel*, International Civil Aviation Organization (ICAO) (2012. 6. 20), https://www.icao.int/Meetings/ATConf5/Documents/atrp10Report_en.pdf.

前通常处于弱势地位,难以进行举证,因而在此"力量悬殊"的状况之下,消费者更偏向于使用仲裁或调解的方式。

国际航空运输领域缺乏完善的争议解决机制,原因有三:一是各国在实践中并不遵守《国际民用航空公约》附件所规定的国际标准与建议措施。为确保有条不紊地推进航空运输自由化,透明度应被视为在监管框架内追求的目标和自由化进程的基本要素,各国应坚定履行《国际民用航空公约》第83条所规定的航空运输协议登记义务,在协议中明确负有登记义务的缔约方应为国际航空运输协会工作提供便利。[①] 而许多国家在实践中并不遵守《国际民用航空公约》附件所规定的国际标准与建议措施,威胁了《国际民用航空公约》建立的全球民航普遍信任和相互承认体系。二是经济落后的国家缺乏建立全面空中航行和安全机构的能力和正常运转安全机构的资金。[②] 三是国际民航组织缺乏强制制裁违规者的执法权力。[③] 国际民航组织拥有的唯一执法权依据为《国际民用航空公约》第十八章处理理事会的争端解决的权力,即出现航空公司不遵守理事会决定的情况时,所有缔约国应暂停其运营,该航空公司所属缔约国政府将失去在国际民航组织大会上的投票权。[④]

---

① See *Liberalization of Air Cargo Services*, International Civil Aviation Organization (ICAO) (2012. 6. 20), https://www. icao. int/Meetings/ATConf5/Documents/atconf5_wp100_en. pdf.

② 1992年9月22日至10月8日国际民航组织在第29届大会通过的决议中指出,许多缔约国可能不具备执行《国际民用航空公约》及其附件的最低要求的监管框架或财政和技术资源,许多缔约国在根据国际法履行其对航空承运人运营的安全监督责任时可能会遇到困难。根据《国际民用航空公约》制定的安全标准需要政府进行有效的监督才能有效实施。See ICAO, *Resolutions Adopted by the Assembly and Index to Documentation*, International Civil Aviation Organization (ICAO) (2015. 6. 18), https://www. icao. int/assembly-archive/Session29/A. 29. RESOL. 9600. EN. pdf.

③ See Mark L. Morrison, *Navigating the Tumultuous Skies of International Aviation: The Federal Aviation Administration's Response to Non-Compliance with International Safety Standards*, Southwestern Journal of Law and Trade in the Americas, Vol. 2:2, p. 621 - 656 (1995).

④ 《国际民用航空公约》第87条规定了对不符合规定的航空公司的处罚,理事会有权禁止不符合条件的缔约国航司在各缔约国领土上空空域运营。第88条规定了对不遵守规定的国家处以暂停在理事会中的表决权的惩罚。

此外，在大多数双边航空运输协议中都设有正式的争议解决机制，比如《百慕大Ⅰ号》建议政府间存在争议时通过磋商行为来解决。[①] 协议明确了政府间存在的争议不应对承运人公平平等的竞争机会产生负面影响。2002年国际民航组织航空运输监管委员会第十次会议上提出中间调节机制这种新型争端解决方式，为各国提供了利用协商和仲裁之间可能更快产生结果的中间过程的选择，是一种更加便捷、高效、经济的方式。该机制的适用对象为希望实现航空服务自由化的国家，这种机制可以使所有国家受益，特别是面临更大经济限制的发展中国家。[②]

三、海南自贸港第七航权开放基本特点与法律困境

（一）海南自贸港第七航权开放特点

1. 单边模式开放第七航权

目前，国际上各国开放航权的主要模式为双边模式与多边模式，极少国家采取单边模式。一是因为芝加哥会议确立的《国际民用航空公约》第6条明确以双边模式进行国际航空运输；[③]二是因为航空运输涉及国家主权等敏感因素、各国经济发展不平衡等客观因素的存在，国家间签订国际航空运输协定主要采取双边模式；三是因为部分区域性组织为高效实现航空运输自由化，采用多边模式开放航权。从法理上来说，签订多边条约可以缓解各国对于单方弃权的国际法可靠性的怀疑，并且在大国参与的情况下，将号召更多双边伙伴的加入，效率高于单边主义。双边协定最早的标准格式是芝加

---

① See Dr. Paul Stephen Dempsey, *AIR TRAFFIC RIGHTS: Deregulation and Liberalization*, McGill (2015. 5. 8), https://www.mcgill.ca/iasl/files/iasl/aspl_633_dempsey_air_traffic_rights.pdf.

② See *Report of the Tenth Meeting of the Air Transport Regulation Panel*, International Civil Aviation Organization (ICAO) (2012. 6. 20), https://www.icao.int/Meetings/ATConf5/Documents/atrp10Report_en.pdf.

③ 《国际民用航空公约》第6条规定："除非经一缔约国特准或其他许可并遵照此项特准或许可的条件，任何定期国际航班不得在该国领土上空飞行或进入该国领土。"

哥标准格式，由芝加哥会议在其决议书中确立，一度成为各国之间缔结航空运输双边协议的蓝本。①

国际上常被提及的单边互惠模式与海南自贸港本次单边开放第七航权的模式存在些许差异。2008 年伊斯坦布尔自由峰会肯定了单方互惠模式的实践意义。单方互惠又称单方豁免，是指对于一国的国际航线，一国单方声明其他国家指定的航司可运营该国与其他国家之间的航线，前提是其他国家也作出同样的声明。实质上这些作出同样单方声明的国家形成了一个航空服务的多边贸易区，相当于开放所有的国际航线到多边贸易区的所有国家及其航空公司。对于一国的国内航线，一国可单方面宣布对多边贸易区内的国家开放国内航空运输市场，例如，澳大利亚和新西兰之间已经建立了一个单一的航空市场，新西兰航空公司可以运营澳大利亚国内航线，反之亦然。② 单边互惠的方式广泛应用于各国对"国籍条款"的存废决策中。③ 双边航空运输协议内通常约定所有权与控制权条款，若暂停该限制，航空公司将获得好处。暂停的方式有两种：一是通过一国的单方声明提供单方互惠，即表明该国放弃与其他发表类似声明的国家所签订的双边航空运输服务协议下的该项权利。二是通过两国相互声明。不过，单方互惠模式将带来部分国家通过收购外国航空公司的方式"搭便车"的可能，因此需要考虑是否适用主要营业地条款。④ 单方豁免模式还存在过于分散的缺点，无法吸引拒不参加的国家参加，并且如果各国十分看重拒不参加国家的市场准入，则可

① 参见[英]郑斌：《国际航空运输法》，徐克继译，中国民航出版社 1996 年版，第 20 页。

② See *Agenda for Freedom Summit: A Short Path to Greater Commercial Freedom for Airlines*, International Air Transport Association (IATA) (2008.10.26), https://www.iata.org/contentassets/d476c23d6a874bbe8565e5f6adb85147/chairman_summary_w_attachment.pdf.

③ See Brian F. Havel & Gabriel S. Sanchez, *The Emerging Lex Aviatica*, Georgetown Journal of International Law, Vol. 42:3, p. 639 – 672 (2011).

④ See *Agenda for Freedom Summit: A Short Path to Greater Commercial Freedom for Airlines*, International Air Transport Association (IATA) (2008.10.26), https://www.iata.org/contentassets/d476c23d6a874bbe8565e5f6adb85147/chairman_summary_w_attachment.pdf.

能导致一系列的双边谈判再次产生。[①] 海南自贸港开放第七航权并不要求所涉国际航线的另一国家对海南自贸港同等开放第七航权。

海南采用单边开放的新模式开放第七航权,并且同时开放客运与货运第七航权,在开放航权历史中书写下了浓墨重彩的一笔。由于第七航权涉及第三国并且其他各国航空运输业仍高度依赖双边模式,中国单边开放第七航权的同时应结合双边模式和多边模式,[②]通过与其他国家或区域性组织签订双边或多边协议将第七航权政策正式落地。中国与外国签订的航空运输协定主要分为全面航空自由化协定、部分航线市场自由化协定及稀缺国际客运航权协定3类。[③] 海南与柬埔寨已于2021年4月签订双边协议,为结合第七航权单边模式与双边航空运输协议,保障第七航权顺利落地形成良好示范。并且柬埔寨吴哥航空公司已确定在海南自贸港打造航空运营基地,计划开辟第七航权航班。海南自贸港开放第七航权将吸引越来越多的国际航空公司在海南建设航空运营基地,并同步带动海南自贸港金融行业的发展,目前柬埔寨吴哥航空公司计划将其在中国的结算中心放至海口江东新区。海南自贸港政策优势将吸引一批航企响应,纷纷来海南建设其航空基地。

2. 特殊政策的区域试点

海南自贸港开放第七航权是中国在复杂多变的国际局势与特殊的历史机遇下的一次试点。在海南进行开放第七航权的试点,一是由于海南的地理位置决定了其经济发展对空运与海运的依赖程度较高,海南具有快速发展航空运输业的迫切需求;二是由于其地理上的封闭性优势,在海南进行试点不会对中国其他地区航运市场造成太大影响。这是中国第一次尝试单方面对外开放货运与客运第七航权,海南实践将为开放第七航权的全国推广

---

① See Brian F. Havel & Gabriel S. Sanchez, *The Emerging Lex Aviatica*, Georgetown Journal of International Law, Vol. 42:3, p. 639 - 672(2011).

② 参见张晔、胡晓红:《中国第七航权开放政策的法律挑战研究》,载《国际贸易》2021年第7期。

③ 参见赵俊、刘志硕、李秋雨、陈旭梅:《稀缺国际客运航权资源优化配置》,载《南京航空航天大学学报》2021年第6期。

留下宝贵经验。

3. 赋权具有法律保障

早在2003年，民航局就宣布在海南试点开放第三、四、五航权，尽管在此之后海南航线数量实现了由5条至第103条的突破，但当时由于海南缺乏国际航空中转市场，未有外航开通第五航权国际航线。① 此次开放第七航权应在汲取第五航权开放的经验教训基础上，厘清海南客货流量不足的根本原因，走好开放第七航权的第一步。

第五航权在九类航权中属于最具实质经济效益的航权，有助于各国货运实现“多点串联”，高效实惠。中国正在积极利用第五航权，诸多省市已加入开放第五航权的进程中。2018年国务院《关于支持自由贸易试验区深化改革创新若干措施的通知》明确支持郑州机场与西安机场利用第五航权经营客货业务。2019年7月2日，福建正式开通首条“卢森堡—郑州—厦门—洛杉矶”第五航权货运航线；2021年5月16日，海南自贸港开通首条第五航权全货运航线——“雅加达—新加坡—海口”；2021年6月4日，兰州中川机场首次获批第五航权货运航线——“金边—兰州—拉合尔—金边”和“金边—兰州—加德满都—金边”；2021年9月30日，陕西西安正式开通第五航权全货运航线——“莫斯科—西安—阿拉木图”；2021年12月30日，浙江杭州开通了第一条第五航权国际货运航线——“纽约—杭州—首尔—纽约”。第五航权的使用主要是在货运上，航权开放将带来货物中转量的提高。货运竞争背后是政府的大力度政策扶持，各地政府都出台了财政补贴措施支持机场发展航空货运。② 第五航权与“开放天空”协议紧密相连，但对于承运人来说，承运人在提供航空服务时更偏向通过代码共享或反垄断豁免联盟

---

① 参见杜婷：《海南：以航权促发展》，载《大飞机》2020年第7期。

② 比如，《江西省航空物流发展补贴实施办法》指出，补贴国际洲际货运定期航线，40吨及以上机型每航班奖励60万元至70万元，同时按照舱单进出港货量每公斤奖励4元等。2017年，成都出台《促进成都航空货运发展的扶持政策》，对全货机国际（含地区）定期航线和宽体客机国际直飞定期航线给予新增进出港国际货量的财政奖励：远程国际航线（8小时以上航距）5.0元/公斤，中程国际航线（5～8小时航距）3.0元/公斤，短程国际航线（5小时以内航距）2.0元/公斤。

的形式。[①] 代码共享与反垄断豁免联盟是国际航空运输领域常见的合作方式，通过上述两种合作方式产生的票价远比非联盟联运服务低。代码共享是指各航空公司通过允许其合作伙伴将承运人代码放在彼此航班上的方式，从而达到扩大销售的目的。最常见的形式为航空公司之间预先商定费用比例以及所占运力比例，若承运人售出由外国承运人承运的机票，则该外国承运人须以双方所协商的比例向该承运人支付费用。反垄断豁免联盟的产生背景为国际条约对航空公司外资所有权的限制，是对该限制的规避。在美国，交通部有权授予反垄断豁免权，并通过“开放天空”协议进行约定。“开放天空”协议允许承运人在不受政府监管的情况下设定时间表、运力和运价。代码共享与反垄断豁免联盟两种合作方式下的航线价格明显低于非联盟航线间服务的票价，签署了“开放天空”协议的国家之间运力扩张的原因在于参与免疫联盟的承运人在其枢纽之间的路线上的扩张。[②]

国际航空自由化是一项美好的愿景，但在开放国际航空运输服务市场的同时，中国也应看到其所带来的挑战。海南自贸港开放第七航权，是国际民航史上的一座里程碑，但对于中国的航空企业来说，届时将同时面对国内航空企业以及国际航空企业之间的竞争。海南虽较早开始开放航权，但由于需求较低，一直未有所发展。

4. 各类细则精细化管理

2020 年国务院发布《海南自贸港总体方案》，明确表示在海南试点开放第七航权，标志着中国向“开放天空”又迈出一大步。与此同时，民航局迅速响应制定了宏观规划，印发《海南自由贸易港试点开放第七航权实施方案》，内容包括试点内容、申请程序、管理机构及服务与组织保障。随后出台《海

---

① Council for Trade in Services, *Second Review of the Air Transport Annex Developments in the Air Transport Sector (Part Two)*, World Trade Organization (2006. 11. 30), https://docs. wto. org/dol2fe/Pages/SS/directdoc. aspx?filename = Q:/S/W00. pdf&Open = True.

② See Whalen, W. Tom, *A Panel Data Analysis of Code-sharing, Antitrust Immunity, and Open Skies Treaties in International Aviation Markets*, Review of Industrial Organization, Vol. 30:1, p. 39 – 61 (2007).

口美兰国际机场航班时刻管理实施细则》，规定航班时刻配置总体原则，包括促进枢纽建设、提升运行品质、提高资源使用效率及公平公正公开透明工作原则。[①] 该实施细则对第七航权试点航班申请与季中新增航班时刻予以优先权确认，为构建第七航权相关实施细则作出了示范。

2018 年中国民航局出台的《国际航权资源配置与使用管理办法》将国际航线分为两类，具体规定了各类航线的航权分配条件，以及对航权进行量化评级的标准。该办法第 7 条规定了国际航权配置的原则，分别是公共利益最大化原则、促进枢纽建设原则、引导有序竞争原则、资源使用效率最大化原则及提升综合竞争力原则。并将中国至航权开放国家的航线或航权部分开放国家的协议开放航线归类为一类国际航线，采取完全开放的市场准入审批政策；将其他一类航线以外的航权受限市场的国际航线归类为二类国际航线。二类国际航线又分为二类远程国际航线与二类非远程国际航线，对二类远程国际航线采取有限度打破“一条远程国际航线一家承运人”的限制，获取难度较大；对二类非远程国际航线采取逐步放松管制政策（如图 4－8 所示）。[②]

---

① 《海口美兰国际机场航班时刻管理实施细则》第 1.5.1 条促进枢纽建设原则。以将海口机场打造为面向太平洋、印度洋的航空区域门户枢纽为目标，向国际、国内干线航班适当倾斜配置时刻资源，积极稳妥加密海南直达全球主要客源地的国际航线，鼓励航空承运人在美兰机场实施枢纽运营。第 1.5.2 条提升运行品质原则。以有利于提升运行品质为导向，不断梳理航班放行拥堵矛盾，结合空管运行实际情况优化和配置航班时刻，航空承运人申请非繁忙时段和避开拥挤航路适当优先。鼓励航空承运人提升安全水平和服务标准，促进机场整体运行品质的提升。第 1.5.3 条提高资源使用效率原则。考量航班时刻执行率、航班正常水平、滥用时刻、违反时刻使用规定等因素，引导美兰机场时刻资源向优质航空承运人倾斜，实现资源效益最大化。第 1.5.4 条公平、公正和公开透明工作原则。落实国家政策、服务国家战略，按照《民航航班时刻管理办法》要求，秉承公平、公正和公开透明工作原则，确保航班时刻合理配置，促进海口航空运输市场高质量发展。

② 参见朱诺：《基于新的国际航权政策下国航远程国际航线发展研究》，载《空运商务》2019 年第 12 期。

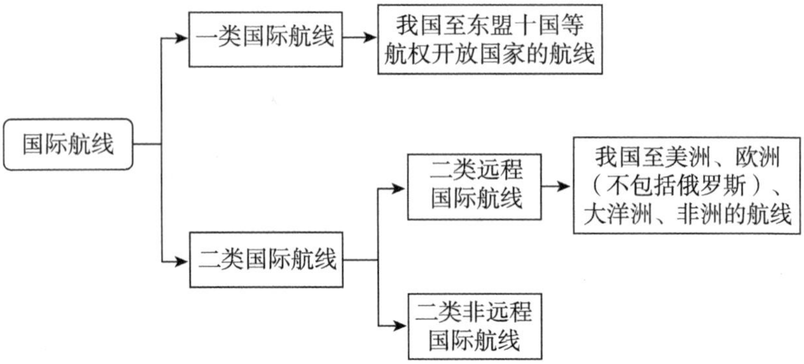

图4-8 中国国际航线分类

针对各类货运包机现状,中国已发布《国际货运航权配置规则》,明确规定了5条货运航权配置规则,分别是市场化导向原则、枢纽战略优先原则、拓展航线网络原则、守牢安全底线原则及信息公开透明原则。2022年4月1日开始实施后,实现对货运航权进行精准配置。《国际货运航权配置规则》明确规定了在中国与其他国家或地区签署的双边航空协议或多边航空协议中,对于航权客货运额度约定不明的情况,优先授予客运航权配置。32个国家已经被纳入不限制指定承运人数量并且开放第三航权与第四航权运力额度的国家清单目录中,这意味着若中国航空公司开通至这些国家航线航班,指定承运人数量、航线和运力额度均无限制。①

(二)现存法律困境

1.航权授权规则的缺失

海南自贸港是一个新兴的立法试验田,《海南自由贸易港法》是典型的试验立法,并非基本法律的一员,②其主要作用在于以概括性授权的方式为海南自贸港提供立法试验的制度保障。在《海南自由贸易港法》的顶层授权

---

① 参见《民航局发布〈国际货运航权配置规则〉》,载中国民用航空局官网2022年1月4日,http://www.caac.gov.cn/XWZX/MHYW/202201/t20220105_210755.html。

② 制定《海南自由贸易港法》的法律依据为《宪法》第67条第2项,属于应当由全国人民代表大会制定的法律以外的其他法律。

下，地方通过立法塑造相关领域的具体制度，制定海南自贸港法规的职权由海南省人大及其常委会行使。有学者认为，海南自贸港法规的性质为职权性变通立法，与自治法规及地方性法规同属于"法规家族"中的第三级法律位阶。[①] 海南自贸港法规具有变通性与特殊性，变通性在于其可调整或变通法律、行政法规保留事项，特殊性在于立法领域限定在"贸易、投资及相关管理活动"。《海南自由贸易港法》第 10 条限定海南省人大及其常委会仅可针对"贸易、投资及相关管理活动"领域制定专门化的海南自贸港法规，此外，海南自贸港法规须报全国人大常委会以及国务院备案，经批准后才可生效。不过，对于海南省人大及其常委会制定权的行使范围的判定应以是否有利于贸易投资自由便利为核心标准。[②]

中国航空立法存在规范性不足的问题，目前在制定航空领域的行政法规、部门规章等时，都只是概括性依据了《民用航空法》，未具体到条款项。[③] 中国第一部全面规范民航活动的《民用航空法》于 1995 年出台，现行民用航空法律体系囊括法律、法规、规章以及规范性文件四大层级。[④] 多数学者建议无须另行制定"航空法"，仅修订现有《民用航空法》即可满足需求。也有学者认为制定"航空法"是国际大势所趋，并且有利于协调中国空域管理与民航运输之间的关系。[⑤] 目前中国民航领域所奉行的"内外有别"立法理念，导致航空法律缺乏对外国承运人的商业经营的规范，因而对于外国承运人的违法行为难以进行有效规制。

此外，中国民航领域在航权的管理上存在立法空白，缺乏专门化的法律、行政法规。《海南自由贸易港法》是唯一涉及航权管理的法律，第 43 条对在海南优化航权资源配置作出了框架性规定。在国务院规范性文件层

---

① 参见姚魏：《论浦东新区法规的性质、位阶与权限》，载《政治与法律》2022 年第 9 期。

② 参见熊勇先：《论海南自由贸易港法规制定权及其行使》，载《暨南学报（哲学社会科学版）》2022 年第 8 期。

③ 参见贺富永等：《中国航空立法研究》，东南大学出版社 2020 年版，第 206 页。

④ 参见尤春媛：《民用航空行政法律规制研究》，法律出版社 2018 年版，第 46 页。

⑤ 参见贺富永等：《中国航空立法研究》，东南大学出版社 2020 年版，第 206 页。

面,国务院对全国各大自贸区的航权发展进行了相关授权,出台了各类国务院规范性文件,各省市部门亦出台了规范性文件,形成了具有一定规模的规则体系。[①] 在部门规章层面,设有《定期国际航空运输管理规定》。在部门规范性文件层面,中国民航局发布了《国际货运航权配置规则》《国际航权监测管理办法》《国际航权资源配置与使用管理办法》等。部门规范性文件由国务院各职能部门作出,虽然在执法实践中并非以"一刀切"的形式全然予以摒弃,但此类文件并不作为正式的法律渊源。[②] 在部门工作文件层面,《海南自由贸易港试点开放第七航权实施方案》在试点内容、申请程序、管理要求和监督检查、服务保障及组织保障5部分对未来实施第七航权进行了初步定位。在"一本三基四梁八柱"的战略框架下,为打造全面深化改革开放试验区,成为中国对外开放的重要门户,海南自贸港亟须解决法规层面航权授权制度的缺失问题。经济学家哈耶克认为"无法律则无自由",开放航权与航空自由化以及经济发展密切相关,海南自贸港开放航权需要着重考虑制定适合的法律制度以保障航权价值最大化。

2. 航权配置规则的缺位

航权内容主要包括航线、运力、运价,其中航线又被称为"硬权力",运力与运价又被称为"软权力",三者紧密相连,共同保障航权效用。[③] 新冠肺炎疫情已经改变全球供应链布局,客运与货运航权资源分配面临法律规定不符合发展趋势的问题。航权资源是有限的自然资源,应对其进行合理分配,避免浪费。目前我国缺乏针对海南自贸港开放第七航权量身打造的国际客运与货运航权配置规则,为此,应思考如何利用自贸港立法权设置适配海南自贸港开放第七航权所需的航权配置规则。

航权配置应综合考虑空域管理体制,二者协同发展。空域管理是一国进行空中交通管理的核心所在,中国的空域管理改革历经从空军统一代管

① 关于航权,现行有效的国务院规范性文件共有13份,部门规章共有1份,部门规范性文件共有25份,部门工作文件共有50份。统计数据来源于北大法宝。

② 参见丁晓华:《国务院有关部门制定的规范性文件的适用》,载《人民司法》2008年第12期。

③ 参见赵维田:《国际航空法》,社会科学文献出版社2000年版,第96页。

体制到军航领导、民航管理体制的发展，1994年以后逐步采用空域统一管理体制。目前中国的空域管理特点为国家主导、空军管制、军民协同。[①] 空域管理存在空域资源供给不足、配套保障措施不完善、行政审批与管理制度纷繁复杂等问题，此类市场准入壁垒阻碍了市场机制发挥其资源配置作用。[②] 为解决中国空域管理的体制性矛盾、跨越机制性障碍以及修复法治性缺陷，[③]建立空域动态管理机制和灵活使用机制迫在眉睫。

3. 航空运输市场竞争秩序的维护

海南在中国航权开放史上属于特殊的存在，其民航运输开放一直走在前列，具有丰富的航权开放经验，具备开放第七航权的基础条件。开放第七航权，将为海南自贸港拓宽航空市场提供无限可能，这一政策将引入各国航司在海南自贸港建立其枢纽基地，目前柬埔寨吴哥航空公司已确定在海南自贸港打造航空运营基地。关于如何维护海南自贸港航空运输市场的竞争秩序，应考虑以下法律问题。

第一，海南开放第七航权后，国内航空公司将面临来自全球的同行业竞争，如何保障市场竞争秩序？如何保证各方公平竞争？芝加哥会议确立了"公平竞争"标准，即航空运输协定的缔约双方原则上应将总运力等分，然而实践中，各国对所订立的双边运输协定中的规定存在不同解释。比如，全球新冠疫情之下，美国认为中国民航局所出台的"五个一"政策违反了《中美航空运输协定》。中美双方对于《中美航空运输协定》中规定的"公平竞争机会"存在不同的解释，美方认为在形式上体现双方完全对等，中方认为在实质意义上意味着双方对运力与航线并非完全对等或相等。[④] 中国民航局为国际客运航班的调整所出台的"五个一"政策，其法律依据在于《国境卫生检

---

① 参见覃睿、史丽媛、王瑞、党亚茹：《国内外空域管理体制比较研究》，载《天津职业技术师范大学学报》2014年第3期。

② 参见叶光亮、程龙、张晖：《竞争政策强化及产业政策转型影响市场效率的机理研究——兼论有效市场与有为政府》，载《中国工业经济》2022年第1期。

③ 参见张超汉、蔡亚琦：《军民融合战略下我国空域管理体制改革法治化的基本路径》，载《法治论坛》2019年第4期。

④ 参见董念清：《新冠肺炎疫情下的中美航权之争：争议与出路》，载《太平洋学报》2021年第8期。

疫法》《突发事件应对法》《民用航空法》等。[①] 维护正常的公平的市场竞争秩序有利于促进中国民航运输经济的发展,因此,完善反不正当竞争法对规制航空运输领域的垄断行为具有必要性。航空运输的价格不仅需要考虑市场,同时还需要考虑消费者利益、承运人利益及各国政府的民航政策。中国民航运输业实行政企不分的管理体制,缺乏规制价格垄断行为的法规。目前中国反垄断法的域外适用存在两大实施困境:一是存在国家主权豁免原则、国家行为原则以及外国主权强制原则三大豁免原则;二是在适用过程中不免遇到国家利益、管辖权的冲突,并且取证与执行阶段也将接连受阻。[②]

第二,是否仍以国籍作为国际航空运输业进行商业排序的原则?航司国籍是国际航空运输业进行商业排序的原则,全球国际民用航空监管制度的核心法理前提是公民身份决定所有权。一家国际航空公司在以前是具有明确国籍的,其所有权与控制权均由一国利益集团所拥有,并以该国为基地。有学者认为应该通过设立实质意义上的跨国航空公司,规避因国籍不同而带来的差别待遇。[③] 加拿大制定了较为自由的国际航空运输政策,在其与欧盟之间所签署的航空服务协议中两国就约定了一个可以从根本上改变未来的航空运输法律和监管的机制。在该协议的第三阶段,加拿大和欧盟在各自的航空法律制度内进行改革,将允许对方的公民在其协议所涵盖的所有国家管辖范围内成立新的航空公司。例如,英国航空公司(BA)可以在加拿大建立一个全资子公司,即"BA - 加拿大",其可在加拿大国内提供低成本服务,同时也可为BA的跨大西洋服务提供支线交通。

第三,区域航空主义常伴随着独立机构的产生,海南自贸港作为中国的先行示范点,在《海南自由贸易港法》赋予的自主立法权之下,是否参照欧盟以独立机构进行规制?

---

① 参见董念清:《新冠肺炎疫情下的中美航权之争:争议与出路》,载《太平洋学报》2021年第8期。

② 参见王俊雨:《反垄断法域外适用的困境与突破》,载《黑龙江人力资源和社会保障》2021年第21期。

③ See Brian F. Havel & Gabriel S. Sanchez, *Restoring Global Aviation's Cosmopolitan Mentalite*, Boston University International Law Journal, Vol. 29:1, p. 1 - 40(2011).

第四,是否引入"公共利益"条款为海南自贸港开放第七航权发展国际民航运输设置兜底条款?"公益条款"对于确保航空安全具有重要意义,美国就设置有公益条款规则。

4. 单边开放模式与争议解决机制

中国于2005年批准通过《蒙特利尔公约》后,该公约已正式对中国民航运输业发生效力。对"国际航空运输"概念的界定应采纳《蒙特利尔公约》中的有关规定,因为中国在加入《蒙特利尔公约》之时,未对"国际航空运输"的概念提出保留意见。[①]《蒙特利尔公约》第1条所规定的国际运输不包括"出发地"或"目的地"有一点不在缔约国之内的涉外航空运输。航空领域内产生的争端主要关于航空运输合同或商务争议,有关不正常航班服务或票务服务的投诉较多。2021年12月中国仅关于国内航空公司不正常航班服务的投诉就有4773件,占比52.25%。[②] 海南开放第七航权意味着对世界开放天空,实行过程中必将产生国际民航运输纠纷。海南自贸港应建立何种航空争议解决机制以适应第七航权的开放?

中国《民用航空法》明确规定了航空承运人的责任,为航空公司制定航运服务政策提供制度指引,为司法机关解决纠纷提供法律依据。中国《民用航空法》中私法性内容部分的制定蓝本为1929年的《华沙公约》,而后依照《蒙特利尔公约》进行了多次修改,中国《民用航空法》应依据最新的国际公约进行修改,与国际接轨。有关中外航司合作管理的规范是中国《民用航空法》中的立法空白之一,目前国际上较多国家进行航空管理立法的趋势在于强化属地管理,如2019年加拿大所颁布的《航空旅客保护条例》明确了适用对象包括本国与外国航司,弱化了外籍航司的区别,有利于各国航司之间的

---

① 参见董玉鹏:《国际航空运输法律适用研究》,浙江大学出版社2012年版,第6页。

② 参见中国民用航空局:《关于2021年12月份航空运输消费者投诉情况的通报》,载中国民用航空局官网2022年2月21日,http://www.caac.gov.cn/XXGK/XXGK/TJSJ/202202/P020220222356936018996.pdf。

公平竞争以及本国进行市场管理。①

中国民航法律体系缺乏对国际承运人进行规制的法律依据。目前,《民用航空法》对国内与国外航空运输采用不同责任限额标准,第 128 条规定由国务院民用航空主管部门制定中国国内航空运输承运人的责任限额,并且参照《华沙公约》的规定对国际航空承运人的责任限额进行约束。在海南自贸港开放航权的背景之下,各国航空公司将有机会在海南设置基地,作为中国对外开放的窗口之一,可尝试在海南自贸港这一地域统一国内航空运输与国际航空运输的责任限额。

在中国《民用航空法》中加入《蒙特利尔公约》中的部分先进制度和创新因素(双梯度责任制度、先行赔付制度、第五管辖权、强制保险等)以及立法理念(保护消费者权益)是否可行?以"第五管辖权"为例,张超汉认为第五管辖权有利于快速高效解决纠纷。② 但该看法过于片面,因为解决纠纷的重点并非仅在于快速,而应在保证公平的基础上追求高效。《蒙特利尔公约》第 33 条有关"第五管辖权"的规定是最典型的保护失衡,该项规定遭到许多国家的反对。有学者认为"第五管辖权"又可称为"游荡的美国人",③该项规定造成国际航班由于旅客成分复杂而引发承运人被多国法院起诉带来诉累。④ 在中国《民用航空法》中新增"第五管辖权",确实有利于及时、有效地解决纷争。⑤ 但"第五管辖权"对于中国来说弊大于利,一是中国中小型航司占据大多数,赔付能力不足,"第五管辖权"赋予被侵权人(是美国人时)向美国法院寻求救济的权利(各国的赔偿标准不同,而美国

---

① 参见郭俊秀、陈诗麒:《〈民航法〉对我国民航运输发展意义以及完善建议》,载《民航管理》2021 年第 3 期。

② 参见张超汉:《全球航空治理视野下中国〈民用航空法〉的现代化和一体化论要》,载《时代法学》2016 年第 6 期。

③ "游荡的美国人"是指给予在世界各地旅游的美国人以于任何情况下均可向美国法院寻求救济的权利。

④ 参见董玉鹏:《国际航空运输法律适用研究》,浙江大学出版社 2012 年版,第 29 页。

⑤ 参见张超汉:《全球航空治理视野下中国〈民用航空法〉的现代化和一体化论要》,载《时代法学》2016 年第 6 期。

的赔偿标准较高），中国国内的中小型航司是无法应对美国陪审团所作出的高额赔偿判决的，同一航班上遭受侵权的旅客也将因为其本国法院的判决不同而获得不均等的赔偿数额，无法贯彻公平原则；二是中国缺乏对管辖法院与适用程序的相关规定，从马某兰案可看出中国对于适用"第五管辖权"持保守态度。① 我国明确表示反对单边制裁与"长臂管辖"。② 而美国自 Hosaka 案后，将不方便法院原则认定为美国联邦程序法的内容，赋予法官以自由裁量权，其认为不违背《蒙特利尔公约》所规定的第 33 条，但实际上这一做法已经违背了《蒙特利尔公约》的统一国际航空运输规则的立法目的。③

开放第七航权意味着完全第三国运输，为避免保护失衡，当各方发生争端时该如何适用《蒙特利尔公约》？海南自贸港对于第七航权相关争议，是否可照搬传统国际民航运输双边协定中所规定的争端解决方式？目前国际航空运输仍以双边模式为主，已形成隐形网络。在此法律框架之下，争议的解决也被限制在双边范围中，这与全球一体化相矛盾，在实践中很难快速解

---

① 该案件是《蒙特利尔公约》在中国生效后的第一起人身损害赔偿诉讼，马某兰利用"第五管辖权"提起诉讼后，中国法院以泰国并非《蒙特利尔公约》缔约国为理由，驳回了原告的起诉。但根据泰航官网同意适用《华沙公约》与《蒙特利尔公约》的公示，中国法院实际上对该案具有管辖权。

② 《中国联合国合作立场文件》第 3 条第 1 项规定："三、中国愿同世界上一切进步力量携手前进，弘扬和平、发展、公平、正义、民主、自由的全人类共同价值，继续为维护联合国宪章宗旨和原则、维护世界和平、促进共同发展、推动人类进步事业作出新贡献，推动构建相互尊重、公平正义、合作共赢的新型国际关系，推动构建人类命运共同体。（一）中国将继续做世界和平的建设者。中国坚定走和平发展道路，永不称霸、永不扩张、永不谋求势力范围，致力于在和平共处五项原则基础上同所有国家开展友好合作，同时坚定维护国家利益和民族尊严，坚定维护自身正当权益，坚定维护国际公平正义。中国始终坚持国家不分大小、强弱、贫富都是国际社会平等成员，主张尊重各国人民自主选择的发展道路和社会制度，坚持不干涉别国内政原则。中国愿同各国一道，坚持共同、综合、合作、可持续的全球安全观，有效应对各种传统和非传统安全威胁，携手建设普遍安全的世界。中方将继续支持落实联合国秘书长全球停火倡议，推动冲突各方尽快停火止暴，政治解决热点问题，坚决反对动辄使用武力或以武力相威胁，坚决反对单边制裁和'长臂管辖'。"

③ 参见张望平：《试论我国民事诉讼不方便法院原则在〈蒙特利尔公约〉下的适用》，载《甘肃政法学院学报》2018 年第 1 期。

决航司之间的争议。解决争议的最佳方式是通过市场自动调解,而非由政府通过行政手段强制解决。国际民航运输业中通常通过外交手段解决冲突,极少情况下会采取诉讼手段。因此两国签订双边民用航空运输协定时,所规定的争议解决方式通常为谈判、磋商、和解、仲裁以及外交途径。1980年中美两国签订的民航运输协定中规定双方首先通过谈判解决,或者经双方同意也可适用斡旋、和解或仲裁方式。① 2005 年中国与加拿大签订的民航运输协定中规定争端解决方式原则上是先进行磋商,若磋商不成,则通过外交途径解决。② 2017 年中国与巴拿马签订的民航运输协定中规定发生争端时,首要解决方式为谈判协商,其次是外交途径。③

5. 航权应用中的环境保护

当前旨在减少航空业环境影响的行业倡议包括提高燃油效率并最大限度地减少排放、尽量减少噪音、提高航空业效率以降低对环境的影响、促进有效的空中交通管理、以系统方式应对全球航空环境影响、使用生命周期管理方法来考虑环境因素等。④ 欧盟率先创设航空领域的碳排放交易体制,强制控制总量,市场主体通过免费分配、竞价拍卖或市场交易的方式参与碳排放权交易。包括中国在内的 23 个国家通过签署《莫斯科会议联合宣言》,表达了对欧盟单边将航空纳入碳排放交易体制的抵制态度。⑤ 根据欧洲法院的裁判,其认为《国际民用航空公约》与《京都议定书》对欧盟均不具约束力,欧洲法院作出判决的依据为空气空间主权及飞越权等国际习惯法规则。中国目前与欧盟仍未缔结"开放天空"协议,欧洲法院的裁决对于中国寻求有

---

① 参见《中华人民共和国政府和美利坚合众国政府民用航空运输协定》第 16 条。

② 参见《中华人民共和国政府和加拿大政府民用航空运输协定》第 20 条。

③ 参见《中华人民共和国政府和巴拿马共和国政府民用航空运输协定》第 18 条。

④ See IATA, *The Economic Impact of Air Service Liberalization*, International Air Transport Association (IATA) (2006. 1. 5), https://www.iata.org/en/iata-repository/publications/economic-reports/the-economic-impacts-of-air-service-liberalization---intervistas/.

⑤ 《莫斯科会议联合宣言》签署国包括:中国、美国、俄罗斯、日本、印度、巴西、韩国、新加坡、南非、亚美尼亚、阿根廷、白俄罗斯、智利、泰国、古巴、喀麦隆、危地马拉共和国、墨西哥、尼日利亚、巴拉圭、沙特阿拉伯、塞舌尔、乌干达,共 23 个国家。

关航空碳排放的司法救济不利。① 2021 年是中国的碳中和元年,“双碳”背景之下,②应重点关注该如何在开放第七航权的同时保持海南民航经济绿色发展。

中国民航绿色发展吨公里油耗呈线性增长趋势(见图 4－9)。2005 年中国航空客运碳排放为 0.2 亿吨,而 2019 年已达 0.81 亿吨,增长 3.1 倍。③城际客运碳排放达峰的主要驱动力是航空客运碳减排,但当下中国航空客运处在发展期,预计 2030 年前城际客运的碳排放量将保持较高速增长,2035～2050 年其增长才将逐步放缓。④ 在亚太地区,在能源利用与碳排放两个运营过程中能源效率最优的为中国的航司,特别是我国香港地区与我国台湾地区的航司。⑤ 2014 年至 2018 年,泰国航空环境效率较高,具体原因如下:一是部分航线使用新机型,提高了飞机利用率;二是联合战略合作伙伴,共享代码;三是进行燃料管理,减少航空碳排放;四是建立自动飞行计划系统,智能优化航线。飞机在起降过程对机场的点状区域会造成大量污染,⑥有研究表明中国“民航每减少 1 分钟滑行等待时间,每年可共减少 19.4 万小时等待时间,减少油耗约 4400 吨,折合碳排放 1.37 万吨”⑦。目前中国民航业正处于飞速发展阶段,仍未达碳排放峰值,发展航空业的同时应考虑平衡中国航空碳排放。中国国航已作出正面表率,其积极参与国内外碳减排机制的设

---

① 参见余丽:《欧洲法院关于欧盟航空排放交易指令合法性初裁》,载《北京理工大学学报(社会科学版)》2013 年第 1 期。

② “双碳”背景指的是在 2030 年前碳达峰,2060 年前碳中和。碳达峰指碳排放量达到峰值后不再增长,并逐渐下降。碳中和指在特定时间内,每一个对象未来“排放的碳”与“吸收的碳”相等。

③ 参见中国长期低碳发展战略与转型路径研究课题组、清华大学气候变化与可持续发展研究院:《读懂碳中和:中国 2020—2050 年低碳发展行动路线图》,中信出版集团 2021 年版,第 367 页。

④ 参见中国长期低碳发展战略与转型路径研究课题组、清华大学气候变化与可持续发展研究院:《读懂碳中和:中国 2020—2050 年低碳发展行动路线图》,中信出版集团 2021 年版,第 378 页。

⑤ 参见郑宇婷、赵碧玲:《亚太地区航空公司能源效率与环境效率研究》,载《武汉理工大学学报(信息与管理工程版)》2020 年第 5 期。

⑥ 一架大型飞机,一次起降消耗航油 4 吨,中型飞机一次起降消耗航油一到两吨,一架大型飞机一次起降相当于 600 辆双班出租车的排放量。

⑦ 《全国政协委员刘绍勇:尽快制定民航业碳达峰、碳中和方案　全力支持国产民机运营》,载上海环境能源交易所网,https://www.cneeex.com/c/2021-03-05/490811.shtml。

计工作,编制碳排放文件,努力构建绿色机制。中国低碳交通法律法规体系正在基于中国国情特色逐步完善,目前已出台《节约能源法》《大气污染防治法》《民用航空法》等法律。

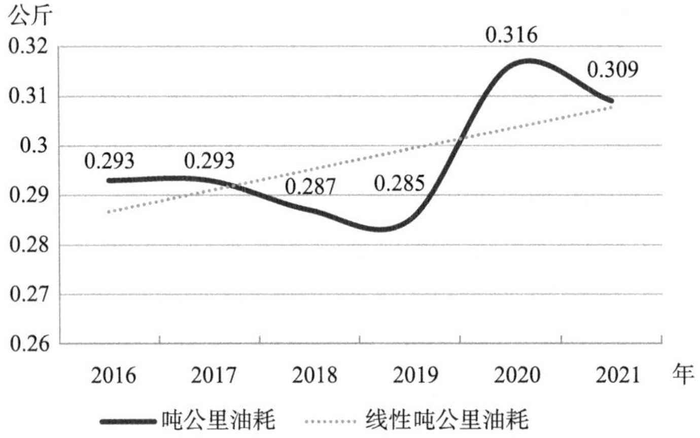

图 4-9 2016~2021 年中国民航吨公里油耗

当前全球主要以包括《京都议定书》与《巴黎协定》在内的公约体系应对气候变化,国际航空运输所产生的温室气体排放已被纳入国家温室气体清单,但是各国仅在国际航空组织的安排下发起减排行动,要求各国具备高度自觉性。2013 年《新加坡能源保护(运输设施经营者的能源管理实践)条例》规定,运输设施经营者应在其有资格成为运输设施经营者或被宣布为运输设施经营者之日起 6 个月内,向相应监管部门注册,并且运输设施经营者应在每年 6 月 30 日前提交一份能源使用报告与一份能源效率改进计划。[①] 海南自贸港应如何设计相关法律法规?

考虑到中国国家能源结构调整以及市场供需等因素,在海南自贸港试点应用可持续航空燃料(SAF)是否具有可行性? 2021 年,全球能源领域的

---

① See *Energy Conservation* (*Energy Management Practices for Transport Facility Operators*) *Regulations 2013*, Civil Aviation Authority of Singapore (CAAS) (2013.12.26), https://www.caas.gov.sg/docs/default-source/pdf/energy-conservation-(energy-management-practices-for-transport-facility-operators)-regulations-2013.pdf.

二氧化碳排放量已经达到 330 亿吨。① 实现航空碳减排的最佳方法是用电燃料、先进生物燃料替代航空燃油，但这涉及极高的绿色溢价。② 航空运输业很难实现快速碳减排，不过经试验证实，可持续航空燃料可以长期完全取代传统喷气燃料，是未来 20～30 年航空业脱碳可行的可再生能源解决方案。罗尔斯－罗伊斯公司与波音公司、世界能源公司合作，对其 747 飞行试验平台飞机进行了一次成功的试飞，该飞机使用 100% 可持续航空燃料，共计飞行时间为 3 小时 54 分钟，其间没有出现任何工程问题。目前，美国计划到 2030 年每年生产 30 亿加仑的可持续航空燃料；欧盟委员会新设 ReFuelEU 航空提案，授权在欧盟机场纳入可持续航空燃料供应。③ 根据国际民航组织相关规划和发展路线图，预计到 2030 年、2050 年，全球航空生物燃料将分别占总用量的 30% 和 50%。④ 目前，市场上最好的纯电动飞机载客数为两人，最高时速 210 英里，充一次电可以连续飞行 3 小时；而以化石燃料为动力源的客机的飞行速度为其 3 倍以上，飞行时长为其 6 倍以上，搭载乘客数量为其 150 倍。⑤ 美国国内航油（平均每加仑 2.22 美元）与可持续航空燃料（平均每加仑 5.35 美元）之间的价差为每加仑 3.13 美元，绿色溢价幅度超过 140%（如表 4－2 所示）。⑥

---

① See IEA, *Global Energy Review 2021 CO_2 emissions*, International Energy Agency (2022.3.5), https://www.iea.org/reports/global-energy-review-2021/co2-emissions.

② 绿色溢价，即“零碳”解决方案额外的成本。绿色溢价不止一种，它包括很多种：针对电力的溢价，针对各种燃料的溢价，针对水泥的溢价，等等。绿色溢价的规模取决于你要替代的是什么，以及你用什么来替代它。

③ See *Rolls-Royce joins Boeing and World Energy for successful* 100% *Sustainable Aviation Fuel flight*, Rolls-Royce (2021.10.19), https://www.rolls-royce.com/media/press-releases/2021/19-10-2021-rr-joins-boeing-and-world-energy-for-successful-100percentage-sustainable-aviation-fuel.aspx.

④ 参见中国长期低碳发展战略与转型路径研究课题组、清华大学气候变化与可持续发展研究院：《读懂碳中和：中国 2020—2050 年低碳发展行动路线图》，中信出版集团 2021 年版，第 390 页。

⑤ 参见［美］比尔·盖茨：《气候经济与人类未来》，陈召强译，中信出版集团 2021 年版，第 142 页。

⑥ 参见［美］比尔·盖茨：《气候经济与人类未来》，陈召强译，中信出版集团 2021 年版，第 61 页。

表 4－2　使用“零碳”替代燃料替代航空燃油的绿色溢价

燃料类型	零售价/美元/加仑	“零碳”选项/美元/加仑	绿色溢价/%
航空燃油	2.22	5.35（先进生物燃料）	141
航空燃油	2.22	8.80（电燃料）	296

资料来源：［美］比尔·盖茨：《气候经济与人类未来》，陈召强译，中信出版集团 2021 年版，第 143 页。

四、海南自贸港开放第七航权规则构建

（一）完善航权相关法律制度

1. 构建海南自贸港航权管理法规体系

（1）制定“海南自由贸易港航权管理条例（规定）”。海南省人大及其常委会拥有 3 类地方立法权，海南自贸港法规与一般地方立法权及特区立法权相比，在行使范围与行使要求上存在差异，在构建海南自贸港法规体系的进程中，应注意使用规范的名称表述，避免混淆。[①] 为规范化管理航权，建议海南省人大及其常委会制定“海南自由贸易港航权管理条例（规定）”，在海南自贸港法规层面为航权管理提供法律保障。细化客运与货运第七航权的配置规则，明确对航司进行量化评级的标准与航权配置规则。

（2）统筹规划航权分配规则，设置“红绿灯”制度。海南可参考欧洲的航权分配经验，参考欧洲多国所制定的航权分配规则。欧洲各国进行航权分配，主要考虑能否达到旅客利益最大化、新航线的开辟是否对航线市场发展具备促进作用、分配给航司的航权能否得到最优应用、对于航空公司之间的竞争是否起到正面影响以及对于区域发展是否有积极作用等。欧洲各国进行航权分配活动仍以定性分析为主，并非定量研究，加之不同国家与地区存在不同的政策与市场，航权的分配方法大相径庭。欧盟航空公司如欲使用有限的航权，应以书面形式向民航局申请许可，并且未经特别许可禁止转让

① 参见熊勇先：《论海南自由贸易港法规制定权及其行使》，载《暨南学报（哲学社会科学版）》2022 年第 8 期。

已分配航权,获得航权的航空承运人在两个计划周期内应启动相关航空运输服务。① 发挥市场机制作用,提升航权使用率。同时设置"红绿灯"制度进行有效监管,以"红灯"划定边界进行规范,制定海南自贸港法规确立航线、运力、运价的动态调整机制。对国内外航司设置统一评级标准,辅助航权分配工作。对于中转水平越高、竞争力越强、市场份额越高的航司与机场,增加其获得航权资源的机会。对于违反海南自贸港法规的入境、海关政策等行为,则考虑撤销或暂停授予其航权。不过,由于优化配置稀缺的国际客运航权资源涉及多方利益,②需考虑更多影响因素。

2. 深化航权"放管服"改革

目前,中国民航局对航空公司经营国际航线进行航权审批、航权分配与运营管理的主要依据是《定期国际航空运输管理规定》(2019)与《国际航权资源配置与使用管理办法》。《定期国际航空运输管理规定》(2019)第 5 条规定中国民航总局对申请人的申请要考虑是否符合中国与外国政府签订的航空运输协定,是否符合国际航线总体规划和国家全局利益,是否有利于促进合理竞争。《国际航权资源配置与使用管理办法》第 7 条规定了国际航权资源配置原则,该原则的内容包括公共利益最大化、促进枢纽建设、引导有序竞争、资源使用效率最大化及提升综合竞争力。该办法对于国际货运与客运的航权管理同等适用,并增设了分类管理机制与有序竞争机制。新冠疫情对全球航空客运造成了很大影响,改变了全球供应链布局。2022 年 4 月 1 起实施《国际货运航权配置规则》,增强货运资源配置的针对性和科学

---

① See *Guidelines for the Allocation of Limited Air Traffic Rights*, European Union (2006. 7. 29), https://op. europa. eu/en/publication-detail/-/publication/066c3719-77fc-466a-aed9-4fa0498ba981/language-en.

② 国际航空运输业的十大参与者分别为消费者、旅游及相关休闲产业、定期国际航班的独立航空公司、政府拥有或控制的航空公司、不参与航空公司所有权的政府、参股航空公司的政府、商用飞机等分包商、飞机租赁和金融机构、提供或可能提供国际服务的机场、国际民用航空和贸易官僚机构等。

性，将提升中国国际航空货运能力和空运企业国际竞争力。[①]

在优化营商环境的大背景之下，对于航权审批与运营管理，应深化“放管服”改革，提升审批效率、提升服务意识、全面利用现代信息化技术构建共享平台。[②] 国务院已印发《关于加快推进“互联网＋政务服务”工作的指导意见》，明确“互联网＋”是“放管服”的关键举措，云计算与大数据的加入，将助力航权审批与运营管理更规范、更高效、更科学。2020 年，中国民航局已经出台《海南自由贸易港试点开放第七航权实施方案》，对海南自贸港第七航权的试点开放内容与申请程序进行了统一安排。但从目前的审批流程来看，海南自贸港自主性不强，审批周期不明。海南自贸港地理位置特殊，应在兼顾航空安全的条件下发展民用航空运输业，在致力于拓宽国际航线与探寻跨境合作的同时，提升航司管理能力，优化法治监管环境，打造高质量的营商环境。并且在“放管服”背景之下，建议将第七航权的审批权下放到海南，报民航总局备案。

3. 采取“军民共管”空域管理模式

中国民航业的发展受到空域资源的制约。据统计，美国、澳大利亚等航空大国的可航空域占整个空域的 90% 之上，[③]而中国的可航空域只占整个空域的 32%。[④] 国际民航组织提议 2025 年在全球实现“空管一体化”，整合空域结构、统一运行标准及智能化管理。[⑤] 美国与欧盟的民航发展与国防安全

---

① 参见《民航局发布〈国际货运航权配置规则〉》，载中国民用航空局官网，http://www.caac.gov.cn/XWZX/MHYW/202201/t20220105_210755.html。

② 参见姚瑞、董雨、宋高阳：《第五航权驱动西安“一带一路”建设与世界城地融合的研究》，载《综合运输》2021 年第 10 期。

③ 参见曹三明、夏兴华主编：《民用航空法释义》，辽宁教育出版社 1996 年版，第 157 页；贺富永：《航空法的功能研究》，载《北京理工大学学报（社会科学版）》2016 年第 3 期。

④ 《中国首次公布中国航空可用领域》，载中新网视频官网，https://www.chinanews.com.cn/shipin/2011/06-14/news39838.html。

⑤ 参见张千帆、龙卫球、董杜骄、李斌：《建立统一的中国航空法体系——理论初探与立法建议》，载《北京航空航天大学学报（社会科学版）》2008 年第 2 期。

之间对于空域利用所存在的矛盾,从法律层面上看已经平衡。[①] 美国的空域资源在平时隶属于运输部,战时才归入国防部,目前由美国联邦航空局统一管理全国空域资源。1995 年美国引入协调决策理念,建立管制机构和空域用户间的协同决策机制,利用统一信息平台协调矛盾,共同评估决策,确保管理方案最优化。欧洲以"空域灵活使用"方案,管理空中交通流量,协调配置空域资源。[②]

中国民航业由国务院民用航空主管部门和地区民用航空管理部门进行监督管理,目前空域管理的权力归属于中央军委空中交通管治委员会和民航总局。中国的空域管理机制为,中央军委空管委行使空域管理权,民航总局空管局行使民航运输的空域管理权,这样的机制导致实践中出现难以平衡各方权力的矛盾与航空经济与国防安全之间的矛盾。为响应军民航深度融合,建议在海南自贸港统一管理空域,提升航权这类稀缺资源的使用效率。世界上大多数发达国家采用的空域管理模式为军民共管模式,军民共管是中国有效利用空域的最优解。[③] 具体共管方案仍待进一步讨论。

(二)保障市场有序化竞争

新自由主义者托马斯·希尔·格林认为,自由具有平等的意蕴,是实现某种目标的能力或权利,因而国家应通过行使公权力,在保障实质平等的前提下对资源进行分配。[④] 政府进行规制应遵循自由竞争原则、非歧视原则及保护消费者原则。自由竞争原则要求政府通过制定一系列政策保障市场内良性竞争,非歧视原则要求政府配套提供高透明度的信息披露服务,保护消

① 《民用航空法》第 71 条规定:"划分空域,应当兼顾民用航空和国防安全的需要以及公众的利益,使空域得到合理、充分、有效的利用。"

② 参见秦绪林、简·保罗·罗默尔、皮尔斯·迈克尔:《空域灵活使用的途径》,载《空中交通管理》2009 年第 12 期。

③ 参见张超汉:《全球航空治理视野下中国〈民用航空法〉的现代化和一体化论要》,载《时代法学》2016 年第 6 期。

④ 参见吴玉军:《个人自由与国家权力的边界——对古典自由主义自由观的一种考察》,载《同济大学学报(社会科学版)》2017 年第 2 期。

费者原则体现在航企进入壁垒较高。

资源分配机制的设计在促进效率和公平的同时,要激励航空公司向交通管理者提供真实的信息。① 因为缺乏真实的信息会破坏公平和效率目标。为确保在实现国际航空运输自由化的进程中各国在公平竞争的情况下持续参与,必须配套相适应的保障措施。部分国家认为竞争法的存在可以有效保障各国公平参与,但该观点未考虑到并非所有参与国都存在竞争法,并且各国在理解与适用竞争法的方式上存在差异。

在事前,建议国际民航组织制定一套为各国公认的商业反竞争法来解决问题,各国可依法行使修改和添加的权利。在事中,各国应时刻注意避免单方适用商业反竞争法,而应充分考虑他国看法,通过两国竞争主管部门之间的合作,提前规避冲突。对于发展中国家来说,航空机制保障公平竞争和各国持续有效参与国际航空运输——国际航协的全球多边联运系统,目前参与联运系统的航空公司数量仍有许多,在低成本航空公司与航空公司联盟的双重夹击下,该体制的影响力受到了冲击。②

1. 完善民航领域反垄断法律规制

中国航空运输业的发展与公共规制的发展密切相关,依据政府规制的不同,中国航空运输业划分为五大阶段,分别是严格规制阶段、放松进入规制阶段、放松价格规制阶段、重新强化规制阶段及有计划、有步骤放松规制阶段。③ 1980 年邓小平提出"民航一定要企业化"的要求,1987 年按照市场经济的要求,开启了以"政企分开"和"机场与航空公司分设"为原则的第二轮民航管理体制改革。这两次航空放松规制改革契合了世界民航运输业放松管制的潮流,造就了中国民航业的飞速发展。

---

① See Amy Miyoung Kim, *Collaborative Resource Allocation Strategies for Air Traffic Flow Management*, eScholarship(2011. 3. 5), https://escholarship. org/uc/item/4f07r35r.

② See *Liberalization of Air Cargo Services*, International Civil Aviation Organization (ICAO) (2012. 6. 20), https://www. icao. int/Meetings/ATConf5/Documents/atconf5_wp100_en. pdf.

③ 参见陈学云、江可申:《航空运输业规制放松与反行政垄断——基于自然垄断的强度分析》,载《中国工业经济》2008 年第 6 期。

完善民航领域反垄断法律规制至关重要。中国反垄断法与行业规制法的关系如何协调，是中国产业结构转型升级中首先需解决的棘手难题。[①] 一方面，因为国有资本在中国民航市场占比过大，民营航空公司生存较为艰难，所以中国要想实现国际航空运输自由化，需适度放松管制。另一方面，中国民航业具有一定的垄断性市场结构、市场进入壁垒极高、民航经济具有正外部性以及市场失灵状态下的政府管制，中国民航业受到政府的多重管制。[②] 为维护海南自贸港公平的民航市场竞争秩序，应配套出台规制垄断行为的法律法规，为实际解决问题提供具有针对性的法律指引。

2. 建立新型航空运输业商业排序原则

建议在海南自贸港试点建立新型航空运输业的商业排序规则，不再仅依据国际航空公司的国籍，而是学习香港经验，试点引入类似国泰航空这类由外国利益集团拥有但主营业地设置在海南的优秀航司，为海南航空运输业的发展赋能。随着私有化的发展与航司在证券交易所的上市，该国以外的利益集团已经可能部分拥有该航司的所有权。在大多数国家间签订的国际航空运输服务协议中规定一个国家的航空公司主要由该国的利益集团拥有和控制，并设置了相应限制条款，美国将外国对其航空公司的持股比例限制在25%或以下，日本限制在33%或以下，而其他国家则限制在50%以下。[③] 欧盟内部已经取消“国籍条款”，各国承运人化身为共同体承运人。2002年欧洲法院对“开放天空”系列案所涉“国籍条款”作出了相关裁决，制约了欧盟成员国对外签署双边航空运输协定的权力。在一些国家（地区），航空公司并非由该国（地区）利益集团所拥有，但其主要营业地在该国（地区），比如国泰航空并非由香港利益集团所拥有，但其主要营业地在中国

① 参见高薇：《平台监管的新公用事业理论》，载《法学研究》2021年第3期。

② 市场失灵是指当市场均衡状态偏离帕累托的状态，此时会发生公共性、外部性以及自然垄断。参见谢泗薪、李荣、都业富：《天空开放下管制放松与中国民航制度创新的博弈分析》，载《南开经济研究》2005年第3期。

③ See Seth M. Warner, *Liberalize Open Skies: Foreign Investment and Cabotage Restrictions Keep Noncitizens in Second Class*, American University Law Review, Vol. 43:1, p. 277 (1993).

香港。

为融入“开放天空”背景下的国际航空运输自由化浪潮，我国进行民航放松规制，内容主要包括市场准入、票价、运力、航线、企业兼并与破产、企业实质控制权等方面。关于市场准入的管制方面，我国应向美国学习先进经验，在贯彻安全原则的基础上，量身剪裁，创设符合我国发展的市场准入管理制度。关于票价的管制方面，政府应作为“新守夜人”，在宏观角度对市场竞争进行整体把控，以企业之间的自由竞争作为对市场垄断的主要调节措施。关于航线的管制方面，一些限制性规定已经取消，对航线准入、航班安排和设置运营基地的管制明显放开。① 关于企业兼并和企业破产的管制方面，政府的主要作用在于鼓励企业的良性兼并与降低企业的退出壁垒，制定出台合理高效的兼并制度与破产制度。② 关于企业实质控制权的管制方面，结合航空自由化进程中发展中国家航空公司面临的困难财务状况及其对外国投资的需求，发展中国家应该放宽所有权与控制权的限制比例至25%。③

建议在海南试点市场准入和“安全网”原则，同步设立竞争执法机制，规范航空企业参与市场竞争，制止扰乱市场竞争秩序行为。经营第七航权航线是否营利的关键在于本国与外国航空公司的所有权归属，以及引入外国子公司是否能给本国带来更多利益。④ 监管要求不宜过于严苛。国际民航组织全球航空运输会议上，提出市场准入和“安全网”原则。该监管框架旨在给予每一方的航空承运人在对方领土上不受限制的市场准入权，⑤即各方

① 参见包随义：《放松管制　扩大开放（二）——中国民用航空运输业发展展望》，载《中国民用航空》2006年第6期。

② 参见谢泗薪、李荣、都业富：《天空开放下管制放松与中国民航制度创新的博弈分析》，载《南开经济研究》2005年第3期。

③ See *Liberalization of Air Cargo Services*, International Civil Aviation Organization (ICAO) (2012. 6. 20), https://www. icao. int/Meetings/ATConf5/Documents/atconf5_wp100_en. pdf.

④ See Peter Forsyth, *Department of Economics and Tourism Research Unit. Monash University*, Monash University (2010. 2. 2), https://users. monash. edu. au/ ~ pforsyth/Papers/Unpublished% 20Papers/7th% 20Freedom. doc.

⑤ See Ruwantissa I. R. Abeyratne, *Would Competition in Commercial Aviation Ever Fit into the World Trade Organization*, Journal of Air Law and Commerce, Vol. 61:4, p. 793 – 858 (1996).

相互给予完全的市场准入权。[①] 该市场准入权允许指定的航空承运人使用，各方之间可选择交换第七航权，并且各方对每种权利在特定情形下均有权实施运力冻结。[②]

3. 试点成立专业化管理机构

从国际化视角出发，部分国家通过设置专门机构进行航权分配，效果颇佳。比如，澳大利亚的航权分配工作由澳大利亚国际航空服务委员会负责，其分配标准为公共利益与竞争利益等；新加坡的航权分配工作由航权委员会进行，并配备由航空运输协定所制定的事项清单；马来西亚的航权分配工作由马来西亚航空委员会负责，其分配依据为航司在限期内进行的竞争性投标等行为；罗马尼亚航权的分配由交通部负责，交通部通过下发文件设定航权分配条件与撤销条件（如表4－3所示）。[③] 独立机构在分析所有相关国家的需求和要求以确定对本国最有利的航空制度时，更多着眼于航空自由化的宏观经济影响（国家经济），而非微观经济影响（航空公司经济）。新加坡是世界著名自由贸易港，其与130多个国家和地区签订了航空服务协议，其中60多个是开放天空协议，“开放天空”协议允许承运人在两个签署国之间和之外运营任何数量的航班。新加坡设立航权委员会进行航权分配的经验对海南试点设立航权委员会具有参考意义。

表4－3 各国负责航权分配工作的机构

	澳大利亚	新加坡	马来西亚	罗马尼亚
负责航权分配工作的机构	澳大利亚国际航空服务委员会	新加坡航权委员会	马来西亚航空委员会	罗马尼亚交通部
航权分配标准	公共利益与竞争利益	配备由航空运输协定所制定的事项清单	航司在限期内进行的竞争性投标等行为	下发文件设定航权分配条件与撤销条件

① 完全的市场准入权意味着航线与运营不受限制。

② “安全网”原则目的在于形成一个缓冲区，防止市场完全偏向不受监管的商业运营航空承运人。这种结构尊重所有现有的和新授予的权利。

③ 参见刘月、刘广茜：《我国民航国际航权配置政策优化建议》，载《民航管理》2021年第6期。

新加坡航空权委员会(Air Traffic Rights Committee)于2003年10月成立,其判断如何在航司间分配航权及依据拟定的航线或搭客量是否能巩固樟宜机场的航空枢纽地位、可能吸引到的游客效益及消费者所能获得的好处。[①] 海南自贸港开放第七航权,初期可参考新加坡设立航权委员会对航权分配进行专门化管理,设定定性判断依据。

海南自2003年开始开放第五航权,但存在航权利用效率低下的问题。《海南自由贸易港法》明确规定要在海南开展优化航权资源配置的工作。[②] 参考上述国际经验,建议在海南自贸港试点设立海南自贸港航权委员会,专门负责航权分配。海南可参考新加坡航权委员会的工作模式,确立适合自身的一套工作机制,在海南试点设立航权委员会对航权分配进行监管。

4. 引入"公共利益"条款

市场遵循效率最大化原则,追求实质公平的新自由主义与市场的本性之间存在矛盾。因而政府在维系航空运输市场竞争秩序中的作用极为重要,其责任在于保障各市场主体参与市场竞争以保障消费者安全作为首要前提。公平的市场竞争具有形式公平与实质公平的区别,形式上的公平是指给予各类主体同样的资源,而实质上的公平则是应依据各市场主体的优劣,不平等地偏向一方。航空资源(如空域、航权等)具有稀缺性的特征,在考虑保障航空运输市场的公平竞争的同时,应注重实质公平,即提升政策透明度,在给予各市场主体平等机会的前提下提升资源分配效率。

建议引入"公共利益"条款,以其作为基本原则,明确监督底线及监督标准,为航权的授予、撤销、暂停等决策提供充足的法律依据。为应对国际航空运输市场的竞争,美国制定国际航空运输政策之前,其国务卿与交通部长须制定谈判政策。谈判内容涉及美国本国航空承运人与外国航空承运人的

① 参见林顺华:《新加坡政府修改航空法令　新航不再独享航权》,载民航资源网2003年10月4日,http://news.carnoc.com/list/30/30849.html。

② 《海南自由贸易港法》第43条规定,在海南自贸港实施高度自由便利开放的运输政策,建立更加开放的航运制度和船舶管理制度,建设"中国洋浦港"船籍港,实行特殊的船舶登记制度;放宽空域管制和航路限制,优化航权资源配置,提升运输便利化和服务保障水平。

地位、定价权、包机限制、许可、消除运营限制、门户城市数量、平等准入门槛、消除不公平竞争等。① 美国交通部监管国际航空票价与收费，其权利包括批准、授予航空公司豁免权。新冠疫情时期，美国的应对措施是设置公益条款。"公共利益"条款具有灵活解决航空争议的作用，美国联邦航空行政部门因此条款获得了广泛的行政权力。美国运输部依据1958年《美国联邦航空法》将"公共利益"条款确立为行政命令中的重要法定依据。② 在新冠疫情期间，美国就发布了5份含有"公共利益"条款的行政命令。③ 澳大利亚的运力由澳大利亚国际航空服务委员会这一独立的法定机构依据公共利益标准进行分配。澳大利亚在1975年引入现代竞争法，在澳大利亚，当竞争政策与国际航空政策矛盾时，优先适用竞争政策，因为竞争法高效调节航空公司之间的合作，消费者因此获得了更加优质且低价的服务。

5. 发展优质低成本航空公司

低成本航空公司投入成本较低，并且其商业特性使其可以高效利用全货运第七航权，建议在海南大力发展低成本航空公司。相较于全服务航空公司，低成本航空公司在全球航空业遭受新冠疫情的严重冲击之下的恢复速度较快。据统计，2020年7月美国西南航空等主流低成本航空公司的合计座位投放数量已经恢复至上一年同期的69%。④ 由于中国对航空市场实行严格管制，市场参与主体管理水平较低，未根据低成本航空与传统航空的特点分别设置资源配置模式，低成本航空公司发展较为缓慢。在发展低成本航空公司的同时，切忌"一刀切"地追求低成本而不顾服务质量。可参考新加坡航空公司的差异化与成本领先的双重战略，在维系低廉成本的同时为消费者提供优质服务。新加坡航空公司以为客户提供高质量服务而在国际航空运输市场声名显赫，并且其成本运营效率颇高。新加坡2001年至

---

① See 49 U. S. C. § 40101, GovInfo (2016. 7. 9), https://www.govinfo.gov/content/pkg/USCODE-2011-title49/pdf/USCODE-2011-title49-subtitleVII.pdf.

② 参见董念清：《新冠肺炎疫情下的中美航权之争：争议与出路》，载《太平洋学报》2021年第8期。

③ 参见董念清：《新冠肺炎疫情下的中美航权之争：争议与出路》，载《太平洋学报》2021年第8期。

④ 参见任治潞：《后疫情时代的低成本航空》，载《大飞机》2020年第9期。

2009 年的每年可用座位公里的成本仅为 4.58 美分,比大多数欧洲以及美国的低成本航空公司的成本还要低。①

(三)构建民航领域法律纠纷多元解决机制

在航空运输领域,解决纠纷之时所采取的调解和诉讼等传统方式效率较低,并且航空事故调查取证困难,容易造成纠纷的判决难的局面。海南自贸港在货运与客运领域同时开放第七航权,可针对客运与货运的不同特征分别设置纠纷解决机制。比如,在解决国际航空货运纠纷时,由于主要涉及商事经济赔偿问题,可借鉴《蒙特利尔公约》第 34 条的规定,设置仲裁条款,以仲裁的方式高效解决货运纠纷。而对于航空客运纠纷,由于涉及人身损害赔偿等复杂问题,则仍可通过诉讼、调解等传统方式解决争议。

总括而言,在海南自贸港开放第七航权的背景之下,可试点出台“海南自由贸易港第七航权争议解决规则”,规范航空运输领域多元化纠纷解决机制,提升中国民航“硬实力”。内容包括设立海南自贸港航空法院,以专门法院保障中国对于该类国际纠纷案件的管辖权,解决中国公民或企业在该类国际纠纷中的维权困境;②构建快捷高效的中立评估机制,以中立评估员的专业评判助力当事人间的和解与调解;③组建航空仲裁机构,确立航空仲裁规则,通过“准司法”方式高效处理航空争议。④

(四)健全民用航空环境保护法律体系

1. 配套环境保护法律法规

高效、规范的航空碳减排的实现,离不开政策与立法。建议海南自贸港

---

① See Heracleous, Loizos & Jochen Wirtz, *Singapore Airlines' balancing Act*, Harvard Business Review, Vol. 88:7/8, p. 145 – 149(2010), https://hbr.org/2010/07/the-globe-singapore-airlines-balancing-act.

② 参见马荣:《对设立航空法院助力航空强国建设的探讨》,载《消费导刊》2019 年第 26 期。

③ 参见赵洋:《民商事纠纷中立评估机制研究——多元化纠纷解决机制的新路径》,载《海峡法学》2020 年第 3 期。

④ 参见张超汉、张宗师:《国际航空仲裁制度研究——兼评 1999 年〈蒙特利尔公约〉第 34 条》,载《北京理工大学学报(社会科学版)》2017 年第 4 期。

加速出台与海南能源结构相适应的，与产业发展相配套的碳达峰、碳中和相关法律法规及指导性意见。可参考新加坡试点出台“海南自由贸易港民用航空运输业能源管理实践条例”，或参考欧盟试点出台“海南自由贸易港可再生能源条例”，[①]以法律法规的形式确立包括航空碳排放在内的海南自贸港各项环境指标。

2.将海南自贸港纳入碳排放交易试点地区

中国应通过谋求多边框架下的国际合作积极应对欧盟航空排放交易，坚持在共同但有区别原则的基础上构建中国航空碳税制度。在中国，航空业在2013年被上海纳入控制碳排放行业范围内，使用行业基准线法与历史排放法进行分配，建立了碳排放配额登记注册系统，2016年春秋航空在上海试点碳金融，将闲置碳配额卖出回购。[②] 2016年发布的《中国民用航空发展第十三个五年规划》指明要积极做好《民用航空法》的修正和航空法的研究制定工作。中国民航局针对“十四五”规划提出的工作意见中已明确提出航空业绿色发展内容（见表4－4）。[③] 中国碳交易正在向交易全国化与行业多元化进行转变，于2021年6月25日以上海作为交易中心建立了全国统一碳交易市场，目前共有7个碳排放权交易试点地区。[④] 2021年7月16日，正式启动全国碳市场上线交易，碳交易市场的基础产品包括政府分配给企业的碳排放配额（CEA）与国家核证自愿减排量（CCER）。其中，以配额（CEA）交易为主。目前，中国民航业还未被纳入全国碳交易市场，全国碳市场以发电行业为起步，预计“十四五”期间逐步纳入其他七大行业。[⑤] 截至2022年2

---

① 欧盟2016年出台《可再生能源法案》（RED Ⅱ）规定各成员国在2030年适用可持续航空燃料的比例要达到6.8%。

② 参见《国内首单碳配额卖出回购业务落地　兴业银行深耕碳市》，载人民网，http://money.people.com.cn/n1/2016/0328/c42877-28231677.html。

③ 2021年3月，中国民航局印发《关于“十四五”期间深化民航改革工作的意见》，该意见是中国民航局根据国家“十四五”规划制定的行业纲领性文件，从10个方面明确了49项改革任务。

④ 2011年10月，国家发改委发布《关于开展碳排放权交易试点工作的通知》，同意北京市、天津市、上海市、重庆市、湖北省、广东省及深圳市开展碳排放权交易试点。

⑤ 中国电力、石化、化工、建材、钢铁、有色、造纸、民航等8个高能耗行业将被纳入全国碳市场。

月 17 日，中国碳排放配额（CEA）累计成交量高达 1.79 亿吨，累计成交额为 76.84 亿元人民币，7 个试点地区中广东与湖北表现较好，重庆表现最差。① 中国碳市场第一个履约周期为 2021 年 1 月 1 日至 2021 年 12 月 31 日。海南省纳入全国首批碳排放权交易市场的 7 家发电行业重点排放单位于 2021 年 12 月 7 日顺利完成第一个履约周期配额清缴，海南省由此成为全国首个实现履约率 100% 的省份。②

表 4-4 《关于"十四五"期间深化民航改革工作的意见》中有关航空业绿色发展的内容

方面	改革任务
提升时刻资源配置和使用效率	建立基于实际运行品质和保障资源能力的差异化航班量调控机制，实现航班总量精准控、航班时刻精细调
优化完善集约高效的运行管理政策	优化运输机队结构，促进运输机队与市场需求、资源保障能力协同发展，推进完善飞机拆解领域的法律法规，促进飞机拆解产业发展
强化民航发展基金的引导与调节功能	完善民航传统基建与新基建、空管、航空物流、节能减排、基本航空服务、公益性通用航空、专业技术人才以及技术性推广应用等方面的财经支持政策
推动空域结构优化和提高空域资源使用效率	继续推进空管运行体系改革，有序推进重点地区的空域优化调整，为机场、空域规划与机队、航线网络规划充分衔接提出支撑
建立协同运行规范标准和工作机制，构建四强空管标准体系	继续深化保证资源配置与组合，推进空管数字化系统建设，并积极推广"AMAN、DMAN、CCO/CDO、TBO、远程塔台"等空管运行新模式
形成民航绿色发展的机制制度	围绕国家"双碳"目标制定民航"低碳发展中长期路线图"和"绿色民航标准体系"。同时鼓励航空公司积极使用可持续航空燃油，并建立基于市场的民航节能减排机制

① 参见北京理工大学能源与环境政策研究中心：《中国碳市场回顾与展望（2022）》，载北京理工大学能源与环境政策研究中心网，https://ceep.bit.edu.cn//docs//2022-01/eb3a1bf65b6e499281122c9d55ef2f7d.pdf。

② 参见《全国碳市场 2021 回顾与 2022 展望》，载搜狐网 2022 年 1 月 11 日，https://www.sohu.com/a/515909937_121123906。

3. 打造海南自贸港清洁能源中心

建议海南自贸港航空公司可向新加坡航空学习航空废物的处理措施，包括如何研制生物航空燃料以及采取何种措施降低发动机噪音污染等。新加坡航空是第一家在 2022 年 4 月新加坡航展上签署全球可持续航空燃料声明的航空公司。其从 2011 年开始研究可持续航空燃料的应用，将可持续航空燃料视为实现长期脱碳目标的战略解决方案和关键行业杠杆，致力于促进加速可持续航空燃料的开发、生产和消费，新航计划将通过投资新一代飞机实现更高的运营效率，同时采用可持续航空燃料等低碳技术以及采购高质量的碳补偿等方式在 2050 年实现净零碳排放目标。①

新加坡航空公司落实差异化与成本领先的双重战略的关键在于保持较低的飞机机龄，2021 年其客运飞机的平均机龄为 67 个月（航空业平均机龄为 160 个月），此举对于节约维修成本以及保障航班准点率等产生良性影响，投资新飞机仍是航空公司减少碳排放的最有效、最直接的途径，选择燃油效率高的机型可降低碳排放量。不过，大量购入新飞机是一笔不小的开支。

建议在海南自贸港试点建立未来清洁能源中心，利用自贸港政策优势吸引国内外高科技企业入驻，拓展国际交流合作，汇聚全球智慧。与传统航空燃料相比，可持续航空燃料有可能将整个生命周期的温室气体排放量减少至少 80%。② 目前，国际可持续航空燃料的产量较低、成本较高、国际认证标准尚未成熟，中国应加快研发步伐，积极参与国际标准的制定。海南早在 2017 年已参与试点使用可持续航空燃料，当时海南航空成功试点使用生物燃料跨洋载客。③ 尽管中国目前已经在开展氢燃料飞机的研发工作，但商业化程度不高，为实现 2040 年规模化商业应用的目标，仍需加强参与国际交

---

① See *Singapore Airlines Sustainability Report FY2021/22*, Singapore Airline, https://www.singaporeair.com/saar5/pdf/Investor-Relations/Annual-Report/sustainabilityreport2122.pdf.

② See IATA, *Sustainable Aviation Fuels Fact Sheet*, https://www.iata.org/contentassets/ed476ad1a80f4ec7949204e0d9e34a7f/fact-sheet-alternative-fuels.pdf.

③ 所使用生物燃料为含餐饮废油制成的国产 1 号生物燃料。

流,进行国际合作。①

结 语

海南自贸港贸易自由化与便利化的发展与便利的交通运输密切相关,此次开放第七航权是中国“开放天空”的一次大胆突破。经研究,笔者提出了对于海南自贸港第七航权的法律构建的初步建议:第一,海南自贸港开放第七航权需要配套相关法律制度,保障各项举措存在法律依据。比如构建海南自贸港航权管理法规体系、完善民航领域反垄断法律规制、规范航空运输领域多元化纠纷解决机制以及配套环境保护法律法规。以法律手段保障航权发展,对于海南自贸港的国际化发展而言至关重要,将推动本地民航的国际交流与合作。第二,民航市场有序化竞争需要获得格外关注。中国民航的国有资本占比过大,民营航空企业的发展空间狭小。海南自贸港开放第七航权之后将引入大量优质国外航司参与竞争,为保持海南自贸港的国际民航运输与国家战略布局的同步,在具体措施的设置上,可考虑设立专门机构进行航权分配、发掘优质低成本航空公司以及引入“公共利益”条款。第三,有序发展海南自贸港,构建民航领域法律纠纷多元解决机制。便捷高效的纠纷解决机制与优化营商环境密切相关。第四,“绿水青山就是金山银山”,海南自贸港的发展不可以牺牲环境作为代价。海南自贸港在国家“双碳”背景下“开放天空”,须在发展民航的同时注重生态环境的保护问题,做到实质意义上的可持续发展。

---

① 比如,积极参与国际运输论坛(ITF)、世界交通运输大会(WTC)、美国交通研究委员会(TRB)年会、世界道路协会(PIARC)、联合国可持续交通大会等国际会议。

第五章

新加坡“监管沙盒”的制度演变与法律特质分析

——兼谈对海南自贸港相关制度改革的启示

基于大数据、云计算、人工智能、区块链等一系列技术创新，金融科技已全面应用于支付清算、借贷融资、财富管理、零售银行、保险、交易结算等六大金融领域，实现“金融+科技”的高度融合。一言蔽之，金融科技作为一种全新的范式，已成为国际金融市场创新的主导驱动力之一。金融科技与传统金融之间存在显著差异，①其带来的多样性风险亦导致金融监管的挑战更加多元。英国作为金融科技创新支持最为显著的经济体，为了持续保持欧洲领先的金融科技中心地位，基于对风险预防与创新鼓励的双重考量，2016

① 金融科技区别于传统金融的特征主要包括：跨界化、去中介、中心化及智能化。跨界化系指金融科技至少跨越了技术和金融两个部门，其中的金融业务可能跨越了多个子部门；去中介系指在传统金融体系中，金融中介机构发挥了基础性作用，而随着金融科技的发展，金融脱媒日益深化；去中心化系指传统意义上监管是针对法人机构进行的，而金融科技机构更多的是一种网络化的平台，各个相对独立分布且自身资产负债表与业务的资产负债表结构关联不强的平台成为被监管的对象；智能化系指以人工智能为支撑的科技逐渐参与到金融体系要素的整合。参见胡滨、郑联盛等：《监管沙盒：理论框架与国际经验》，中国金融出版社2020年版，第4~5页。

年 5 月正式启动“监管沙盒”机制。[①] 此后,该机制即作为促进创新、改善竞争和提高金融包容性的手段被迅速移植到许多国家。新加坡作为全球第二个采用“监管沙盒”机制的国家,在英国“监管沙盒”机制的基础上,进行了一系列创新与改革,形成了极具特色的集风险导向性、透明性及多元性于一体的“监管沙盒”机制。新加坡“监管沙盒”机制,也为海南自贸港金融科技的发展和实行高水平的开放提供了改革思路和参考价值。

一、新加坡“监管沙盒”制度:起源与发展

(一)起源:新加坡“监管沙盒”制度的建立缘由

新加坡是全球最早开始实施综合金融监管的国家之一。早在 1971 年,新加坡便成立了金融管理局(Monetary Authority of Singapore,MAS)。2016 年 11 月 16 日,MAS 发布了《金融科技监管沙盒指南》(FinTech Regulatory Sandbox Guidelines),[②]推出“监管沙盒”机制。与英国设立“监管沙盒”战略目的不同的是,[③]新加坡推出“监管沙盒”机制不仅顺应金融科技之发展,更

---

① 依据英国金融行为监管局(Financial Conduct Authority,FCA)的定义,“监管沙盒”是指金融监管部门在其为促进金融创新所设立的专门机构中制定的一项管理机制,这一机制旨在为金融机构或给金融服务提供相应支撑的非金融机构测试金融创新提供一个时间和范围有限的“安全空间”(Safe Space)。See FCA, *Regulatory sandbox*, Financial Conduct Authority (2016. 3. 8), https://www.fca.org.uk/publication/research/regulatory-sandbox.pdf.

② MAS 发布的《金融科技监管沙盒指南》中包含来自公众咨询的反馈以及实体“沙盒”应用程序的学习要点,旨在为新创的金融科技产品和服务提供一个有利的安全环境,在这个环境中,监管要求将得到放松,从而使金融初创企业能够在“沙盒”的边界内试验有发展前景的创新项目。See MAS, *FinTech regulatory sandbox guidelines*, Monetary Authority of Singapore (2022. 1. 1), https://www.mas.gov.sg/-/media/MAS-Media-Library/development/Regulatory-Sandbox/Sandbox/FinTech-Regulatory-Sandbox-Guidelines-Jan-2022.pdf?la=en&hash=0136A576014D8B13D16264CDFDA2C66791F6E8CA.

③ 2008 年国际金融危机之后,伦敦金融城的国际金融中心地位受到影响,为鼓励先进的金融科技创新企业留在英国,使其成为国际性的金融科技中心和金融服务创新中心,英国率先设立“监管沙盒”机制。参见胡滨:《沙盒监管——平衡创新与风险的新机制》,载国家金融与发展实验室官网 2019 年 7 月 3 日,http://www.nifd.cn/Speech/Details/1433。

是国内金融市场之需求。

1. 金融稳定与金融机构自由竞争的平衡

新加坡的金融监管向来以严格而著称。然而，随着互联网技术的发展，世界各国相继卷入全球化的浪潮中，金融自由化的发展趋势又日益凸显。新加坡政府也开始调整金融监管的重心，选择在审慎的基础上放松监管，通过风险监管体系最大限度优化以促进金融资源的最优配置。但基于自由竞争的悖论，若在鼓励金融科技创新的同时放任金融机构进行激烈的同业竞争，或将造成资本集中和市场垄断。同时，科技进步带来的超额利润被垄断金融资本所掌握，又通过各种金融工具转化为金融资本，容易造成资本空转。因此，将金融初创企业置于“监管沙盒”的“安全空间”内进行试验，不至于因为金融垄断的存在，使金融资源配置偏离帕累托最优。而在有强烈政府干预主义的新加坡，政府既是金融监管者，又是经济发展的促成者与机会的提供者，在具有较高权威性和独立性的 MAS 指导与监督下推行“监管沙盒”机制，符合新加坡政府对金融创新的把控与审慎的态度，亦有利于金融稳定与金融机构自由竞争的平衡。

2. 金融负外部风险的防控

对金融业来说，由于金融机构和金融领域自身的特点，金融市场与其他市场相比，负外部性效应的问题尤其严重。从金融体系的历史演变来看，其发展动力主要来自金融创新，即体现为市场主体追求金融效率的内在动力不断突破旧制度和旧结构。金融科技发展之迅猛致使原先的金融监管手段难以一蹴而就达到监管目的，微观个体的金融风险承担行为又会给宏观经济带来外部效应。在此背景下，“监管沙盒”制度应运而生，其正是可以更好实现防控金融风险与促进金融创新张力平衡的监管机制。“沙盒”(sandbox)一词在英文中喻有启蒙之意，如同孩子在盒子内玩沙子，既任其在有限的空间内发挥想象力与创造力，保证其安全性的同时又不会对外界造成破坏。若将“沙盒”视为孩童的无忧乐园，则初创企业在金融“监管沙盒”内进行金融技术、业务等创新，也就不会使内部的创新风险危及外部金融市场之正常秩序，从而形成可持续的发展格局。新加坡作为国际金融中心，力求在维护金融体系稳定的前提下建立金融科技生态系统，将新加坡转变为一个智能金融中心。因此，新加坡在大力发展金融科技的同时引入“监管沙盒”制度，一方面能有效避免因为金融科技创新带来的金融风险对原有金融体系的冲击，另一方面则通过“监管沙盒”为金融科技初创企业在明确的空间和期限内，提供必要的监管支持，维护社会公共利益。

3. 监管部门、金融机构与消费者的良性博弈

事实上，金融创新能够冲破金融监管所形成的“金融抑制”状态，而突破原有监管方式的金融创新也会推动金融监管的变革和发展。将新加坡转变为智慧金融中心的关键驱动力在于提供一个有利于创新技术应用的监管环境。而如何权衡监管部门、金融机构与金融消费者三方的利益已成为金融科技时代创新监管的一大挑战。由于利益是权利背后的实质性内容，权利的兼顾与均衡实质体现为利益之间的平衡，在此过程中，需要充分考虑利益实现的顺序、利益的位阶以及与利益相关的其他因素。就新创金融科技企业而言，一方面，其不太可能具备充足的资金实力，也不太可能拥有符合监管要求的业务和管理记录以获得提供金融服务所需的许可证。另一方面，金融科技企业也往往会利用其信息优势来规避监管，并攫取基于弱势地位的金融消费者的财富。为避免上述情况出现，MAS 采用“监管沙盒”促进金融科技进行创新，并采用比例性检验的方式对风险进行监控。[①] 所以，从另一个角度来看，MAS 注重监管方式的灵活性与柔软性，尊重市场理性，强调通过指导、激励、协商等提高监管的实效，只有当新技术带来的风险成为现实时，监管才会主动介入。这实现了金融创新市场化导向与金融监管谦抑性的融合，也使金融监管部门、金融机构与金融消费者在此过程中由博弈走向合作共赢。

---

① 金融科技监管遵循比例原则，即监管标准基于“相同业务、相同风险、相同规则”的原则实行“比例”监管。这也可解释为低风险的小型企业与具有高风险的大型企业的监管有所不同。参见巴曙松：《欧盟监管科技的发展现状研究》，载《国外社会科学》2020 年第 5 期。

(二)发展:新加坡“监管沙盒”制度的生成脉络

作为世界先进的自由贸易港,新加坡借助良好的区位条件、经济基础、制度环境基础等积极推动金融服务政策的实施。1969年,新加坡通过《自由贸易区法》之后建立金融管理局,出台各种优惠政策,不断开放市场,吸引外资金融机构进入新加坡开展业务,进而使新加坡成为重要的区域性金融中心。虽然2008年国际金融危机给新加坡经济带来了一定程度的冲击,但不可否认,新加坡金融业依旧是其整体经济增长的主要贡献者。[①] 之后,因应金融科技的发展,新加坡政府推出并不断完善“监管沙盒”;至今,新加坡“监管沙盒”制度不仅从1.0版本已发展到3.0版本,而且也从“境内沙盒”扩展到“跨境沙盒”。

1. 普通“监管沙盒”:基于主动出击的监管理念

新加坡市场经济的运行向来排斥无为而治,面对可能造成溢出风险和群体风险的金融科技,MAS主动出击对金融市场潜在风险进行超前性研究,制定相关的监管方案,引进新的技术和方法,使之成为科学化系统化的决策方法和模式。MAS《金融科技监管沙盒指南》中明确表示将新加坡转变为智能金融中心的一个关键驱动力是提供有利于利用创新技术的监管环境。在普通“监管沙盒”模式下,MAS主要通过放宽具体法律和监管要求,为获得批准进入“沙盒”的初创企业提供适当的监管支持与真实的测试环境。在该模式下,欲申请进入“沙盒”的企业需要历经申请、评估、试验、退出4个阶段的流程(前3个阶段的流程如图5-1所示)。其中,申请主体的业务要求不

---

① 2010年,新加坡数百家国际金融机构的业务占到新加坡国内生产总值的近12%,而1970年仅为5.4%。See MAS, *Sustaining Stability Serving Singapore*, Monetary Authority of Singapore (2011.11.25), https://www.mas.gov.sg/-/media/MAS/About-MAS/MAS-40th-Anniversary-Full.pdf?la=en&hash=4CA6ACEC760075F66B666A816177443F7CC1A784.

能类似于新加坡已有的金融服务，且申请主体需证明其已进行尽职调查。① 在评估阶段，MAS 应对申请项目进行初步测试，识别其可能产生的风险，并提出降低风险的建议。② 通过初步测试，MAS 能够事先了解申请者的相关技术，再为每个申请者设定单独的“监管沙盒”规则，将风险指数最小化。在退出阶段，MAS 要求“沙盒”项目应确保在退出或者停止“沙盒”之前完全履行对相关金融服务客户之义务。在成功退出“监管沙盒”之后，MAS 认为“沙盒”项目完全符合相关的法律法规并已达到了预期的测试结果，申请人则可以继续在更大的范围内部署金融创新服务。

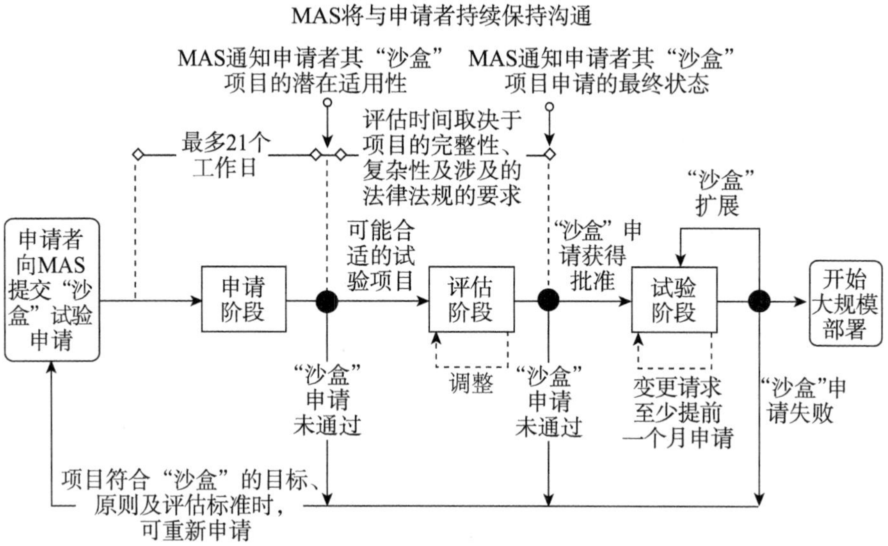

图 5-1　普通“监管沙盒”申请、评估、试验流程

资料来源：该图系笔者根据《金融科技监管沙盒指南》相关内容整理。

---

① 尽职调查包括测试拟在实验室推行的金融服务、充分了解在实验室进行试验时所应遵守的法律及监管规则。See MAS, FinTech Regulatory Sandbox Guidelines, Monetary Authority of Singapore (2022.1.1), https://www.mas.gov.sg/-/media/MAS-Media-Library/development/Regulatory-Sandbox/Sandbox/FinTech-Regulatory-Sandbox-Guidelines-Jan-2022.pdf?la=en&hash=0136A576014D8B13D16264CDFDA2C66791F6E8CA.

② 评估金融服务是否可进入“沙盒”试验的时间取决于其完整性、复杂性及涉及的法律法规的要求。由于拟进入“沙盒”的项目要求具有探索性，申请者可以在与 MAS 讨论后，对提交的申请项目进行调整。之后，MAS 将以书面通知的形式告知申请者是否进入“沙盒”。

当然,无论在“监管沙盒”运行的哪个阶段,MAS 都会与“沙盒”申请主体保持沟通,以实时了解项目动态。由此可见,新加坡对“监管沙盒”的创新非被动而为,而是在充分把握创新力度与风险控制的基础上主动介入全程跟进,使金融监管与金融科技创新张弛有度。目前,MAS 的“监管沙盒”项目已经成功为 250 多家公司提供了实践的舞台,这亦显示了 MAS 主动出击的金融监管创新成效颇为显著。

2.“快捷监管沙盒”:基于效率与效益的诉求

MAS 于 2019 年 8 月 7 日推出“快捷监管沙盒”机制,进一步加快“沙盒”申请流程。与普通“监管沙盒”不同的是,“快捷监管沙盒”仅面向市场风险较低、①业务模式较为简洁的金融科技项目。② 因此其审批时长较“普通沙盒”短,在 21 个工作日内获知批准的审批结果即可进行试验。此外,MAS 还对所有未被批准进入“快捷沙盒”的金融机构都设置了 3 个月的冷静期;在此期间,MAS 不会再次受理来自该机构的申请,从而保障和提升“快捷监管沙盒”项目申请的质量。可见,MAS 基于效率和效益的考量,对符合条件的金融科技项目努力降低其合规成本与创新周期,增加成果的可预见性,从

① 例如,新加坡第一个数字车险顾问平台 Pand. ai Pte Ltd,于 2021 年 6 月 8 日进入“快捷监管沙盒”进行试验,于 2022 年 3 月 7 日退出“沙盒”,并自 2022 年 3 月 8 日起,根据《新加坡保险法》第 76 条注册为直接保险经纪人,开始提供便捷的数字车险服务。与新加坡以往的车险服务平台相比,Pand. ai Pte Ltd 不仅为用户提供多种在线车险产品,还可通过 WhatsApp 通信应用平台使用。相较于普通“监管沙盒”项目,如规范的去中心化证券代币交易平台 DigiFT Tech (Singapore) Pte Ltd、全球数字证券交易和证券代币投资平台 IC SG Pte Ltd,“快捷监管沙盒”的试验项目对金融市场可能造成的风险显然较小。

② 在“快捷监管沙盒”启动初期,可进入“快捷监管沙盒”的主体包括保险经纪业者、汇款业者,以及获认可的市场运营商,自 2020 年 1 月 7 日起,“快捷监管沙盒”将不再用于汇款业者,因《新加坡货币兑换和汇款业务法案》将在 2020 年 1 月 28 日《新加坡支付服务法》生效后废除。目前 MAS 官网公开的“快捷监管沙盒”项目有三,分别为 LabyrinthX Technologies Pte. Ltd.(“沙盒”试验时间:2022 年 8 月 1 日 ~2023 年 4 月 30 日)、Trade Risk Solutions Pte Ltd(“沙盒”试验时间:2022 年 4 月 1 日 ~2022 年 12 月 31 日)、Pand. ai Pte Ltd(“沙盒”试验时间:2021 年 6 月 8 日 ~2022 年 3 月 7 日)。第一项试验项目为获认可的市场运营商,主营私募市场的产品投资;后两项为保险经纪创新项目,皆为业务模式较为简洁的项目。See MAS, Sandbox express, Monetary Authority of Singapore(2022. 7. 26), https://www. mas. gov. sg/development/fintech/sandbox-express.

而促进良性创新环境的形成；而 MAS 冷静期制度的创设降低“监管沙盒”审批与监管的行政成本，避免行政资源的浪费，实现金融科技创新市场的繁简分流。

3.“加强版监管沙盒”：基于“一站式”服务的创新支持

金融创新使各国金融竞争日趋激烈，而如何占领竞争的制高点亦成为各国金融发展的焦点。2021 年 11 月 9 日，MAS 再次宣布对“监管沙盒”进行 3 项改进，分别为扩大资格标准以囊括技术创新的早期采用者、通过财政拨款简化申请以及参与“星期五交易”（Deal Fridays）计划。① 从整体层面分析，“加强版监管沙盒”的 3 项改进实则是更为真实地模拟了创新项目由拟进入金融市场到投放的全过程。“普通沙盒”及“快捷沙盒”阶段仅允许当下新加坡金融市场中未存在的新创产品进入“沙盒”试验，而“加强版监管沙盒”突破了原有的限制，为新技术创新提供更有利的环境，为消费者和企业提供更多选择。②

4.“跨境沙盒”：协同创新发展

相较传统金融，金融科技参与主体更为多元化、去同质化，且跨界性、技术性、风险性更强。因此，金融科技领域需要深层次的合作治理与技术治理，调动多方知识资源共商、共治、共享。作为全球领先的自由贸易港，新加坡在特定历史条件下抓住机遇不断完善金融服务体系，以此推动智慧金融

---

① 通过财政拨款简化申请是指技术创新先行者可在单次申请中，同时申请进入“监管沙盒”和申请获得资助，符合条件的申请者可以按 50% 的资助水平获得最高 50 万新加坡元的资助。而“星期五交易”是一个提供交易机会的平台，该计划将帮助沙盒企业进入外部投资者社区，从社区的网络、指导和资金中受益。See MAS, *MAS Enhances FinTech Regulatory Sandbox with Sandbox Plus*, Monetary Authority of Singapore (2021. 11. 19), https://www. mas. gov. sg/news/media-releases/2021/mas-enhances-fintech-regulatory-sandbox-with-sandbox-plus.

② MAS 首席金融科技官 Sopnendu Mohanty 表示，金融科技正在快速重塑金融服务，“加强版监管沙盒”反映了 MAS 通过为创新者提供更有效的“一站式”服务以兑现支持有发展前景的金融科技创新企业在新加坡扎根的承诺，此亦进一步催生具有创新技术的新商业模式，可为消费者及金融行业带来更大的利益。See MAS, *MAS Enhances FinTech Regulatory Sandbox with Sandbox Plus*, Monetary Authority of Singapore (2021. 11. 19), https://www. mas. gov. sg/news/media-releases/2021/mas-enhances-fintech-regulatory-sandbox-with-sandbox-plus.

中心的形成与发展。[①] 随着金融科技的全球性发展，跨境金融创新存在监管壁垒，为使规模不一的金融科技创新企业能够通过充分的竞争进行跨境金融服务，利用跨境协同技术推动“跨境监管沙盒”的创新发展亦成为现阶段新加坡金融发展的重大机遇。2017 年，MAS 主导，与国际金融公司（International Finance Corporation，IFC）和东盟银行家协会（the ASEAN Bankers Association，ABA）共同推出了面向跨国金融机构和金融科技公司的“监管沙盒”，并将其作为东盟金融创新网络（the ASEAN Financial Innovation Network，AFIN）的一部分，以加强金融科技的国际合作并推动跨境协同监管。此种“跨境监管沙盒”基于云数字空间技术设立，金融创新机构的跨境运营也可以在此安全空间内试验新技术并共享数据。“跨境监管沙盒”机制使“监管沙盒”制度的运用进一步扩展，推动了金融科技的协同发展与监管，进一步奠定和强化了新加坡智慧金融中心的地位。

二、新加坡“监管沙盒”运作模式：基于比较的分析

MAS 在《金融科技监管沙盒指南》中详细规定了“监管沙盒”的运作模式。虽然新加坡的“监管沙盒”制度源于英国，但是其法律依据、监管目标、监管力度、监管主体、监管对象、豁免除外等规则与包括英国在内的诸多国家（地区）有着明显的区别，具有鲜明的自身特色。

---

① 20 世纪 60 年代，新加坡政府抓住欧洲货币市场对美元需求大增的有利时机，于 1968 年创建亚洲美元市场。亚洲美元市场是亚太地区特别是新加坡国际银行从事境外美元及其他可兑换货币的存贷款业务的市场，该市场对外国商务实行“自由主义的门户开放政策”。而这些金融服务创新成为新加坡建立国际金融中心的重要一步，也为新加坡设立自由贸易区做足准备。1969 年，新加坡通过《自由贸易区法》，在裕廊码头设立了第一个自由贸易区。之后，新加坡政府建立金融管理局等机构，出台各种优惠政策，不断开放市场，吸引外资金融机构进入新加坡开展业务，使新加坡成为重要的区域性金融中心。

(一)法律依据

新加坡金融监管规则体系分为3个层次,[①]“监管沙盒”的法律依据——《金融科技监管沙盒指南》,为金融监管法规体系的第三层次,即由新加坡金融管理局根据相关法律和补充立法制定并颁布的通知(Notices)、指示(Directives)和指南(Guidelines)。综观推行“监管沙盒”制度的其他国家(地区),如韩国和我国台湾地区出台高法律位阶的规定推出“监管沙盒”;[②]马来西亚、澳大利亚及加拿大允许在现有的金融监管指导方针或规则上创建“监管沙盒”;[③]荷兰的“监管沙盒”需要在欧盟法律法规规定的范围内进行创新;[④]

---

① 新加坡的金融监管法规制度体系由3个层次组成:第一个层次是新加坡国家立法机构议会制定并颁布、由新加坡金融管理局执行的法律(Statutes);第二个层次是由新加坡国家立法机构议会制定并颁布、由新加坡金融管理局执行的补充立法(Subsidiary Legislation);第三个层次是新加坡金融管理局根据上述法律和补充立法制定并颁布的通知(Notices)、指示(Directives)和指南(Guidelines)。参见李豫等:《金融危机下的新加坡国际金融中心》,企业管理出版社2010年版,第18~19页。

② 为更好地应对金融业的变化,韩国2019年4月制定《金融创新支持特别法》推出金融“监管沙盒”项目。2017年5月4日,我国台湾地区行政主管部门通过“金融科技发展与创新实验条例”,推出金融“监管沙盒”。

③ 2016年10月马来西亚中央银行发布《马来西亚中央银行金融科技监管沙盒框架》(Financial Technology Regulatory Sandbox Framework)作为马来西亚“监管沙盒”运行的指导文件。See *BANK NEGARA MALAYSIA*, *Financial technology regulatory sandbox framework*, Bank Negara Malaysia (2016. 10. 18), https://www. bnm. gov. my/-/financial-technology-regulatory-sandbox-framework. 2016年12月,澳大利亚联邦政府正式批准设立“监管沙盒”机制,并出台了一系列的指导法案,主要的监管框架体现在《监管指南257:在未持有澳大利亚金融服务许可证(AFSL)或信贷许可证(ACL)的情况下测试FinTech产品与服务》中。参见范云朋、赵璇:《澳大利亚金融科技“监管沙盒”的经验与启示》,载《财会月刊》2020年第1期。而加拿大证券管理局(Canadian Securities Administrators, CSA)所实施的“监管沙盒”测试方案则是CSA出台的2016年至2019年业务计划的一部分,于2017年2月23日正式启动。See *Former CSA Regulatory Sandbox / Crypto Asset Trading Platform Decisions*, Canadian securities Administrators (2023. 11. 18), https://www. securities-administrators. ca/resources/csa-finhub/decisions/.

④ 2016年12月荷兰市场金融管理局和荷兰中央银行发布《金融领域创新的更多空间——市场准入、授权与监管》,明确荷兰“监管沙盒”自2017年1月1日起启用。荷兰相关监管机构为“沙盒”提供最大程度的法律豁免,但并非所有情况都允许荷兰监管机构自行豁免。就在欧洲范围内达成一致的法律范畴内,只有在欧洲中央银行单一监管机制的支持下,荷兰才能在欧洲中央银行拥有专属权限的审慎问题框架内推行“监管沙盒”。See AFM, *More room for innovation in the financial sector*, De Nederlandsche Bank, https://www. dnb. nl/media/xqhnsc2k/more-room-for-innovation-in-the-financial-sector. pdf. 最后访问日期:2022年3月6日。

英国关于“监管沙盒”的指引性文件则是金融行为监管局呈交与英国财政部的报告。在金融科技不断发展的今天,新加坡用《金融科技监管沙盒指南》作为“监管沙盒”的法律依据,相较韩国、我国台湾地区及荷兰,甚至于当时的英国而言,更具灵活性,可以不断调整规则以适应金融科技发展的需求。而相比马来西亚、澳大利亚与加拿大“监管沙盒”的法律依据,新加坡《金融科技监管沙盒指南》的内容较为详尽,对以“实验主义”为基础的“监管沙盒”机制而言,具有更强的可操作性。

(二)监管目标

监管目标决定着“监管沙盒”制度的构成与发展趋势。英国作为最早推出“监管沙盒”的国家,其制度设立的目标是鼓励创新,为金融科技的发展提供更充分的竞争,降低成本以缩短创新产品上市时间;澳大利亚的目标为发展监管科技,寻求国际广泛合作以减轻监管负担;中国香港金融管理局的“监管沙盒”则是希望通过银行创新带动金融创新,加快推出产品的速度及降低开发成本。而新加坡设立“监管沙盒”制度的目标则是打造智能金融中心,其中不仅包括鼓励金融创新,促进金融监管能力提升,也强调要平衡金融创新的风险与消费者保护之间的关系。在金融监管实践中,监管当局往往很难在支持行业创新与消费者保护之间找到平衡点,造成消费者这一弱势群体的权益被漠视,从而容易引发金融市场的风险外溢。① 因此,新加坡在“监管沙盒”的监管目标中更强调对金融消费者权益的保护,这也是与其他国家(地区)“监管沙盒”制度相区别的特征之一。

---

① 例如,2008 年国际金融危机之后,货币政策操作出现“非中心化”,货币当局直接向市场投放资金,而且直接调控各个期限的利率和贷款条件。一系列新的货币政策工具,如短期流动性调节工具、常备借贷信贷、抵押补充贷款等,帮助央行脱离中介机构和中介指标,直接向经济输入流动性,调控经济活动。中心化有利于降低交易成本,但是,中心化在促进价值交换的同时,增加了成本,拉长了交易时间,损失了用户的选择权带来的信息的有效利用。参见沈伟:《金融科技的去中心化和中心化的金融监管——金融创新的规制逻辑及分析维度》,载《现代法学》2018 年第 3 期。

(三)监管主体

监管主体是“监管沙盒”运作的“守门员”,是把控“沙盒”监管力度、提高创新监管水平的关键。目前主要国家(地区)的“沙盒”监管主体主要有:第一,由本国央行直接负责“监管沙盒”的运行,如马来西亚、沙特阿拉伯等;第二,由央行和本国金融监管局共同负责,如荷兰;第三,实行分业监管的国家(地区),根据所属银行、证券、保险领域,由相对应的机构进行监管,如我国香港地区、印度;[①]第四,由中央层面的单个或多个金融监管机构,在各自负责的监管范畴内测试金融科技创新,如英国、澳大利亚;[②]第五,由各个地方的监管机构共同监管,如加拿大、美国。[③] 新加坡“监管沙盒”监管主体的

---

① 香港金管局、证券及期货事务监察委员会(证监会)及保险业监管局(保监局)的“监管沙盒”相互协调运作,为跨界别金融科技项目提供“一点通”切入,按实际需要接通3个监管机构的“监管沙盒”。参见香港金融管理局:《金融科技监管沙盒2.0》,载香港金融管理局官网2022年3月24日,https://www.hkma.gov.hk/gb_chi/key-functions/international-financial-centre/fintech/fintech-supervisory-sandbox-fss/;印度储备银行(RBI)、印度证券交易委员会(SEBI)和印度保险监管局(IRDAI)在结合本行业特点和各自监管重点的基础上,提出各具特色的“沙盒”监管框架。See Shashidhar K. J., *Regulatory Sandboxes: Decoding India's Attempt to Regulate Fintech Disruption*, Observer Research Foundation (2023. 5. 24), https://www.orfonline.org/public/uploads/posts/pdf/20230524172113.pdf.

② 英国由金融行为监管局对“沙盒”进行监管,该监管局负责监管银行、保险、投资以及证券等业务;澳大利亚由证券和投资委员会(Australian Securities and Investment Commission,ASIC)对“沙盒”进行监管,该机构负责对全澳金融体系、各金融机构和专业从业人员行使金融监管的职能。

③ 加拿大证券管理局于2017年2月公布了“监管沙盒”计划,由于加拿大复杂的金融监管结构,加拿大“监管沙盒”由加拿大3个地区和10个省的证券监管机构组成的伞式组织共同监管。其旨在通过协作为加拿大各地提供监管计划,共同制定在全国范围内一致施行的政策法规,协调、改善和统一加拿大资本市场监管,确保加拿大证券行业的平稳运行。See FCNB, *The Canadian Securities Administrators Launches a Regulatory Sandbox Initiative*, Financial and Consumer Services Commission (2017. 2. 23), https://www.fcnb.ca/en/news-alerts/the-canadian-securities-administrators-launches-a-regulatory-sandbox-initiative. 在2018年的一份报告中,美国财政部表示支持“监管沙盒”计划,同时提出联邦和州监管机构需要联合行动。有学者指出,在美国创建有效“监管沙盒”唯一可预见的方法便是通过国会,使联邦与各州监管机构达成合作框架。See Alessandra Carolina Rossi Martins, *A Sandbox for the U. S. Financial System*, The Regulatory Review (2021. 8. 19), https://www.theregreview.org/2021/08/19/rossi-martins-sandbox-for-us-financial-system/.

独特之处在于,MAS 是新加坡“监管沙盒”唯一的责任主体,且为了更好地促进监管创新,MAS 与新加坡多方机构联合设立了金融科技发展办公室。[①]与荷兰、中国香港、加拿大等国家(地区)相比,作为中央银行的 MAS,全面负责新加坡的金融监管,可授权的范围较大,对政策创新具有较强的自主灵活性。而多部门共同监管的模式,则对“沙盒”的监管进行了分权,对金融创新风险的总体把控有所削弱,[②]在某种程度上亦增加了合规成本和时间成本。与英国、澳大利亚、马来西亚等国家(地区)相比,新加坡金融科技发展办公室的设立,则对“监管沙盒”运行中技术的运用、效率的提高及风险的管理起到了重要的辅助作用。

(四)适用主体

出于对风险的把控,不同国家(地区)对“沙盒”申请机构资质和业务范围方面的要求不尽相同。比如澳大利亚采用负面清单的方法将“监管沙盒”的适用主体限制在某些特定的领域,限缩监管对象的范畴。[③] 香港金融监管局规定“沙盒”仅面向香港本地区银行及将与银行合作的科技公司,香港保监会的“监管沙盒”亦主要面向获授权的保险公司及其协作的科技公司。瑞士“监管沙盒”主要针对开展和银行相关业务的公司,要求项目公司有至少 30 万欧元的资本作为抵押,且相关项目吸储的金额不能超过 5000 万瑞士法郎。虽然对“沙盒”的适用范畴进行限制,在某种程度上可以巩固原有

---

① 新加坡金融科技发展办公室主要负责监管政策和发展战略,以促进金融科技的发展和创新,更好地管理金融部门的风险,提高效率和增强竞争力。而联合设立的机构包括新加坡经济发展局、新加坡信息媒体发展管理局及新加坡国家研究基金会等。

② 有研究显示,在单一监管模式有效发挥作用的外部条件方面,金融监管集中程度或可能性与制度环境良好程度成正比。See Donato Masciandaro, *Financial Supervision Architectures and the Role of Central Banks*, The Transnational Lawyer, Vol. 18:2, p. 351 – 370 (2005).

③ 澳大利亚 ASIC 规定以下主体不得参与“沙盒”测试:被禁止开展金融服务和信贷服务的公司;已获得金融服务牌照和信贷许可证的公司;获得金融服务或信贷持牌机构授权开展业务的公司;金融服务或信贷持牌机构的相关法人团体。参见范云朋、赵璇:《澳大利亚金融科技“监管沙盒”的经验与启示》,载《财会月刊》2020 年第 1 期。

的监管边界,防止风险外溢,但毋庸讳言,金融科技的发展已经使现有的金融创新有能力突破原有监管边界的桎梏,且将“沙盒”试验禁锢于某些部门领域,将会导致创新视野的狭小和规模的缩小,进而降低创新的市场价值。英国未对申请者的业务类型和规模作出限制,适用范围广泛。但相比英国,新加坡适用主体更为广泛,包括但不限于金融机构、金融科技公司以及与技术型金融服务创新公司合作的专业服务公司,以此给予足够的创新空间。

(五)豁免除外范畴

各国(地区)“监管沙盒”通过豁免某些金融监管规则,为金融创新企业创建了测试产品与服务的环境,从而降低企业因行为不合规被监管机构惩罚的风险。但由于创新与风险相随,在豁免某些金融监管规则的同时,金融监管机构通常会设置底线性规则,使市场免受企业创新业务风险的影响和减小公序良俗的冲击。例如,澳大利亚无论是2016年发布的“监管沙盒”还是2020年发布的“增强型监管沙盒”,ASIC皆规定行为不良、不符合准入条件和过去有不当行为的金融机构不得适用豁免规则,且每个金融机构有且只有一次机会使用“沙盒”测试信贷服务,超过次数的测试将不纳入豁免除外的范畴。再如,英国,其推行的是“特许授权”模式下的豁免,主要包括新设监管规则、修改监管放弃权、修改豁免规则及修改商业目的4种形式,其中新设监管规则只适用于受2000年《金融服务与市场法案》监管的活动,超出该监管范围的活动(如支付服务与电子货币)则属于豁免除外的范畴。而新加坡对“监管沙盒”申请主体在资本、信用评级及规模等方面都可根据具体的项目放宽要求,但是在对客户信息的保密、禁止通过中介机构处理客户的资产及防止洗钱和为恐怖主义融资等方面则规定极其严苛,“沙盒”申请人在任何情况下都必须遵守以上规定。澳大利亚“沙盒”与新加坡“沙盒”豁免除外的目的大体一致,都意在维护金融市场的稳定,但相较而言,新加坡“沙盒”更是在底线思维的主导下避免监管机构的“竞次竞争”①;与此同时,亦不至于担心过度创新造成滑坡效应而束缚初创企业和项目的发展,整体把控风险。而相比英国,MAS 对豁免除外的范畴拥有更大的自由裁量权,从而给予了初创企业更大的创新空间。

三、新加坡“监管沙盒”制度:法律特质分析

(一)风险导向性:取代“一刀切”的监管方式

步入 21 世纪,金融市场和资金流动日益全球化,金融机构之间的竞争日趋激烈,新的风险亦不断冲击着原有的“一刀切”监管体系。此前,MAS 的监管规则皆广泛适用于某一类金融机构,使从事特定类别活动的金融机构必须遵守相同的监管要求。② 此种“一刀切”的监管方式创造了所谓的公平竞争环境,确保类似机构和类似活动受到同样的监管。然而,随着金融科技发展的多样化,MAS 也认识到“一刀切”的监管模式简单,且容易导致潜在风险的不可控。为应对不同的创新风险,MAS 不断寻求建立健全允许良好风险管理和创新并存的高标准监管体系,逐步转向“风险导向”的监管方式——基于风险的方法确定最合适和最有效的监管方式。“风险导向”监管方式在“监管沙盒”中的运用主要体现在以下几个方面。

第一,厘清政府与市场的边界,尊重新兴风险的未知性。“一刀切”的监

---

① 金融监管竞争被广为诟病的一个潜在弊端是所谓“竞次”现象(race to the bottom),即监管机构为了取悦本部门利益集团、吸引潜在监管对象或扩展监管势力范围,竞相降低监管标准,以致削弱整体监管水平,损害投资者和社会公共利益。参见廖凡:《竞争、冲突与协调——金融混业监管模式的选择》,载《北京大学学报(哲学社会科学版)》2008 年第 3 期。

② 例如,MAS 曾要求所有银行机构,无论其风险状况如何,都要保持足够的高质量流动资产以满足其 18% 的新加坡元存款负债。该“一刀切”的要求没有考虑到各个银行机构是否拥有良好的管理流动性风险的能力,也没有考虑到不同银行机构的现金流状况,在实践中引起了很大的争议。See MAS, *Tenets of effective regulation*, Monetary Authority of Singapore(2010. 6. 1), https://www.mas.gov.sg/-/media/MAS/News-and-Publications/Monographs-and-Information-Papers/Monograph--Tenets-of-Effective-Regulation.pdf.

管方式通常对应“命令和控制”式的规则。[①] 对于金融科技的监管,此种方式或容易忽视市场的自主性,或容易导致过于放任市场的发展。[②] 自独立以来,新加坡政府一直对金融市场的发展发挥着主导作用。[③] 但面对新兴金融科技的发展,新加坡金融监管机构无法对相关创新业务进行准确的成本收益分析,严苛的监管也增加了合规的边际成本,导致金融服务创新效率低下。MAS 推出“监管沙盒”机制就是要避免政府直接干预金融部门与金融科技领域的发展,相对隔离政府与市场,尊重新兴领域未知风险的存在,在合理的风险范围内鼓励最大限度的创新,以实现金融科技的创新发展。[④]

第二,逐步扩大“入盒”对象范围,突破创新准入的禁锢。与提供全面服务和产品的银行等成熟的金融企业不同,当前的金融科技初创企业独立开发技术以改善金融服务或产品,此类活动中所包含的风险或由于它们技术的性质不同而产生的风险是不同的。当风险危及市场秩序时,金融监管便会适时介入。MAS 鼓励具有风险性的金融创新试验,为不会对金融体系造成重大风险的金融企业及管理良好的金融企业提供更大的业务自由度。而扩大“入盒”范围的发展趋势,在“加强版监管沙盒”中尤为显著。

第三,集合“个案制”的区别监管与事前审查,适度把控创新风险。“个案制”的区别监管指在个案的基础上,放宽申请人在某些情况下需要遵守的

---

① “命令和控制”式的金融规则,是指金融规则由命令被监管机构满足某种要求的规则和通过处罚控制被监管机构行为的规则构成。

② 有学者认为,“一刀切”适应产生了监管刚性,强调金融规则的统一适用,不太顾及被监管机构或者金融业务的特殊性而采取差别做法,此种做法的结果是导致监管机构合规边际成本的增加。参见周仲飞、李敬伟:《金融科技背景下金融监管范式的转变》,载《法学研究》2018 年第 5 期。

③ 在独立的早期,新加坡缺乏大力发展制造业所需的人力资源和自然资源,从而需要建立和发展金融服务业为新加坡提供不受国家人口和空间限制的资金来源。因此,政府对金融部门尤为重视,加之当时缺乏足够规模的私营部门作为经验借鉴,使新加坡政府必须对不断发展的金融市场进行强有力和广泛的干预。See WOO J J, *Singapore as an International Financial Centre*, London:Springer Nature,2016,p. 27.

④ 新加坡“沙盒”实体 Trade Risk Solutions Pte Ltd 在其官网上向客户公开 MAS 的免责声明,其中包括在“沙盒”试验期间,Trade Risk Solutions Pte Ltd 仅根据《新加坡保险法》第 142 章进行保险经纪服务活动,MAS 对其他法律规定的责任和监管要求进行豁免;此外,在“沙盒”试验期间,Trade Risk Solutions Pte Ltd 不受 MAS 监管。

特定监管要求,包括但不限于信贷评级、财务健全程度、管理经验、过往记录等。而事前审查则是对"个案制"区别监管的前端把控。金融科技都需要经过长时间的市场检验和风险评估,加之创新活动具有高度的不确定性,若在"个案制"区别监管的过程中,创新具有虚假性,监管机构也未识别此类企业的风险,就会导致虚假创新型企业占比增加,从而导致"劣币驱逐良币",最终出现创新受挫的局面。因此,辅之以适度的事前审查,如进入"沙盒"的初创企业进行技术调整、延期试验等申请均应由 MAS 进行审核,只有审核通过才能继续开展项目,这样有利于初创企业在一定的风险范围内进行创新,而不至于虚假新创金融企业被用于市场投机和诈骗,成为新的风险源。

(二)透明性:保护金融消费者的权益

随着金融创新的发展,金融消费者权益保护日益成为金融稳定的根基,保障金融消费者的权益亦是新加坡"监管沙盒"机制运行的底线。

一方面,以金融消费者保护为核心导向,扩大创新金融市场体量。从消费者角度视之,MAS 将保护客户信息、落实客户资金第三方存管制度作为"沙盒"运行必须遵守的监管底线,[①]并提供处理客户查询、信息反馈和投诉的渠道,以此防止客户信息外漏造成的隐私安全问题与资金安全问题。从 MAS 角度视之,其会对拟议的金融服务潜在的重大风险进行评估定性分析,制定风险化解计划,降低测试失败后对消费者的影响;其制定详尽明确的"沙盒"退出和过渡计划,以防止在金融科技方案不能继续,或在金融服务退出"沙盒"进行更广泛部署时损害消费者的利益。金融服务与产品日渐丰富满足了不同消费者的金融需求,使更多的普通消费者得以享受金融服务的红利,金融消费者的群体亦随之日渐庞大。因此,当金融领域将金融消费者保护作为核心导向并给市场带来的影响越来越大时,MAS 对金融消费者合法权益的高度重视,有利于促进权益保护与市场扩容形成良性循环。

---

① MAS 指定的监管底线还包括:坚持《适当人选的准则》,特别要做到诚实守信及遵循反洗钱与反恐怖融资的有关要求。

另一方面,“监管沙盒”保护消费者权益旨在防范创新金融产品的隐蔽性风险。金融科技没有改变金融业务的风险属性,其开放性、互联互通性、科技含量高的特征,使金融风险更加隐蔽,信息科技风险和操作风险问题更为突出,从而导致潜在的系统性、周期性风险更加复杂。监管者将监管视角聚焦于可能引发系统性风险的“太大而不能倒”的大型金融机构,从而忽视了那些规模相对“小而分散”却发展迅猛的金融科技企业及其业务活动所内含的风险。金融科技具有触碰、占有以及处分数据的便利,导致一些机构常以“金融科技”为名,通过“爬虫”业务违法处分个人信息并获取收益,严重侵犯消费者隐私。此外,金融科技推动了金融“二次脱媒”,使金融服务广泛性和普惠性的结构性匹配问题得以解决。然而普惠金融带动下的长尾客户这类普通金融消费者的金融素养和信用往往低于中高净值客户。一些金融机构借助自身的信息优势、市场优势等,利用长尾客户的低金融素养,设计更为复杂的金融产品误导消费者,或者设计具有隐藏条款、隐藏成本的金融产品诱导消费者作出错误决策。MAS 对于“沙盒”测试中的信息披露提出了很高要求,包括测试机构需披露准确、有意义和实质性的信息,且须提前告知金融消费者项目的持续时间及可能面临的风险等相关信息。基于此,金融消费者可以根据已披露的信息作出评估,在透明的市场环境中理性选择金融企业提供的金融产品和服务,从而防止长尾客户的错误抉择诱发系统性风险,扰乱金融市场秩序。

(三)多元性:实行多维度的监管合作

金融科技的内在特征挑战了传统金融监管的固有逻辑,传统监管主体的局限性在此背景下越发明显,因此在金融科技创新中进行多维度监管合作是大势所趋。

维度之一:适度发挥政府监管的作用。任何社会都存在专制和失序此两种社会成本,严格的监管虽然导致失序成本较小,但会压制市场的发展。[①] 新加坡发展成为一个信誉良好的国际金融中心,其根基在于始终如一的高标准金融监管。MAS 作为新加坡中央金融管理机构,其主要任务是全面负责新加坡的金融监管,维持金融体系的安全稳定。MAS 统筹部署“监管沙盒”的实施,在有效协调组织各下设机构、办公室的分工与配合的前提下,总体把控风险,发挥“沙盒”监管“指挥官”的作用。

维度之二:协同各市场主体进行监管创新。一方面,新加坡的金融政策制定依赖于由政府、行业和机构组成的“治理精英”。早在 1998 年新加坡修订《金融服务管理局法》时,便将促进金融部门的发展作为主要目标。成立专门的推广部门,与业界紧密合作,引进新产品、新技术和新项目,并与各种政府机构,如财政部和税务局等进行合作,满足金融行业发展的需求。MAS 虽为新加坡“监管沙盒”的政策制定者,但若测试企业通过了申请审批,MAS 将指定专门的专业人员与企业进行充分沟通,最终确定“沙盒”测试的具体方案。此外,新加坡监管机构与金融企业间建立起的良性、有弹性的交流机制,使政府及时接收企业的诉求,如 MAS 设立的创新实验室便为金融科技社区提供了相互联系、协作与共同创新的平台。[②] 另一方面,随着金融市场的发展,全球资金流量及跨境活动不断增加,新的监管风险陆续浮现。而政府若没能及时提升对反洗钱及反恐融资的监控,将导致其自身承受的剩余风险(Residual Risk)上升。MAS 在“加强版监管沙盒”中推出“星期五交易”计划[③],即初创企业能够参加量身定制的与投资者的配对会议,入围的初创

---

① 詹科夫等经济学家提出,任何社会都存在专制和失序此两种社会成本,而社会存在 4 种控制战略:私人秩序、私人诉讼、监管和国家所有。See Simeon Djankor & Edward Glaeser et al., *The New Comparative Economics*, Journal of Comparative Economics, Vol. 31:4, p. 595 – 619(2003).

② MAS 创新实验室于 2016 年 8 月开放,该平台允许 MAS 与金融机构、初创企业和技术供应商共同就金融科技解决方案进行测试;聘请行业专家就专业领域(如法律、法规和业务相关事宜)为初创企业提供咨询;并为金融科技社区提供相关培训课程和交流活动的场所。See MAS, *MAS Establishes FinTech Innovation Lab*, Monetary Authority of Singapore(2016. 8. 24), https://www.mas.gov.sg/news/media-releases/2016/mas-establishes-fintech-innovation-lab.

③ “星期五交易”计划由 MAS 和新加坡企业发展局联合组织,旨在为全球的初创企业、投资者和企业提供为期一年的端到端支持,以最大限度地实现在投资交易、共同创新和商业伙伴关系方面的商业成功。

企业将受益于辅助性援助——例如推介研讨会、获得诸如家族理财室和天使投资者的独家投资等，从而帮助“沙盒”企业与更多外部投资者建立联系，获得资金、技术和资源指导。① 随着金融风险即时性与高度传导性特征的显露，加强政府与企业、社会专业机构等的合作，有益于使金融监管专业化，提高对风险察觉的灵敏度，减小金融风险对市场及政府调控的负面冲击。

维度之三：寻求跨境监管合作。“监管沙盒”跨境监管合作旨在国家间与国际组织间达成整体性治理目标。由于金融科技行为的流动性及跨境性，越来越多的金融科技创新公司的主张超越了管辖范围的界限，并不断寻求扩张。跨境“沙盒”能为希望在多个司法管辖区内测试创新产品、服务的初创企业提供与各国监管机构有效的互动。作为一种监管尝试，阿布扎比全球市场（The Abu Dhabi Global Market，ADGM）和总部位于新加坡的东盟金融创新网络于 2018 年建立了第一个“跨境监管沙盒”，Anglo-Gulf Trade Bank 于 2018 年 11 月在新加坡金融科技节期间测试了该“跨境监管沙盒”，旨在探索跨境监管创新解决方案和跨境合作能力。此外，MAS 作为全球金融创新网络联盟（Global Financial Innovation Network，GFIN）②的成员，积极与其他中央银行和金融监管机构保持定期的经济、政策对话和技术交流，进一步发展跨境流动的安全网。该跨境合作实则为新加坡初创企业在“监管

① 新加坡资讯通信媒体发展管理局（Infocomm Media Development Authority，IMDA）和新加坡个人数据保护委员会（Personal Data Protection Commission，PDPC）于 2022 年 7 月 20 日宣布推出新加坡首个隐私增强技术（Privacy Enhancing Technology，PET）“沙盒”。PET 允许企业在不暴露数据本身的情况下从数据中提取相关价值信息，从而保护个人数据和商业敏感信息；并增加 B2B 数据协作的功能，支持跨境数据流动，增加用于开发 AI 系统数据的可用性。在该“沙盒”中，IMDA 将有 PET 使用实例的公司与初创企业进行配对，并提供技术、财务、监管支持。此外，初创企业可与有 PET 使用实例的公司合作提交相关提案，还可参加由 IMDA 组织的 ATX 数据圆桌会议，进行行业讨论。See IMDA，*Privacy enhancing technologies sandbox*，Intocomm Media Development Authority（2024.9.4），https://www.imda.gov.sg/programme-listing/Data-Innovation/Privacy-Enhancing-Technologies-Sandbox.

② 英国金融行为监管局于 2019 年发起设立全球金融创新网络联盟，亦是推动全球“跨境监管沙盒”发展的重要组织。

沙盒”的试验中寻求与国际主流监管重点相契合的发展方式提供对接路径，并有利于参考其他国家相关经验，从而促进新加坡金融科技监管形成多元共治的格局。

四、新加坡“监管沙盒”制度对海南自贸港金融规则发展的启示

2021 年 3 月 30 日，中国人民银行、原银保监会、证监会、国家外汇管理局发布《关于金融支持海南全面深化改革开放的意见》（以下简称《金融支持海南改革开放意见》），其从支持跨境贸易投资自由化便利化、完善海南金融市场体系、扩大海南金融业对外开放、加强金融产品和服务创新、提升金融服务水平、加强金融监管防范化解金融风险 7 个方面提出 37 条具体措施。2021 年 4 月 21 日商务部发布的《海南省服务业扩大开放综合试点总体方案》中提及在金融服务领域，应授予海南金融服务业开放创新更多自主权，推动金融服务业对内对外全方位开放。金融全球化是最近二十多年来经济全球化的最显著特征；金融领域先进经验的参考也是海南自贸港金融发展的必然选择。综观新加坡等自由贸易港的成功经验，金融业在其发展中都发挥着不可替代的作用。海南在建设高水平自由贸易港的过程中，势必要积极补齐金融发展的短板，满足居民金融服务需求，大力推动跨市场、跨行业的金融业务和产品创新。“监管沙盒”作为金融科技创新应运而生的产物，在我国部分地区已尝试推广。① 而积极探索参考作为世界先进自由贸易港所推行的“监管沙盒”模式，对海南自贸港构建和完善与国际先进水平对

① 为加快全国科技创新中心和国家金融管理中心建设，2019 年 12 月，人民银行总行批复支持北京在全国率先开展金融科技创新监管试点，俗称“中国版监管沙盒”。截至 2021 年 6 月的 3 批金融科技创新监管试点应用，全国共计 90 个。在地域分布上，北京共 22 个（24%），上海共 16 个（18%），成都 9 个（10%），杭州 9 个（10%），苏州 9 个（10%），深圳 8 个（9%），雄安 7 个（8%），重庆 5 个（6%），广州 5 个（6%）。其中使用次数最多的核心技术是大数据，共有 57 项试点涉及该技术，其次是区块链、人工智能和 OCR 等。截至 2021 年 9 月 24 日，全国已累计公示 119 个金融科技创新应用，其中的 4 个创新应用已完成测试。参见王浙华：《金融科技创新监管试点报告（2021）》，载腾讯网，https://xw.qq.com/cmsid/20210615A0AZYE00。

标的金融发展规则和金融监管体系大有裨益。

(一)统合自由贸易港金融监管机构

我国长期以来推行分业监管的传统监管模式，其缺陷十分明显。[①] 虽然国务院金融稳定发展委员会的设立和原银监会、原保监会的合并在一定程度上改进了"分业监管"协调不畅、信息不通的问题，但"分业监管"与"混业经营"的不兼容并没有从根本上得以纠正。[②] 尤其是地方金融监管情况更为复杂，金融监管体系纵向权力与横向权力之间的不协调无法得以有效缓解。[③] 海南省实行的是海南省委金融委员会与"一行两局"[④]相结合的金融监管形式，但在金融科技发展迅猛的时代，在深入推进自由贸易港建设的背景下，海南省金融监管体系的真空地带越发明显，金融监管的整体性作用无法得以有效发挥。以新加坡政府为例，1997 年亚洲金融危机使其认识到多元化分业监管会导致监管效率低下，1998 年新加坡便开始对金融监管体制进行改革，其中包括不设中央银行，同时加强 MAS 的权力，使其兼有金融调

---

① 在金融监管权被多个监管机构分享的任何体制下，监管机构之间的竞争都不可避免。实践不会永远为规则所束缚。即使是在严格的分业经营、分业监管体制下，金融创新以及由此产生的非传统金融产品也会带来产品定性和监管权归属的问题。我国分业监管体制的弊病，主要体现在两个方面：一是不能有效监管金融集团；二是无法有效应对以形形色色理财产品为代表的金融创新的发展。参见廖凡：《竞争、冲突与协调——金融混业监管模式的选择》，载《北京大学学报(哲学社会科学版)》2008 年第 3 期。

② 虽然将原银监会和原保监会合并，但原银保监会还是限于银行业和保险业的监管，同时证监会的监管职权没有改变，因此，分业监管的大格局并没有改变，只是行业监管机构从 3 个减为 2 个。参见黄辉：《中国金融监管体制改革的逻辑与路径：国际经验与本土选择》，载《法学家》2019 年第 3 期。

③ 第一，从我国现行的整体金融监管体系的角度看，从纵向的角度依然体现出监管权的割裂。在我国"一行两会"监管体系下，监管机构只设置到市或者县，但诸多金融机构都存在于县域以下，这使监管机构对金融机构的监管不是非常到位，存在不足之处。第二，我国金融监管体系在横向上存在监管权分裂的现象。不同区域的监管机构只对本区域的风险进行预防，但这些监管机构对区域外的金融监管并不负责，再加上区域之间的协调性差，相应的联动机制发展不完善，容易造成监管空白。

④ "一行两局"是指：中国人民银行海南省分行、中国证券监督管理委员会海南监管局、国家金融监督管理总局海南监管局。

控与金融监管两大职能。[①] 在该监管体系下，作为“监管沙盒”监管主体的MAS，在保持监管权威性的同时，又能避免因重复监管而影响创新效率的问题，最大限度实现创新政策的即时价值。

《海南自由贸易港法》第7条关于行政管理权限授权的规定，[②]为海南金融监管体制的改革提供了基本思路和法治保障。新加坡金融监管体制的改革方向虽然不能完全契合海南自贸港的实际，但可以参考新加坡由分业走向混业的整体趋势，争取国务院授权，逐步实现海南“一行两局”与地方金融监督管理局在职能上整合，探索并建立海南自贸港金融服务监管机构，发挥对海南自贸港金融创新发展引导和对银行、证券、保险等行业统合监管的职能；进而探索在海南自贸港建立起金融综合监管体制，更好地服务金融创新的发展，对标国际先进的监管标准与规则，提升监管效率，提高监管水平和国际化水平。

（二）构建以保护金融消费者为核心的信息披露规则体系

金融市场的“破坏性创新”丰富了金融产品、服务的种类，但同时金融消费者认知偏差无法准确判断风险程度而导致合法权益受损，亦使消费者丧失对金融市场的信心。为避免此种情况的出现，海南自贸港金融发展需要在金融消费者与金融企业之间形成信息互通，这有利于金融消费者对新创金融产品有更细致全面的了解，减小投资风险，减少消费者的认知偏差，充分发挥金融消费者作为金融体量增长关键驱动力的作用。

新加坡“监管沙盒”从准入到退出全流程皆规定了详细的信息披露规则以充分保障金融消费者之权益。海南自贸港“监管沙盒”可在参考新加坡

---

① 多元化分业监管往往造成监管部门互相扯皮，监管的职能交叉，责任不明，从而使监管效率低下。因此以统一监管为指导思想，从1998年开始，新加坡便对金融监管体制进行了调整和改革，将新加坡中央银行的职能归新加坡金融管理局、货币局、财政部几个监督委员会行使，并将原来分属于财政部、原银行监督委员会、原保险监督委员会、证券监督委员会、货币局的各类监管职责统统转移到金融管理局，货币局更是在2003年3月归并到金融管理局。参见蓝庆新、张堃：《新加坡金融监管体制的发展与借鉴》，载《东南亚纵横》2008年第6期。

② 《海南自由贸易港法》第7条规定：“国务院及其有关部门根据海南自由贸易港建设的实际需要，及时依法授权或者委托海南省人民政府及其有关部门行使相关管理职权。”

“沙盒”信息披露规则的基础上,结合自贸港之需求,构建信息披露规则体系。首先,由于海南自贸港金融创新基础较为薄弱,金融消费者对金融创新的敏感度不高,海南自贸港“监管沙盒”设立前需针对初创企业制定详细的信息披露原则与规则,通过严格的信息披露制度降低创新企业与金融消费者之间的信息不对称,化解创新技术带来的信息盲区而导致的消费者权益风险。其次,在“沙盒”项目测试阶段,初创企业需如实告知金融消费者项目的持续时间及可能面临的风险等相关信息,监管机构可对风险评估后进行公示,以供消费者参酌。最后,虽然“监管沙盒”有其特殊的豁免机制,但信息披露应是不可逾越的红线。因此要明确初创企业在信息披露上的违约责任,并借此建立针对“监管沙盒”的信息披露平台,对违反信息披露的企业进行严格的惩罚与公示。

(三)丰富进入“监管沙盒”的市场主体类型

2021 年 4 月 21 日,商务部印发的《海南省服务业扩大开放综合试点总体方案》中提及在金融服务领域,应授予海南金融服务业开放创新更多自主权,推动金融服务业对内对外全方位开放。《海南自贸港总体方案》中强调了“跨境资金流动自由便利”对自贸港建设的重要意义,[①]《海南自由贸易港法》第 50 ~ 52 条也对金融开放创新提出明确要求。由此观之,海南自贸港建设的主要关注点在于跨境资金流动自由便利与金融的开放与创新。在此背景下,海南自贸港应充分运用《海南自由贸易港法》第 10 条对海南自贸港法规的授权,[②]借由“监管沙盒”突破现有的适用领域,积极引入融资汇兑、资

---

① 《海南自贸港总体方案》中规定“跨境资金流动自由便利”,提出“建构多功能自由贸易账户体系、便利跨境贸易投资资金流动、扩大金融业对内对外开放、加快金融改革创新”。

② 《海南自由贸易港法》第 10 条规定:“海南省人民代表大会及其常务委员会可以根据本法,结合海南自由贸易港建设的具体情况和实际需要,遵循宪法规定和法律、行政法规的基本原则,就贸易、投资及相关管理活动制定法规(以下称海南自由贸易港法规),在海南自由贸易港范围内实施。海南自由贸易港法规应当报送全国人民代表大会常务委员会和国务院备案;对法律或者行政法规的规定作变通规定的,应当说明变通的情况和理由。海南自由贸易港法规涉及依法应当由全国人民代表大会及其常务委员会制定法律或者由国务院制定行政法规事项的,应当分别报全国人民代表大会常务委员会或者国务院批准后生效。”

本项目兑换、外汇结算、离岸金融等创新试验项目，由此弥补当前自由贸易港金融监管在权力配置、协调机制及鼓励创新上的不足。在此基础上，可以参考新加坡“监管沙盒”对适用主体类型的包容性，给予其他金融机构、金融科技公司以及与技术型金融服务创新公司合作的专业服务公司更多的创新空间，如允许符合一定资质的金融科技公司等非持牌机构单独申请“入盒”，或鼓励与 InvestaX 相类似的初创企业入盒试验①，使海南自贸港“监管沙盒”在循序渐进探索的过程中逐渐充分释放金融创新的发展动能，并能逐步实现与全球数字金融市场的接轨。

（四）创新“监管对话”模式

在任何一种金融监管体制中，监管权如何在不同监管主体之间进行配置，始终是一个至关重要的问题。新加坡在其“监管沙盒”中推行多元监管模式，监管机构作为政策制定者，整体把控风险，并辅之以企业与专业社会机构建言献策，摒弃了监管实践中常见的零和思维。此外，在多元监管模式下，金融机构不仅是输出方，更是非传统意义的接受方，即 MAS 在“监管沙盒”中推行专人指导制度，其不仅能让企业充分反馈在“沙盒”中的问题，也能使金融监管机构及时解决“沙盒”运行模式存在的问题。海南自贸港在“监管沙盒”运行过程中强化金融企业与监管机构的合作机制，可从金融企业与监管机构两个角度切入进行设计。从金融企业的角度，在申请阶段应允许潜在的“沙盒”申请人与监管机构接触，并就相关的监管要求和关注事项寻求指导。对于对现有监管制度了解有限的金融科技初创企业来说，这种接触尤其有用，它可以帮助企业确定“沙盒”的适用性和需求，调整自身的创新技术与发展路径。在试验阶段金融企业根据自身运作情况向监管机构提出如财政支持、跨机构支持、专家辅导、应用程序编程接口访问、业务伙伴

① InvestaX 定位为全球领先的数字证券交易和证券代币投资平台，专注于私募市场交易，包括加密货币、区块链、数字资产、风险投资和私募股权等。于 2021 年 6 月 15 日宣布进入“沙盒”进行试验，于 2022 年 3 月 14 日退出“沙盒”，而后获得 MAS 授权许可，现为全球产品和全球投资者提供数字证券发行和交易的“一站式”解决方案。

关系、介绍性服务等方面的建议,由此加快完善海南自贸港金融科技发展的设施建设与技术支持。从监管机构的角度,与金融行业建立协作关系,一方面是要制定相关政策引导金融企业在产品、服务、业务模式等方面进行创新试验,从而反馈给金融市场;另一方面通过加强与金融企业的沟通,共同搭建大数据金融信息共享平台。

(五)探索与境外的监管合作

面对世界金融市场一体化进程不断推进的浪潮,MAS 积极与其他中央银行和金融监管机构保持定期的经济、政策对话和技术交流,实现与国际主流监管路径的对接,不断地与世界先进的金融监管机构进行优势互补。这不仅是新加坡出于主动出击的监管理念所作出的选择,亦是积极应对金融挑战的体现。《海南自贸港总体方案》明确提出"建立与国际接轨的监管标准和规范制度"。在自贸港建设程度不断深入,海南省金融市场的开放程度不断加深,海南省内金融要素的流动逐渐频繁的前提下,加强海南自贸港与境外机构的监管合作为大势所趋。其一,海南自贸港作为中国开放之前沿,应抓住时机,积极参加国际金融创新活动,鼓励并支持初创企业参与跨境测试。其二,可与境外监管机构建立良好的沟通机制,通过开放的渠道,向世界获取人才与资源;同时也可以派遣学者和监管部门人员进行实地考察,举行"监管沙盒"交流峰会,探讨"沙盒"机制在运行过程中遇到的难题及解决方案。其三,由于现实金融市场会面临更为复杂的风险,而市场对失败的容忍率低,鉴于新加坡"监管沙盒"成功的实践经验以及海南自贸港发展方向与新加坡存在一定的一致性,可借助海南自贸港与新加坡的港口地缘优势,扩大政府间的合作,寻求 MAS 于金融科技市场信息的共通共享,建立以技术支持为基础的长效金融创新监管合作机制。

结　语

金融科技的快速发展在促进创新的同时,也给金融体系的变革带来了巨大的挑战。新加坡出于平衡金融稳定与金融机构自由竞争、防控金融负外部风险、促进监管部门与金融机构、消费者的良性博弈目的，在 MAS 的指导与监督下完善“监管沙盒”机制，并不断推出“监管沙盒”模式。依据《海南自由贸易港法》《海南自贸港总体方案》的规定，海南自贸港金融创新和金融风险防控要相辅相成、相得益彰。而“监管沙盒”作为一种响应性和前瞻性的监管方式，与海南自贸港当下金融发展的需求相契合。因此，海南自贸港应在积极参考新加坡“监管沙盒”发展经验的基础上，统合自贸港金融监管机构，构建与本港自身发展相适应并对标国际先进规则的“监管沙盒”机制；坚决守住金融风险底线，充分处理海南自贸港金融发展和金融稳定的关系；积极参考国际金融发展经验，推动自贸港多元金融监管合作；缩短试验周期，提升金融成果转化，从而加快推进高水平的中国特色自贸港建设。

第六章

海南自贸港融资租赁的立法建构

2021年3月30日,《金融支持海南改革开放意见》中明确指出:"支持海南加快发展航运金融、船舶融资租赁等现代服务业。"[①]作为海南自贸港重点发展的三大支柱产业之一——现代服务业的重要组成部分,融资租赁(Financial leasing)产业的发展事关海南自贸港建设和发展的进程。借用自贸港的平台发展融资租赁业务,既符合海南自贸港发展的目标和定位,又可以利用其"先行先试、制度创新"的功能为发展融资租赁业务提供有效的制度和政策环境。[②] 但从目前海南自贸港融资租赁立法现状来看,开放性和创新性明显不足,主要立足海南自贸港的区位优势从而侧重船舶融资租赁的

---

① 2021年3月30日,中国人民银行,原中国银行保险监督管理委员会,中国证券监督管理委员会,国家外汇管理局联合发布《金融支持海南改革开放意见》,为支持海南全面深化改革开放,推动建立与海南自贸港相适应的金融政策和制度框架作出战略部署。

② 参见于丹:《自贸区发展中国飞机租赁业务的政策法律环境检视》,载《中国海商法研究》2015年第3期。

发展，[①]立法不均衡现象突出，迫切需要实现海南自贸港融资租赁立法的建构与创新，以推动最高水平对外开放程度的加深。

作为国外"舶来品"，融资租赁被视为金融交易模式中与实体经济发展最密切相关的一种金融产品，[②]从20世纪80年代以来在我国发展迅猛。世界上第一家融资租赁公司——美国租赁公司（United States Leasing international）于1952年诞生于美国，[③]经过70年的发展，融资租赁在国际资本市场上已获得与银行信贷、证券投资三足鼎立的重要地位。[④] 我国第一家融资租赁公司——中国东方租赁公司成立于1981年4月。[⑤] 自此，我国融资租赁业务基于市场的实际需求不断发展壮大，2020年，在国际国内形势紧张的环境下，中国仍是世界上仅次于美国的第二大租赁市场，租赁业务总额为3004亿美元，比2019年增长了近12%，这反映了中国经济的整体实力。[⑥] 随着融资租赁行业的发展，学术界基于融资租赁行业发展的研究成果亦逐渐增多，最早关于融资租赁的系统性研究的成果是美国著名的租赁专家苏迪尔·阿曼波所著的《国际租赁完全指南》，此书较为全面地分析了融资租赁立法、监管、产业发展等各方面的内容，书中提出的"支撑和影响融资租赁

---

① 2021年8月30日，海南省人民政府办公厅发布《关于贯彻落实金融支持海南全面深化改革开放意见的实施方案》（琼府办函〔2021〕319号），其中，第69条指出："鼓励符合条件的出资人依法依规按程序在海南设立金融租赁公司。支持融资租赁公司设立单船项目子公司（SPV），推动单船融资租赁以及跨境租赁、出口租赁等业务创新。"第70条明确："制定支持船舶融资租赁发展的具体措施，简化船舶融资租赁公司设立流程，加强对投资主体的设立辅导，推动符合条件的机构设立融资租赁公司。"这些规定体现了对船舶融资租赁的立法侧重。

② 参见崔佳宁、史燕平：《我国融资租赁行业风险的阶段性特征——来自不完全合同与演化博弈的解释》，载《技术经济》2020年第5期。

③ 1952年5月，亨利·B.舒恩菲尔德创立了世界上第一家现代融资租赁公司，即美国租赁公司（United States Leasing Corporation，后更名为United States Leasing International），这是在世界金融领域内一个具有划时代意义的行为，随之而来的便是融资租赁这一个大产业。

④ 参见韩强、孙瑜主编：《融资租赁法律原理与实务》，浙江大学出版社2017年版，第3页。

⑤ 参见蒋宁：《中外融资租赁制度的比较分析与法律思考》，载《甘肃政法学院学报》2010年第1期。

⑥ See David Hamilton, *2022 Solifi Global Leasing Report: The Global Leasing Industry Adapts and Adjusts in the Face of Economic Turbulence*, World Leasing Yearbook, p. 7.

业发展的四大支柱是监管、会计、法律与税收"①这一理论得到了业内的广泛认可。直至今日，关于融资租赁的研究亦是从以上4个方面进行展开。法律作为融资租赁行业发展的重要保障，对促进融资租赁业的成长、服务实体经济的发展发挥着基础性作用，在海南自贸港建设的新平台上，在海南自贸港金融开放和金融创新程度不断加深的新背景下，融资租赁行业迎来新的发展契机。但立足实际，海南自贸港融资租赁立法对行业发展的基础性保障功能尚未实现，融资租赁的立法建构仍是自贸港法治建设和完善的一个重要着力点。

一、国内各自贸区融资租赁的立法进展

融资租赁不仅有助于带动社会投资、促进经济的增长，还对缓解企业融资难题、助力实体经济的发展以及提高资源配置效率等具有重要的促进作用，是我国自贸区市场经济发展的必然选择。因此，从自贸区诞生之日起，融资租赁便与自贸区的发展相互促进、相辅相成，融资租赁相关立法也在自贸区的发展实践中逐渐得以完善。

（一）我国自贸区融资租赁的发展历程及现状

在引入起步阶段，即1981年以前，我国融资租赁业在不断参考和总结国外的发展经验，以期实现融资租赁的本土化。1981年，我国第一家融资租赁公司成立，标志着我国融资租赁行业发展开始起步。在1981年至1988年间，融资租赁业实现了快速增长，在全国范围内呈现猛增的状态。从1988年至21世纪初，受相关监管政策以及国际环境的影响，融资租赁业经历了萎缩调整阶段。从21世纪初开始，在调整过后，融资租赁业开始复苏。融资租赁

① 阿曼波认为：法律、税收、会计和监管4个方面存在的细微差别可能对现代租赁业的发展产生正面或负面的影响，其中尤其会对市场渗透率、增长率和交易量产生相当程度的影响。参见［美］苏迪尔·阿曼波主编：《国际租赁完全指南》，李命志、张雪松、石宝峰译，北京大学出版社2007年版，第16页。

作为一种较为新颖的交易形态，通过租赁这一手段实现了融资的目的，一方面可以规避银行信贷这一融资方式面临的严格金融监管，可以提高融资效率；另一方面也可以发挥会计上的节税优势，逐渐成为我国企业获得信用支持的重要渠道。[①] 经过 30 多年的缓慢成长，融资租赁行业在 2013 年 9 月我国第一个自贸试验区成立之时迎来了一轮新的发展契机。截至 2020 年年初，全国已开业金融租赁公司 73 家，融资租赁公司的数量已突破 1 万家，虽然近几年公司数量增速明显放缓，但仍具有很强大的市场活力和生命力。[②] 截至 2020 年年底，中国融资租赁合同余额约 65,040 亿元人民币，约占世界融资租赁合同余额的 23.7%，[③]在国际国内形势紧张的环境下，中国仍是世界上仅次于美国的第二大租赁市场，租赁业务总额为 3004 亿美元，比 2019 年增长了近 12%，这反映了中国经济的整体实力。但融资租赁业的经营现状也不容乐观，全国融资租赁企业管理信息系统显示，行业整体营业率降低，市场渗透率与发达国家相比还有很大的提升空间。截至 2019 年 6 月，我国融资租赁公司（金融租赁公司除外）共有 10,900 家，但实际处于经营状态的仅仅 2985 家，说明我国约 72% 的融资租赁公司处于停业或者空壳状态。[④] 这也是融资租赁行业监管逐渐趋于严格的原因之一，为了维护融资租赁市场的正常秩序，监管机构不得不对经营异常的融资租赁公司逐步开展整改和清零行动。[⑤]

---

① “随着我国金融市场的进一步细分，在银行信贷之外的非正规金融中，融资租赁的作用已不可小觑，尤其对于获得银行信贷极为困难的中小企业而言，这一交易形态已经成为企业取得生产设备的重要融资工具。”参见高圣平、王思源：《论融资租赁交易的法律构造》，载《法律科学（西北政法大学学报）》2013 年第 1 期。

② 参见中国融资租赁三十人论坛：《中国融资租赁行业年度报告（2020）》，中信出版集团 2020 年版，第 3～5 页。

③ 参见程东跃主编：《中国融资租赁前沿问题探讨》，中国金融出版社 2021 年版，第 1 页。

④ 参见中国融资租赁三十人论坛：《中国融资租赁行业年度报告（2020）》，中信出版集团 2020 年版，第 7 页。

⑤ 参见程东跃、杨柳勇、陈琴主编：《2019 年中国融资租赁行业研究报告》，中国经济出版社 2020 年版，第 3 页。

（二）自贸区融资租赁的立法演变

融资租赁的法律是一种倡导性的私法，集中解决融资租赁的基本法律问题，如基本交易规则、风险控制、资金筹措、纠纷解决等。[①] 聚焦自贸区的融资租赁的立法进展，秉持着先行先试、大胆创新的理念和原则，自2013年我国建立第一个自贸试验区开始，融资租赁业务在自贸试验区内的创新力度和具体措施日益完善，自贸区融资租赁的相关立法进程得以顺利开展，为自贸区内融资租赁的创新发展提供了较好的法治保障。自贸区内有关融资租赁的法律和政策信息汇总如表6－1所示。

表6－1　自贸试验区融资租赁相关政策信息汇总

范围	发文时间	发文机关	文号	文件名称
全国范围内适用	2004.10.22	商务部、国家税务总局	商建发〔2004〕560号	《关于从事融资租赁业务有关问题的通知》
	2013.09.18	商务部	商流通发〔2013〕337号	《融资租赁企业监督管理办法》
	2014.03.13	原中国银监会	中国银行业监督管理委员会令2014年第3号	《金融租赁公司管理办法》
	2014.05.15	中国人民银行、原中国银监会	中国人民银行、中国银行业监督管理委员会公告〔2014〕第8号	《金融租赁公司、汽车金融公司和消费金融公司发行金融债券有关事宜》
	2014.07.11	原中国银监会	银监办发〔2014〕198号	《金融租赁公司专业子公司管理暂行规定》
	2015.08.31	国务院办公厅	国办发〔2015〕68号	《关于加快融资租赁业发展的指导意见》
	2015.09.01	国务院办公厅	国办发〔2015〕69号	《关于促进金融租赁行业健康发展的指导意见》

① 参见姜仲勤：《融资租赁在中国：问题与解答》（第4版），当代中国出版社2015年版，第29～30页。

续表

范围	发文时间	发文机关	文号	文件名称
全国范围内适用	2017.10.02	国家外汇管理局	汇发〔2017〕21 号	《关于融资租赁业务外汇管理有关问题的通知》
	2020.05.26	原中国银行保险监督管理委员会	银保监发〔2020〕22 号	《融资租赁公司监督管理暂行办法》
	2020.12.29	最高人民法院	法释〔2020〕17 号	《关于审理融资租赁合同纠纷案件适用法律问题的解释》
	2021	原中国银行保险监督管理委员会	银保监办发〔2021〕143 号	《金融租赁公司项目公司管理办法》
	2022.01.21	原中国银行保险监督管理委员会	银保监规〔2022〕3 号	《融资租赁公司非现场监管规程》
各自贸试验区内适用	2014.12.21	国务院	国发〔2014〕65 号	《关于推广中国(上海)自由贸易试验区可复制改革试点经验的通知》
	2016.03.17	商务部、国家税务总局	商流通函〔2016〕90 号	《关于天津等 4 个自由贸易试验区内资租赁企业从事融资租赁业务有关问题的通知》
	2014.04.21	上海海关	上海海关公告 2014 年第 12 号	《关于在中国(上海)自由贸易试验区开展融资租赁业务的公告》
	2016.06.01	上海市商务委员会、原上海市国家税务局	无	《关于中国(上海)自由贸易试验区内资租赁企业从事融资租赁业务有关事项的通知》
	2018.12.17	中国(上海)自由贸易试验区管理委员会	中(沪)自贸管(2018)77 号	《中国(上海)自由贸易试验区关于进一步促进融资租赁产业发展的若干措施》
	2020.06.11	国家外汇管理局上海市分局	上海汇发〔2020〕30 号	《关于在中国(上海)自由贸易试验区开展融资租赁公司母子公司外债额度共享业务的通知》

续表

范围	发文时间	发文机关	文号	文件名称
各自贸试验区内适用	2016. 04. 11	天津市商务委员会、原天津市国家税务局	津商务流通〔2016〕9号	《关于天津自由贸易试验区内资租赁企业从事融资租赁业务有关问题的通知》
	2015. 04. 09	福州海关	福州海关公告2015年第9号	《关于在中国(福建)自由贸易试验区福州片区的海关特殊监管区域和平潭综合实验区开展融资租赁业务的公告》
	2016. 05. 06	福建省经济和信息化委员会、原福建省国家税务局	闽经信函中小〔2016〕234号	《关于做好福建自由贸易试验区内资融资租赁试点企业推荐确认工作的函》
	2015. 07. 31	拱北海关	拱北海关公告2015年6号	《关于中国(广东)自由贸易试验区横琴新区片区融资租赁业务的公告》
	2017. 03. 31	郑州市政府	郑政办〔2017〕44号	《关于加快金融租赁行业发展的实施意见》
	2017. 04. 24	广东省商务厅、原广东省国家税务局	粤商务规字〔2017〕1号	《关于中国(广东)自由贸易试验区广州南沙、珠海横琴片区内资融资租赁试点企业确认工作有关问题的通知》
	2017. 06. 05	北京市商务委员会等	京商务交字〔2017〕121号	《关于加快融资租赁业发展的实施意见》
	2017. 08. 04	陕西省商务厅、原陕西省国家税务局	陕商发〔2017〕41号	《关于陕西自由贸易试验区内资租赁企业从事融资租赁业务试点有关问题的通知》
	2017. 07. 05	湖北省商务厅、原湖北省国家税务局	无	《关于中国(湖北)自由贸易试验区内资融资租赁试点企业确认有关问题的通知》
	2017. 07. 07	浙江省商务厅、原浙江省国家税务局	无	《关于中国(浙江)自由贸易试验区内资租赁企业从事融资租赁业务有关事项的通知》
	2017. 11. 10	沈阳片区管委会	沈自贸管发〔2017〕6号	《中国(辽宁)自由贸易试验区沈阳片区促进融资租赁业发展的若干政策》
	2017. 12. 30	大连市人民政府	大政办发〔2017〕166号	《大连市促进融资租赁企业发展扶持办法》(已失效)

资料来源：根据威科先行法律信息库检索结果整理。

从表6－1的梳理结果可以明显看出，相对于西方发达国家而言，融资租赁在我国的产生和发展起步较晚，融资租赁市场不太成熟，且与我国融资租赁行业发展步伐极不一致的是，融资租赁立法在行业发展的前15年期间一直处于空白状态，直至1996年5月27日最高人民法院《关于审理融资租赁合同纠纷案件若干问题的规定》（已失效）出台，我国才产生了专门针对融资租赁问题的立法规范。[①] 这说明在融资租赁最初发展阶段，它基本处于无法可依的状态，这对于融资租赁行业健康发展的引导以及法律体系的完整性而言都百无一用。截至目前，调整和规范融资租赁业务的法律法规和相关政策文件的数量不多且较为分散。在法律层面，涉及融资租赁的法律法规主要包括《民法典》、最高人民法院《关于审理融资租赁合同纠纷案件适用法律问题的解释》（法释〔2020〕17号，以下简称《融资租赁解释》）等。2014年2月24日，《融资租赁解释》的出台可以称为一个立法奇迹——在融资租赁立法尚未出台前便先颁布了司法解释。[②] 2020年5月28日通过的《民法典》第十五章第735～760条专章规定了融资租赁合同的相关内容。我国曾草拟过一部《融资租赁法（草案）》，[③]但在2006年11月第三次发布征求意见后被搁置了。在行政法规和部门规章层面，目前未出台专门针对融资租赁业务的行政法规，规定融资租赁的多为规章和部门规范性文件，主要包括《融资租赁企业监督管理办法》、《金融租赁公司管理办法》、国务院办公厅《关于加快融资租赁业发展的指导意见》、国务院办公厅《关于促进金融租赁行业健康发展的指导意见》、《企业会计准则第21号——租赁》等，具体内容涵盖了融资租赁的具体范围、监管措施、税务处理等方面，但总体而言，融资租赁的法律体系的系统性有待进一步提高。

关于融资租赁的政策规定，除了表6－1中所列的司法解释、行政法规以

---

① 参见曾大鹏：《融资租赁法制创新的体系化思考》，载《法学》2014年第9期。

② 参见任立华、柏亮：《融资租赁法律风险防范指南》，中国经济出版社2018年版，第134页。

③ 《融资租赁法（草案）》向社会各界公布后引起重大反响，学者们认为此后有关融资租赁立法将进入第二步，即协调和完善相关制度，但其最终未正式出台，也导致融资租赁业缺乏统一的立法规范进行引导和规制。参见付荣：《制约我国融资租赁业发展的法律瓶颈及其破解》，载《法学》2006年第7期。

外,各自贸试验区的总体方案中或多或少都有关于融资租赁的相关内容,通过对目前21个自贸试验区总体方案内容的检索,将其中涉及的融资租赁相关规定梳理如表6-2所示。

表6-2 自贸试验区总体方案中关于融资租赁的规定

省份	金融服务	投资贸易	税收政策
上海	(1)融资租赁公司在试验区内设立的单机、单船子公司不设最低注册资本限制。 (2)允许融资租赁公司兼营与主营业务有关的商业保理业务	允许和支持各类融资租赁公司在试验区内设立项目子公司并开展境内外租赁服务	将试验区内注册的融资租赁企业或金融租赁公司在试验区内设立的项目子公司纳入融资租赁出口退税试点范围。试验区内注册的国内租赁公司或租赁公司设立的项目子公司,经国家有关部门批准从境外购买空载重量在25吨以上并租赁给国内航空公司使用的飞机,享受相关进口环节增值税优惠政策
广东	支持符合条件的内地和港澳地区机构在自贸试验区设立金融租赁公司、融资租赁公司,开展飞机、船舶和海洋工程设备等融资租赁业务	统一内外资融资租赁企业准入标准、审批流程和事中事后监管,允许注册在自贸试验区内由广东省商务主管部门准入的内资融资租赁企业享受与现行内资融资租赁试点企业同等待遇	鼓励融资租赁业创新发展,对注册在自贸试验区海关特殊监管区域内的融资租赁企业进出口飞机、船舶和海洋工程结构物等大型设备涉及跨关区的,在确保有效监管和执行现行相关税收政策前提下,按物流实际需要,实行海关异地委托监管
天津	支持设立中国金融租赁登记流转平台,推进租赁资产登记、公示、流转等试点。经相关部门认可,允许融资租赁企业开展与主营业务相关的保理业务和福费廷业务。支持租赁业境外融资,鼓励各类租赁公司扩大跨境人民币资金使用范围	统一内外资融资租赁企业准入标准、审批流程和事中事后监管,允许注册在自贸试验区内由天津市商务主管部门准入的内资融资租赁企业享受与现行内资融资租赁试点企业同等待遇。支持符合条件的金融租赁公司和融资租赁公司设立专业子公司。支持金融租赁公司和融资租赁公司在符合相关规定前提下,设立项目公司经营大型设备、成套设备等融资租赁业务,并开展境内外租赁业务	对注册在自贸试验区海关特殊监管区域内的融资租赁企业进出口飞机、船舶和海洋工程结构物等大型设备涉及跨关区的,在确保有效监管和执行现行相关税收政策前提下,按物流实际需要,实行海关异地委托监管

续表

省份	金融服务	投资贸易	税收政策
福建	经相关部门许可，拓展自贸试验区内融资租赁业务经营范围、融资渠道，简化涉外业务办理流程	统一内外资融资租赁企业准入标准、设立审批和事中事后监管，允许注册在自贸试验区内由福建省有关主管部门准入的内资融资租赁企业享受与现行内资试点企业同等待遇	
辽宁	允许自贸试验区内租赁公司在境外开立人民币账户用于跨境人民币租赁业务。允许自贸试验区内符合条件的融资租赁业务收取外币租金。进一步推进内资融资租赁企业试点，注册在自贸试验区内的内资融资租赁试点企业由自贸试验区所在省级商务主管部门和同级国家税务局审核；加强事中事后监管，探索建立融资租赁企业设立和变更的备案制度、违反行业管理规定的处罚制度、失信和经营异常企业公示制度、属地监管部门对企业定期抽查检查制度	鼓励金融机构、装备制造企业集团在自贸试验区内设立租赁公司或专营租赁业务的子公司，重点开展飞机、船舶、海洋工程结构物、轨道交通车辆、农用机械、高端医疗设备、大型成套设备等融资租赁服务	对注册在自贸试验区海关特殊监管区域内的融资租赁企业进出口飞机、船舶和海洋工程结构物等大型设备涉及跨关区的，在确保有效监管和执行现行相关税收政策的前提下，按物流实际需要，实行海关异地委托监管
浙江	允许自贸试验区内符合条件的融资租赁业务收取外币租金。支持融资租赁公司依托自贸试验区在大宗商品领域开展包含人民币计价结算、跨境双向人民币资金池等跨境人民币创新业务。加强事中事后监管，探索建立融资租赁企业设立和变更的备案制度、违反行业管理规定的处罚制度、失信和经营异常企业公示制度、属地监管部门对企业定期抽查检查制度	支持符合条件的民营资本在区内依法设立金融租赁公司、财务公司等金融机构，支持金融租赁公司在自贸试验区内设立专业子公司。支持融资租赁企业在自贸试验区设立特殊项目公司。鼓励境内外投资者在自贸试验区设立融资租赁企业，进一步推进内资融资租赁企业试点，注册在自贸试验区内的内资融资租赁试点企业由自贸试验区所在省级商务主管部门和同级国家税务局审核	对注册在自贸试验区海关特殊监管区域内的融资租赁企业进出口飞机、船舶和海洋工程结构物等大型设备涉及跨关区的，在确保有效监管和执行现行相关税收政策的前提下，按物流实际需要，实行海关异地委托监管

续表

省份	金融服务	投资贸易	税收政策
河南	加强事中事后监管,探索建立融资租赁企业设立和变更的备案制度、违反行业管理规定的处罚制度、失信和经营异常企业公示制度、属地监管部门对企业定期抽查检查制度。允许自贸试验区内符合条件的融资租赁业务收取外币租金	进一步推进内资融资租赁企业试点,注册在自贸试验区内的内资融资租赁试点企业由自贸试验区所在省级商务主管部门和同级国家税务局审核;支持在自贸试验区设立金融租赁公司、融资租赁公司,在符合相关规定前提下,设立项目公司开展飞机、工程机械、大型设备等融资租赁业务	对注册在自贸试验区海关特殊监管区域内的融资租赁企业进出口飞机等大型设备涉及跨关区的,在确保有效监管和执行现行相关税收政策的前提下,按物流实际需要,实行海关异地委托监管
湖北	加强事中事后监管,探索建立融资租赁企业设立和变更的备案制度、违反行业管理规定的处罚制度、失信和经营异常企业公示制度、属地监管部门对企业定期抽查检查制度。允许符合条件的融资租赁业务收取外币租金,简化船舶、飞机等大型融资租赁项目预付款手续。支持开展跨境融资租赁服务。经相关部门认可,允许融资租赁公司开展与主营业务相关的福费廷业务。支持租赁业境外融资,鼓励各类租赁公司扩大跨境人民币资金使用范围。允许自贸试验区内融资租赁机构依法合规开展跨境双向人民币资金池业务	支持符合条件的发起人在自贸试验区内设立金融租赁、汽车金融、消费金融公司和企业集团财务公司等非银行金融机构。进一步推进内资融资租赁企业试点,注册在自贸试验区内的内资融资租赁试点企业由自贸试验区所在省级商务主管部门和同级国家税务局审核;支持符合条件的金融租赁公司和融资租赁公司设立专业子公司。在保障安全的前提下,放宽船舶融资租赁登记地选择,简化换证程序	对注册在自贸试验区海关特殊监管区域内的融资租赁企业进出口飞机、船舶等大型设备涉及跨关区的,在确保有效监管和执行现行相关税收政策前提下,按物流实际需要,实行海关异地委托监管

续表

省份	金融服务	投资贸易	税收政策
重庆	允许在自贸试验区内注册的融资租赁企业开展跨境双向人民币资金池业务。允许自贸试验区内租赁企业在境外开立人民币账户用于跨境人民币租赁业务。允许自贸试验区内符合条件的融资租赁业务收取外币租金。加强事中事后监管，探索建立融资租赁企业设立和变更的备案制度、违反行业管理规定的处罚制度、失信和经营异常企业公示制度、属地监管部门对企业定期抽查检查制度	支持符合条件的境内外机构在自贸试验区内设立金融租赁公司、融资租赁公司，开展飞机、船舶和大型工程设备等融资租赁业务。进一步推进内资融资租赁企业试点，注册在自贸试验区内的内资融资租赁试点企业由自贸试验区所在省级商务主管部门和同级国家税务局审核	对注册在自贸试验区海关特殊监管区域内的融资租赁企业进出口飞机、船舶、海洋工程结构物等大型设备涉及跨关区的，在确保有效监管和执行现行相关税收政策的前提下，按物流实际需要，实行海关异地委托监管
四川	允许自贸试验区内符合条件的融资租赁业务收取外币租金。加强事中事后监管，探索建立融资租赁企业设立和变更的备案制度、违反行业管理规定的处罚制度、失信和经营异常企业公示制度、属地监管部门对企业定期抽查检查制度。支持租赁业境外融资，鼓励各类租赁公司扩大跨境人民币资金使用范围	支持符合条件的内地（大陆）和港澳台机构在自贸试验区设立金融租赁公司、融资租赁公司，鼓励在飞机、船舶及其零部件、机器人、农机、医疗设备及基础设施等领域开展业务，支持其在符合相关规定前提下，设立项目公司开展境内外融资租赁业务。支持在海关特殊监管区域内开展飞机融资租赁。进一步推进内资融资租赁企业试点，注册在自贸试验区内的内资融资租赁试点企业由自贸试验区所在省级商务主管部门和同级国家税务局审核	对注册在自贸试验区海关特殊监管区域内的融资租赁企业进出口飞机、船舶、海洋工程结构物等大型结构设备涉及跨关区的，在确保有效监管和执行现行相关税收政策的前提下，按物流实际需要，实行海关异地委托监管

续表

省份	金融服务	投资贸易	税收政策
陕西	大力发展自贸试验区国际航运、国际贸易等重点产业责任保险、信用保险、融资租赁保险。加强事中事后监管,探索建立融资租赁企业设立和变更的备案制度、违反行业管理规定的处罚制度、失信和经营异常企业公示制度、属地监管部门对企业定期抽查检查制度。允许自贸试验区内符合条件的融资租赁业务收取外币租金	支持符合条件的法人在自贸试验区内依法设立金融租赁公司、财务公司、汽车金融公司、消费金融公司等金融机构。进一步推进内资融资租赁企业试点,注册在自贸试验区内的内资融资租赁试点企业由自贸试验区所在省级商务主管部门和同级国家税务局审核	对注册在自贸试验区海关特殊监管区域内的融资租赁企业进出口飞机、船舶等大型设备涉及跨关区的,在确保有效监管和执行现行相关税收政策的前提下,按物流实际需要,实行海关异地委托监管
海南	—	支持境内外企业和机构开展航运保险、航运仲裁、海损理算、航运交易、船舶融资租赁等高端航运服务,打造现代国际航运服务平台	—
山东	—	支持符合条件的融资租赁公司在自贸试验区内设立专业子公司	对注册在自贸试验区海关特殊监管区域内的融资租赁企业进出口飞机、船舶、海洋工程结构物等大型设备涉及跨关区的,在确保有效监管和执行现行税收政策的前提下,实行海关异地委托监管
江苏	无	无	无
广西		支持在自贸试验区的海关特殊监管区域开展现货交易、保税交割、融资租赁业务。培育融资租赁主体	—
河北	探索研究符合条件的融资租赁公司和商业保理公司进入银行间外汇市场	—	—
云南	—	支持金融租赁公司和融资租赁公司在符合相关规定前提下,开展境内外租赁业务	—

续表

省份	金融服务	投资贸易	税收政策
黑龙江	支持自贸试验区内金融机构依法依规参与租赁业境外融资、远期结售汇、人民币对外汇掉期、人民币对外汇期权等涉外业务试点	—	—
北京	—	允许区内注册的融资租赁母公司和子公司共享企业外债额度。将区内注册的内资融资租赁企业试点确认工作委托给北京市主管部门	—
湖南	探索融资租赁服务装备制造业发展新模式,支持进口租赁国内不能生产或性能不能满足需要的高端装备。在符合国家有关规定的前提下,开展境内外租赁资产交易	鼓励融资租赁企业在区内设立项目子公司	—
安徽	支持在自贸试验区内依法合规设立商业银行科技支行、科技融资租赁公司等专门服务科创企业的金融组织,在政策允许范围内开展金融创新,积极融入长三角区域一体化发展	—	—

资料来源:根据各自贸试验区总体方案整理而成。

通过表 6-2 对我国自贸区融资租赁立法的梳理,相关监管政策的陆续出台以及 2018 年以来融资租赁监管权力逐渐统一的趋势,预示着未来我国的融资租赁行业将迎来强监管的时代,①这些监管举措虽有利于形成完整的融资租赁行业发展所需的制度保障体系,但在对外开放程度不断加深的前提下,这给我国自贸区融资租赁的发展带来了重大挑战和阻碍。第一,从表 6-1 所列举的法律规范性文件的命名即可看出:名称中常见"管理"一词,这足以表明我国融资租赁法律规范出台的初衷,主要是基于一种自上而下的

① 参见黄磊、陈广华:《不动产融资租赁法律问题研究》,东南大学出版社 2020 年版,第 128~132 页。

管理和调控思维对融资租赁活动进行监管。同时也反映出我国融资租赁立法的性质是管理性立法,而非基于市场平等主体视角为融资租赁行业发展提供原则性指导的自治规范,这有悖于融资租赁立法的私法属性。第二,根据表6-2梳理的我国21个自贸试验区总体方案涉及的融资租赁相关内容,可以看出:有许多重复性规定,没有突出各自贸区的特色和优势,也未实现立法创新,各自贸区之间照搬的融资租赁法律规定是造成融资租赁行业难以实现创新发展的主要"瓶颈"。第三,自贸区融资租赁立法形成了断层状况,在2017年3月之前,自贸区总体方案中关于融资租赁的内容均涉及金融服务、投资贸易、税收政策等各个方面,但2017年以后自贸区总体方案中融资租赁的内容有所缩减,基本只涉及某一个方面。

综上所述,我国21个自贸试验区的融资租赁立法进展和现状在一定程度上体现出融资租赁立法的成就,对于海南自贸港融资租赁的立法建构具有重要的参考意义,也是海南自贸港融资租赁业发展的参照物,但同时也体现出很多不足,需要在自贸港的新平台上进行完善和创新。

二、现行各自贸区融资租赁立法存在的主要问题

我国融资租赁行业目前发展现状仍不尽如人意的原因,除了该行业自身的经营特性、资本结构以及国际国内经济环境的限制外,更为重要的是融资租赁发展所需要的法律环境的不完善、不合理、不科学。① 作为融资租赁发展的四大支柱之一的法律,是影响融资租赁的重要外部因素。② 检视我国

① 参见梅夏英、王剑:《后〈民法典〉时代的融资租赁法律治理》,载《烟台大学学报(哲学社会科学版)》2021年第5期。

② "国家的法律、监管、税收和会计公认为是融资租赁行业发展的外部制约因素,更是行业发展的四大支柱。"参见韩耀斌:《融资租赁司法实务与办案指引》,人民法院出版社2020年版,第7页。阿曼波认为:法律、税收、会计和监管4个方面存在的细微差别可能对现代租赁业的发展产生正面或负面的影响,其中尤其会对市场渗透率、增长率和交易量产生相当程度的影响。参见[美]苏迪尔·阿曼波主编:《国际租赁完全指南》,李命志、张雪松、石宝峰译,北京大学出版社2007年版,第16页。

自贸区融资租赁的立法现状，仍存在以下问题亟待解决。

（一）自贸区融资租赁专门立法的缺位

融资租赁行业的发展状况是对法律制度体系实施效果最好的回应，继续深化改革开放、促进融资租赁立法本是自贸区建设的重要环节，也是经济社会发展与法律制度建设良性互动的应有之义，但是目前关于融资租赁行业的专门立法仍在研究、酝酿过程中，[①]关于融资租赁的规范散见于各种法律、司法解释、部门规章以及自贸区地方性法规之中，主要体现为带有管理性的部门法规，而非以专门立法的形式将融资租赁作为一种重要的经济行为进行规范，立法层级较低，配套的法规和实施细则未形成完整的体系。整体而言，融资租赁的法律规范缺乏系统性和完整性，亦欠缺统一的规范、梳理和协调。专门立法缺位的弊端是显而易见的。

首先，最直接的负面效应就是导致市场对融资租赁行业无法形成稳定的法律预期，法律规范无法对自贸区内市场形成正确而有力的导向作用。例如，由于自贸区内金融租赁公司的行为缺乏专门立法的指引，只能参照执行一些银行业的法律法规。客观来说，银行业的监管规则为金融租赁行业的市场准入、规范经营和有效监管提供了参考和指引，但金融租赁公司毕竟不是银行类的金融机构，从事的业务范围也不同，因而相应的监管规则必定有所差异。参照执行银行业的法律法规会阻碍和制约金融租赁行业的健康有序发展，使自贸区内金融租赁业务的创新空间受到限制，行业优势也无法得到有效发挥，无法助推自贸区的创新发展趋势。

其次，立法的缺位还会制约监管效率的提升，在一定程度上导致监管乱象。[②] 由于融资租赁涉及多个监管部门之间的协调问题，在没有专门立法指

---

① 参见边荣灿：《融资租赁法律实务操作指引》，中国政法大学出版社 2020 年版，第 11 ~ 16 页。

② 我国尚无专门的融资租赁法，相关司法解释本身将成为融资租赁行业发展的重要法律支撑，这在司法实践中会导致各种监管难题和困境的出现。参见雷继平、原爽、李志刚：《交易实践与司法回应：融资租赁合同若干法律问题——〈最高人民法院关于审理融资租赁合同纠纷案件适用法律问题的解释〉解读》，载《法律适用》2014 年第 4 期。

导的前提下,相关监管部门容易各自为政,部门之间缺乏有效的衔接和沟通机制,往往依据各自的监管需求作出分门别类的规定和处理,监管标准的不一致甚至相互冲突很容易导致融资租赁行业发展面临的法律环境缺乏稳定性,也会造成融资租赁市场的潜在分割。多头监管除了导致监管差异之外,还会导致融资租赁市场的不公平竞争,不同类型的融资租赁公司在不同监管政策的约束下面临的法律环境是不一致的,相较于一般融资租赁公司而言,金融租赁公司面临较为严格的监管,监管差异的存在不利于打造公平竞争的营商环境。

最后,立法的缺位还会诱发融资租赁行业的风险。融资租赁为我国实体经济的发展做出了重大贡献,但融资租赁在法律上的地位始终无法与其在市场中的实际地位相匹配,在自贸区融资租赁市场规模不断扩大的过程中,难免会出现一些新问题和新挑战,也潜伏着许多隐患和风险,亟待融资租赁专门立法对新问题予以回应,进行充分有效的规范和调整。

(二)自贸区融资租赁立法不平衡

从各自贸区融资租赁的具体立法进展和现状来看,基于各自贸区经济发展水平的差异以及立法认知的不同,融资租赁立法不均衡的现象仍然比较突出。形式上的不平衡主要体现在横向、纵向及整体 3 个层面:从横向上看,全国 21 个自贸试验区颁布的有关融资租赁的立法数量和内容不均衡。虽然各个自贸试验区总体方案中均涉及发展融资租赁的相关事宜(江苏自贸试验区除外),但部分自贸区未出台针对融资租赁业务发展相关的政策规定,导致政策实际落地遭遇重重障碍。从纵向上看,融资租赁立法自 2000 年以来呈现出断层发展的特征,且自贸区融资租赁立法往往和建设总体方案相伴而生,在自贸区发展进程中的立法主要是在现实矛盾冲突无法缓和情况下的产物,总是“一事一议”,不具有持续性、综合性、整体性的良好特性。内容上的不平衡则主要体现为融资租赁立法的疏漏、重复或者矛盾,这是现行的分散式部门单行立法模式不可避免的弊端。例如,关于融资租赁合同履行等方面的规定较多,引导性、创新性规则较少。从整体上看,尽管各自贸区的金融发展都有其自身特殊性和区域特点,但缺乏专门性立法从整体层面对自贸区融资租赁活动进行宏观审慎监管,相关监管理念仅停留在带有一定宣示性的指导性文件中,在实践层面落实自贸区融资租赁监管创新具有一定难度。并且各自贸区融资租赁立法分头制定、多方面出台的现状也会带来立法碎片化、将来立法整合难度大等难题。[①] 因此,自贸区融资租赁立法从形式、内容及整体上来看都体现出不均衡的特性,这使立法往往无法满足现实发展的客观需求,对融资租赁业的持续健康发展造成了重要障碍。

此外,融资租赁立法针对不同的企业形态也出现了不平衡的现象。我国融资租赁行业并非由于社会经济的发展自然而然产生的一种交易模式,而是在改革开放特定阶段从外国引进的一种“舶来品”。[②] 基于中国特殊的经济环境,与其他类型的企业相似,融资租赁在我国从产生之日起便被划分成不同的类别和属性,实行不同的监管模式,[③]自 2007 年以《金融租赁公司管理办法》(已失效)为主要标志的改革方案问世之后,我国融资租赁行业正式出现了金融租赁公司和融资租赁公司分裂监管的局面。[④] 这一局面导致不同类型公司在市场竞争中的优劣之分,无法在同一起点上开展竞争;在海关监管规则、审批资质及外汇管理等方面,融资租赁与金融租赁交易形式未得到平等对待及合理的认同。[⑤] 在打造最高水平对外开放形态的时代,这种机构监管导致的不平衡的立法现状及不公平竞争的情形不利于海南自贸港

---

① 参见程翔、杨宜、张峰:《中国自贸区金融改革与创新的实践研究——基于四大自贸区的金融创新案例》,载《经济体制改革》2019 年第 3 期。

② 参见崔佳宁、史燕平:《我国融资租赁行业风险的阶段性特征——来自不完全合同与演化博弈的解释》,载《技术经济》2020 年第 5 期。

③ “对融资租赁采用机构监管模式,不符合我国融资租赁业的特点和发展方向,缺乏基本的理论和现实依据。”参见岳彩申:《融资租赁监管模式的转型》,载《法学》2012 年第 7 期。

④ 参见哈斯:《基于博弈理论的金融租赁公司战略联盟合作模式有效性研究》,载《中央财经大学学报》2014 年第 3 期;屈延凯:《如何投资和经营融资租赁公司》,当代中国出版社 2007 年版,第 108 页。

⑤ 参见乐沸涛:《完善我国融资租赁法律制度》,载《中国金融》2011 年第 14 期。

营商环境的优化,进而阻碍海南自贸港对外开放水平的提高、阻碍海南自贸港与国际接轨的步伐。

(三)自贸区融资租赁立法的创新性和开放性不足

金融创新是金融发展的坚强动力与不竭源泉,也是实体经济健康发展的重要力量支撑;金融开放是实现金融发展与国际接轨的必要途径,也是全球经济一体化的独特产物。金融开放与金融创新之间相辅相成、相互促进、共同发展,自贸区融资租赁立法也必须满足金融开放与金融创新的双重要求,二者共同推进、不可偏颇。但从自贸区融资租赁的立法现状来看,创新性和开放性均有待提高,且金融开放与金融创新之间未实现良好的融合。其一,从金融创新的角度来看,自贸区融资租赁立法的创新性不足。近几年来,中国融资租赁业的监管明显收紧,且2018年以来出台的自贸试验区总体方案中涉及融资租赁的内容数量相较于2018年以前来说,呈断崖式下跌,这种紧缩性政策的出台将导致融资租赁增长放缓,[①]抑制融资租赁行业的创新发展。其二,从金融开放的角度来看,自贸区融资租赁立法的开放性有待提高。自贸区融资租赁行业存在认知缺陷、定位模糊、规范性程度低、风险防范意识缺乏等障碍,[②]与国际接轨的开放程度仍然停留在较低水平。

因此,自贸区融资租赁立法仍存在诸多问题,例如专门立法的缺位、立法不平衡、创新性和开放性不足等问题都成为融资租赁业进一步发展的重要障碍,作为比自贸区更为开放的经济形态,海南自贸港融资租赁立法需要在吸取自贸区的经验和教训的基础上,实现更高水平的发展以及更高层次的建设目标。

---

① See White Clarke, *From Strength to Strength: Nine Years of Continuous Growth in Leasing*, ReadkonG, https://www.readkong.com/page/global-leasing-report-2020-from-strength-to-strength-1812577.

② 参见张洁:《融资租赁发展存在的问题及对策》,载《财会通讯》2016年第23期。

三、海南自贸港融资租赁立法创新的思路

目前海南自贸港融资租赁市场基础十分薄弱,据相关数据统计,在海南自贸港注册成立的金融租赁公司数量为零,融资租赁公司数量在全国排名靠后,且从海南自贸港融资租赁相关立法现状来看,立法推动和保障行业发展的效果并不明显。但伴随海南自贸港的建设进程,融资租赁产业的发展迎来了一轮全新的发展机遇,也为融资租赁行业的转型升级提供了发展契机。融资租赁可以更好地满足自贸港新兴业态的发展需求,及时有效地填补融资渠道的空白。在海南自贸港建设的窗口期,新机场、高速公路和城际铁路等基础设施的建设需要大量的资金投入;医疗康业、海洋工程等产业的壮大需要大量高价值装备及医疗设备的投入;融资租赁亦可为自贸港园区的规划发展提供大量的资金支持,在园区建设过程中采用融资租赁的灵活方式可以提高建设效率。以上需求都为融资租赁在海南自贸港的发展提供了机遇。因此,在海南省内金融要素流动逐渐频繁的背景下,加强海南自贸港融资租赁的立法建构与创新不失为一种明智的选择,具体创新路径可以从以下方面展开。

(一)海南自贸港融资租赁立法的基本原则

1. 坚持适度监管,激发市场活力和创新

海南自贸港内融资租赁的监管必须既不影响市场活力,又能维持市场秩序。监管的需求源于风险的存在,融资租赁行业与金融业密切相关,会涉及银行资金流动且数额相对较大,因而其经营状况对市场的风险始终存在,需要从法律层面对其准入、经营及市场退出作出可操作性的规定,以规范和约束融资租赁行业的过度冒险行为,防范其对金融市场造成的风险和负外部性。但是,对融资租赁的监管程度也应与其风险范围和程度相匹配,监管过于严格会抑制融资租赁行业的创新发展。融资租赁毕竟与金融行业存在本质的差别,应当给予其适当且充分的创新发展空间,尤其是在自贸港这一

最高开放形态的地域范围内，融资租赁行业的开放创新尤为重要，事关自贸港重要产业发展的格局和前景。因此，海南自贸港的融资租赁立法必须秉持着适度监管的原则，在维护市场良好秩序的同时也能激发融资租赁市场的发展活力和创新性，具体可以运用融资租赁的“四象限原理”（见图 6－1）进行灵活监管。

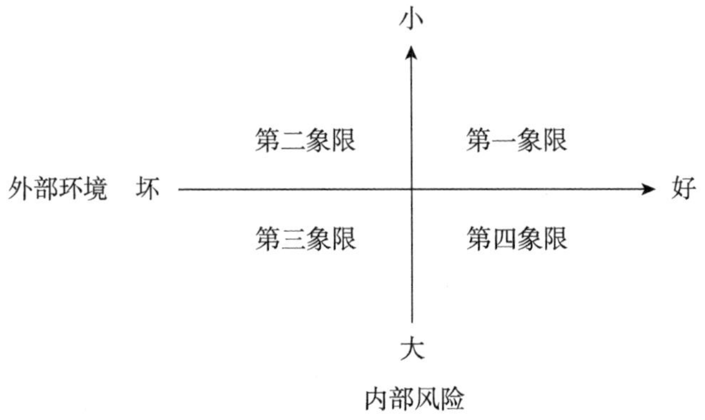

图 6－1 融资租赁监管的“四象限原理”

如图 6－1 所示，在第一象限内，融资租赁业内部风险较小，外部整体环境也比较好，此时监管的力度可适当缩小，释放市场的活力。在第二象限中，融资租赁业内部风险较小，但此时外部宏观环境较为恶劣，此时监管以宏观审慎为主，聚焦对于宏观系统性风险的监管。这种情形在现实中发生的可能性比较小。在第三象限内，融资租赁内部风险较大，宏观环境也比较恶劣，这种情形的出现意味着整个金融市场的稳定遭受了严重的威胁，此时对于融资租赁业需要实施强监管，既要维护金融市场的整体稳定，又要保障融资租赁行业的稳健经营，监管的强度和难度都较大。在第四象限内，宏观金融环境良好，但融资租赁内部风险较大，这说明仅仅是行业内部发生了问题，此时需要进行微观审慎监管，集中解决融资租赁业的内部问题。①

① 参见程东跃、杨柳勇、程明庆主编：《中国融资租赁前沿问题探讨》，中国经济出版社 2020 年版，第 7 页。

2. 坚持事前事中事后全方位监管

融资租赁业从市场准入至市场退出的所有环节均离不开立法的规范、引导和保障,[①]某一环节的疏漏均有可能导致融资租赁业经营的无秩序状态,进而影响金融服务实体经济的整体实力。因此,海南自贸港融资租赁立法必须实现全方位、全流程的监管目标,坚持事前事中事后监管,严防监管空白地带和监管漏洞的产生,对融资租赁业的发展实现全方位的保障和监管。海南自贸港融资租赁立法需要从市场准入和退出、公平竞争环境、投资自由、争端解决、监管机制等多角度切入,从事前事中事后全方位进行监管立法,引导融资租赁业从进入金融市场时起便能逐步实现规范化的经营和发展。对于实际未处于经营状态的融资租赁企业要及时清理出市场,以维护融资租赁市场整体有序经营。

3. 坚持原则性与灵活性相结合的立法原则

融资租赁行业正处于不断创新发展之中,融资租赁的监管底线不能突破,对于融资租赁行业不能触碰的监管红线要坚决予以制止和惩处,[②]在市场准入监管和风险控制方面必须对具有重大性的问题进行原则性规定。但同时要对融资租赁发展过程中出现的新情况、新问题、新挑战采取灵活性立法进行规制,结合融资租赁行业的实际情况不断调整相应的监管指标。在监管指标设置问题上,对某些具有分散性和量化的指标必须给予一定的弹性处理,融资租赁行业各类资产的风险权重指标也应进一步细化,对不同的融资租赁业务要谨防出现"一刀切"的监管现象。

(二)运用立法授权,摆脱以政策为主导的监管困局

面对国内国际双循环的双重压力,海南自贸港完善融资租赁法律体系

---

① See Ethan A. Gross, *The Finance Lease under Article 2A*, Detroit College of Law Review, Vol. 127:1, p. 127 – 150 (1993).

② See Maher J. Aljaber, Asma M. Al-Raqqad, et al., *The Legal Provisions Regulating the Finance Lease Contract under the Jordanian Finance Lease Law*, Journal of Politics and Law, Vol. 14:1, p. 83 – 99 (2021).

很难一蹴而就,应当实施立法"分步走"战略。短期来看,在海南自贸港封关运作之前,在具体法律规定未出台的情形下,需充分肯定国务院有关部门规章以及对突出的具有共性的问题作出的司法解释在自贸港内的规范和引导作用,海南自贸港立法作出变通规定的除外。长期来看,为向国内国际市场提供稳定的法律预期,海南自贸港相关监管部门可以充分运用《海南自由贸易港法》第10条规定的立法授权,先行制定海南自贸港融资租赁企业统一管理办法,以填补目前海南自贸港内融资租赁行业的立法空白,在行业指标、监管规则、物权保障等方面提供明确的法律支撑。并依照"补短板、防风险、促规范"的指导原则,在稳健、规范运营的基础上,通过相关立法的完善和政策的制定与实践加强融资租赁的事中事后监管,更好地指引融资租赁业回归其本源,充分发挥融资租赁服务实体经济的价值功效。引导融资租赁公司加强自身风险管理和防范,避免简单套用其他"类金融""类机构"的监管模式和方法,以实现规范化的经营与发展。

(三)实行统一监管,打破融资租赁与金融租赁的法律界限

为促进海南自贸港融资租赁行业营商环境的进一步优化,破除机构监管的弊端,有必要实现融资租赁监管模式由机构监管向功能性监管转变,[①]打破融资租赁和金融租赁的法律界限,按照二者不同的业务类型确定监管的机构及相关权限,化解不同类型的融资租赁公司不平等竞争的尴尬局面。对融资租赁和金融租赁实行统一监管,既是二者之间无明显差异的现实要求,又是打造公平竞争的营商环境所必需。

其一,融资租赁和金融租赁在国际市场中表述的内涵是一致的,在国内,金融租赁和融资租赁在法律定义、业务操作模式和交易模式上也不存在实质差别,两者间的差别体现在产业划分和行政监管上。但在2018年5月,

① 功能性监管理念最初是由美国学者罗伯特·默顿提出,指的是基于金融体系基本功能而设计的更具连续性和一致性,并能实现跨产品、跨机构、跨市场协调的监管。

商务部将制定融资租赁公司经营和监管规则的职责划给原银保监会之后，[①]融资租赁行业的监管部门统一为原银保监会，结束了同一行业归属于不同部门监管的尴尬局面，也利于公平竞争局面的形成与维护。那么，自此金融租赁与融资租赁之间的差别就主要体现在产业划分方面。但仅基于面向产业的差异而对融资租赁作强制区分没有科学的理论支撑，也缺乏严谨的现实逻辑。因此，基于融资租赁与金融租赁之间细微的差异，没必要在二者之间确立明确的法律界限。

其二，海南自贸港融资租赁监管必须着眼于打造公平竞争的营商环境，实行统一监管，避免差异化监管的存在。融资租赁作为具有金融特性的市场行为，不能因为融资租赁主体的金融属性不同而按照不同的监管规则对其经营活动进行监管。海南自贸港金融监管部门必须完善融资租赁统一监管的法律体系，逐步形成对从事融资租赁业务的各类市场主体进行统一监管的趋势，从融资租赁行业的市场准入、经营活动及市场退出等方面出台统一的法律法规，使不同类型的融资租赁机构能公平地参与市场竞争，营造良好的市场氛围。对于目前我国的各类金融租赁公司，在融资租赁统一监管的范畴以外的业务类型，建议由其控股机构的监管机构对其实施监管，主要包括关联交易监管、内部“防火墙”制度的监管或并表监管等，在降低监管成本、简化监管体系的同时实现防范系统性风险、维持金融稳定的总体目标。

（四）加强融资租赁立法的创新性和开放性，实现金融开放与创新

金融创新是对金融实践的积累以及理论认知的升华，要求融资租赁行业在整体良性发展的基础上实现不断进阶，为实体经济的运行注入源源不

① 2018 年 5 月 8 日，商务部印发《关于融资租赁公司、商业保理公司和典当行管理职责调整有关事宜的通知》（商办流通函〔2018〕165 号），将制定融资租赁公司、商业保理公司、典当行业务经营和监管规则职责划给原中国银保监会，原银保监会从 4 月 20 日起履行相关职责。这标志着融资租赁公司和金融租赁公司分别由商务部和原银保监会监管的时代结束，正式进入原银保监会统一监管时代。自此，多头监管成为历史，租赁公司接受原银保监会统一监管。参见零壹租赁智库：《中国融资租赁行业 2018 年度报告》，中国经济出版社 2019 年版，第 3 页。

断的动力和活力。[①] 因此,海南自贸港融资租赁立法需要时刻保持创新性,在自贸区融资租赁立法成果的基础上,实现具有“中国特色”并符合“海南定位”的立法创新:一是要不断总结融资租赁业发展的经验、成就和不足,及时修补现有立法的漏洞,纠正现有立法不符合融资租赁实践发展的部分内容;二是要着眼于融资租赁业未来的发展动向,预测未来可能发生的行业风险,及时填补立法的空白地带,为未来的行业发展提供指引。金融开放是当今世界经济一体化的必然要求,也是一国提高国际竞争力的必要手段,因此,海南自贸港融资租赁立法必须满足金融开放的要求:一是要主动对接国际上关于融资租赁的先进规则和标准,实现与国际接轨的目标,为自贸港内融资租赁业的发展注入国际元素和发展动力,营造公平竞争的市场环境,加大融资租赁市场的开放力度。引导融资租赁企业在海南自贸港内开展属地化经营和可持续经营,将企业的经验优势与海南自贸港的各种优势资源进行充分整合与优化,让融资租赁企业在自贸港内凸显自身优势。二是要提高自贸港内融资租赁市场应对国际风险的能力和水平,提高风险防控的能力,以保障融资租赁市场在开放的状态下实现稳定、持续的发展。

结　语

融资租赁与银行、证券、信托、保险作为金融业发展和繁荣的五大重要支柱,是连接生产、贸易与金融的重要桥梁。融资租赁的运行逻辑在于:通过连接资产端和资金端,将闲置资源、资源需求与资金结合起来,在创造经济效益的同时,实现了资源的有效利用和高效对接,在本质上属于共享经

---

① 在融资租赁业起步发展阶段,需要较为严格的立法进行引导和规制,以保障融资租赁业能够获得市场的信赖和支持。但在目前我国市场经济法治体系已较为完备的环境下,需要为融资租赁业走向更高的发展水平注入活力和动力,因此对于融资租赁业的改革重点不是进一步加强机构监管,而是运用功能性监管的理念适当放松对融资租赁行业的管制。除了融资租赁涉及的具有公共性质或者系统性风险的业务,例如发行债券、进行民间借贷、参加银行拆借等,对于其他类型的业务或者经营活动可以完全放开,不再实施特殊监管。

济，①这也是融资租赁具有重大发展潜力和顽强生命力的根源之所在。在自贸区发展的近10年历程中，融资租赁也扮演着十分重要的角色，相关立法也随着自贸区融资租赁的发展与实践实现了创新性的进展，对海南自贸港的融资租赁立法有着重要的参考意义，同时融资租赁也具有专门立法的缺位、立法不平衡、创新性和开放性不足等缺陷，需要海南自贸港相关立法予以修补和完善。立足自贸港发展实际，融资租赁业正面临日趋复杂的内外部环境：外部环境方面，在疫情的冲击下，融资租赁业的增长速度明显放缓，融资租赁的监管和法律环境也不断发生变化。融资租赁的相关立法严重滞后于自贸港融资租赁业务发展的现实需求。内部环境方面，融资租赁业自身的发展也存在较大的结构缺陷，如业务模式单一、短期行为普遍、同质化现象严重、与融资租赁本源明显背离等。内外部形势的严峻既为融资租赁的发展带来了难题，又给融资租赁立法的建构和创新带来了挑战。融资租赁业如何适应海南自贸港的新常态？如何脱虚向实、回归融资租赁的本源？如何防范经营风险、实现转型升级？这些都是海南自贸港融资租赁业需要面临的重要难题。从本质上来说，这些问题的解决归根结底要以融资租赁立法的建构为基础，海南自贸港需要在吸纳自贸区的相关经验的基础上加强融资租赁立法建构与创新。必须坚持适度监管、事前事中事后全方位监管以及原则性与灵活性相结合的立法原则，并充分运用立法授权，摆脱以政策为主导的监管困局；实行统一监管，打破融资租赁与金融租赁的法律界限；加强融资租赁立法的创新性和开放性，实现金融开放与创新。

---

① 参见任立华、柏亮：《融资租赁法律风险防范指南》，中国经济出版社2018年版，第34~37页。

第七章

海南自贸港离岸金融发展的法律完善与监管保障

国际上著名的自贸港基本都具有贸易、投资和金融自由化的基本属性，发展离岸金融（Offshore Finance）是海南自贸港金融开放与创新的重中之重，是在建设中国特色自贸港顶层设计中引导中国金融业走出去，吸引外国资本进入我国市场的核心举措。海南自贸港建设的基础是开放型的经济体制，其核心是打造创新、自由、开放的制度空间，围绕“一线放开、二线管住”的基本思路实现货物、资金、人员的自由流动及最高程度的开放。2021 年 3 月 30 日发布的《金融支持海南改革开放意见》第 20 条明确指出：“允许已取得离岸银行业务资格的中资商业银行总行授权海南自由贸易港内分行开展离岸银行业务。”[①]2021 年 6 月 10 日出台的《海南自由贸易港法》第 52 条明确规定：“海南自由贸易港内经批准的金融机构可以通过指定账户或者在特定区域经营离岸金融业务。”以上政策和法律的出台为海南自贸港离岸金融

---

① 经梳理发现，我国现有 21 个自贸试验区和海南自贸港总体方案中均未明确提出发展离岸金融，足以证明即使在加强对外开放的平台上，我国对离岸金融的发展仍采取相对谨慎的态度。但在《海南自由贸易港法》中进行了明确的允许开展离岸银行业务的规定，由此可见对于海南自贸港对外开放的支持力度之大，寄予希望之高。海南自贸港更应充分利用和依靠相关法律政策支持，发展好离岸金融业务，并为我国其他地区开展离岸金融工作提供可参考的经验。

的发展提供了充分的法律依据和制度支撑。在强调离岸金融对金融开放创新的重要作用的同时，也应注意到离岸金融对海南自贸港金融市场的潜在风险以及给金融监管带来的巨大挑战。根据国际金融论坛(FSF)发布的评估报告，虽然现在没有直接证据表明金融危机的发生与离岸金融市场的资金流动存在关联，但从现有的几次区域性金融危机来看，离岸金融市场资金流动的不可控性不可避免地与之存在关联。而且离岸金融是典型的“两头在外、表层在里”机构组织模式，因而不可避免地会形成多头监管和监管真空的局面。因此，海南自贸港需要在中央顶层设计的指引下完善离岸金融发展的相关法律规则设计和监管规则保障，为离岸金融的发展提供可靠的制度环境和法律保障，同时要防范离岸金融的各项风险，避免出现离岸金融监管真空和多头监管的尴尬局面。

一、海南自贸港发展离岸金融的必要性和可行性

尽管海南自贸港具有“探索建设”的重要职责，但自贸港毕竟不再是简单的“试验区”的概念，而是具体有效的开放实践。从我国自贸试验区过去9年的探索进程来看，离岸金融的总体发展程度比较缓慢，真正意义上的国际离岸金融中心也未实际建立。因此，我们必须重新审视在海南自贸港发展离岸金融的重要意义，对海南自贸港发展离岸金融的必要性和可行性进行充分的论证，才能为海南自贸港构建高度开放的制度环境和市场环境提供坚实的理论基础。

(一)离岸金融的基本内涵与发展历程

离岸金融是与在岸金融相对应的概念，是一种真正意义上的国际金融。[①] 离岸金融的概念在发展实践中经历了从狭义到广义的发展历程，狭义的离岸金融是指在经济全球化和金融自由化发展的浪潮中，为本区域内的

---

① 参见韩龙：《论离岸金融法律问题的特殊性》，载《河北法学》2010年第3期。

非居民提供便利的国际性金融产品或服务。其表现形式主要是以非居民为主要对象与境外进行货币和资金交易,其核心特点是独立于国内的金融体系和监管体系。与国内金融监管体制相比,离岸金融享有宽松和自由的金融监管政策以及特殊的税收优惠政策,主要目的是为非居民提供便利的资金融通环境。① 随着离岸金融实践的不断发展,金融自由化程度的不断加深,金融开放创新理念的不断升华,离岸金融的基本内涵也相应地拓展和延伸。② 从广义层面来讲,离岸金融不仅是为非居民提供资金融通的便利,还包括了跨境投融资、担保、证券投资、金融租赁、外汇交易、国际贸易货币结算等内容。从功能性角度来说,离岸金融大致可分为3个方面:跨境投融资、跨境支付结算以及跨境资金融通,这也是离岸金融系统的3个重要组成部分。③ 海南自贸港离岸金融的内涵与外延有别于以上关于离岸金融的传统定义:第一,海南自贸港作为离岸基地,属于境内关外,而非境内境外抑或境外关外;第二,海南自贸港离岸金融不再纯粹沿用改革开放初期对特殊区域的"税收洼地"政策,即不再纯粹利用单一的税收优惠政策来扩大离岸金融业务规模;第三,海南自贸港作为我国最高水平对外开放形态,其离岸金融的业务种类不能局限于一种或者几种,必须全面均衡发展离岸金融的各项业务;第四,海南自贸港离岸金融的相关从业人员可以突破非居民的限制。基于以上分析,对于海南自贸港离岸金融市场应侧重市场准入——日常经营——市场推出等完整环节,可作出如下定义:指在海南自贸港这一离岸中心依法设立并注册的离岸金融机构从事针对居民或非居民的各种离岸金融

① 参见吴子瑶:《我国离岸金融监管制度研究——以中国(上海)自由贸易试验区为例》,载《金融理论探索》2017年第1期。

② 学者关于离岸金融的概念认识也在不断深化,例如有学者认为离岸金融是指在高度自由化和国家化金融管理体制和优惠的税收制度下,设在某国境内,但不受该国金融制度管辖、不受该国金融法规管制的金融机构以自由兑换货币为工具所进行的资金融通活动,以及不具有金融市场所在国国籍的当事人(非居民)在金融市场上所参与进行的货币或证券交易行为。参见原毅军、卢林:《离岸金融中心的建设与发展》,大连理工大学出版社2010年版,第36页。

③ 参见涂远博、王满仓、卢山冰:《中国离岸金融建设与"一带一路"的协同关系及战略对接》,载《经济学家》2018年第7期。

活动,不受在岸金融监管的限制,并在符合市场退出要件时依法准予撤离的场所。①

从演进历程来看,离岸金融是资本在国际国内不断循环的产物,是金融创新、金融开放、金融发展、金融全球一体化的必然结果,是促进资本形态与新兴市场不断融合的重要因素,②而一种规模宏大、发展迅速的经济现象和未来趋势必然有其深层次的演进规律。离岸金融的发展从一定程度上折射出我国对金融开放和创新的整体态度,纵观我国离岸金融的发展历程,从20世纪80年代开始,离岸金融的发展呈现曲折的态势,经历了"宽松——紧缩——宽松"的历程,其发展大致可以分为以下阶段:第一个阶段是萌芽探索阶段。1989年,招商银行作为我国第一个获得批准试点经营离岸业务的银行,开启了我国离岸金融业发展的先河,标志着我国主动融入全球金融自由化的浪潮中。之后,由于试点效果较好,国家外汇管理局又批准了包括工商银行、农业银行、广东发展银行、深圳发展银行在内的多家银行在深圳开展离岸金融试点工作。至此,我国离岸金融开始萌芽,经历了探索和试点时期。第二个阶段是亚洲金融危机过后短暂的紧缩整顿阶段,由于我国选择将深圳作为离岸金融的首个试点城市,深圳具有毗邻香港国际金融中心的地位优势,可以作为香港与内地金融市场对接的桥梁。但同时也很容易受到香港金融市场状况的影响,例如1998年亚洲金融危机导致香港金融市场波动,也影响了我国深圳的离岸金融的发展,最终央行基于金融稳定的政策考量,决定暂停深圳的离岸金融业务,由此,我国离岸金融市场的发展进入了停滞整顿阶段。第三个阶段是危机后的重启阶段,在危机后的恢复阶段,为减少境外市场对国内离岸金融市场的影响,2002年央行决定将上海纳入离岸金融试点的范围之中,相应扩大了试点范围,允许交通银行和浦东发展银行在上海开展离岸金融业务试点工作。由此,我国离岸金融逐渐进入危机过后的恢复发展阶段。第四个阶段是稳定发展阶段,伴随中国自贸试验

① 参见王淑敏、陈晓:《中国建设自由贸易港的离岸金融监管问题研究》,载《国际商务研究》2018年第4期。

② 参见王勇:《离岸金融中心的演进及其经济效应研究》,经济科学出版社2014年版,第1页。

区的相继建立,在深圳和上海的基础上,重庆、天津、福建也逐步开展离岸金融试点。依托我国自贸区这一对外开放的平台,我国离岸金融进入全面稳步发展阶段。建设中国特色自贸港伟大战略的出台,使我国对外开放的程度进一步加深,金融开放创新和离岸金融进入了全新的发展阶段,中国离岸金融将与海南自贸港的建设齐头并进。

(二)海南自贸港发展离岸金融的必要性

贸易、投资和金融自由化是自贸港的基本属性,在海南自贸港逐步推进金融开放与创新的进程中,离岸金融的发展是必不可少的环节。利用海南自贸港实现最高水平开放的契机,在海南自贸港金融开放发展实践中按照离岸金融的发展思路进行金融监管,打造优越的制度环境和市场环境,为拓宽风险分散的多元离岸金融业态创造良好的条件,利用海南自贸港金融开放的实现与离岸金融市场的稳健发展带动全国范围内的金融体制改革和金融创新发展,对于海南自贸港及全国金融发展都具有重要意义。

第一,发展离岸金融是海南自贸港建设的应有之义。海南自贸港作为我国最高水平的开放形态,其优势和着力点不仅仅是货物贸易和投资的自由便利,更重要的是实现货币兑换和资金流动的高度自由便利和有序。放眼全球先进自贸港的发展演进历程,自贸港在实现贸易投资便利化的同时,都有发展离岸金融业务或者建设离岸金融中心。建设海南自贸港既是我国打造全面对外开放新格局的一项重要内容,又是我国主动顺应国际政治经济新格局、对标国际高水平规则的重要桥梁。因此,为顺应全球化发展潮流,在海南自贸港建设时间紧、任务重的背景下,发挥离岸金融对自贸港建设的支持和促进作用显得尤为重要。

第二,发展离岸金融是快速实现海南自贸港金融开放的核心举措。中国特色自贸港的建设,必须具备与之配套的高水平的金融开放与金融自由程度。按照“一线放开、二线管住”的基本思路,海南自贸港内利率市场化、人民币项目可兑换、外汇管理、离岸金融监管体制均需对接国际高水平规则,在“一线”内完全开放跨境资金流动的渠道,才能有效利用跨境资金的自由流动推动自贸港的金融开放实践进程。在海南自贸港发展离岸金融是自贸港金融创新的一种重要形式，有利于稳步推进金融自由化和金融开放的进程，有利于推动资本的国际化流动和优化资源配置，有利于海南国际金融中心的形成，从而进一步推动金融体制的改革及金融的创新发展。

第三，离岸金融是海南自贸港发展离岸贸易和吸引外来投资的重要支撑。贸易和投资是海南自贸港发展的两个重要支点，二者虽各有侧重，但都离不开跨境金融服务的支持。从目前世界先进离岸金融中心的贸易、投资与金融同步发展的现实来看，自贸港离岸金融的发展与离岸贸易、投资的繁荣之间是共荣共促的关系。在海南自贸港的建设中，发展离岸贸易和吸引海外投资的必要环节就是发展离岸金融。[①] 海南自贸港政策改进是一个相对漫长的过程，在目前与贸易和投资相关的政策环境不够完善的前提下，发展离岸金融不失为一种过渡性的举措。通过在岸金融向离岸金融的转变实现跨境资金的自由有序流动，既可以在很大程度上满足外国投资者和交易者对中国投资和贸易环境的要求，为海南自贸港投资和贸易的发展与繁荣提供便捷有效的金融支持，又能避免对海南自贸港现行政策体系造成不必要的冲击。从而达到既可以有效合理引入外资，又能防止外资流入干扰宏观调控的双重目的。

第四，离岸金融是我国实现人民币国际化的关键步骤。海南自贸港建设不仅要促进区域经济社会进展，更为重要的是将其打造成我国对外开放的前沿阵地，建构起我国与世界沟通的桥梁。自贸港肩负着带动全国经济发展的使命，而实现人民币国际化便是自贸港在金融领域的重要职责，这一任务的完成目前受制于自贸港内资本项目的管制及港内金融市场的不发达，克服以上难题的路径之一就是发展离岸金融。在海南自贸港的战略框架下建立离岸金融市场，有助于顺利解决包括香港在内的境外离岸人民币回流问题，疏通自贸港离岸金融市场与内地金融市场的人民币流动的渠道，

---

① 参见杨帆：《探索建设自由贸易港：离岸金融市场再起航》，中国金融出版社 2018 年版，第 97～101 页。

将海南自贸港打造成为各国投资者进行人民币资产配置的核心阵地,进而带动我国金融市场的繁荣,形成以人民币为核心的定价交易中心,为人民币国际化进程助力。

从必要性角度分析,发展离岸金融是海南自贸港建设的应有之义,是实现海南自贸港金融开放的核心举措,是海南自贸港发展离岸贸易和吸引外来投资的重要支撑,是实现我国人民币国际化的关键步骤,是海南自贸港建设过程中的必然抉择。

(三)海南自贸港发展离岸金融的可行性

发展离岸金融既是海南自贸港建设与发展的必然选择,具有重要的战略意义。同时自贸港平台也为离岸金融的发展创造了充分的可行性基础,主要体现在以下方面。

第一,从区位地理优势的角度分析,离岸金融的发展需要与地理空间实现有效结合。海南自贸港发展离岸金融具有得天独厚的区位、地理、环境和经济优势,既能从功能性角度实现离岸金融市场与在岸金融市场的隔离,又能从地理上完美地分离离岸金融市场与在岸金融市场,有助于阻断离岸金融市场内的金融风险蔓延至我国其他地区,波及在岸金融市场的稳健运行,在空间上打造离岸金融发展的有效“隔离区”。此外,区域经济和离岸金融的发展可以相辅相成、相互促进。海南自贸港区域经济的发展和积累也为离岸金融的发展奠定了较好的经济基础,离岸金融的发展也可以进一步完善和丰富自贸港区域内多层次的金融体系,发挥区域经济的辐射带动效用,进而为自贸港内离岸金融市场提供便利的投融资环境,也为区域经济进一步繁荣创造了机遇。

第二,从内在价值的角度分析,海南自贸港发展离岸金融除了有国家政策和法律的依据之外,更重要的是海南自贸港的整体环境和建设目标符合离岸金融存在和发展的各项要求。换言之,海南自贸港的建设与离岸金融的内在价值是十分吻合的,在海南自贸港发展离岸金融,既能利用海南自贸港“先行先试、制度创新”的平台发展离岸金融,实现更深层次的金融开放创新,也能让离岸金融的制度价值在海南自贸港内得到真正体现,有效发挥离岸金融对于金融市场的重要功效。

第三,从政策导向、建设目标及监管层面进行分析,海南自贸港“一线放开、二线管住”的战略框架为离岸金融发展创造了先决条件。海南自贸港建设的核心目标不仅包括贸易投资的自由便利,资金和人员的进出也要实现自由化和便利化。贸易、投资、跨境资金、人员进出的自由便利能够打造一个实际层面的自由流动区域,实现“一线放开”的美好蓝图,对离岸金融的发展与突破发挥重要的推动作用。而“二线管住”的监管体制形成也有助于将海南自贸港打造成天然的离岸金融发展区域,实现离岸金融风险与在岸金融的有效隔离,将离岸金融风险控制在海南自贸港的区域范围之内。

第四,从具体操作层面进行分析,离岸金融的发展并非一蹴而就,需要结合各方面要素和条件分步骤、分阶段实现离岸金融的发展目标。整体而言,海南自贸港发展离岸金融的整体步骤和具体措施是可行的且具有可操作性的。在初步发展阶段,海南自贸港可依据相关政策要求,积极主动、稳步推进交通银行、招商银行、普法银行、平安银行4家取得业务资格的离岸银行授权其在海南自贸港内分行开展相关离岸银行业务,进行离岸金融初期探索工作。在发展中期阶段,海南自贸港可以逐步探索拓宽离岸银行试点范围以及离岸银行的相关业务范围,并且逐步放开符合条件的境外金融机构在海南自贸港内开展离岸金融相关业务。在发展后期阶段,海南自贸港应逐步将离岸金融业务由银行扩展到包含基金、信托、保险、资产管理、金融衍生品交易等在内的较为齐备的范围,实现真正意义上的离岸金融市场。通过海南自贸港离岸金融发展的步骤执行与落实,分阶段实现离岸金融的发展目标,最终在海南自贸港内建立我国的国际金融中心。甚至在未来金融自由化程度进一步加深的背景下,海南自贸港在发展离岸金融中心的过程中也可以开始放松对在岸金融市场的严格管制,离岸账户逐步对海南自贸港居民开放,居民也能参与到离岸活动之中。此种情形下,金融开放和自由的程度更高,在岸业务与离岸业务日益整合、内外隔离型逐渐向内外一体型过渡,在岸金融市场、国内金融市场与离岸金融市场之间的边界逐渐模糊，甚至消失，最终形成一个统一整合的金融市场。

因此，海南自贸港的建设为离岸金融市场的建立与发展提供了较好的基础条件，而发展离岸金融、推动离岸业务真正落地能够进一步促进海南自贸港的金融体制改革，加快海南自贸港金融功能的建设步伐，促进区域经济的快速发展并实现高水平的对外开放。总而言之，在海南自贸港的战略框架下发展离岸金融，不仅是我国金融创新和开放的现实客观需求，更是加快海南自贸港金融开放的有效手段和必经之路。

（四）海南自贸港离岸金融发展的核心目标与方向

海南自贸港建设是在国内市场经济体制尚不完善的背景下进行的，尤其是在利率和汇率尚未充分实现市场化运作的背景下，必然带有特殊的时代烙印。市场经济的核心是法治经济，国际上成功的自贸港无一不拥有国际化、便利化、法治化的营商环境。海南自贸港的建设必须充分依靠市场的力量，契合自贸港建设的时代需求，对接国际通行贸易规则体系，通过制度创新塑造竞争优势，海南将开创中国版的开放型经济新体制的新模式与新样板。

1. 融资汇兑自由

金融机构经营融资的利率水平往往由多种因素决定，中国金融利率的传导形成机制非常复杂且固化。以上海 Shibor 为例，7 天内不同时期市场流动性的盈缺程度与利率水平决定了整个利率市场的变化，浮动利率管理、利率传导机制、利率结构机制共同形成了中国市场化的利率形成机制。利率的市场化是融资汇兑自由的前提，其核心是由金融机构来自主决定整个金融市场的利率水平，主要通过双重调配机制来实现浮动化的商业利率，通常需要通过场内与场外、国际与国内等双重市场来提供资金供给。以我国央行为例，我国央行为各家商业银行确定了一个基准利率，利率的浮动根据金融市场整体资金盈缺状态来调整。央行的基准利率充当了一个货币中介的功能，在中介撮合的基础上，通过各个金融机构之间的竞争形成金融机构存贷款的市场化利率。时任央行行长易纲在多个不同场合都强调中国将加快金融开放创新的步伐与频率，中国将对外资逐步开放部分传统金融交易市场，尤其是在利率与汇率两大市场。首先，利率完全市场化实现的前提是必须存在一个法治化、公平化的资金调配市场；其次，所有参与利率形成的金融机构必须符合“理性经济人”的假设；最后，金融市场的资金调配和流动必须符合金融市场的固有规律。海南自贸港利率市场化改革的总体目标应当是实现区内金融机构在利率产品定价问题上的自主权，在海南自贸港内形成由市场主导的利率形成机制，让金融市场利率走向和趋势完全由市场资金盈缺状况决定。但利率作为世界各国央行调控金融要素市场最重要的手段，即便是在金融业高度开放自由的美国，美联储也不是完全不对利率施加影响，美联储虽然不会像我国央行那样设置金融市场的基准利率，但是通常会通过调整金融市场上金融机构贴现和再贴现率的方式间接影响金融市场的利率导向。虽然我国央行在利率市场化方面步伐积极，并出台了若干金融机构利率市场化的指导性意见，但受制于长期以来“金融抑制”的市场体制，利率市场化步履蹒跚。从金融市场化理论出发，利率市场的过分管制往往导致金融抑制，将影响利率的均衡水平和妨碍资金的有效配比，最终造成“劣币驱逐良币”的效应。真正具备资金需求的个人或企业受限于利率管制，往往无法通过正常渠道获得贷款，而个人或企业在投资渠道受限的情况下，资金大量配置为类存款类产品。类存款在金融机构的资产负债表上往往表现为负债，负债端的扩大在经济低迷疲软时期无法起到刺激经济增长的作用，金融机构资产端与负债端必须保持整体动态平衡，才能维系整个金融市场的稳定。未来海南自贸港的利率市场化改革应在引入外资银行的背景下，循序渐进地推进，最大限度地降低可能带来的金融风险，避免形成日本当年“广场协定”后所形成的“利率陷阱”。在签订“广场协定”后，日本商业银行利率市场上的“逆向竞争”导致了存贷款利率的倒挂，抑制了日本经济发展的活力。边际收益递减是金融市场不变的规律，海南自贸港要避免出现日本曾经历过的“利率陷阱”。毫无疑问利率市场化能够促使金融机构通过市场化的资金调配实现利率产品的差异定价，信用好的市场能够以较为低廉的信贷成本获取资金。多元化的利率市场定价机制能够为金融机构提供正向激励，激励他们服务实体经济的意愿，盘活传统的金融机构信贷资源。利率市场化能够最大限度地避免出现利率市场的“逆向选择”问题，防止“劣币驱逐良币”现象的发生，能够通过市场化的手段引导金融机构形成更加合理、符合经济发展规律的市场利率。国际自贸港均不存在外汇管制，任何法定货币均可在自贸港内自由流动，投资者的资本利得可自由汇回母国，且不征收资本利得税。

2. 资本项目兑换自由

资本项目的开放与兑换自由是一个国家金融对外开放的重要指标。具体而言，即居民与非居民是否可以自由地通过资本账户换取其所需的外汇。目前在我国的资本项目兑换实践中，多数核心的子项目尚无法实现自由兑换，这制约我国金融机构开展国际投融资业务，也限制了国际资本进入中国的途径。由于我国央行一直奉行着强制结汇的政策，并不允许企业或个人单独地持有外国货币，在资本项目可兑换这个问题上，我国一直都奉行着较为谨慎的态度。海南自贸港在人民币资本项目可兑换上采取的是循序渐进的方式，通过分账核算的模式，从宏观上控制风险。未来如果人民币资本项目可兑换能够实现，将有利于推动我国金融服务业更加专业和便利化，同时推动人民币国际化，增强我国现有的金融体制的活力，以金融开放倒逼金融体制改革，从而进一步促进金融行业的良性竞争。资本项目的兑换可以让中国优势企业实现正向激励，激励中国具备国际竞争力的企业积极投身海外市场，在全球低成本配置资源，同时又能利用国内的金融资源，对于国内的金融机构而言这是一个双赢的局面，国内的金融机构也可以趁着中国优势企业在全球配置资源的同时延伸金融产业链的触角。但是资本项目开放后也需要时刻警惕人民币汇率波动的风险，设计严密的风险防控机制以强化人民币的本币地位。资本项目全面兑换后人民币汇率波幅可能会进一步扩大，在本国经济出现下行风险时可能触发大规模的资本外逃，“热钱”涌入可能造成监管的难题与挑战，政府的宏观课税能力会随着资本项目可兑换进一步下降，境内资本可能利用人民币资本项目可兑换变相实现跨境避税。为避免上述问题的出现，在实现资本项目兑换自由的过程中，必须同步建立起配套的风险管控及补救机制。

3. 外汇结算自由

中央“12 号文”将海南自贸港建设定位为我国全面深化改革试验区，金融开放创新将是其中不可或缺的一环。外汇结算自由是全球自贸港金融创新的基础设施之一，主要包括外汇自由结算汇兑回母国、不征收资本利得税以及完全开放的跨境金融服务。海南自贸港可以通过更为开放的金融创新政策吸引国内外有实力的投行券商、对冲基金、私募基金进驻。在海南自贸港内，国内外的银行金融机构能够帮助跨国企业在大宗商品融资、供应链贸易贷款、大型船舶融资租赁等方面提供更为简洁和便利的服务。此次的中央“12 号文”与《海南自贸区总体方案》都明确提出大力扶持现代金融服务业，大力开展商业票据汇兑、外保内贷等业务。同时提倡有条件开展跨境的并购、财富资产管理服务、重大项目跨境投融资等，试点房地产信托投资基金和相关的资产证券化业务。此次海南自贸港进一步拓宽跨境投融资服务的目的，很大程度上是配合我国目前对外投资“一带一路”的总体战略规划。在投融资方面更进一步加大开放力度，力图与国际接轨，方便中国企业拓展海外的投融资服务。随着中国国内资本的日益壮大，众多中国企业纷纷赴海外寻找投资机会。近年来中资企业海外并购主要集中在资源类企业的跨境并购交易上，而且主要以大型的央企为主，从过往投资案例来看，很多项目在高价并购后往往资产标的出现了大幅度缩水。归根结底主要是中国企业海外并购还缺乏经验，很多时候过分依赖国外的金融中介机构，最终信息的不对称导致投资误判。

4. 金融创新自由

离岸金融通常是设在某一个离岸经济体中，与该经济体所在的母国并无直接金融制度关联，且不受离岸经济体母国的金融法律制度管制，可以自由地开展跨境金融汇兑的金融活动。例如，一家信托资产管理公司将总部设在香港，但是这家香港公司的主要业务却是在亚洲其他国家吸收美元资产，然后再将这些美元资产投资到欧洲进行套利，这种业务模式就是典型的离岸金融。这种资本运作的方式不受离岸经济体母国的金融法律制度管制,因而很容易滋生跨国洗钱等风险,因此世界上只有极少数金融业发达的地区才开展离岸金融业务。目前在上海、广东、天津以及福建自贸区中均有涉及跨境人民币双向流动相关业务,上述地区在离岸金融业务上均有不同程度的尝试。离岸金融服务是国际资本实现跨境流动的重要一环,能够最大限度地推动国际金融的自由化和一体化。离岸金融业务的发展迅速扩张了全球的离岸金融服务市场,这种先天的比较竞争优势促进了国际信贷、国际融资的爆发式增长。但这种爆发式的增长对离岸经济体母国的金融监管带来了相当大的难度,因为"国际热钱"的快进快出会对离岸经济体母国的货币政策造成相当大的影响,风险首先传导到货币供应总量上,进而影响离岸经济体母国的货币政策导向,诱发系统性金融风险。国际自贸港对合法的金融创新特别是金融衍生品与离岸金融创新均不设限制。

二、海南自贸港离岸金融法律规则体系的现状与不足

从离岸金融市场的建设功能层面分析,离岸金融是实现利率和汇率市场化的重要平台,是探索实现海南自贸港资本项目开发的最优选择,是拓宽人民币回流通道、促进人民币国际化的核心内容。离岸金融作为金融业中综合运用税务、法律、国际关系、科学技术等众多最先进理念和最先进思想的领域,同时也是最为隐秘的禁地,隐藏了最神秘和最复杂的金融体制和技术手段。① 从制度嵌入性理论角度分析,离岸金融的发展离不开海南自贸港法律规制体系的保障,完善的法律体系是驱动离岸金融发展的重要制度性因素。② 聚焦海南自贸港离岸金融立法现状,剖析其中存在的不足,可以为海南自贸港离岸金融的法律完善与监管保障奠定基础。

---

① 参见许文鸿:《俄罗斯与离岸金融中心》,社会科学文献出版社 2014 年版,第 189 页。

② 根据制度嵌入性理论,驱动离岸金融发展的制度因素包括优惠的税收制度、完善的法律体系、宽松的政治制度以及良好的诚信文化。其中,产权制度是基础,法律制度是动力,政治稳定是前提,信用制度是保障。参见王勇:《离岸金融发展的制度嵌入性研究——全球离岸金融中心与中国实践》,中国经济出版社 2021 年版,第 43 ~ 72 页。

(一)海南自贸港离岸金融立法现状

在地方法律法规层面,海南自贸港尚未出台专门针对离岸金融的法律法规,仅在《海南自由贸易港法》第52条及《金融支持海南改革开放意见》第20条对离岸金融的发展作出原则性指导性的规定。除地方法律法规之外,海南自贸港离岸金融的发展仍需遵守国家层面的法律法规,自我国2002年恢复离岸金融市场建设至今已有20年,但目前有效的离岸金融适用的法律法规仅有1997年中国人民银行颁布的《离岸银行业务管理办法》(银发〔1997〕438号),且《离岸银行业务管理办法》仅对离岸银行业务的申请及管理作了简单规定,初步规范了我国银行开展离岸银行业务的程序和管理流程,为国内银行合规经营离岸业务提供了制度安排,但未涉及整个离岸金融体系的规范和指引。

(二)海南自贸港离岸金融法律体系的不足

1. 法律定位模糊,缺乏明确的法律规范

海南自贸港离岸金融发展的重要制度障碍体现在离岸金融法律体系及其监管体系建设的相对滞后。国家层面的离岸金融法律法规侧重于离岸金融为国内实体经济发展服务,而非实质意义上的金融创新与开放,使得离岸金融的法律定位偏离了其发展的价值目标。由于缺乏专门针对离岸金融发展的法律,相关法律法规和政策规定也没有配套的法律措施辅助落实,加上法律法规的陈旧性缺乏创新,①相关规定的某些条款已经显现出明显的滞后性。与离岸金融密切相关的一些特殊性政策规定如税收政策、保密制度等也未出台明文规定,导致法律对离岸金融的推动和保障效应缺失。自贸港区域层面亦未出台离岸金融相关的专门性规定,相关内容散见于《海南自由贸易港法》及地方法规体系中,且仅具有宏观指导意义,缺乏很强的现实操

① 参见王勇:《离岸金融中心的演进及其经济效应研究》,经济科学出版社2014年版,第188~189页。

作性，未形成一个完整的具有可操作性的离岸金融法律体系，离岸金融实际所能依靠的法律并未营造出有利于离岸金融发展的宽松的法律环境。总体而言，在国际国内形势不断变化的时代，海南自贸港离岸金融的发展不具备自身发展特色，也缺乏良好的制度基础，难以利用自身政策优势在国际竞争中立于不败之地。

2. 离岸金融风险防范能力较弱

真正意义上的离岸金融市场是一个汇率和利率完全市场化的空间，完全对外开放要求离岸市场的资金利率不受我国利率政策的限制，而取决于国际市场上资金的供给和需求状况。因此，如何防范利率和汇率完全市场化带来的市场风险，是离岸金融法律规则需要重点解决的问题。除利率和汇率市场化带来的风险之外，离岸金融市场还存在包含信用风险、资本跨境流动风险、资本账户开放风险、国际经济变化风险等在内的各种各样的风险形式。[①] 离岸金融风险的存在对海南自贸港离岸金融法律体系提出了更高的要求，但目前海南自贸港离岸金融业务仍处于试点阶段，各个试点银行的离岸金融资产体量相对较小，资金的来源渠道相对单一，离岸金融的发展水平不高导致立法的滞后性更为明显。整体来说，目前海南自贸港离岸金融发展处于起步阶段，相关法律体系和监管规则仍不完善，致使离岸金融抗风险的能力和水平较弱，无法有效应对各式各样的离岸金融风险形态。

3. 无法满足离岸金融复杂性的现实需求

海南自贸港对离岸金融的法律规制无法有效应对离岸金融复杂性的需求。离岸金融不仅会涉及海南自贸港区域内的法律规则体系，而且与其他国家和地区都有着千丝万缕的联系，其中各种利益相互交织甚至冲突使得离岸金融的法律规制变得更为复杂和棘手。从事离岸金融的主体通常都是大规模的跨国金融机构，其组织架构十分庞大且复杂，加上按照不同国家或地区的标准设立的众多分支机构，共同编织了一个完美的离岸金融架构。

① 参见文穗：《海南自由贸易港离岸金融风险防范监管制度研究》，载《海南大学学报（人文社会科学版）》2021 年第 3 期。

在这个架构中,任何一个国家和地区都无法提供统一的法律依据对其进行规制,因而很难实现对离岸金融的监管。资本的趋利性决定了相关利益主体在海南自贸港离岸金融市场中会不惜用各种细致而烦琐的程序来规避监管,以获取更大的经济利益。而目前海南自贸港的法律体系和监管规则都无法应对离岸金融交易中错综复杂的结构,更无法防范其中存在的各类风险问题,或者即使可以发现其中隐藏的金融风险,但碍于缺乏相关法律依据和监管手段,最终也无法对离岸金融风险加以有效地管控与应对。

4.海南自贸港离岸金融制度创新性不足

离岸金融创新过程中,作为“公共产品”的各项基础制度是社会公众进行选择的结果,政府在其中发挥的作用是主导推动、建立、修改各项基础性制度。法律制度和监管机制不仅决定着离岸金融创新的目标、方向、内容、步骤和进度,对金融创新的全过程发挥重要作用,并且创新的实施需要公权力的有效保障。虽然微观金融主体有创新的内生动力,但创新的过程难以形成固化的成果并且及时推行,导致创新的作用十分有限。实际上政府掌握着微观金融主体的创新行为“许可证”,所以从一定程度上来说,海南自贸港离岸金融制度创新是一种以政府为主导的强制性制度变迁形式。[①] 但从现实出发,海南自贸港离岸金融法律体系的缺位在给监管部门的宏观管理活动增加难度的同时,使从事离岸业务的金融机构在发生问题时难以把握宏观法律政策,导致海南自贸港金融监管环境对离岸金融的支持力度存疑。尤其是全国层面,一些法律法规及政策规定将离岸金融的发展定位在服务于国内经济发展上,而不是促进金融的开放与创新,缺乏离岸金融的专门性法律,也未配套落实一些相关的政策和法律法规,从整体上对离岸金融的推动作用不明显。[②] 综上,海南自贸港离岸金融法律制度的不完善意味着对离岸金融的支持力度和保障力度不高,离岸金融发展的内在动力不足,最终导致海南自贸港的离岸金融业务一直处于小规模的发展状态,处于试点实验

---

① 参见黄燕辉:《我国金融监管的演进历程变迁:强制性抑或诱致性》,载《改革》2013 年第 9 期。

② 参见王勇:《离岸金融发展的制度嵌入性研究——全球离岸金融中心与中国实践》,中国经济出版社 2021 年版,第 67 ~68 页。

阶段，导致海南自贸港离岸金融制度也存在创新性不足的问题。

三、自贸港离岸金融法律规则体系的域外经验参考

从域外经验角度看，无论是与纽约、伦敦、香港类似的大城市经济，还是与开曼群岛、新加坡类似的岛国经济，国际离岸金融中心作为一个高效新型、高度自由便利的金融市场，其建立和稳健发展都需要具有良好的基础条件：优越的区位地理条件、稳定的政治环境、较高的经济水平；稳健有序的在岸金融市场、完善的金融体系、丰富的金融机构；放松的外汇管制、健全的法治环境、有利的财税政策等。① 随着中国金融领域的不断进步，中央陆续批准上海、深圳、天津、海南等地发展离岸金融中心，海南自贸港作为目前最高水平的开放形态，如何发挥自身区位优势，参考域外先进发展经验，在我国离岸金融中心建设的众多选择中脱颖而出，法律规制体系的构建如何适应和指引离岸金融业务的有序健康发展，这都是亟待解决的问题。

（一）中国香港地区离岸金融市场发展的经验分析

在跨境资金自由流动方面，香港是全世界金融业最为自由便利的地区，不存在任何隐性的外汇管制与限制措施，②实现了金融业的高度开放自由，是世界上最自由的经济体。香港金融业全面实行对外开放，允许全世界的各类金融机构在香港经营金融业务。香港还是全能型的国际金融中心，其金融要素市场涵盖了证券、保险、银行、信托等各个领域，几乎覆盖了国际金融交易的全链条。同时作为全球领先的金融中心，香港是世界上最大的人民币离岸资产交易中心，在资本账户项目下实现了全面开放。香港的资本项目自由兑换体系是亚洲唯一拥有离岸业务和本地业务的“一体式中心”，

---

① 参见原毅军、卢林：《离岸金融中心的建设与发展》，大连理工大学出版社 2010 年版，第 221 页。

② 1973 年我国香港取消了外汇管制，实现了货币的自由兑换。1978 年，香港进一步放松了金融管制，允许外资银行等进入香港自由经营，允许资金自由流动。1982 年，香港又取消了存款利息税，国际资金顺利回流到香港。

有效促进了资金的自由流动,为离岸金融的发展创造了先决条件。

在投融资自由方面,通过覆盖全球的网络系统,资金和信息可以完全自由移动。香港拥有世界上最为发达的金融交易基础设施和健全的结算清算体系,能够服务于全球各地的投资者。香港资本市场是香港金融业的基石,吸引了全球大量的对冲基金与投行进驻香港,境外金融机构及个人可以自由地开设金融账户从事金融交易。香港同时也是全球最大的债券市场之一,债券作为直接融资产品,其作为低杠杆的融资工具在全球融资体系中占据着重要地位。国际投资者可以采用任何香港债券市场所接受的货币从事债券交易,国际企业也可以利用香港这一国际债券市场平台在香港发行债券募集资金。凭借发达的金融服务体系,香港可以为企业提供多种融资渠道。香港金融机构对借款没有限制,且不存在基准利率与利率管制,只要经过市场化信用评估,居民与非居民均可享受不同期限的贷款服务。香港的金融机构几乎都有专门针对中小企业的业务部分,会根据中小企业的实际经营状况在评估风险后量身定做金融服务。这一系列举措都促进了香港投融资自由的形成,使离岸金融的发展更为顺利。

在金融监管方面,香港实行自由经济政策,其金融监管体系也被誉为全世界最为安全的监管架构,历经 1997 年亚洲金融风暴后,香港金融业受到的冲击也远低于同时期的泰国、韩国、马来西亚,其核心就是香港健全的金融监管体系。香港充分学习了英国金融监管独树一帜的自律监管模式,充分发挥自律组织在金融监管中的补充作用,从保护金融消费者与金融投资者利益出发设计多层次的自律监管新模式。为加快香港离岸金融的发展进程,香港金融管理机构也实施了一系列推动政策,极大地促进了离岸金融的繁荣。

(二)新加坡自贸港离岸金融市场发展的经验分析

新加坡是全球重要的离岸金融市场,金融和贸易的开放程度都很高。20 世纪 60 年代,新加坡开始建设离岸金融市场,在全球对美元的需求量快速增长的时代,新加坡建立了亚洲美元市场(Asian Currency Unit,ACU),为亚太地区的金融机构提供美元存贷款等离岸业务。在离岸金融发展过程中，1997年亚洲金融风暴以前，新加坡金融业的对外开放度并不高，采取了离岸金融账户体系与境内严格分离的发展模式，这也让新加坡在1997年亚洲金融危机中得以“独善其身”，避免了1997年亚洲金融危机对新加坡金融市场的强大冲击。但是金融业对外开放度低也抑制了新加坡金融业的发展。此后，新加坡改变了原有内外分离型金融市场模式，转向全面开放型的金融市场模式。直到2000年，新加坡离岸金融建设取得重大成效，已成为全球十分重要的离岸金融中心，离岸金融的发展模式也逐渐由“内外分离型”向“内外混合型”转变。

在区位优势上，新加坡扼守马六甲海峡的咽喉位置，集聚了大量的转口贸易，新加坡金融机构专门针对贸易企业开展贸易项目专项融资计划，授信额度高且费用低廉。在实现贸易周转的同时，新加坡也实现了国际金融的运转，大量资金周转的现实需要为离岸金融的发展提供了资金条件。在税收优惠方面，新加坡对离岸金融实行税收减免等优惠政策，如取消影响交易成本的印花税、非居民外汇存款利息扣除税以及影响广大投资者收入的所得税等，企业所得税在全球范围内而言也处于较低水平。较低的税负降低了金融交易的成本、提高了投资的收益率，从而可以吸引更多资金进入新加坡离岸金融市场。在金融监管方面，新加坡金融管理局是新加坡金融业的核心监管机构，承担金融调控和宏观管理的职能。新加坡的金融机构除了具备高度开放自由服务全球的特性外，还提供量身定制的个性化金融服务。非居民只需要提供商业银行开户所需的资料，就可以在新加坡开立银行账户与资本账户。新加坡经济发展局作为新加坡经济管理与招商引资最为重要的机构，会为外资企业在投融资上提供优惠的融资指导服务。较为宽松的离岸金融管理体制也为新加坡离岸金融的发展创造了机遇。

（三）开曼群岛离岸金融市场发展的经验分析

开曼群岛是典型的采取避税型离岸金融模式的市场，对外汇的管制很少，金融自由化程度很高。从监管的角度来看，开曼群岛对金融的管制很少,开曼群岛的金融管理局成立于1997年,主要负责群岛内的金融监管,并处理银行申请开办、发放信托执照、管理保险行业、监管基金等管理实务。税收优惠政策方面,开曼群岛的赋税很低,不征收资产收益税、所得税和遗产税等,只有为数不多的税种发挥宏观调节作用。开曼群岛的离岸机构在注册成立后20年内豁免缴纳当地的税款,并且离岸金融机构的款项给个人汇出不用代扣个人所得税。在法律保障方面,开曼群岛严守金融保密规则,通过国家层面的立法来促使和监督金融机构对客户信息进行严格的保密,并针对岛内公司和个人的洗钱行为制定了反洗钱法,为离岸金融的健康有序发展创造了安全的环境。从而吸引了大量的外国公司在开曼群岛内开展金融业务,极大地促进了开曼群岛离岸金融市场的发展和繁荣。

(四)域外先进地区离岸金融发展的制度启示与参考

1. 制度要素建构方面

第一,在金融管制方面,较为宽松的金融管制、高程度的金融自由化是域外先进离岸金融市场发展的必要途径,需要通过建立宽松的金融监管环境吸引国际资金的流入。首先,要放松外汇管制。中国香港、新加坡和开曼群岛在离岸金融市场建设中都放松了对外汇的管制,甚至取消外汇管制(见表7-1)。其次,推进利率市场化改革。中国香港、新加坡和开曼群岛的利率市场化水平和金融自由化程度都较高,在市场化配置作用下,贷款利率低而存款利率高,并且不同离岸金融市场的利率水平在全球市场化改革进程中会逐渐趋于一致。最后,取消离岸金融市场的法定存款准备金及存款保险要求。中国香港、新加坡和开曼群岛离岸金融市场遵循“优胜劣汰”的原则,给予金融机构发展充分的自由。

表7-1　发达离岸金融市场放松金融管制的措施汇总

国家或地区	外汇和利率管制	存款保险制度	法定准备金率
中国香港	无外汇和利率管制、无利息预扣、国外利润派息自由	离岸金融无存款保险制度安排	无法定准备金率

续表

国家或地区	外汇和利率管制	存款保险制度	法定准备金率
新加坡	无外汇和利率管制	离岸金融无存款保险制度安排	无法定准备金率
开曼群岛	无外汇管制、允许黄金外汇自由流动、存款利率高	无存款保险制度安排	对外币存款无法定准备金率的要求

第二，在税收制度方面，虽然离岸金融发展的核心要义并非为避税提供渠道，但不能否认优惠的税收政策对离岸金融吸引力的提升作用。税收优惠是离岸金融发展的制度优势之一，也是金融机构形成聚集效应的重要原因。从中国香港、新加坡及开曼群岛的发展经验来看，离岸金融一般都需要以降低税率甚至取消税种作为支撑因素之一，通过优惠的税收制度吸引国际资金的大量流入。当然，并非所有离岸金融市场的税收优惠都一致，对于避税型离岸金融市场来说，税收优惠以及较少的政府干预是其最重要的制度优势。

第三，在法律体系方面，完善的离岸金融法律制度体系是离岸金融发展的重要保障。在离岸金融发展的初级阶段，主要依靠法律制度的建立为国际资金的流入提供稳定的保障，从而吸引国外金融机构和资金大量涌入离岸金融市场，促进市场的快速壮大和发展。例如，新加坡《证券与期货法》《支付体系监督法》等法律法规的出台为新加坡离岸金融发展创造了良好的法治环境。从中国香港、新加坡及开曼群岛的发展经验来看，结合本地的实际发展需求的形势，主动与国际离岸金融规则接轨，构建完整健全的法律制度和市场规则是离岸金融发展的必备要素，为金融机构和离岸公司在本区域内的聚集和运营提供法治保障。

2. 离岸金融风险监管方面

国际离岸金融市场的金融监管几乎都实现了从传统的合规性监管向全面的风险监管的转变。随着国际离岸金融市场发展程度的不断深入，对离岸金融市场准入与退出、市场经营实施全面有效的监管已成为国际离岸金融监管的发展导向。首先，在监管主体上，根据离岸金融发展的特性与独特需求，各离岸金融市场所在国基本都成立针对离岸金融的独立金融监管部门，可以有效提高离岸金融监管的有效性和专业性。其次，在市场准入监管上，部分离岸金融市场只允许银行类金融市场的进入，并要求银行通过设立分支机构的形式进入离岸金融市场。例如，新加坡和中国香港的离岸金融市场准入便是如此，但采用的是颁发执照的形式进行许可管理。新加坡为从源头上进行离岸金融风险的防范，对离岸金融经营主体的资质进行严格的审查，并对本国机构和外国机构的市场准入采取差异化的政策。也有部分离岸金融市场允许不同形式的金融机构进入，对准入的限制很少，这有利于形成多元化的离岸金融市场体系。再次，在市场经营监管方面，国际离岸金融市场的监管通过注册资本门槛设置、资本与风险资产比率限制、资产负债业务限额等方式进行，以确保离岸金融市场的稳定运行。比如中国香港地区的居民和非居民、本币和外国货币都可以进行自由交易，未设置专门的离岸账户，这便导致香港地区对于经营主体的日常经营活动实施了持续性监管，这对金融体制和监督机制都提出了较高的要求。最后，在市场退出监管上，主要有最后贷款人制度、存款保险制度和危机预警机制等形式保障离岸金融机构的有序退出。例如，中国香港的政府外汇基金扮演“最后贷款人”的角色，保障离岸金融市场的有序和稳定。

四、海南自贸港离岸金融发展的法律框架及规则设计

离岸金融的高风险性是与生俱来的，海南自贸港离岸金融的健康有序发展离不开法律体系和监管体系的规制与保障。健全的法律规则体系可以在离岸金融发展中发挥有效的促进作用，为离岸金融的参与方提供更为安全的保障。[①] 参考域外先进经验，海南自贸港在离岸金融发展初期应当加快构建和完善离岸金融管理相关法律体系，为离岸金融的发展营造一个公平

① 参见王勇：《离岸金融发展的制度嵌入性研究——全球离岸金融中心与中国实践》，中国经济出版社 2021 年版，第 71 ~ 72 页。

竞争、稳健有序的市场环境。应当用足用好中央对海南自贸港的立法授权，完善离岸金融立法的顶层设计。针对离岸金融市场准入环节、市场经营、市场退出环节设计完整的法律规则。

(一)用足用好立法权完善离岸金融立法

目前我国尚未出台一部全面的离岸金融相关的法律，立法的滞后也导致离岸金融的运行无法可依，亦无法进行有效监管，海南自贸港发展离岸金融有必要坚持“立法先行”的原则，进行“制度创新、先行先试”。“完整意义上的离岸金融法至少应包含以下三个方面：离岸金融法的基本原则、离岸金融交易法、离岸金融监管法。”[①]海南自贸港在发展离岸金融的过程中，为了对在港内离岸金融市场中存在的各种关系和行为进行有效的规制和协调，亦需从以上3个角度对离岸金融进行立法规范。但在具体推进过程中，可以视实际情况需要，制定合理的立法规划和策略。从理论层面来讲，对海南自贸港而言，最为理想的立法路径就是充分运用中央对海南的立法授权，制定一部“海南自由贸易港离岸金融管理条例”，在明确基本原则的基础上，较为全面地规定离岸金融的主体问题、交易关系、监管问题等。对于一些更为细节的问题或者随着时间的推移而产生的新问题，可以运用政策制定、管理细则等手段加以处理。

(二)离岸金融市场准入环节的法律规则设计

金融风险伴随着金融创新发展的全流程，离岸金融市场准入便是通过将不合格的金融机构隔离在金融市场之外的方式，从预防的角度防范金融风险。海南自贸港发展离岸金融市场必须首先放宽金融市场的准入门槛尤其是要放宽外资金融机构进入海南离岸金融交易市场的准入门槛。在市场准入的原则上，海南自贸港必须坚持国民待遇原则，港内的居民和非居民享有同样的权利并承担同样的义务，不因国籍、经济实力的不同而产生差别的

---

① 原毅军、卢林：《离岸金融中心的建设与发展》，大连理工大学出版社2010年版，第207页。

待遇和标准。在市场准入的形式上，为更好地保障离岸金融机构的稳健经营，降低离岸金融机构的金融风险，离岸金融机构必须以分支机构的形式进入海南自贸港的离岸市场。[①] 原因在于分支机构由其金融集团实施直接控制，并且所属集团对分支机构负有提供资金支持、承担加重责任的义务，可以更好地保障离岸金融机构的持续经营。在市场准入的方式上，海南自贸港应当根据离岸金融机构从事的业务类型适用不同的准入方式，对于既从事离岸业务又从事在岸业务的金融机构应当对其资产实力和账户分离管理状况进行严格审查，对于仅从事离岸业务的金融机构则采取核准的方式进入。

（三）离岸金融市场经营的法律规则设计

虽然促进离岸金融繁荣的核心因素便是其发展不受市场所在国金融法律制度的约束，但为保障离岸金融市场的有序发展，避免其无序经营导致市场乱象，海南自贸港需要对离岸金融机构的市场经营活动作出一般性、原则性的指引。在存款准备金制度方面，海南自贸港目前离岸金融发展处于起步阶段，无法直接照搬香港、新加坡、开曼群岛等先进自贸港不设存款准备金的经验，需结合自贸港发展实际，对于离岸账户之间的交易无须缴纳存款准备金，但对离岸账户与在岸账户的交易仍须按比例缴纳存款准备金。在交易货币方面，由于海南自贸港离岸金融的发展肩负着促进人民币国际化的重要使命，港内离岸金融交易活动所使用的货币应当以人民币为主。[②] 虽然在离岸金融市场使用的货币最好可以实现资本项目可兑换，而人民币目前尚未达到这一要求，但在自贸港内的离岸金融交易使用人民币仍可实现自由兑换。在交易主体方面，按照国际惯例，从事离岸金融交易的主体只能是市场所在国的非居民。但在未来金融自由化程度进一步加深的背景下，海南自贸港既肩负着实现金融高度开放的使命，又承载着带动我国金融市

---

① 参见韩龙：《离岸金融的法律问题研究》，法律出版社 2001 年版，第 334～336 页。

② 参见罗国强：《离岸金融法研究》，法律出版社 2008 年版，第 116～124 页。

场发展繁荣的重要任务,因此在发展离岸金融中心的过程中可以逐渐放松对在岸金融市场的严格管制,离岸账户逐步对海南自贸港居民开放,居民也能参与到离岸活动之中。

(四)离岸金融市场退出环节的法律规则设计

完善离岸金融市场退出的法律设计是保障离岸金融健康持续发展的重要环节。将不符合经营离岸金融业务条件的金融机构经由健全的市场退出监管机制及时清理出离岸金融市场,避免造成离岸金融市场"只进不出"的混乱现象。首先,应当完善离岸金融机构退出市场的标准和条件,对于产生严重经营危机的离岸金融机构要依照法定的风险处置程序有序退出市场,防止其金融风险进一步扩散。其次,应建立离岸金融风险预警机制,监管机构对离岸金融机构的风险进行持续性跟踪评估,对具有潜在风险的金融机构及时进行预警并监督机构采取相应的补救措施,将经营风险限制在可控范围内。再次,完善海南自贸港离岸金融的存款保险制度和最后贷款人制度,海南发展银行是国内唯一一家被行政关停的商业银行,其遗留的呆账与坏账最后由央行进行兜底。因此,央行需为防范金融风险、保障投资者利益、维持市场秩序提供充分的保障机制。最后,需完善离岸金融机构的破产退出机制,当离岸金融机构严重资不抵债符合破产条件时,应当建立畅通的破产渠道,在较短时间内完成离岸金融机构的破产清算,提高离岸金融机构破产退出的效率,以免影响其他离岸金融机构的正常运转。

五、海南自贸港离岸金融发展:监管规则保障

离岸金融是相关货币游离在货币发行国以外而形成的金融交易,资金的需求者和供给者都来自国外,这便具有离岸和"两头在外"的特性,这种特性决定了对离岸金融的监管有别于在岸金融的监管。离岸金融虽会受到来自各方面的监管及法律的影响,但与在岸金融相比,离岸金融的自由化程度很高,任何一个国家或监管机构都无法对离岸金融活动进行完全的控制和

规范。可以说，离岸金融的发展给各个金融监管当局都带来了不少监管难题。虽然离岸金融的发展有助于海南自贸港的经济社会发展，但其存在的监管问题也会造成海南自贸港金融系统的不稳定，有可能诱发金融危机，因此海南自贸港有必要规范对离岸金融的监管。

离岸金融监管不能简单地套用对在岸金融市场或者涉外金融市场的监管模式，海南自贸港应当在参考国际监管经验的基础上结合自贸港发展实际形成具有"海南特色"的监管体系。在监管主体方面，建议海南自贸港成立协调统一的离岸金融监管机构，综合处理离岸金融发展中存在的错综复杂的风险和监管难题；在监管内容方面，海南自贸港必须从离岸市场准入、离岸市场经营、离岸市场退出全流程全方位的角度为离岸金融的发展提供监管保障；在监管方式方面，海南自贸港金融监管机构应转变监管思维和方式，从传统的对基本规则的监管转化为对行为全过程的动态监管，从侧重于事后风险处置的监管转化为事前事中事后的全流程监管；在监管合作方面，海南自贸港金融监管机构必须积极主动地寻求离岸金融国际监管合作，与其他国家和地区保持监管信息共享，携手应对离岸金融这一创新发展模式给金融监管带来的挑战。

（一）离岸金融的监管模式选择：在岸离岸相区分

目前，我国尚未形成统一的离岸金融发展模式，与离岸金融整体模式选择相关的规定散见于法律文件中，例如《离岸银行业务管理办法》、国家外汇管理局《关于对离岸金融业务七个暂行规定的批复》中存在"在岸业务和离岸业务分离管理"的零散表述。① 因此，海南自贸港离岸金融模式的选择应

① 1996年7月15日，国家外汇管理局发布的《关于对离岸金融业务七个暂行规定的批复》（汇管复字第190号）中提到，"存款来自境外，放款也面向境外，离岸金融业务与在岸业务严格分开，不得相互混淆"；1997年10月23日，中国人民银行发布的《离岸银行业务管理办法》第19条规定："银行对离岸银行业务应当与在岸银行业务实行分离型管理，设立独立的离岸银行业务部门，配备专职业务人员，设立单独的离岸银行业务帐户，并使用离岸银行业务专用凭证和业务专用章。"第20条规定："离岸业务与在岸业务分帐管理，离岸业务的资产负债和损益年终与在岸外汇业务税后并表。"

立足海南自贸港的政策导向及发展实际，海南自贸港离岸金融的发展宜参照美国、迪拜的做法采取在岸离岸区分的模式，[①]必须严格分离在岸市场与离岸市场，禁止资金在两个市场之间实现流动，在离岸业务与在岸业务之间建立"防火墙"，监管居民在岸账户与离岸账户间的交易，以保障离岸金融的健康有序成长。[②] 采取在岸离岸区分模式的原因在于：其一，基于海南自贸港金融开放的现实，金融开放程度有待进一步加深，仍未完全实现资本项目可兑换，金融风险防控以及金融监管的水平和能力与国际一流水平之间仍存有很大差距，自贸港的金融基础设施建设仍需进一步加强。总体而言，海南自贸港目前不具备采取金融市场完全开放、金融行业经营完全自由的"离岸在岸一体化"模式的条件。其二，海南自贸港若通过"避税型"的离岸金融发展模式、建设国际"记账中心"的方式来促进金融的开放与创新，无法实现海南自贸港金融开放创新服务于实体经济的实质性要求，金融对实体经济的服务效用难以得到有效发挥。其三，海南自贸港既要充分利用"一线放开"的政策优势，最大限度地与国际金融资源实现有效结合，又要做好"二线管住"的风险防范工作，在实现与境内港外金融市场有机结合的同时防范跨境金融风险向我国其他地区蔓延。[③] 在目前海南自贸港金融监管体制不健全的背景下，采取在岸离岸区分的离岸金融模式有利于离岸业务与港内、港外境内在岸业务的分离，更好地防范跨境金融风险传导至境内港外的金融市场。《海南自贸港总体方案》中"建立资金'电子围网'"也为在岸离岸业

---

① 全球主要自贸港金融开放创新模式主要分为 3 种：一是以中国香港、新加坡等为代表的"离岸在岸一体型"，采取这种模式的自贸港金融自由化水平最高，可以吸聚全球高端金融资源，逐步发展成为国际金融中心；二是以巴拿马科隆、美国纽约、阿联酋迪拜等为代表的"离岸在岸隔离型"，选择这一模式推进自贸港金融开放创新，有利于金融管理当局对境内业务与境外业务、在岸业务与离岸业务进行分类监管，从而有效减缓离岸金融市场对在岸金融市场的冲击；三是以开曼群岛、英属维尔京群岛、百慕大等为代表的"避税港型"，在这种模式下，全球金融机构在开曼群岛开展业务，一个重要目的在于逃避本国的税收而在岛内进行记账，实际业务交易则在其他国际金融市场进行。参见欧阳卿：《全球自由贸易港金融创新实践》，载《中国金融》2018 年第 12 期。

② 参见陈阳：《推动海南自由贸易港金融开放创新》，载《中国金融》2020 年第 23 期。

③ 参见李思敏：《自由贸易港金融开放创新：海南探索与广东借鉴》，载《南方金融》2020 年第 6 期。

务的分离提供了重要的基础设施。[①] 由此，海南自贸港离岸金融的发展宜采取在岸离岸区分的模式，由金融监管机构对在岸业务和离岸业务进行分类分块监管，以有效降低离岸金融市场的发展对海南自贸港在岸金融市场的冲击。

（二）建立统一协调的海南自贸港离岸金融监管体系

离岸金融的发展是综合性、跨行业、跨领域的，需要多个不同金融监管部门之间的协同合作。由于现实中金融监管部门之间沟通协调机制的缺乏，很容易形成各自为政、互不干预的监管格局，在特殊情形下也有可能出现针对离岸金融同一监管事项出台不同的措施和规定，甚至不同规定和措施之间存在相互冲突的问题。这种情形的发生很容易产生监管空白地带，在提高监管成本的同时影响监管效率的提升。据此，海南自贸港有必要针对离岸金融建立起协调统一的监管体系，设立一个综合性、整体性的离岸金融监管机构（如“海南自由贸易港离岸金融监管委员会”等），由该机构负责自贸港内所有与离岸金融有关的监管制度的制定以及地方金融监管机构之间的监管协调工作，以降低离岸金融监管成本、提高监管效率、激发离岸金融市场发展活力、维护离岸金融市场的稳定与有序发展，最终助力海南自贸港金融开放与创新。

（三）加强离岸金融事前事中事后监管

离岸金融的存在和发展给传统的金融监管和管辖都带来了前所未有的挑战，如何应对这些监管难题、实现金融监管与金融市场活力之间的有效平衡，并保障海南自贸港离岸金融的持续稳定发展，这是海南自贸港实现金融开放创新不可忽视的问题。海南自贸港必须从离岸市场准入、离岸市场经营、离岸市场退出全流程全方位的角度为离岸金融的发展提供监管保障：第

① 《海南自贸港总体方案》明确规定：“通过金融账户隔离，建立资金‘电子围网’，为海南自由贸易港与境外实现跨境资金自由便利流动提供基础条件。”从此可以看出对于海南自贸港离岸金融模式选择的大致指向。

一，市场准入监管是从源头上审查进入海南自贸港离岸金融市场的机构资质，筛选具有离岸金融资质的金融机构进入离岸市场，防范鱼目混珠，扰乱离岸金融市场的正常秩序。第二，市场经营监管是对金融机构从事离岸金融业务的全流程进行监管，监督金融机构经营行为的规范性，防范利用离岸金融平台规避法律监管的操作风险。第三，市场退出监管对于离岸金融秩序的稳定也至关重要，将不符合经营离岸金融业务条件的金融机构经由健全的市场退出监管机制及时清理出离岸金融市场，避免造成离岸金融市场"只进不出"的混乱现象。因此，要构建有效的离岸金融机构市场退出机制，及时清理未实际经营或者有严重经营危机的离岸金融机构。

（四）完善离岸金融风险预警机制

在如今动荡且竞争激烈的世界环境中，变化的速度总是能够打击维持现有秩序的企图，这便意味着监管机构并不总是处于能完全控制和掌握离岸金融的状态。简单追求指导规则、监管政策和相关立法的不断扩充并不是实施控制的最好路径，因为"对于不能控制的东西不进行监管"是监管的真理之所在。[①] 海南自贸港应当将离岸金融监管的重点放在风险预防上，即让金融消费者熟知风险而为自己做出的金融决定承担更多的责任，而不应当为了控制潜在的危机而不断增加限制性规则。换言之，监管机构应将重点放在离岸金融风险预防性措施上，而不是事后处置，从某种程度上讲，离岸金融风险防范的监管效果比风险处置的监管效果要好很多。当然，风险防范并非一件简单的监管任务，因为即使是很小的、认可度很低的离岸金融机构倒闭，也会较快地将风险传播到其他区域，包括在岸金融市场。在离岸金融机构市场准入阶段，对其资质、范围和经营形式进行审查是防范离岸金融风险的源头；在离岸金融机构市场经营阶段，对其资本充足率、业务范围的交易方式进行持续性监管是防范离岸金融风险的关键步骤；在离岸金融

---

① 参见［美］希尔顿·麦卡恩：《离岸金融》，李小牧、孙俊新译，中国金融出版社 2013 年版，第 382～383 页。

机构市场退出阶段，为避免产生经营危机的金融机构对整个离岸金融市场产生系统性风险，必须尽快完成市场退出流程。

（五）加强离岸金融机构监管的国际合作

在经济全球化、一体化快速发展的时代，国际监管合作是应对离岸金融复杂性和体系性的必然选择，海南自贸港必须加强离岸金融机构监管的国际合作。离岸金融的复杂性体现在其发展与众多国家和地区都有着千丝万缕的联系，从事离岸金融的主体通常都是大规模的跨国金融机构，其组织架构十分庞大且复杂，加上按照不同国家或地区的标准设立的众多分支机构，共同编织了一个完美的离岸金融架构。在这个架构中，任何一个国家和地区都无法提供统一的法律依据对其进行规制，因而很难实现对离岸金融的监管。资本的趋利性也决定了相关利益主体在海南自贸港离岸金融市场中会不惜用各种细致而烦琐的程序来规避监管，以获取更大的经济利益。由此，离岸金融监管的国际合作显得尤为重要，只有各国金融监管当局加强监管协作，才能有效应对离岸金融的监管真空问题。因而，海南自贸港的金融监管机构必须加强与离岸金融相关的其他国家和地区监管当局的监管协调与配合，尽量实现与离岸金融机构母国监管当局的监管信息共享，填补信息不对称导致的监管漏洞。在提高自身监管水平的同时加强与离岸金融监管的国际合作，以达到离岸金融风险事先防范和及时化解的有效监管状态。

结　语

经济全球化是推动全世界各类经济要素在全球范围内自由流动的动态发展进程。经济全球化的初级发展阶段是贸易国际化，中级阶段是投资和生产国际化，而高级阶段就是金融国际化。[①] 当经济全球化发展到一定程度，必然要求世界各国降低资金进入门槛甚至超越国家之间的限制，使各类

① 参见原毅军、卢林：《离岸金融中心的建设与发展》，大连理工大学出版社 2010 年版，第 1 页。

要素和资源能在全球范围内实现自由的市场化配置,这对金融资源和要素的要求便是离岸金融的纵深发展。离岸金融作为经济全球化发展到一定阶段的必然产物,是现代金融产业发展最重要及最核心的创新形式。离岸金融将零散的国内金融市场和传统的国外金融市场紧密结合,为金融要素的流动提供了一个信息通畅、交易自由、成本较低、覆盖全球的市场环境。从国际离岸金融发展的经验来看,第一,区位优势是离岸金融发展的重要基础,较好的金融发展环境是离岸金融市场形成的必备要件。从海南自贸港发展离岸金融的区位优势进行分析,发展离岸金融是海南自贸港建设的应有之义,是实现海南自贸港金融开放的核心举措,是海南自贸港发展离岸贸易和吸引外来投资的重要支撑,是实现我国人民币国际化的关键步骤,是海南自贸港建设过程中的必然抉择。而且海南自贸港发展离岸金融在地理优势、内在价值、政策导向、建设目标、监管层面及具体操作上都具有可行性。但囿于离岸金融的法律定位模糊、缺乏明确的法律规范、风险防范能力较弱、法律与监管体系无法满足离岸金融复杂性的现实需求、离岸金融制度创新性明显不足等现实困境的存在,海南自贸港离岸金融发展裹足不前。第二,制度要素是离岸金融发展的关键因素,参考中国香港、新加坡、开曼群岛等离岸金融发展繁荣地区的经验,海南自贸港有必要通过离岸金融立法的引导,用足用好立法权完善离岸金融立法,坚持金融开放性原则,逐步允许境外金融机构在港内从事与本地金融机构相同的金融业务,对境内与境外金融机构在市场准入与退出、日常监管等方面同等对待。第三,全面有效的风险监管是离岸金融发展的重要保障。为保障海南自贸港金融安全与稳定,必须构建有效的监管机制,在坚持离岸在岸相分离的监管模式的基础上,建立统一协调的海南自贸港离岸金融监管体系,加强离岸金融事前事中事后监管,完善离岸金融风险预警机制,并加强离岸金融机构监管的国际合作。

第八章

海南自贸港一流法治化营商环境建设研究

习近平总书记“4·13 讲话”、中央“12 号文”、《海南自贸港总体方案》中均对海南营商环境的建设提出明确要求和具体步骤规划,①这充分地表明了党中央和习近平总书记对海南自贸港营商环境建设支持力度之大、寄予期望之高,也体现了党和国家将海南打造为对外开放新高地的决心和科学谋划。海南自贸港必须谋划全局,用独具特色的一流营商环境向世界展示我国对外开放的新篇章。一流营商环境的重要表征就是打造一流营商环境的法治保障,营造一流营商环境必须发挥好法治的保障作用,法治化的营商环境的建设成果集中体现为制度竞争的优势,对海南自贸港经济的转型升级和高质量的发展具有重要促进作用。因此,确有必要建立海南自贸港一流营商环境的充分法治保障,为海南自贸港的建设及更高水平的对外开放奠定法治基础。

---

① 习近平总书记在“4·13 讲话”中强调,海南要“加快形成法治化、国际化、便利化的营商环境和公平开放统一高效的市场环境”。中央“12 号文”确定的阶段性发展目标,对海南自贸港营商环境提出了具体要求,到 2025 年“营商环境达到国内一流水平”,到 2035 年“营商环境跻身全球前列”。《海南自贸港总体方案》明确指出,到 2025 年“营商环境总体达到国内一流水平”,到 2035 年“营商环境更加优化”。

一、一流法治化营商环境的基本理论

理论对实践具有重要的指导意义,法治化营商环境的基本理论是探究如何推进海南自贸港法治化营商环境建设的基本前提。此部分重点分析法治化营商环境的基本内涵及营商环境中的核心法治关系。

(一)一流法治化营商环境的内涵与核心要素

营商环境的本质就是一系列制度安排,具体涉及市场主体准入和退出自由便利、生产经营公平有序等各个方面。而法治是中国式现代化国家治理的基本方式,国家治理现代化的内在要求是用法治的手段进行治理。[①] 社会主义市场经济的本质就是法治经济,法治化是最好的营商环境,[②]公平、统一、高效及国际化、便利化的营商环境都可以通过法治化这一主要路径得以实现。市场经济得以正常运行、秩序得以维护的重要保障便是"良法善治","良法善治"既是政府适度干预经济的重要价值尺度,也是处理好政府与市场主体关系的关键手段。[③] 在国内国际双循环的经济发展模式中,应当将法治化营商环境的建设放在最核心、最突出的位置,并立足海南自贸港的实际及发展需要有针对性、及时地完善法治化的营商环境,彰显在营商环境建设中法治"固根本、稳预期、利长远"的作用和意义。

我们该如何界定法治化营商环境?一般认为,其是指营商环境相关的法律法规体系健全、完备并得以有效贯彻落实的一系列制度安排。[④] 在海南自贸港营商环境建设的三大目标,即法治化、国际化、便利化之中,发挥根本性、基础性和关键性作用的便是法治化营商环境的建设,法治化营商环境代

---

① 参见张文显:《法治与国家治理现代化》,载《中国法学》2014 年第 4 期。

② 参见张红哲:《法治是最好的营商环境(新论)》,载《人民日报》2020 年 10 月 16 日,第 5 版。

③ 参见侯欢:《香港税收营商环境优化的法治逻辑与经验借鉴》,载《税收经济研究》2020 年第 6 期。

④ 参见冯玥:《武汉市法治化营商环境建设研究》,载《长江论坛》2016 年第 2 期。

表着海南自贸港政策体系和法规体系中与营商环境密切相关的内容的规范化和固定化，意味着自贸港内各项优化营商环境的措施具有法律约束力和影响力，充分发挥法治对营商环境的保障力。法治化不仅能够最为直观地体现和描绘出海南自贸港营商环境国际化、便利化和市场化的规范程度，最重要的是法治化可以充分有效地保障、促进和推动自贸港营商环境的国际化、便利化和市场化发展，充分体现营商环境法治化的重要程度和保障功能，彰显出法治是优化营商环境中的重要影响因子。

（二）一流法治化营商环境建设中的几组核心法律关系

法治化营商环境建设的重中之重就是处理好核心法治关系，具体包括市场主体与市场主体之间、政府与市场主体之间、市场主体与社会之间的法治关系。只有妥善处理好以上法治关系，才能打造一个公平、透明、高效的营商环境。

1. 政府与市场主体之间的法治关系

政府与市场的关系一直是社会主义市场经济法治的核心内容，政府干预与市场调节之间如何保持动态平衡是市场经济法治始终追求的目标。一方面，政府干预是现代市场经济中不可或缺的制度安排，任何市场脱离了政府的有效干预都难以维持正常秩序，政府“有形的手”是法治化营商环境建设中的必备要素。另一方面，市场需要活力才能实现持续发展与繁荣，政府过度干预一定程度上会抑制市场活力。此外，市场“无形的手”具有自我调节的能力，能在一定限度内自我调节和自我优化，政府干预需维持在合理限度内，给市场一定的自我调节空间。因此，正确处理好政府与市场的关系是法治化营商环境建设的核心，在保持市场充分活力和竞争力的同时打造“诚信政府、服务政府和法治政府”，将法治化营商环境中政府与市场关系处理的重点放在解决过度干预、行政垄断以及降低产业政策多变性等方面。政府既要合理运用各种干预方式维持良好的市场秩序，又要维护市场主体的合法利益，保障市场主体的合法权利不受非法侵害，不过多抑制市场的创新行为和发展活力。海南自贸港法治化营商环境的建设必须在政府干预和市场调节中寻找一个完美的平衡点，为法治化营商环境的打造提供主体层面的可行性。

2. 市场主体与市场主体之间的法治关系

法治化营商环境中第二组关系是市场主体相互之间的法治关系，市场主体之间必须保持公平竞争、统一高效的完美状态。法治化营商环境的建设质量高度，除了评估市场主体进入和退出市场是否自由外，更具实际意义的是市场主体日常经营所处的竞争环境是否公平、平等、充分。公平竞争是市场主体进行经济活动和实现创新的基本前提，历史和实践证明，在缺乏市场竞争的垄断时代或者竞争不充分的时代，经济社会的发展总是滞后的，公平的市场竞争环境是经济发展的不竭动力和源泉。因此，公平竞争的市场环境是营商环境建设理应追求的主要目标，营商环境评价体系也将该区域市场充分竞争的程度作为一项重要的评价指标。法治化营商环境建设必须妥善处理好市场主体与市场主体之间的平等关系和竞争关系，在市场准入和经营、产业发展、招标投标、政府采购、资质标准、市场退出的各个环节给予市场主体平等的机会，各项政策措施和法律法规都应一视同仁，在相关规定出台前必须对该规定在市场公平竞争方面的影响作出严格评估，对不利于公平竞争环境建设的相关规定必须进行修订，避免因市场主体所有制形式或者经济实力的不同而区别对待。此外，对于已经出台的与市场主体的活动相关的法律法规和政策规定中有违背公平竞争原则的内容，必须进行及时的修正或者废除相关规定。总而言之，市场主体与市场主体之间的法治关系是法治化营商环境中的重要法治关系之一，其核心宗旨就是要打造公平竞争、统一高效的市场环境。

3. 市场主体与社会之间的法治关系

市场主体与社会整体之间的法治关系也是法治化营商环境建设中必须考虑到并予以妥善处理的一类法治关系。此类关系处理的核心便是加强法治社会建设，为市场主体在海南自贸港内的活动营造稳定、安全的社会环境。一方面，社会是市场主体活动的主要场所，社会环境的好与坏直接关系到市场主体的行为效果和经济效率。为了给市场主体的正常经营活动提供安全、稳定、有序的社会环境,必须综合运用法治手段,加大法治社会的建设力度,着力建设和谐社会、平安社会,着力维护市场主体的行为安全,着力保障市场主体的合法权益。另一方面,市场主体的社会责任是社会环境实现安全、稳定、有序目标的重要部分,市场主体作为各项社会行为的主要参与者和亲历者,在享受社会带来的福利和便利的同时应当承担起自身的社会责任,积极承担起社会治理的职责,齐心协力营造更有利于自身发展的营商环境。市场主体积极主动承担社会责任也是其权利和义务平衡的一个重要体现,市场主体享受社会环境提供的便利是其享有的合法权益,市场主体的社会责任也是其应当承担的社会义务。因此,市场主体与社会之间的法治关系既体现在社会综合运用法治手段为市场主体的经营行为提供充分的便利,又体现在市场主体主动承担的社会公共责任,通过自身义务的履行和责任的承担为法治化营商环境助力。

二、一流法治化营商环境建设的重要性和评价指标

(一)营造一流法治化营商环境的重要性

一个国家和城市核心竞争力、经济软实力、市场活力和社会创造力的重要体现便是营商环境。就国家层面而言,目前全世界的经济体对营商环境建设的重视程度可以说是史无前例,无论国家的经济发展水平如何,世界各国均在积极对标国际上的优秀经验,主动深化国内相关领域的改革,在强化贸易、投资、人员进出便利化自由化等软环境建设方面下功夫。营造一流的法治化营商环境是打造全面对外开放新格局的坚实后盾,亦是应对国内外双重压力的坚实保障。①

就城市层面而言,国内各地区也在主动对标国内外先进经验,各地方政府均将营商环境建设作为政府工作的重中之重,对外吸引投资的主要动力源泉

① 参见王昌林、赵栩:《加快营造国际一流的营商环境——关于当前深化“放管服”改革、优化营商环境的一些思考》,载《中国行政管理》2019 年第 7 期。

从政策红利、优惠政策和基础设施完善等“硬实力”转化为营商环境这一“软实力”，形成了优化营商环境的良性竞争。作为联结“一带一路”和长江经济带的重要枢纽，海南自贸港建设一流营商环境城市既是顺应国内改革发展的需要，又是提升城市竞争力，推动经济健康发展，建设国家中心城市的重要措施。

1. 营造一流营商环境是海南自贸港提升城市竞争力的重要支点

从当前我国城市发展建设的趋势来看，营商环境将成为衡量城市竞争力的重要指标，是未来提高城市竞争力的重要支点。根据城市可持续竞争力的要素展现出的演进规律、转化趋势和升级路径来看，某一城市的竞争能力提升具备两个重要特点：第一，传统的城市经济实力增长和城市可持续竞争力提升的动力和源泉依赖城市的基础设施建设对市场主体发展所需的外部环境的满足程度，但当代城市经济增长的动力主要是内生的，城市竞争力的提升主要依赖城市的整体创新程度和知识水平。第二，以往城市竞争力主要侧重于数量的增长，可持续竞争能力主要包括一般要素和自然资源的数量；而当代城市竞争力的提升主要依赖质量的提高，高端软件要素和硬件要素等具有质量比较优势的要素是可持续竞争能力的主要内容。城市知识与创新的重要来源，是企业持续不断的技术创新和供给。而企业的技术创新和供给，则有赖于外部制度与政策环境的支持。目前我国正处于经济发展高速增长向经济高质量发展的过渡阶段，从行政管理部门的“放管服”改革到支持企业发展的减免税费、融资便利等各项利好政策的实施，其最终目的在于为企业创造一个宽松的制度环境，激励企业自主创新，开发具有高技术含量和适应市场需求的产品。因此，未来城市增长的根本动力在于知识和技术创新，而知识和技术创新的实现，则主要依赖于城市营商环境这一“软环境”的优化。科尔尼公司于 2018 年 5 月发布的《2018 年全球城市指数》报告中总结道：中国城市整体竞争力的提升主要归功于对营商环境建设的重视以及经济发展模式的正确选择。

当前中国各地正在进行如火如荼的营商环境建设，从大部分主要城市发展的战略布局可以发现，当前我国主要城市已形成通过优化营商环境来凝聚城市竞争力的共识，城市提升竞争力的重要举措便是营商环境建设，这也是各城市落实我国全面深化改革,实现经济转型政策的必然选择。在当前阶段我国城市竞争力的提升,应当聚焦于城市经济质量的提升,以营商软环境为代表的制度环境的优化,是提升经济质量的必要条件。加大营商环境改革,营造好的营商环境是目前提升增强竞争力的重要支点,也将成为衡量城市竞争力水平的重要指标之一。

2. 营造一流营商环境是持续推动经济健康发展的需要

我国在推行改革开放后的较长一段时间内,各地方政府为了追求地方经济的快速发展,几乎均将招商引资和吸引直接投资作为政府工作的重点来抓,导致在此期间我国呈现出"一俊遮百丑"的 GDP 高增长状态。但随着社会的不断进步和科技的不断更新,社会发展模式已逐渐转变,我们不再一味地强调高速度的增长和发展,党中央越来越重视高质量的发展。通过一系列改革与创新,我们必须找到一条能够促进经济社会发展和繁荣的持续性道路——实现高质量发展。高质量的发展便需要营商环境的支撑,对此我们并不否认营商环境对高速度增长的贡献度,也并不是说在我国经济高速增长阶段一定没有好的营商环境。但在高质量、持续发展的总体要求下,我们必须将营商环境放在比以往更加重要的位置。目前,受疫情形势以及国内外环境变化的影响,海南自贸港经济发展困难重重,必须寻求促进经济发展的新动力和新活力——营商环境。海南自贸港优化法治化营商环境、建设一流营商环境是一场由内向外的自我革新与自我改造,不仅能够增强市场发展动力与潜能,也可以不断推进政府服务意识的优化,为持续推动海南自贸港经济社会健康发展注入源源不断的动力。因此,营造一流营商环境是持续推动海南自贸港经济健康发展的现实需要。

3. 营造一流营商环境是增强群众获得感和满意度的关键举措

营商环境建设得好或不好,均由市场主体说了算。产品的"好"与"坏"、产品质量的"高"与"低"最终都应当由市场主体来作出评价和判断。市场主体的满意度,集中彰显了海南自贸港建设中市场主体的拥护程度、参与程度、受益程度和支持程度,这是营商环境建设努力的目标和方向,也对海南自贸港营商环境建设的影响力和国内外知名度具有重要影响,从实质意义层面来说,市场主体满意度关乎营商环境建设的社会性和可持续性。假如海南自贸港的建设无法得到市场主体的参与、拥护与支持,或者市场主体无法实际享受到自贸港建设带来的利益,甚至造成利益损失,自然会引起市场主体的抵触情绪,进而营商环境无法得到真正优化。因此,法治化营商环境建设是否成功的核心判断因素便是市场主体的满意度,市场主体对环境的满意程度也是法治化营商环境建设的核心目标和发展导向,市场主体的“满意”亦是对法治化营商环境建设成功最好的肯定方式。优化营商环境的法律制度建设应当从市场主体的客观需求和实际需要出发,而非仅仅为了营造良好的投资环境。换句话说,法治化营商环境的建设不仅要能够用健全的法治环境吸引投资,更重要的是能“安商稳商”,为市场主体的入驻、经营和退出提供各项便利化的政策措施,让投资者对海南自贸港的营商环境感到满意。谋划海南自贸港法治化营商环境建设的必然逻辑就是要以市场主体的实际感受为出发点,坚持市场主体满意度的价值导向,让市场主体满意度成为海南自贸港法治化营商环境建设指向标和指挥棒,使市场主体在实现资源优化配置的基础上为市场、为社会提供更加优质的、可以满足市场多元化需求的产品和服务,进而实现市场主体的商业价值及社会功能,提高市场主体对海南自贸港营商环境的满意度,不断提升企业和老百姓的获得感。

(二)一流营商环境的评价指标

1. 世界银行营商环境评价指标

世界银行自 2003 年起每年都会发布一期《营商环境报告》。2004 年,中国被纳入调研考察范围,对北京、上海两大城市进行评估并排名。至 2019 年,《营商环境报告》已涵盖了世界 191 个经济体。2020 年 8 月,世界银行发布声明称确认营商环境报告发生数据违规行为,并于次年停止发布报告。世界银行于 2022 年 2 月 4 日在官网上发布了营商环境体系,即 BEE 体系的项目概念说明。2022 年 12 月,BEE 新版概念书发布。世界银行营商环境评价指标体系 BEE 从微观企业角度切入营商环境评价,重点在营商的便利性、效率和成本。目前,世界银行营商环境评估已纳入评分及排名计算的指标总共包括一级指标10项、二级指标43项(具体指标内容见表8-1)。对于10项一级指标,根据业内公示,大致可以从便利化、法治化和国际化3个基本维度进行分类识别。首先,在便利化层面,评价体系主要侧重于衡量市场主体在市场准入、市场经营和退出市场全生命周期、全流程、全部环节的费用支出和复杂程度。其次,在法治化层面,评价体系主要侧重于体现法治对于市场主体日常经营管理活动的保障程度。最后,在国际化层面,评价体系主要侧重体现和反映营商环境国际化的程度和被国际社会接纳和赞许的频率,指标内容主要有跨境贸易。①

表8-1　世界银行BEE营商环境评价指标体系

评估维度	一级指标	二级指标
营商环境便利化	开办企业	手续(数量)、时间(天数)、成本(人均收入百分比)、最低实缴资本(人均收入百分比)
	办理施工许可证	手续(数量)、时间(天数)、成本(仓库价值百分比)、建筑质量控制指数(0~15)
	获得电力供应	手续(数量)、时间(天数)、成本(人均收入百分比)、供电可靠性和电费指数透明度(0~8)
	登记财产	手续(数量)、时间(天数)、成本(财产价值百分比)、土地管理质量指数(0~30)
	纳税	缴税次数(每年)、时间(小时数/每年)、总税率(商业净利润百分比)、报税后程序指数(0~100)
营商环境法治化	获得信贷	合法权利力度指数(0~12)、信贷信息深度指数(0~8)、信贷登记机构覆盖率(成年人百分比)、信用局覆盖率(成年人百分比)
	保护少数投资者	纠纷调解指数(0~10)、股东治理指数(0~10)、少数投资者保护力度指数(0~10)
	执行合同	时间(天数)、成本(标的额百分比)、司法程序质量指数(0~18)
	办理破产	时间(年数)、成本(资产价值百分比)、结果(0表示资产被分割;1表示继续运营)、回收率(收回债务占债务额的百分比)、破产框架力度指数(0~16)

① 参见罗培新:《世界银行营商环境评估:方法·规则·案例》,译林出版社2020年版,第19~23页。

续表

评估维度	一级指标	二级指标
营商环境国际化	跨境贸易	出口耗时:边界合规(小时)、出口成本:边界合规(美元) 出口耗时:单证合规(小时)、出口成本:单证合规(美元) 进口耗时:边界合规(小时)、进口成本:边界合规(美元) 进口耗时:单证合规(小时)、进口成本:单证合规(美元)

世界银行于2023年5月1日发布了全新的营商环境评估体系,即B-READY体系的《方法论手册》及《说明及指南》这两份重要文件。加上2022年12月公布的《概念书》(Concept Note),预示着世界银行营商环境评估及其体系将迎来革命性的变化,意味着历经十余年的DB体系和过渡期的BEE体系成为过去,新的体系尘埃落定。在B-READY Manual and Guide中,世界银行强调B-READY继续以年度为频率对全球绝大部分经济体的营商环境进行量化评估,旨在倡导改革、提供政策建议以及为有关发展的政策研究提供数据支持。目前,世界银行营商环境B-READY评估已纳入评分及排名计算的指标总共包括一级指标10项、二级指标30项、三级指标798项(具体指标内容见表8-2)。10项一级指标内容包括:市场准入、国际贸易、营业场所、金融服务、公用事业服务、纠纷解决、劳工、市场竞争、税收、市场退出。[①] B-READY围绕企业设立、经营和退出全流程设计十大方面主题,每个主题都从法律制度框架、公共服务质量和实践效率3个维度进行考量。相比于原来的体系,世界银行更加强调新体系的透明度、质量和完整性。

表8-2 世界银行营商环境B-READY评估指标体系总览

一级指标	二级指标
市场准入	市场准入法规(37项) 初创企业的数字公共服务与信息透明度(24项) 实践中的市场准入效率(4项)

① See *Business Ready Methodology Handbook*, World Bank Group (2023. 5. 1), https://thedocs.worldbank.org/en/doc/357a611e3406288528cb1e05b3c7dfda-0540012023/original/B-READY-Methodology-Handbook.pdf.

续表

一级指标	二级指标
获取营业场所	财产转让、城市规划和环境许可规则的质量(62 项) 公共服务的质量和信息的透明度(46 项) 获取营业场所的效率(8 项)
公用事业服务	电力、水和网络相关法规的质量(31 项) 公用事业服务治理的质量和透明度(34 项) 公用事业服务提供的实践效率(15 项)
雇佣劳工	劳工规则的质量(29 项) 为劳工提供公共服务的充分性(13 项) 劳动法规和公共服务的实践效率(8 项)
获取金融服务	商业贷款、有担保交易、电子支付和绿色融资等规则的质量(30 项) 信贷基础设施信息的可访问性和融资的可访问性(9 项) 接受金融服务的实践效率(10 项)
开展国际贸易	国际贸易规则的质量(62 项) 促进国际贸易的公共服务质量(52 项) 货物进口、货物出口和从事数字贸易的效率(6 项)
税收	税收规则的质量(12 项) 税务机关提供的公共服务质量(27 项) 税收制度的实践效率(11 项)
解决商业纠纷	争议解决的监管框架(31 项) 负责解决争议的公共服务(30 项) 实践中解决商业纠纷的难易程度(13 项)
促进市场竞争	促进市场竞争规则的质量(85 项) 促进市场竞争的公共服务充足性(55 项) 促进市场竞争的关键服务实施效率(9 项)
办理破产	市场退出规则的质量(29 项) 破产过程中制度性、操作性基础设施的质量(12 项) 司法破产程序在实践中的解决效率(4 项)

资料来源:根据世界银行 *Business Ready Methodology Handbook* 整理。

注:括号中的“项”是指该二级指标下所包含的三级指标数量。

对比分析世界银行营商环境评估的 BEE 指标体系和 B-READY 指标体系,可以看出:B-READY 指标体系抛弃了原来以模拟案例为基础的指标设计,建立了获取营业场所、公用事业服务、雇佣劳工、获取金融服务、解决商业纠纷、促进市场竞争等新的指标体系,特别关注各个指标的数字化程度、环境与可持续发展以及性别平等问题。B-READY 也沿用了 BEE 的部分指标,如市场准入、纳税、办理破产、开展跨境贸易等,但 B-READY 的三级指标比 BEE 更为详细,共 798 项。总体而言,B-READY 指标体系构建了一个以监管框架(规范体系)、公共服务、整体效率为支柱的新体系,B-READY 体系既会关注市场中单个主体开展相关业务的便捷度,又会站在全方位的视角关注整个行业的发展情况;既会关注监管带给市场主体的负担,又注重政府为市场提供公共服务的整体情况;既会从法律法规层面收集相关评估信息,又会收集事实上的测量结果(反映实际执行情况);既要实现不同国家的数据之间的可对比,又要注重个别经济体的重要数据,增强其数据的代表性。

2. 中国营商环境评价指标

2018 年 11 月,国务院正式决定开始进行中国营商环境评价,在对标市场、坚持中国特色的原则基础上,从市场准入、市场经营、市场退出等多角度切入进行营商环境评价。随后,2019 年 10 月,国务院出台了《优化营商环境条例》,载《优化营商环境条例》第 8 条也以行政法规的形式明确规定了国家需要建立并不断完善营商环境评价体系,以评价为引领,以评价为督促,促进我国营商环境的不断完善,以行政法规形式明确了中国特色的营商环境评价制度。

按照国务院的部署,国家发展改革委牵头构建了中国营商环境评价体系。继《中国营商环境报告 2020》之后,国家发改委于 2021 年 10 月发布了我国第二部营商环境评价领域的国家报告《中国营商环境报告 2021》。根据《中国营商环境报告 2021》,我国当前的营商环境评价指标体系充分立足国情,坚持国际可比、中国特色、对标世界银行的基本原则,积极拓宽国际视野、提高国际化水平,按照更好发挥政府作用、充分发挥市场在资源配置中的决定性作用的基本遵循和思路,坚持以市场主体满意度和社会公众为基本导向，将深刻转变政府职能、提高行政效能、创新行政方式、激发各类市场主体活力作为评价的重点，以国家层面出台的一系列改革开放政策为抓手，从市场主体从产生到退出的全流程、全过程进行切入，将体现服务精神、增强投资吸引、衡量全生命周期作为风向标，系统建立了一套包含18个一级指标和87个二级指标的评价体系，全面综合地反映了国内各地区营商环境建设的成果与好坏对比（见图8－1）。

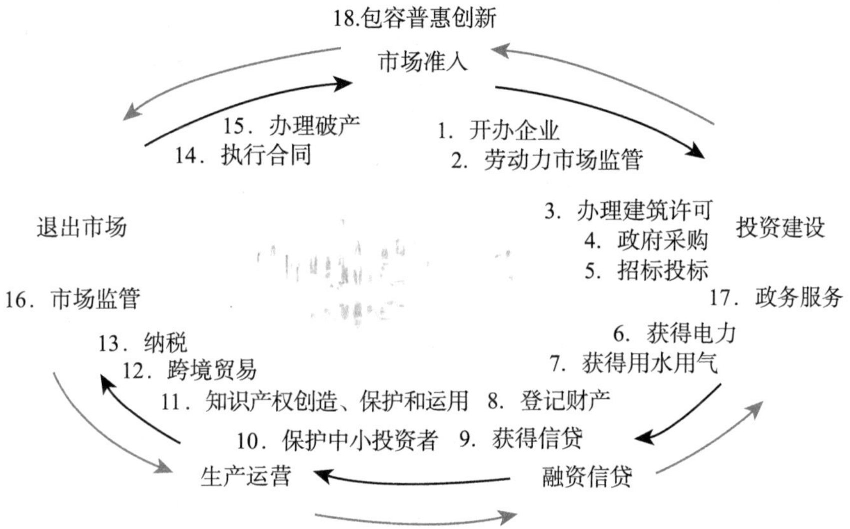

图8－1　中国营商环境评价指标体系

如表8－3所示，以企业全生命周期链条为视角进行切入，中国营商环境评价体系具体设置了15个指标，整体反映了市场主体从准入到退出的完整流程和链条，着重强调作为市场主体的中小企业在经营活动过程中的幸福感、获得感及便捷度。此外，中国营商环境评价指标体系还从城市高质量发展这一角度进行切入，具体设置了包含政务服务、市场监管及包容普惠创新在内的3个指标，以系统完备地衡量我国各地区、各城市的营商环境对投资的吸引力和市场主体的便捷程度。

表8－3　中国营商环境评价指标和内容

视角	指标	评价内容
企业全生命周期链条视角	开办企业	企业从设立到具备一般性经营条件所需经历的政府审批和外部办事流程，包括办理环节、办理时间、成本费用，以及提升开办企业便利化水平等情况
	劳动力市场监管	实施就业监管的灵活性，涉及招聘、用工、解聘等过程，以及提供就业服务、做好重点群体就业工作、多渠道促进就业等情况
	办理建筑许可	企业投资建设一个小型建筑物（如仓库）所需经历的政府审批和外部办事流程，包括办理环节、办理时间、成本费用，以及控制建筑工程质量和提升办理建筑许可便利化水平等情况
	政府采购	政府采购平台建设水平、流程规范性，以及企业进入公共采购市场的难易程度
	招标投标	招标投标流程的规范性、企业进入招标投标市场的难易程度、投诉机制的完备性以及推进电子化招标投标、提高采购效率和透明度、创新招标投标监管体制机制等情况
	获得电力	企业首次获得永久性电力所需经历的政府审批和外部办事流程，包括接入电网所需的办理环节、办理时间、成本费用，以及供电可靠性、电费透明度、用电报装便利化水平等情况
	获得用水用气	企业首次获得供水、燃气所需经历的政府审批和外部办事流程，包括办理环节、办理时间、成本费用，以及用水用气价格情况、用水用气报装便利化水平等情况
	登记财产	企业转让不动产所需经历的政府审批和外部办事流程，包括办理环节、办理时间、成本费用，以及提升不动产登记便利化水平，推动构建便捷、高效、便民利民的不动产登记工作体系等情况
	获得信贷	企业办理动产抵押相关的法律法规，以及推动构建信贷信息体系，提升企业融资便利化水平等情况
	保护中小投资者	在利益冲突情况下中小投资者受到保护的情况，以及在公司治理结构中的权利
	知识产权创造、保护和运用	引导知识产权高质量发展、打击侵犯知识产权和制售假冒伪劣商品行为、提升知识产权运用效益等情况
	跨境贸易	企业开展进出口贸易所需经历的政府审批和外部办事流程，包括办理环节、办理时间、成本费用，以及提升跨境贸易便利化水平等情况

续表

视角	指标	评价内容
	纳税	企业必须缴纳的各种税费,以及企业所需经历的政府审批和外部办事流程、因缴纳税费和进行税后合规产生的行政负担,包括办理次数、申报时间、成本费用等情况
	执行合同	企业解决商业纠纷所需的时间和成本,以及司法程序质量等情况
	办理破产	企业办理商业破产所需经历的政府审批和外部办事流程,包括办理程序、办理时间、成本费用、收回金额,以及适用于清算和充足程序的法律框架等情况
城市高质量发展视角	市场监管	根据法律法规和职责落实监管责任、实施“双随机、一公开”监管、加强信用体系建设、推进“互联网 + 监管”、规范涉企行政检查和处罚等情况
	政务服务	推进审批服务便民化、开展“互联网 + 政务服务”、推动政务信息系统整合共享、提高企业和群众办事效率等情况
	包容普惠创新	增强创新创业创造活力、促进人才顺畅有序流动、扩大市场开放程度、打造宜居宜业宜新环境等情况

3. 一流营商环境的指标特征

比较世界银行的营商环境评价指标和中国的营商环境评价指标不难发现,两个评价体系的指标设计有着很大的相似和相通性。中国营商环境评价指标本身就是在“对标世行,国际可比”的原则上构建的。一方面,在企业生命周期视角,中国营商环境评价指标的 15 个指标中有 10 个指标与世界银行 BEE 指标体系保持基本一致。① 另一方面,中国营商环境评价学习参考世界银行《营商环境报告》,采用前沿距离得分法计算营商环境便利度,增强评价标准、评价方法、评价结论的可比性。将中国的营商环境指标体系与世界银行的评价指标体系进行充分对标,可以发现营商环境的评价主要集中在营商环境便利化、法治化和国际化 3 个方面,相应地,一流的营商环境也直接体现为便利化营商环境、法治化营商环境和国际化营商环境的最优状态。

① 10 个指标包括:开办企业、获得电力、办理建筑许可、登记财产、保护中小投资者、获得信贷、跨境贸易、执行合同、纳税、办理破产。

(1)一流便利化营商环境的评价指标

一流营商环境城市的基本要求之一就是便利化,便利化的标准主要包括贸易、投资、资金流动以及人员流动等方面的自由与便利。便利化的营商环境有利于降低市场经济主体经营成本,提高市场运行的效率,同时也是政府职能转型的方向,符合市场经济国际化的要求,能为一流营商环境城市建设提供强大的助推力。该如何衡量营商环境对市场主体的便利程度呢?目前的评价指标体系主要选取了市场主体从事相关经营活动的成本、时间和手续简便程度3个方面进行测评。其中,依据交易成本相关原理,任何政策体系的发布及最终落实需要耗费各种各样的人力、物力成本,成本的多少关乎市场主体的经营收益,关乎市场主体的经营管理。所以,良好的便利的市场环境必须将成本控制在合理的、市场主体可接受的范围之内,这是便利化的营商环境的重中之重。时间的计算通常是以天为单位,各评价单位都严格规定了时间计算的起点和终点,如世界银行规定办理破产所衡量的期间就是从公司出现大规模违约的时候开始计算,直到公司拖延支付的银行款项得以偿付的时候结束。此外,手续主要代指市场主体从事或办理与其经营活动相关的特定事项必须同政府进行交涉的具体次数,具体而言,手续的数量多少与营商环境便利与否是成反比的。

在世界银行营商环境评价BEE指标体系中,开办企业、获得电力、办理建筑许可、纳税和登记财产这5项指标侧重衡量营商环境的便利化程度。中国的指标体系除了上述5个指标外还增加了一个指标,即获得用水用气。根据世界银行发布的《2020年营商环境报告》,以上这5个代表便利化营商环境的指标的国际最佳实践表现和国内样本实践表现具体数据如表8-4至表8-8所示[①]。这些实践表现提供了建设一流便利化营商环境城市对标的国际国内最高水平。

① 表格中的中国数据不包括港、澳、台地区。

表 8－4　开办企业指标对标情况

	新西兰	中国
手续数量(个)	1	4
时间(天)	0.5	8.6
成本(人均收入百分比)	0.2	1.1
开办企业便利度分数	100	94.1
世界银行单项排名	第1位	第27位

表 8－5　办理建筑许可指标对标情况

	中国香港	中国内地
手续数量(个)	8	18
时间(天)	69	110.9
成本(仓库价值百分比)	0.3	2.8
办理建筑施工许可便利度分数	93.5	77.3
世界银行单项排名	第1位	第33位

表 8－6　获得电力指标对标情况

	阿拉伯联合酋长国	中国
手续数量(个)	2	2
时间(天)	7	32
成本(人均收入百分比)	0	0
获得电力便利度分数	100	95.4
世界银行单项排名	第1位	第12位

表 8－7　登记财产指标对标情况

	卡塔尔	中国
手续数量(个)	1	3.6
时间(天)	1	9
成本(财产价值百分比)	0.3	4.6
登记财产便利度分数	96.2	81.0
世界银行单项排名	第1位	第28位

表 8－8　纳税指标对标情况

	中国香港	中国内地
缴税次数(每年)	3	7
时间(小时数/每年)	35	138
总税收和社会缴费率(占利润百分比)	22	59.20
纳税便利度分数	99.7	70.10
世界银行单项排名	第2位	第105位

(2)一流法治化营商环境的指标

世界银行的 BEE 营商环境评价指标中，侧重评价营商环境的法治化程度的指标主要包括获得信贷、保护少数投资者、执行合同、破产办理4项。表8－9至表8－12分别展示了上述4项指标在世界银行发布的《2020年营商环境报告》中的全球最佳实践表现和国内样本实践表现。

表 8－9　获得信贷指标对标情况

	阿塞拜疆共和国	中国
合法权利指数	12	4
信用信息指数	8	8
获得信贷指数	20	12
获得信贷便利度分数	100	60
世界银行单项排名	第1位	第80位

表 8－10　保护少数投资者指标对标情况

	肯尼亚	中国
披露程度指数(0～10)	10	10
董事责任程度指数(0～10)	10	4
股东诉讼便利度指数(0～10)	9	5
股东权利指数(0～6)	6	5
所有权和管理控制指数(0～7)	6	6
公司透明度指数(0～7)	5	6
保护少数投资者便利度分数	92	72
世界银行单项排名	第1位	第28位

表 8－11 执行合同指标对标情况

	新加坡	中国
时间(天数)	164	496.3
成本(索赔额百分比)	25.8	16.2
司法程序质量指数	15.5	16.5
执行合同便利度分数	84.50	80.90
世界银行单项排名	第1位	第5位

表 8－12 办理破产指标对标情况

	芬兰	中国
时间(年数)	0.9	1.7
成本(资本价值百分比)	3.5	22.0
回收率(百分比)	88	36.9
破产框架力度指数	14.5	13.5
办理破产便利度分数	92.7	62.1
世界银行单项排名	第1位	第51位

(3)一流国际化营商环境的指标

相较于便利化、法治化这两个层面而言，国际化营商环境更加注重各项具体指标的国际可对比性、与国际的接轨便利性以及国外经验的可借鉴性。在这3个性质中，国际可对比性和国外经验的可借鉴性的主要含义是指标的条款必须贯穿市场主体从准入退出的全部过程和阶段，世界主要经济体的市场主体在实际经营过程中必定经历指标列举的几个阶段，所以挑选出的指标在量化之后，不同国家的不同企业在同一指标项下具有可对比性。

指标的便于对标性更加注重每个指标所包含的所有数据的透明度和公开程度。从跨境贸易这一指标来看，目前世界各国(地区)的每一种产品若要进行跨境或跨国贸易，均需要先在目标国获得贸易单证，[①]获得单证之后

① 单证主要是指以电子或者书面方式呈现的与货物相关的所有信息。

在目标国的边境或港口报检、报关、装卸的时候进行单证提交,自此才能完成该项产品的跨国或跨境贸易。据此,世界银行对外公开与跨境或跨国贸易相关的程序成本和办理时间,这既可以在很大程度上提高国与国之间相互交易的效率,又可以降低矛盾和贸易摩擦或贸易纠纷发生的可能性,加快了经济全球化的进程,也为一流营商环境的创建提供了对标依据(见表8-13)。

表8-13 跨境贸易指标对标情况

	丹麦	中国
出口时间:单证合规(小时)	1	8.6
出口时间:边境合规(小时)	0	20.7
出口成本:单证合规(美元)	0	73.6
出口成本:边境合规(美元)	0	256.2
进口时间:单证合规(小时)	1	12.8
进口时间:边境合规(小时)	0	35.7
进口成本:单证合规(美元)	0	77
进口成本:边境合规(美元)	0	241.3
营商环境便利度分数	100	86.5
世界银行营商环境排名	第1位	第56位

三、海南自贸港一流法治化营商环境建设的现状与成效

(一)海南自贸港一流法治化营商环境建设的基本要求

在新的发展格局下,立足海南自贸港建设的实际需求,海南自贸港一流法治化营商环境建设的基本要求是必须着力实现"四个有利于":有利于提升市场主体的满意度、有利于贸易投资自由化便利化、有利于提高海南自贸港国际化水平、有利于促进形成国内国际"双循环"重要交汇点,最终为海南自贸港建设对外开放新高地提供充分的法治基础。

1. 有利于提高市场主体的满意度

从一定含义上讲，营商环境可以作为政府为所有市场主体提供的一种“公共产品”，[①]产品的“好”与“坏”、产品质量的“高”与“低”最终都应当由市场主体来作出评价和判断。市场主体的满意度，集中彰显了海南自贸港建设中市场主体的拥护程度、参与程度、受益程度和支持程度，这是营商环境建设努力的目标和方向，也对海南自贸港营商环境建设的影响力和国内外知名度具有重要影响，从实质意义层面来说，市场主体满意度关乎营商环境建设的社会性和可持续性。假如海南自贸港的建设无法得到市场主体的参与、拥护与支持，或者市场主体无法实际享受自贸港建设带来的利益，甚至造成利益损失，自然会引起市场主体的抵触情绪，进而营商环境无法得到真正优化。因此，法治化营商环境建设是否成功的核心判断因素便是市场主体的满意度，市场主体对环境的满意程度也是法治化营商环境建设的核心目标和发展导向，市场主体的“满意”亦是对法治化营商环境建设成功最好的肯定方式。优化营商环境的法律制度建设应当从市场主体的客观需求和实际需要出发，而非仅仅为了营造良好的投资环境。换句话说，法治化营商环境的建设不仅要能够用健全的法治环境吸引投资，更重要的是能“安商稳商”，为市场主体的入驻、经营和退出提供各项便利化的政策措施，让投资者对海南自贸港的营商环境感到满意，坚持把市场主体满意度作为法治化营商环境建设的重要评价指标。谋划海南自贸港法治化营商环境建设的必然逻辑就是要以市场主体的实际感受为出发点，坚持市场主体满意度的价值导向，让市场主体满意度成为海南自贸港法治化营商环境建设指向标和指挥棒，提高市场主体对海南自贸港营商环境的满意度。

2. 有利于实现贸易和投资自由化便利化

海南自贸港“6 +1 +4”政策框架中“六大自由便利”中最为重要的两项内容便是贸易自由便利和投资自由便利，二者在法治化营商环境建设、吸引

---

① 参见蔡宏波、钟超：《中国特色自由贸易港的营商环境与法治建设》，载《暨南学报（哲学社会科学版）》2021 年第 6 期。

跨境投资、促进贸易的持续繁荣等方面具有重要的现实意义。此外，贸易投资自由化便利化也是世界银行评估某个国家或地区营商环境建设程度的重要指标，[①]集中评价市场主体贸易投资准入、生产经营、纠纷解决等程序所负担的各项成本。因此，海南自贸港法治化营商环境建设必须将贸易投资自由化便利化作为基本要求之一，以实现贸易投资自由化便利化为重要目标导向，打造高度自由、充分便利、公开透明的法治化营商环境。在贸易投资自由化方面，最大化地降低市场主体进入海南自贸港的门槛，出台极简负面清单制度，缩小自贸港内垄断经营的范围，大力推进人民币国际化等，着力彰显海南自贸港的特殊属性，实现海南自贸港营商环境中贸易投资自由化的目标。在贸易投资便利化方面，必须以简化政府职能为基础，以信息共享为核心，以网络平台为渠道，以智能交易为目标，最大化地便利市场主体的各项经济活动。尽力降低政府干预等非市场因素的干扰，提高市场纠纷解决的效率，努力实现和打造最优的市场主体服务机制，全面推进“放管服”改革，创造“小政府大社会”的社会治理体制机制。便利化的核心在于“简便”，要着力促进市场经营便捷、交易成本降低、效率提升、资源共享的法治化营商环境建设。

3. 有利于提高海南自贸港的国际化水平

营商环境被世界上多数国家或地区用来描述和评估该区域内市场主体的经营活动所处的整体环境、氛围或状态，这一术语的国际认可度很高，并将营商环境的各项评价指标作为完善营商环境的具体方向和目标。在世界新发展格局下，国际经贸规则体现出信息透明度日益增强、数字贸易日益繁荣、竞争中立原则被广泛采纳、知识产权保护力度逐渐加大、环境和劳工标准逐步提升等较为显著的发展趋势，[②]这些高标准的国际经贸规则越来越深刻地影响着海南自贸港吸引外商投资的制度建设和法治环境，也对海南自

---

① 参见刘云亮：《中国特色自由贸易港优化营商环境的法律途径》，载《社会科学辑刊》2021 年第 1 期。

② 参见钊阳、桑百川：《对标高标准国际经贸规则优化外商投资制度环境》，载《国际贸易》2019 年第 10 期。

贸港营商环境建设提出了更高的要求。海南自贸港作为我国最高水平的对外开放形态,必须加快与世界接轨的步伐和力度,将对标高标准的国际规则作为进一步优化海南自贸港法治化营商环境的重要抓手。海南自贸港营商环境要主动对接高标准国际经贸规则,尽力把握国际经贸规则的核心内容、发展趋势和变迁规律,积极参加与营商环境相关的国际经贸规则的制定,全面深化改革开放的程度。具体而言,海南自贸港法治化营商环境建设必须提高透明度建设水平,着力打造高水平的数字贸易环境,坚持竞争中立原则,继续推进国有市场主体改革,加大知识产权保护力度,逐渐提高劳工和环境的标准,为吸引、稳定外商投资提供全方位的制度保障。

4. 有利于国内国际"双循环"重要交汇点的形成

"双循环"是2020年5月中共中央政治局常委会上提出的新概念,指出要以国内循环为主体,促进国内国际双循环的实现,这是新时代实现我国经济可持续发展的必然选择,[①]也为海南自贸港营商环境的优化指明了方向。海南自贸港法治化营商环境的建设离不开"双循环"的新发展格局,应从营商环境的核心要义以及"双循环"的发展格局出发,吸收参考世界银行及各国先进发展经验和研究成果,重构国际分工协作的新格局和新体系,这有利于吸引全球资源要素在海南自贸港内聚集,是海南自贸港成为全球价值链的重要交汇点。具体而言,要通过构建有利于形成国内国际"双循环"重要交汇点的制度集成创新来实现,制度集成创新是海南自贸港建设过程中坚持的十分重要的方法论,是新时代海南自贸港对标国际先进规则推动自身持续发展的不竭动力。一方面,要通过制度集成创新来推动海南自贸港法治化营商环境的修复。对于历史遗留的阻碍营商环境法治化进程的问题要进行及时的修复和清理,防止在同一问题上摔倒两次。另一方面,通过制度集成创新的方式不断推进海南自贸港法治化营商环境建设。从制度集成创新的角度确保市场主体在海南自贸港内的各项活动日益自由化、便利化,完

---

① 参见谢守祥、田孟明:《"双循环"格局下营商环境评价指标体系构建——以沿海省份为例》,载《商业经济研究》2021年第8期。

善市场准入许可、经营运行、优惠政策、产权保护等与营商环境密切相关的各项制度安排，从海南自贸港实际出发，对标世界一流营商环境建设，推动海南自贸港成为国内国际"双循环"的重要交汇点和价值链中心。

（二）海南自贸港一流法治化营商环境建设的建设成效

近年来，海南自贸港逐步贯彻和落实赶超国内一流营商环境重要量化指标的计划和实施方案，全省"一盘棋"促进营商环境优化，全省各地区争先打造创新示范案例。比如海南省推动"土地超市"建设，实现"云看地、云选地、云购地"；海口市积极推进"交房即交证"新模式；三亚中央商务区"一建一码"数字化改革，通过数字化赋能审批服务，实现数据互通、互认、互用等。主动对标国际国内前沿学习参考先进做法，比如三亚市到浙江省、广东省、深圳市等地参观调研，省营商环境建设厅组织到浙江、江苏、福建等多省市调研学习。同时，各地区积极聘请专业服务机构开展全面优化提升，针对短板弱项逐个突破，结合地区实际，共同探索制度集成创新路径。不断提升政务服务和问题解决能力。企业调查显示市场主体认为营商环境较1～2年前综合改善度达到50%以上，审批提速、数字化建设、法治化建设、构建服务型政府方面得到多数市场主体认可，民营企业营商环境满意度小幅提升，中小企业发展环境向好，执法公正、投诉维权和企业家人身权及合法财产权保护等得到有效保障。

1. 系统谋划推进优化营商环境改革

高位统筹，高效推进。海南省成立我国第一个营商环境建设厅，全省"一盘棋"高位统筹推动各项改革任务；各市县也相应成立了营商环境建设局，常态化研究和协调推进营商环境建设。

多点发力，扎实推进。以全力做好"营商环境问题受理平台"为牵引，系统集成、整体推进，着力构建推动破解重点难点问题工作格局。从多方面、多领域、多角度优化审批流程、打造标准化政务服务、搭建智能化服务平台、完善监管体制机制、出台政策保障制度等，既对标对表，又有特色、有创新、有抓手，以满足企业多层次、多领域、个性化的服务需求。

2. 强化法治保障与政策引领

政策法规体系引领发展。建立以《海南自由贸易港法》《优化营商环境条例》为基础，以《海南自由贸易港优化营商环境条例》等地方性法规和规范性文件为重要组成部分的法治体系。海南省紧抓《优化营商环境条例》等重要法律法规的贯彻实施，过去5年审议通过省级法规和法规性决定143件，批准市县法规54件。海南省聚焦高质量发展推动立法创新，比如《海南自由贸易港游艇产业促进条例》等支持重点产业加快发展，《海南自由贸易港洋浦经济开发区条例》赋予洋浦更大发展自主权等。政策和制度体系的设计上以贸易自由和投资自由为重点，自贸港落地政策累计达150多项，[①]激发市场活力和社会创造力，促进贸易和投资发展。自贸港政策受益面进一步扩大，政策红利进一步释放，推动自贸港经济建设蓬勃展开。《海南自由贸易港进一步优化营商环境行动方案（2022—2025年）》和《海南自由贸易港营商环境重要量化指标赶超国内一流实施方案（2.0版）》更是为海南自贸港一流法治化营商环境的建设提供了制度指引。同时，海南省强化司法执法联动共享，提升法治效能；设立涉外民商事法庭，构建多元化国际商事纠纷解决工作机制；全部市县建立重大执法决定法制审核机制，开展综合执法改革；近90%的市县实现行政执法过程纸质归档；落实柔性执法工作，推行包容审慎监管、宽严相济执法；约80%的市县已建立知识产权联席保护会议机制；全部法院一审民商事案件法定审限内结案率、信访办结率均达到100%。

政策文件有序运行。封关运作各项准备工作清单及推进方案起草完成，完成自用生产设备和原辅料"零关税"政策调整，"一线放开、二线管住"制度扩点扩区，实施更加开放的船舶运输政策，创新推行船舶落户"多证联办"制度，2021年，海南国际船舶总吨位跃居全国第三。

---

① 参见柳昌林、吴茂辉：《海南自贸港建设动能强劲　落地实施自贸港政策150多项》，载中国日报网，https://cnews.chinadaily.com.cn/a/202201/24/WS61ee0aa1a3107be497a0385b.html。

3. 创新服务举措促进政府服务效能提升

提升“模式＋服务”效能。做好顶层设计，强化部署落实。“特别极简审批”改革在11个重点园区的推行，使平均审批提速70%以上。[①]

提升“制度＋服务”效能。持续深化“一业一证”“一业一照”“一件事一次办”“证照联办”制度改革，实现保留事项的审批流程和时间均压减70%以上，更好实现准入又准营。审批时限由最长30个工作日全部改为当场办结。

提升“政策＋服务”效能。实现政策线上兑，上线“海易兑”海南惠企政策兑现服务系统，全省惠企政策兑现服务“一张网”办理。深入落实减税降费政策，税费优惠政策标签体系的建立，可以主动识别挑选出符合享受优惠政策条件的缴费人纳税人。

提升“数字＋服务”效能。推进全省政务服务一体化、数字化、智能化，提升全流程、一体化在线服务平台功能。海南省持续推动政府数字化转型，数据汇聚共享，聚焦企业重点关注，优化服务能力。目前海口、三亚8个市辖区及儋州等16个市县和划转事项到行政审批服务局实施“一枚印章管审批”；推行“一网通办”，依托“海易办”平台实现30项智能快办，152个高频事项“跨省通办”，截至目前，全省总共上线130项“一件事一次办”主题；全领域推进数字化建设，比如探索建立“审管法信”联动机制和平台，形成“审批、监管、执法、信用”闭环管理体系，14个园区工程建设项目极简审批提速90%以上，“智慧就业”系统省、市、县(区)、乡镇四级联动，实现全省就业动态化、全景化分析和预测预警；建设全国首个省级统一营商环境问题受理平台，依托营商环境受理平台收集和解决历史疑难、拖欠账款等问题，办结率达90%以上，推行企业首席服务专员制度，开展520企业服务日活动，95%以上的市县及重点园区开设“办不成事”协调服务窗口。推行“网上办”“掌上办”“自助办”“主动办”“全省通办”等服务，实施政务服务“零跑动”改革，政务服务事项“零跑动”率达55.60%，可网办率达90%以上。1330个省级政务服务事项，7079个市县级政务服务事项实现“掌上办、掌上查、掌上评”，

---

① 资料来源：海南省人民政府政务服务中心填报数据。

为企业和群众办事提供政务服务一端集成。积极探索运用区块链、大数据等现代化信息技术，一是切实减轻企业负担，稳步提升平台服务效能。二是积极改进投标担保方式，通过应用区块链电子保函应用系统，加入并运用全国首个公共资源交易区块链共享应用平台，在现金投标保证金、纸质保函等传统投标担保渠道之外，提供了另一担保渠道（区块链＋电子保函）。三是实现了企业综合信息的共享互认，做到一次准入、平台内多中心移动端开函，有效打破"信息孤岛"，实现数据共享。

4. 营商环境各领域的便利化水平提升

开办企业。海南省深入贯彻党中央国务院关于构建高水平社会主义市场经济体制相关部署，立足最低准入门槛，降低企业成本，保障公平竞争，新设市场主体增速连续37个月全国首位。目前海南全面推行承诺即入制，落实放宽市场准入特别措施，涉企经营许可告知承诺数量全国领先，建设运行"机器管招投标"在线识别围标串标行为，推行"区块链＋电子保函"为企业减负，持续降低融资成本，超70%市县普惠型小微企业贷款余额增速优于全国普遍表现，成立全国首个公平竞争委员会，建立"1＋N"公平竞争制度体系，近70%的市县已委托第三方审查机构对政府政策开展公平竞争审查，所有的市县均已建立对涉嫌违反公平竞争审查标准的政策措施的举报处理和回应机制。依托"海南e登记"平台，实现全省一网通办，首创商事登记"全省通办"，在全国率先实现电子营业执照和电子印章同步发放，海南自贸港压缩企业开办时间跑出营商环境加速度，一是进一步压缩企业开办各环节时间，实现企业设立0.5天办结，社保、公积金开户秒批办结，刻章备案和发票（含税控设备）申领0.5天办结。二是降低企业开办成本。持续为新设企业提供政府免费刻制印章服务和免费赠送税控密钥设备，进一步降低企业开办成本。

办理建筑许可。实施"清单制＋告知承诺制"改革，在全国率先实现全省工程建设项目审批电子证书"即批即得"100%全覆盖，推进数字化图纸应用。在全国首创"三级工程编码单位工程编码"智能化管理，率先实现"编、审、调、用、督"全周期管理，以"机器管规划"推进国土空间治理智能化。江东新区惠企首创,取消控规范围内水土保持补偿费缴纳,目前,江东新区为企业累计节约报告编制费用约 1300 万元。审批程序改为备案制,减少 4 个审批环节,审批时限压缩至 1 个工作日。江东新区实施特别极简审批,以水土保持区域评估代替单个项目评估,入区项目免除水土保持补偿费,无须编制水土保持方案报告,仅需填写水土保持登记表,审批程序改为备案制,减少 4 个审批环节,审批时限由 15 个工作日压缩至 1 个工作日。

不动产登记。全省平均用时 2.64 个工作日,相较于 2020 年用时 7.5 个工作日,提升 64.8%,海南自贸港试点商品房“交房即交证”。海南自贸港打造“掌上登记中心”模式,一是搭建平台“网上办”,推动“互联网 + 不动产登记”向更高层级发展,不断扩大线上办理事项,实现群众“零跑动”办业务;二是压缩时限“高效办”,推行系统智能辅助审批,实现 App 线上办理业务即时秒批,办理时限每件平均 10 分钟左右;三是共享信息“便捷办”,对不动产登记所需信息进行梳理,列出共享目录,努力实现数据多跑路、企业和群众少跑腿的目标。

获得电力。全省实现低压用户办电“零上门、零审批、零投资”,实行高压报装“省力、省时、省钱”服务,试点实行高压业扩报装环节精简至 2 个环节。海南自贸港创新破解企业临时用电高成本难题,目前已完成两单客户交易,为企业提供了临时用电变压器的租赁服务套餐,两家租用变压器的小微企业各节约成本 50 余万元。该案例实行的临时用电租赁服务是全省首创的创新举措,在全国范围内处于领先地位。

获得用水。全省平均用时 2.78 个工作日,便利度达国内先进水平。海南自贸港打造用水报装服务便利化新模式,一是提升了用水服务质量。“不见面业务办理”模式推行。二是优化了用水营商环境。通过优化用水报装流程及时限改革,着力优化用水报装程序,以高质量的服务来切实提升群众和企业的获得感、满意度,让市民享受到水务服务优化营商环境带来的便捷服务。

纳税。率先在全国创新推出税库联动退库新机制,实现增值税申报“一表集成”,财产和行为税十税合并申报,全省纳税缴费事项全程网办率达

94.26%。海口江东新区"点、线、面"结合,多渠道为企业税务办理开通"绿色通道",通过与各税务部门建立长期联络机制,设立政企对接群,线下联动税务部门,设立企业服务专员,企业能第一时间"找到人、找对人",为企业提供"管家式"税务保障服务及跟踪服务。

跨境贸易。"洋浦打造海南自贸港'样板间'"案例获国务院办公厅发文表扬。省内出口货物原产地证签发机构进一步简化办事流程,做好极简审批具有参考意义。为人民群众提供便利,从而推动优化营商环境,激发市场主体活力。海南省稳步推进制度型开放,优化国际投资体验,推动贸易发展,外向型经济特征持续显现,2022 年度全省货物贸易进出口总额达 2009.47 亿元,同比增长 36.8%,服务贸易进出口总额达 353.62 亿元,同比增长 22.9%,实际利用外资 40.5 亿美元,增长 15%,实际对外投资 17 亿美元,同比翻倍。海南省创设国际投资"单一窗口",整合多项政务平台功能,实现投资咨询、代办服务、设立公司、外汇登记、预约银行开户、项目建设等多项功能集聚;持续优化国际贸易"单一窗口",特色应用居全国首位,全省进出口通关时间压缩至 31.04 小时、0.89 小时,不断提速;创新"零关税"进口商品监管新模式,落实"零关税"进口商品实行清单管理,建立"自动审核""一企一账"海关管理模式;扩大"零关税"商品范围和政策适用主体,超 70% 的市县享惠自贸港政策红利,2022 年度"零关税"自用生产设备进口通关总货值同比增长 3.6 倍。

5. 市场主体合法权益得到切实保障

不断提升便企惠民服务。2021 年,全省新增减税降费 77.0 亿元,发放失业补助金 2.74 亿元,稳岗返还资金 1.07 亿元,面向各类重点群体开展补贴职业技能培训 27.43 万人次。2021 年,全省各项贷款余额 10,607 亿元,同比增长 6.3%;①全省各银行机构减费让利 6.69 亿元,企业贷款加权平

① 参见《"贯彻新发展理念,构建新发展格局,推动海南自贸港金融高质量发展"新闻发布会》,载海南省人民政府网,https://www.hainan.gov.cn/hainan/zxxx/202202/94513925672849c49bda1c216bcbb7b8.shtml。

均利率为 4.75%,同比下降 11 个基点,切实缓解企业融资难、融资贵问题。①

切实维护农民工合法权益。推广应用"智慧劳动监察""工资支付监管"和"建设领域施工现场人员实名制监管"等平台,对全省所有建筑工地务工人数和工资支付、实名制管理实时动态监管。设立拖欠农民工工资纠纷服务中心,一是进一步健全调解联动机制,充分发挥行政调解、司法调解、人民调解的互补和联动功效。二是实现扁平化联动,形成工作合力,提升案件处理效率。

加大知识产权利用和保护力度。强化制度建设,相继出台知识产权保护和运用系列政策,健全知识产权纠纷多元化解机制,打造知识产权司法保护海南样板。知识产权创造高速增长,2021 年 1 ~ 12 月专利授权量为 13,632 件,同比增长 58.92%。PCT 申请量增长迅速,同比增长近 8.4 倍;全省商标注册申请量、注册量同比增长 59.91%、62.92%;全省有效商标注册量同比增长 32.77%。② 推行调解前置、诉前调解免收案件审理费制度,加大保护中小投资者力度。为进一步适应海南自贸港高新技术产业发展的需要,加大知识产权保护和维权援助力度,优化海南自贸港营商环境,海南自贸港设立国际商事调解中心,为多元化商事纠纷解决机制的建立提供平台。根据海南省政府印发的《海南自由贸易港进一步优化营商环境行动方案(2022—2025 年)》和《海南自由贸易港营商环境重要量化指标赶超国内一流实施方案(1.0 版)》的要求,海南省积极推动海南自贸港高新技术产业知识产权保护工作站的建设,标志海南自贸港知识产权保护和维权援助工作取得了新的进展。

---

① 参见《降低实体经济成本:海南省持续推动金融机构减费让利》,载中华人民共和国国家发展和改革委员会网,https://www.ndrc.gov.cn/fzggw/jgsj/yxj/sjdt/202205/t20220531_1326312_ext.html。

② 参见《海南举办 2022 年海南省知识产权行政保护典型案例新闻发布会》,载海南省知识产权局网,https://amr.hainan.gov.cn/szscqj/ywdt/tpxw/202204/t20220426_3181545.html。

四、海南自贸港一流法治化营商环境建设面临的问题：基于营商环境评价结果的分析

（一）海南自贸港一流法治化营商环境建设评价

1. 国家发展改革委《中国营商环境报告2021》评价结果分析

2021年10月，国家发展改革委发布营商环境评价领域国家报告《中国营商环境报告2021》，该报告对2020年全国各地优化营商环境的成效和亮点及存在的问题进行了系统梳理和评价，参评城市包括4个直辖市、5个计划单列市、18个国家级新区、44个地级市和27个省会城市（见表8－14），海南省海口市和三亚市在参评城市之列。《中国营商环境报告2021》没有像世界银行营商环境报告和其他机构的营商环境评价报告一样公布具体评价结果数据，而是采取标杆引领的方式，列举和展现了2020年优化营商环境的标杆城市和中国营商环境评价相关领域的标杆城市及其成熟经验和典型做法。

表8－14　2020年中国营商环境评价参评城市

类别	参评城市或新区
直辖市（4个）	北京市、天津市、上海市、重庆市
计划单列市（5个）	大连市、宁波市、厦门市、青岛市、深圳市
副省级省会城市（10个）	沈阳市、长春市、哈尔滨市、南京市、杭州市、济南市、武汉市、广州市、成都市、西安市
省会城市（17个）	石家庄市、太原市、呼和浩特市、合肥市、福州市、南昌市、郑州市、长沙市、南宁市、海口市、贵阳市、昆明市、拉萨市、兰州市、西宁市、银川市、乌鲁木齐市
地级市（44个）	唐山市、大同市、晋城市、晋中市、包头市、鄂尔多斯市、吉林市、大庆市、无锡市、常州市、苏州市、南通市、温州市、衢州市、舟山市、芜湖市、泉州市、九江市、淄博市、烟台市、济宁市、洛阳市、许昌市、黄石市、宜昌市、襄阳市、衡阳市、岳阳市、常德市、珠海市、佛山市、东莞市、桂林市、北海市、贵港市、三亚市、德阳市、绵阳市、乐山市、遵义市、安顺市、曲靖市、宝鸡市、石嘴山市

在营商环境整体水平的评价中,共有25个城市入选表现突出的标杆城市及14个城市入选进步较快城市(见表8-15),海南省海口市与三亚市均未入围,说明海南自贸港营商环境建设仍有较大进步空间。

表8-15 2020年中国营商环境评价标杆城市和进步较快城市

进步较快城市	标杆城市
上海市、深圳市、广州市、北京市、杭州市、苏州市、厦门市、南京市、济南市、成都市、青岛市、武汉市、西安市、衢州市、重庆市、东莞市、天津市、银川市、沈阳市、常州市、无锡市、珠海市、宁波市、济宁市、烟台市	青岛市、郑州市、重庆市、长沙市、昆明市、长春市、济南市、西安市、成都市、呼和浩特市、合肥市、大连市、南宁市、沈阳市

在中国营商环境评价体系的18项指标评价中,海南省海口市入选保护中小投资者指标的标杆城市及开办企业、政务服务两个指标的进步较快城市,三亚市入选知识产权创造、保护和运用指标和跨境贸易指标表现优异及优秀城市,这说明海南自贸港在保护中小投资者、开办企业和政府服务、知识产权创造、保护和运用、跨境贸易等方面的营商环境建设较为成功,但获得信贷、执行合同等其他方面是海南自贸港建设一流法治化营商环境建设的弱势和薄弱环节,需进一步强化相关措施实施力度。

2.《2022年度海南自贸港营商环境评价报告》评价结果分析

2022年度海南自贸港营商环境评价包括省营商环境建设厅组织的营商环境评价、省工商联组织的民企评营商环境以及省工信厅组织的中小企业发展环境评估。省营商环境建设厅组织的营商环境评价共设置24个指标,根据省级、市县、重点园区不同层面的关注重点选取不同指标,通过部门填报、企业调查等线上和线下多渠道采集数据。2022年度海南自贸港营商环境评价对象范围涵盖省本级、18个市县(三沙市除外)以及11个重点产业园区,省级、市县、重点园区的评价指标如表8-16所示。

表 8－16　省级、市县、重点园区评价指标

评价层级	涉及指标
省级层面(24 个)	开办企业、劳动力市场监管、办理建筑许可、政府采购、招标投标、获得电力、获得用水用气、登记财产、获得信贷、保护中小投资者、"知识产权创造、保护、运用和服务"、跨境贸易、纳税、执行合同、办理破产、市场监管、政务服务、包容普惠创新、跨境资金流动自由便利、贸易自由便利、人员进出自由便利、运输来往自由便利、投资自由便利、数据安全有序流动
市县层面(19 个)	开办企业、劳动力市场监管、办理建筑许可、政府采购、招标投标、获得电力、获得用水用气、登记财产、获得信贷、保护中小投资者、"知识产权创造、保护、运用和服务"、纳税、执行合同、市场监管、政务服务、包容普惠创新、贸易自由便利、投资自由便利、人员进出自由便利
重点园区层面(11 个)	开办企业、政府采购、办理建筑许可、获得电力、获得信贷、"知识产权创造、保护、运用和服务"、纳税、政务服务、包容普惠创新、投资自由便利、人员进出自由便利(政府采购为观察指标,不参与计分)

评价结果显示,省级层面,24 个指标综合得分为 78.91 分,其中纳税、获得电力指标得分超过 85 分,处于领先水平,而人员进出自由便利、数据安全有序流动、获得用水用气指标得分处于 75 分以下,相对落后。投资自由便利、招标投标、政府采购、知识产权指标进步显著,提升幅度超过 5 名,获得用水用气指标降幅明显,下降 18 名。评价发现进步指标均有创新探索,比如实施市场准入承诺即入制,推进"机器管招投标"系统建设,推行政府采购项目"不见面"开标,探索"区块链＋公证"模式加强知识产权保护等。对于下降指标,普遍改革力度较小,比如大部分市县的企业仍需到线下营业厅办理水气过户、缴费等相关业务,"互联网＋"应用差距显著。

市县层面,18 个市县(不含三沙市)平均得分为 70.39 分,其中海口市超过 90 分,三亚市紧随其后,而白沙县、五指山市、屯昌县、昌江县、临高县得分低于 65 分,相对落后。乐东县、文昌市、澄迈县进步显著,提升超过 6 名,而临高县、屯昌县降幅较为明显，下降9名。上升幅度较大市县在思想破冰、机制创新、问题整改等方面表现突出，比如文昌市实行不动产登记“零收费”降低成本，澄迈县推动2家企业入选国家级专精特新“小巨人”实现零突破，乐东县开展“专人守＋优先办”的税库联动退税新机制。下降的市县在改革意识、服务效能、举措落实等方面仍需持续努力，如临高县、屯昌县等在数据采集中部分事项未提供材料也未作说明，临高县暂未设立国际投资“单一窗口”线下服务窗口，未推出信贷风险资金补偿举措等，屯昌县工程建设领域审批事项并联审批率仅为5.49%，尚未推广应用登记业务证照寄送服务等，以上事项全省80%以上的市县均已落实。

重点园区层面，11个重点园区平均得分为75.69分，其中三亚崖州湾科技城处于领先水平，得分超过90分。海口复兴城互联网信息产业园、陵水黎安国际教育创新试验区得分低于65分，相对落后。文昌国际航天城、海南生态软件园进步显著，提升4名，陵水黎安国际教育创新试验区、海口复兴城互联网信息产业园等重点园区小幅下降2名。上升幅度较大的重点园区重视惠企利企，结合自身功能定位推动投资吸引力度不断加强。比如文昌国际航天城对成功引进固定投资类项目的招商中介给予奖励，通过“云签约”方式与中国航天标准化与产品保证研究院签署战略合作框架协议；海南生态软件园通过电话访谈、微信沟通及实地走访等方式，联系超1300家园区企业并发动申报工作，编制“高企认定”“培育库入库”等相关流程指引，以公众号推文的形式，多次转发至海南生态软件园科技创新工作联络群等多个园区企业交流群，规模化宣传推介有关政策。下降重点园区主要是纳税、知识产权、外商投资等服务体系不健全，专业咨询、指导待强化，人才、科技、金融等要素支撑有限，新设企业同比负增长或零增长，企业投资吸引力不足或者降低。

3. 与《大湾区城市营商环境法治指数报告》的对比分析(见图 8-2)

- 法治指数
  - 立法环境
    - 法规完备
      - 营商相关规范性文件总数
      - 营商相关法规政策体系完备
      - 营商相关规范性文件年新增数
    - 法规公开
      - 法规政策在政府门户网站和政务平台公开
  - 行政环境
    - 市场准入
      - 年新增市场主体数
      - 年新增市场主体数增长率
    - 市场监管
      - 市场监管行政诉讼案件被告确认违法率
    - 依法行政
      - 行政机关年败诉案件数
      - 行政诉讼案件年增长率
    - 权利保障
      - 人均年行政复议案件数
      - 人均年行政诉讼案件数
      - “一站式”企业服务平台的建立
  - 司法环境
    - 公开透明
      - 审判流程信息有效公开率
      - 庭审直播公开率
      - 裁判文书公开率
    - 服务保障
      - 万人拥有律师数
      - 法院人均年结案数
      - 法院年结案数增长率
      - 法院人均年执结执行案件数
    - 快捷高效
      - 法院法定审限内结案率
      - 平均审理时间
    - 公平公正
      - 人均年依法公正审理产权纠纷案件数
      - 人均年依法公正审理合同纠纷案件数
      - 人均年依法公正审理金融案件数
      - 人均年依法公正审理破坏市场竞争案件数
      - 人均年依法公正审理知识产权案件数
      - 法院二审改判、发回重审案件占总收案数的比例
  - 守法环境
    - 制度激励
      - 企业信用信息公示制度
      - 实施企业守信联合激励和失信联合惩戒制度
      - 建立健全企业信用修复机制和信用权益保护机制
    - 知法守法
      - 经济犯罪案件增长率
      - 商事侵权案件增长率
      - 合同违约案件增长率
      - 年新增严重违法失信企业增长率

图 8-2 营商环境法治指数评价指标体系

以大湾区广州、深圳、佛山、珠海、东莞、中山、惠州、江门和肇庆9个城市为研究对象,以这些城市的统计年鉴、统计公报、裁判文书和法规政策等为主要数据来源,紧扣"立法、行政、司法、守法"的线索,将立法环境、行政环境、司法环境和守法环境作为4项一级指标,并逐级分解出12项二级指标和34项三级指标,全面、系统、科学地对营商环境的法治指数进行评估(见表8-17)。同时,遵循"市场经济主要依赖法治能力来实现"的思路,以人均GDP这一核心指标作为营商环境经济活力的主要表征,进一步研究、分析了法治指数与经济发展之间的相关性和底层逻辑,以此寻找大湾区9座城市营商环境法治化持续向上向好的健康发展之路。

表8-17 大湾区九城市营商环境法治指数排行榜

单位:分

城市	排名	法治指数	立法环境	行政环境	司法环境	守法环境
广州	1	91.94	94.35	87.70	91.56	96.25
深圳	2	91.06	94.45	86.32	88.96	97.27
珠海	3	88.91	90.41	83.76	89.76	94.77
中山	4	88.08	90.49	83.02	87.11	94.98
佛山	5	87.96	87.55	84.98	87.66	95.24
东莞	6	87.98	90.62	84.85	86.53	91.35
肇庆	7	87.65	88.23	83.86	85.75	97.27
江门	8	87.71	89.50	81.87	88.84	93.89
惠州	9	86.11	88.20	81.87	83.54	94.71

"立法环境"指标的内涵在于表达特定城市营商相关法规政策体系的完备度及公开度。报告从法规完备和法规公开两个维度衡量不同城市的"立法环境",结合营商相关规范性文件总数、营商相关法规政策体系完备度、营商相关规范性文件年新增数这3项指标阐释营商环境相关立法完备度。

"行政环境"指标的主要目的在于体现市场活动中行政主体、行政制度与市场主体间的互动情况。据此,本报告通过市场准入、市场监管、依法行政及权利保障4个维度描绘各地行政环境的状况。

“司法环境”指标主要指各个地区司法审判过程与结果的透明度、法律服务保障程度、司法裁判的效率及公平效果。故本报告选择了公开透明、服务保障、快捷高效及公平公正 4 项二级指标对关涉营商的司法环境加以诠释。

“守法环境”指标主要探讨市场主体对诚信守法观念的践行程度以及各地为促进守法诚信的营商风气所构建的信用机制。本报告从“制度激励”的角度评估各地信用制度的完善程度，并从“知法守法”这一维度衡量各地市场主体对诚信守法观念的践行程度。

该报告共使用了超过 30,000 条数据，主要数据来源包括：(1)政府部门或媒体的数据公开渠道，包括各城市政府门户网站，各城市的政府工作报告与法院工作报告，各城市的国民经济与社会发展统计公报以及中央、地方媒体的相关报道等；(2)得理数据库的案例数据，数据库共收集了源于裁判文书网网站及其 App 与最高人民检察院网站的 1.16 亿件文本数据，以及来源于国家部委、省市人大、公检法及司法局官网等 5000 多个网站的 337 万个法规条例数据。在数据的计算方法上，课题组参考了世界银行评价营商环境指标的“前沿距离”法：当指标属性为正向，即越大越好时，某城市基础指标分值 =(该城市指标值 − 最小值)/(最大值 − 最小值)；当指标属性为逆向，即越小越好时，某城市分值 =(最大值 − 该城市指标值)/(最大值 − 最小值)。基础指标(下级指标)加权求和得到上级指标的分值，逐级加权求和，直到计算出总得分。最后，为便于理解，将最终得分依照原分布转换为百分制分数，按其大小顺序得出法治指数和经济指数的总排行榜和分排行榜。

海南自贸港可参考《大湾区城市营商环境法治指数报告》的评估方法，对海南自贸港法治化营商环境指数进行评估，根据评估结果发现营商环境建设中的不足并及时予以改进。

(二)海南自贸港建设一流法治化营商环境的困境与挑战

通过对政府职能部门以及市场主体的调查反馈，协同机制待完善、“一网通办”协同不足、政府服务待提升、政策效能未发挥、发展水平差距较大等是目前全省优化营商环境工作较为突出的问题。

1. 优化营商环境体制机制有待完善

营商环境评价的各指标涉及多个部门，需要跨部门密切配合、协同发力，总体上看，指标牵头责任部门未充分发挥统筹协调作用，比如包容普惠创新等指标职责不明晰，单打独斗、互不联动的情况较为突出，跨部门、跨领域、系统性、融合性的制度集成创新改革和亮点不多。此外，基层反映审批监管执法机制仍待理顺，省级业务主管部门对综合行政审批部门、综合执法部门业务指导不够，部分业务无法顺利承接，部分行业主管部门将行政执法权划出后，履行监管责任方面推诿扯皮，存在监管漏洞。

制度创新优势和特色化差异未得到充分发挥，政策效能未充分惠及企业。企业普遍存在一种困惑，即尚无法深切体会到自贸港带来的制度创新和便利度改善，在企业的本地经营发展过程中也难以将自贸港优势举措和其他省市的举措作明显区分。总体来看，尽管目前海南自贸港不断推出新的政策及制度创新，但其制度创新优越性尚未真正凸显。以开办企业维度为例，相较于国内其他省市政策，目前海南自贸港在企业开办方面尚未出台具有明显先进性或创新性的举措，开办企业时间压缩至 2 个工作日在全国范围内尚属较为高效，但并不属于领先行列。这样的“统一步调”也与国内其他地区存在差距，例如南宁市已逐渐实现企业开办 0.5 天内办结；上海自贸试验区和浦东新区在特定的领域——企业名称登记，办理工艺简单、低风险品种食品生产许可，部分计量器具型式批准 3 个领域内试点告知承诺制，深化市场准入告知承诺改革等。此类举措便是充分发挥自贸试验区先行先试价值的重要体现。再以执行合同等法治维度为例，湖北自贸试验区襄阳片区作为高新技术产业聚集地，区内企业科技创新能力较强，知识产权保护意识较强。针对这一地区特色，襄阳片区建设“互联网 + 维权”线上与线下联动服务平台，一方面汇聚各类知识产权保护资源，另一方面为企业提供高水平、低成本、便利化的专业服务，支持片区打造高效快速服务的“知识产权维权港”。相较而言，可能受限于区域经济发展基础，海南自贸港内依托地方特色、因势利导而成的特色化举措成形较少，在深化差异化探索方面还有较大的提升空间。此外，除了行政审批的改革之外，企业对于海南自贸港营商环境最大的期待还有一个关键词是“优惠”。“优惠”的诉求主要表现为企业对于海南自贸区、自贸港建设的期待，包括制定并落实更切合企业实际的优惠财税政策。实际调研中多数企业表示海南本身相对较高的运营成本一定程度上弱化企业的行业竞争力，对于中小企业尤其如此。而海南自贸港的政策门槛较高，政策兑现较难，比如有企业反馈海南自贸港的人才政策吸引力度不够，人才认定的门槛限制过高，政策申请的难度较高，企业落地后未能享受到实质的优惠政策。综合而言，目前海南自贸港在自贸港层面自发进行的突破性提升举措仍较为缺乏，自贸港的制度创新优势和特色化差异性有待进一步探索和激发，政策对于企业的惠及程度仍有待提高。

2. “一网通办”业务协同推进不足

部门间系统建设条块割裂，系统数据未能完全共享，缺乏协同。比如，海南省一体化政务服务平台与部委、行业专网互联互通待加强，部分业务审批部门要使用省和国家部委双系统审批。省发展改革委“投资项目在线审批监管平台”、省财政厅“预算管理一体化系统”与省政务中心“公共资源交易平台”未实现互联互通，影响政府采购及招标投标的全链条交易和电子化应用再升级。部分系统仍存在功能使用率、用户易用性、系统集成性等偏低现象，比如企业调研反映，海南 e 登记平台并联办理操作复杂，办理难度较高，较多企业选择代办机构办理。“不动产登记 + 互联网综合服务平台 + 手机 App”模式的推进，仍存在线上不易办、系统稳定性不高、办税缴费不便捷等问题。

改革推行力度不一，“互联网 + ”的提升效能未充分激发、近年来，尽管海南自贸港不断完善“互联网 + ”政务平台建设，持续推动营商环境改革，然而在实际办理中效果却不理想。海南自贸港经济发展不平衡，政府部门的能动性参差不齐，改革推行力度不一，导致不同地区、部门的审批事项改革存在进度差异。以开办企业的免费刻章为例，尽管省层面已提出全面推行免费刻章，系统也上线免费刻章模块，实际调研中仍有大多数市县未能实现新设企业刻章免费，或者免费的力度未扩大到 4 枚章。在全国范围内都在推行优化营商环境措施的背景下,这一弱势对海南自贸港在营商环境改革首发优势上会有不利。

在系统建设方面,目前海南省大数据管理局等省级部门统筹全省大数据建设、管理和服务等工作,各市县对省级相关平台享有使用的权限。在实操过程中,各市县对于平台的意见与建议仅能通过向省级部门上报来进行完善,而省级部门对于平台功能的调整和完善存在一定的时间滞后性,如多个市县部门反馈海南 e 登记平台可添加税务、参保登记等部门的办事指南,以便市场主体全面了解各个板块的事项办理,但往往反馈几个月也未能得到省级部门进一步的联络沟通。此外,在统一的省级平台推出前,多数区县建设有单独的政务平台,由于运营时间相对于省级平台更长,功能模块相对丰富或已培养用户使用习惯,部分市场主体仍然使用区县级的旧平台,未能很好地实现平台及系统集成化。在公众体验方面,网上办理事项有限且沟通效率不高,故大部分企业及公众更倾向选择线下的实体大厅办事,电子服务效能无法充分发挥。此外,电子政务的服务仍较多停留在网站服务方面,移动端的结构布局、功能设置等相对较弱,不再符合当前大部分用户的访问习惯。而在政务服务内部的数据共享联办方面,海南自贸港在诸多事项中仍无法实现跨部门的网办、联办、通办,网上办事的各类事项统一由政务服务网统一受理、各职能部门进行后台处理。在这一模式下,海南自贸港目前存在受理端所公示的服务要求无法与后台处理审核部门之间的信息同步的问题,如部分已经实现“证照分离”,由审批改为备案的事项,在政务服务网中的办理流程、所需材料、办理依据仍保持着原审批制度下的要求,非常容易给企业造成混淆。此外,海南自贸港目前仍存在网络基础建设不稳定、时有网页故障而耽误企业办事进度情况发生。

3. 行政审批业务流程和效率还需优化

海南省“零跑动”事项数量覆盖率 54.85%,与先进省市相比仍有较大差距,部分业务审批流程环节多、材料多、办事过程仍较为烦琐。比如企业反映工商变更登记、船舶抵押登记等事项办理仍不够便利。此外,主动服务意识有待加强,惠企政策宣传力度还不够,全省仅有 33.33% 的市县主动推送惠企政策,惠企政策“精准推送”渠道有限,企业对政策知晓度低,影响企业获得感。行政审批效率还需进一步提高,有的地方行政审批事项仍存在环节多、材料繁、时间长的问题,如企业反映不动产登记等事项办理流程多、耗时长、材料复杂,未实现“零跑动”。市县行政审批服务局事项承接能力尚待进一步提升,省级下放给市县和乡镇的行政审批事项,以及集中划转给市县行政审批服务局办理的行政审批事项,部分事项专业性较强,如工程项目建设、检验检疫、医疗器械领域等,由于专业力量不足、人员配备不强,市县行政审批服务局独立开展专业事项审批的能力尚未完全具备,影响审批效率。

部分特色政策有待落实落细。跨境资金流动自由便利方面,海南 FT 账户仍具有较强的在岸账户特征,在贸易外汇结算便利方面仍有提升空间。人员进出自由便利方面,近半数市县未向外籍高层次人才提供住房保障、就医社保、子女入学等生活方面便利化服务,“两个 15%”税收优惠和企业实质性运营标准部分企业获得感不强。投资自由便利方面,境内企业境外上市外汇登记下放银行办理等政策短期内难以实质性落地。贸易投资自由便利方面,部分试点应用场景不丰富,压力测试效果不明显。比如加工增值贸易政策享惠企业面窄、免税商场未覆盖主要旅游区、市场竞争仍不充分,中免“一家独大”的局面没有明显改变,总销售额(含完税)仍占全省销售额的 90%以上。数据安全有序流动方面,因国家有关部门未出台扩大增值电信业务开放具体实施方案,开放增值电信业务试点尚未落地。海南自贸港作为代表海南省参加国评的城市,其营商环境水平体现了海南省的整体情况。但一些指标的便利度落后全省,特别是执行合同指标,海南自贸港的立案便利度和审判效率均位列全省后五位,需引起关注。海南自贸港部分指标虽在本省排名第一,但和国家标杆做法对比仍有差距,比如海口市开办企业环节为 1 个,耗时 1 天全省最优,而国内最优环节为 1 个,耗时 0.5 天。

4. 部分领域改革创新力度还需加大

营商环境的改革不只是行政审批制度的优化,而应是长期的制度演化和生态建构过程。近年来,海南自贸港在各项针对改善营商环境的措施中,也逐渐提出并落实一系列具有操作性、创新性的优化营商环境举措,但这些措施主要是聚焦于行政审批领域改革,且改革的覆盖面可能有限,未必能兼顾全部企业对营商环境的直观感受。对于企业而言,对营商环境的体验感不仅来源于政府制度性建设的内容。以开办企业和跨境贸易两个维度为例,在这两个维度上世界银行对各地营商环境的打分只评估了流程、时间与费用三大指标,通过行政审批制度的专项改革,即可实现在该维度上分数的大幅提升。但在实践中,企业开办营商环境本身的意涵更为广泛,涉及线上线下服务质量优化、企业准入准营水平的提升等。进出口通关实务中,口岸营商环境也涉及口岸基础设施改造、检验检疫流程优化、单一窗口功能完善与创新以及通关信息化水平提升等。换言之,加强对得分维度之外各个方面的改善,才能不断提升企业对营商环境的满意度。

营商环境的优化是一个长期的制度演化、生态建构过程,而非依靠短期一蹴而就。在世界银行标准化、结构化、指标选取具有一定局限性的营商环境评价体系之上,一个国家或地区营商环境的评价标准应当是多元化、综合性、特色化的,提升市场主体的获得感和满意度才是优化营商环境的根本出发点和核心命题。只有坚持长期、系统的营商环境建设,不断扩大改革举措的多样性、扩大改革受众的惠及面,才能将各项改革举措落到实处,让企业切实感受到营商环境改革的红利。以上海自贸区为例,2020 年 11 月“全球营运商计划(GOP)”的创新启动,根据不同市场主体的个性化需求,由市场主体与政府一起协商打造“1 + X”的支持政策包(“1”是专业化的服务支持,“X”是多领域的发展支持),改变了过去仅仅由政府单方扶持的方式,进一步汇聚高层次的人才、高能级的市场主体、全球性的资金,为企业进一步做大增量、做大市场、做强能级提供大力支持。

5. 服务意识与服务质量仍需进一步强化

目前,海南自贸港仍存在部分政府服务人员的观念没有转变、服务意识不强、对业务不熟不精不细、态度不积极、办事效率低等情况。整体而言,窗口工作人员、办事人员的专业水平、业务素质、服务态度有待进一步提高,需要进行专业的培训和强化,更有甚者,部分人员普通话不标准,这对海南自贸港营商环境来说是“硬伤”。据此,海南自贸港服务人员整体素质和水平有待提高。营商环境问题受理平台受理的问题中,反映出部分市县拖欠民营企业工程款、不兑现招商引资承诺等政府失信问题,占比20%;一些地方执法检查简单化、“一刀切”、不够规范,严重损害市场主体权益。

政务服务能力仍有较大改善空间,政务人员素质有待进一步提高,推进政府治理改革政务服务成为企业希望改革的重点方向。目前的政务服务中仍存在较多影响企业体验感的情况,如流程设计有待进一步优化,尤其是跨部门的行政审批相关事宜,经常因为不同的部门之间缺乏有效的沟通与协调体制机制,企业办理过程相对烦琐,如部分区县的办理施工许可未能实现一窗通办,需在不同部门之间提交材料、获得审批,一个环节之后会影响整体的办事效率。技术平台功能仍有待进一步完善,流程设计中考虑不充分,存在上传材料过多导致界面刷不出来的技术问题,影响企业办事效率。办事人员素质有待进一步提高,存在部分情况下咨询人员讲解不够细致、工作人员不耐烦或不清楚的现象,以及部分工作人员办事效率较低,缺乏足够的责任担当以及容缺受理的服务方式,导致企业为办理某一事项来回奔波。政务服务中存在的各项问题,不仅反映出相关部门在政府服务能力上存在欠缺,部门人士整体业务能力有待提升,也体现出部分部门在服务态度上存在不足。

此外,随着海南自贸港招商引资的需求与能力不断提升,海南自贸港内企业的规模和发展潜力不断加大,专业中介服务机构服务社会经济发展的能力和对产业发展的推动功能日益凸显。但海南自贸港的专业服务机构发展仍然存在较多问题:①专业服务机构较少,缺乏诸如工程建设、法律、税务、科技成果转化等领域专业的服务机构,且本地化服务能力较弱,如绝大多数区县企业在办理施工许可过程中聘请的工程设计公司多来自市区,区县当地相关服务机构较少;②服务机构的专业人才缺乏,整体缺乏具备国际视野和沟通的服务水平,且专业化水平较低,这对于企业“走出去”和“引进来”的步伐起到了阻碍作用,如企业在国际合作过程中,产生的国际商事纠纷有时因本地机构经验较少,需聘请外地专业律师机构协助;③市场主体对聘请中介代理服务的意识不强,市面上的中介收费较高,从而导致市场整体需求不足,导致中介市场发展较缓慢,如企业在办理涉税事项的过程中多选择由内部财务人员处理,而随着税制改革不断发展,财务人员的专业能力跟不上涉税业务的发展,容易发生失误导致纠错成本增加。

五、先进地区一流法治化营商环境建设的经验参考

建设一流营商环境城市要对标先进,对标国际一流。根据世界银行营商环境评价的结果,结合制度的可借鉴性,选取新加坡和中国香港地区作为一流营商环境的标杆经济体,从市场化、法治化、国际化3个方面分析上述国家和地区一流营商环境建设的先进经验、制度与措施,以此为海南自贸港建设一流营商环境城市提供经验参考。

(一)新加坡一流法治化营商环境建设的制度分析

新加坡营商环境法治化的制度主要体现在以下3个方面:第一,健全的商业法规体系及透明的法治环境。第二,完善的税收优惠政策体系。第三,降低交易成本的制度。

1. 健全的商业法规体系及透明的法治环境

第一,新加坡沿用英国法体系。新加坡在新企业开展国际业务的税收负担被广泛的贸易协定网络大幅度降低。除此之外,新加坡也在根据国内外环境的不断变化调整自己的法律体系,新加坡的法律生态体系由专业的法律服务机构、政府的立法机构及其他的政府相关部门组成,在整个法律生态体系中,法律的完善修订得以快速进行,这也为新加坡建立知名的商事调解中心创造了先决条件。第二,在知识产权保护、人才引进、移民、电子商务等各个与居民生活息息相关的方面新加坡都制定了完备的法规体系,拥有的知识产权保护法制也是世界上最好的,新加坡知识产权保护体系和制度的完整性为新加坡境内的各类企业提供了相当好的知识产权保护体系。总而言之,新加坡为营造良好的营商环境,不断完善国内的商业法规体系,并根据社会实际情况进行及时调整和修订,为新加坡境内市场主体的经营活

动提供了非常公平、透明的法治环境，让每个市场主体在新加坡境内的生产经营活动都能得到法治的全方位保障，让每一例市场纠纷也能在新加坡境内得到快速有效的解决和化解。

2. 完善的税收优惠政策体系

新加坡降低企业成本的相关制度主要体现在税收优惠方面。世界银行《2020 年营商环境报告》显示，新加坡的营商环境位居世界第二，仅次于新西兰，其中总税率占利润百分比 21%、纳税单项以年纳税 5 次，报税后流程指标世界综合排名第 7，计算结果为 72。新加坡税种较少，[①]税制结构合理简明，税收体系高度法治化，这给法治化营商环境的优化提供了充分优势（见表 8 – 18）。其主要制度有：在生产经营上，简明合理的税收制度是新加坡的制度优势，新加坡的税收优惠程度位居全球前列。新加坡征收的企业所得税呈逐年降低的趋势，从 2010 年开始，新加坡一直保持着 17% 的企业所得税税率。[②]

表 8 – 18　新加坡目前的税收体系

税收种类	国家税收制度	自贸港税收制度
关税	除机动车等四类商品其余商品免关税	自贸港内免税，出关入境时正常缴纳
企业所得税	基本税率 17%	同国家税收制度
个人所得税	11 级超额累进税，最高税率 22%	同国家税收制度
商品和服务税（增值税）	基本税率 7%	自贸港内免税，出关入境时正常缴纳

① 与城市国家的发展相适应，新加坡目前开征的税种主要有所得税、财产税、遗产税、关税和印花税等。

② 其中，新加坡自贸区内的企业所得税税率只有 5% ~10%，个税税率在 3.5% ~20%，起征点为 2 万新加坡元；增值税税率为 7%，起征点是 100 万新加坡元，离岸贸易及对外贸易均可免征增值税或者可享受退税。参见李娣：《亚洲部分国家和地区营商环境比较分析与启示》，载中国国际经济交流中心编：《中国智库经济观察（2017）》，社会科学文献出版社 2018 年版。

3. 降低企业交易成本的制度

在降低手续成本的制度上:第一,从市场准入角度,为市场主体开办提供3种便利、简便的注册程序:市场主体仅需登录新加坡会计与企业管制局的商业文件系统,就可以在线完成企业及海外分支机构的注册登记。[①] 第二,在货物通关方面,构筑体系化的国际航运中心信息平台,另外还有海事网、空运社群网等电子政务平台。对于非监管免税货物,申请方一般在一分钟之内就会收到批准许可信息,系统自动发给该份申请一个许可号码,申请方据此打印货物通关许可,用以办理货物进出口或转口手续。对于监管货物(如药品、武器弹药、食品等)、应税货物(如烟草产品、酒精饮料、汽车、石油产品等)以及需提交原产地证明的货物,如批准,申请方一般会在10分钟之内收到许可号码,用以打印进出口许可证/原产地证明证书。在电子申请获得批准许可的同时,此份电子申请应缴纳的法定费用、信息处理服务费以及关税(如有),自动从申请方关联的银行账户中以电子转账方式扣除。通过对政府部门要求申请方申报数据的简化和标准化,消除了各部门专用数据、专用表格对贸易效率的阻碍,达到了建立国家贸易单一窗口的目的;并凭借以上制度有效减少相关手续以此提升新加坡营商环境的便利化程度。

对比借鉴性以及便于各国贸易的对接性是考量营商环境国际化的两大要件。新加坡营商环境国际化的优化制度主要表现在以下方面:第一,建立完备的自贸港(区)制度,并以自贸港(区)为对接国际的窗口,以此吸引各国企业入驻、国际资本聚集,以此实现自身经济的快速发展。第二,新加坡为推动营商环境国际化而施行的"两翼"。第三,以借自贸港(区)为媒介"招商引智",以此提升自身劳动生产要素的质量。新加坡经济发展局(EDB)是新加坡政府施行"第二只翅膀"战略的有益践行。

(二)中国香港地区一流法治化营商环境建设的制度分析

健全完备的市场竞争法律体系与高效、廉洁的商事监督制度是中国香

---

① 参见胡兴旺、周淼:《优化营商环境的国内外典型做法及经验借鉴》,载《财政科学》2018年第9期。

港地区提升营商环境法治化程度的有力保障。为了提升香港营商环境的法治化程度,中国香港特区政府的选择是:在提供充分的制度供给的基础上,制定相应的法律制度以营造高水平的法治化营商环境。其主要措施如下。

1. 健全完备的市场竞争法律体系

中国香港地区营商环境法治化程度的提高主要依赖于与其经济社会发展相适应的法律体系和开放的经济政策,香港特区政府十分重视本地区的经济立法,经济相关立法的出台通过法治手段有效保障了香港地区的对外经济贸易活动的发展和充分市场竞争。通过梳理香港地区的成文法典,与经济相关的立法几乎占了成文法总数的一半,既为香港地区形成了十分完备有效的市场竞争法律规范体系,①又筑牢了相关地区与外界进行公平竞争和友好往来的法治屏障。如香港地区特别商品的征税制度以及货物进出口贸易的相关规定集中于《香港法例》第一百零九章《应课税品条例》、第六十章《进出口条例》;香港地区金融服务监管制度的相关规定集中于《香港法例》第五百七十一章《证券条例》、第一百五十五章《银行业条例》等;香港地区的外汇自由的相关规定集中于《香港法例》第四百五十一章《杠杆式外汇买卖条例》、第六十六章《外汇基金条例》。其他一系列与高效便捷的营商环境相关的事项,如劳工保护、通航自由、知识产权保护等重要内容亦均通过立法的形式得以固定,例如《雇佣条例》《劳动关系条例》等涉及劳资纠纷的法规,《商标条例》《版权规则》《外观设计条例》等涉及知识产权问题的法规。香港地区内所有的经济活动和行为均因逻辑严密、体系严谨的法律制度得到较好的法治保障,所有的市场活动都可以受到法律的保护和监督。②除此之外,随着经济社会的演进和经济的不断发展,香港地区的法律体系做到了与时俱进,在国内外环境变化及国内市场需求的调整的基础上,对已存在的各项法律制度进行更新和协定,如 2012 年对香港地区的《公司条例》便根据公司经营的社会实际情况进行了更新修订,使其适应社会时代的变化,

---

① 参见范宏云、孙光永:《香港建设自由贸易港的经验》,载《特区实践与理论》2008 年第 3 期。

② 《香港法例》是香港现存的成文法法例编汇。由于香港的法律制度以普通法为依归,对有争议的案例或有必要遵守的规定,都会以成文法的形式颁布并实行。

并不断进行了与公司法律体系相关的各类立法配套的工作。

中国香港地区没有针对国家的对外经济活动出台专门立法，对外经济活动相关立法散见于其他现行法律法规，此种立法模式既有利于维持香港地区的法治稳定，又有效避免了针对统一立法事项出现上位法和下位法、新法和旧法产生的冲突与矛盾。

2. 以"廉政公署"为核心的市场监督制度

中国香港地区是全球最廉洁的地方之一，2018 年 NGO 调查 180 个国家和地区，发表了"清廉认知指数"。该指数满分是 100 分，中国香港得分 77 分，排行 13 位。香港的反贪机构廉政公署（ICAC）的独立性很强，其首长无须对其他政府部门负责，仅对相关地区最高首长负责。共有 4 个委员会对廉政公署的日常工作进行监督，委员会由香港政府委任社会各界贤达组成，委员会的主席由非官方人员担任。

香港廉政公署非常重视市场监督活动中市民的参与度，为了遏制商业贿赂专门建立一项吸纳民意进行互动的机制。导致的结果是，香港廉政公署获取的关于商业贿赂行为的主动举报，大部分来自普通群众。在社会公众的大力支持下，廉政公署开展了积极且有效地打击商业贿赂犯罪的活动，并借此实现对社会公众的庄严承诺。此外，香港廉政公署经常通过"廉署网站"对廉署活动进行对外报道，针对社会大众密切关注的事项及时地播报相关新闻稿。

3. 外资企业宽松的市场准入制度

在市场准入方面，根据目前香港地区境内实行的各项法律制度和政策体系，在香港地区的范围内几乎没有不让外资投入和经营的领域和行业，且未对外资的占比进行严格的限制，港内外的投资者都可以对港内注册成立的企业进行 100% 的控股。在纷繁复杂的行业和领域中，相关地区的博彩业可以说在所有行业中受到了政府最严厉的监督和管理，因为香港地区专门出台了《博彩条例》《赌博条例草案》等与博彩业息息相关的法律制度，因此目前只有马会举办的赛马、六合彩或者合彩可以在香港地区内从事博彩业相关活动，或者经由特定机构依照法定程序批准的特定博彩活动。[①] 此外中国香港是全球税收制度最有竞争力的地区之一，和新加坡的基本思路一致，中国香港地区提升营商环境法治化的主要手段在于以税收政策降低企业的交易成本，以高效的政府服务减少企业在交易过程中办理手续的数量及时间。香港的低税、开放、自由的环境，吸引了全球各地企业来此开展贸易或经营活动，[②]此举有效地提升了香港地区营商环境的法治化程度。

针对外资企业在香港地区的生产经营活动，香港地区也出台了一系列制度规定。在外资企业注册登记手续方面，在香港自贸港内注册登记外资企业只需要3个流程：第一，核实企业名称依法是不是可以使用的，此种判断仅需依据相关系统的查询便可得知；第二，外资企业需要提交与企业注册密切相关的相关费用及必要性文件，此种提交也可以在线上经由特定网页完成；第三，在对应官方机构备案核准之后，香港地区相关部门会及时出具商业登记及公司注册证书。在宽松的外资企业港内注册登记制度方面，香港自贸港对外资企业港内注册资金数额未设特殊的限制，外资企业只需要缴纳少部分的厘印税，无须经过验资程序，因此无论实际到位资金数额多少，企业均可设立。值得一提的是，香港除了坚持法律制度的硬约束手段以外，还充分发挥商会或同业公会等民间团体的作用，进行行业的自律管理，方式更为灵活自主，具有更高的办事效率。[③] 这些社会团体组织往往对本行业内的各项业务活动均出台了十分缜密的行业行为准则，违反这些准则的市场主体均会遭受行业集体的联合制裁和抵制，更甚者，该市场主体有可能被取消在本行业内从事市场经营活动的主体资格，此类“软法”对香港市场竞争秩序的维护起到重要作用。

此外，香港地区的海关监管制度既高效又便捷。第一，报关制度的简明

---

① 参见李猛：《中国自贸区法律制度建立与完善研究》，人民出版社2017年版，第32页。

② 参见黄建忠、文娟主编：《探索建设自由贸易港蓝皮书2017》，中国经济出版社2018年版，第53页。

③ 参见赵冉冉：《香港人民币离岸市场监管实践对法与金融理论的印证与拓展》，载《现代经济探讨》2014年第11期。

合理,香港自贸港内拥有极为简便的进出口货物相关的报关手续。除此之外,香港也作为《货物暂准进口公约》的签约地区之一,根据《货物暂准进口公约》的相关规定为一些进出口货物颁发暂准进口凭证,比如,在香港地区的体育竞赛活动中运动员或观众的个人物品、在博览会等类似活动上所陈列使用的货物以及活动中对游客的宣传材料等。第二,通关制度的便利高效。近几年,香港实行了一系列通关过境的新举措新政策,其中具有突出优势的是“海易通计划”,该计划的主要目的和方式就是通过数字化方式完成报关、清关的全部程序,在前期可以通过数字化途径提前递交副提单数据是“海易通计划”的具体目标,为了节省传统印发纸质“禁止移离物品通知单”的复杂限时程序,既为海关及进出口承运商节省了通关时间,简化了提交副提单数据的步骤,同时又提高了通关管理效率,①是切实高效便民的通关创新制度。

六、海南自贸港一流法治化营商环境建设的原则与关键

(一)海南自贸港一流法治化营商环境建设的原则

1. 竞争中性原则

所谓竞争中性原则,就是一个市场上的所有经营主体,无论其所有制如何,在经营过程中均不存在过度的、不适当的竞争优势或劣势,通俗说就是政府对国企和私企无差别对待,利用公平竞争机制建立的契机将国有企业在市场竞争中的扭曲优势予以缓解,用市场的力量对市场资源进行较好的配置与利用,增强所有市场参与者的竞争力核心是强调公平的市场竞争。海南自贸港建设一流法治化的营商环境,首先应当坚持公平、自由、规范、有序的市场竞争制度,在严重涉及国家公共利益和集体利益的领域之外,对不同所有制的企业应当提供平等、公平的竞争机会。竞争中性原则在世界银

---

① 参见《海运简易通关计划》,载香港特别行政区政府香港海关网,https://www.customs.gov.hk/tc/service-enforcement-information/trade-facilitation/escc/index.html。

行的营商环境评价指标体系及我国的《优化营商环境条例》中均有体现，营商环境评价的每项指标均与公平竞争秩序存在或多或少的联系，均是市场主体参与经济社会建设所依赖的各种要素以及需要具备的基本要件，只有市场主体在各项经济活动中受到公平的对待，最终的营商环境评价结果才会获得高分，市场主体的满意度和获得感才会有较大幅度的提升。我国《优化营商环境条例》中也对竞争中性原则进行了突出强调，并将该原则贯穿于法律全文中，由此可见，公平、自由、规范的市场竞争秩序的维护是海南自贸港营商环境建设的基本逻辑和思路。

当然，国企和民企是肩负着不同政治责任、经济责任和社会责任的经济实体。若将竞争中性原则不分场合地适用于所有领域和行业，过度扩大了竞争中性的适用范围，在我国特殊经济体制下，对国有企业和民营企业不区分所有制形式，这将对社会形成不良引导，而且会降低国有企业的社会责任感和责任意识，不利于形成良好的社会导向。在促进自由、公平的竞争制度的基础之上，在国家安全、公共安全以及公序良俗等特殊领域，国有企业的根本属性决定了其要比民营企业承担更高更重的社会责任和经济责任，因此，坚持竞争中性原则不能忘记这一本质要求。

2. 平等保护原则

平等保护原则要求保障市场主体依法平等参与市场竞争。平等保护原则是营商环境建设的应有之义，既是市场主体对一流法治化营商环境建设的基本要求，也是海南自贸港一流法治化营商环境建设首先要遵循的原则和基准。在 2021 年的“两高”报告中，最高人民法院和最高人民检察院的工作报告均强调要从法治角度保障各类市场主体的合法权益不受不法侵害，为市场主体的经济活动营造良好的法治氛围。

平等保护原则主要体现在三个方面。第一，政府在对各类市场主体保护的制度设计和实践处理中采取平等宽和、一视同仁的价值取向。一方面，政府要保障不同类别、规模的市场主体平等地参与市场竞争；另一方面，不同种类的市场主体能够平等地使用生产要素以及平等地适用各种发展政策。第二，政府在组织实施科技创新、技术转化等项目时，应当平等对待各类市场主体，在一些主要政策制定过程中，保障各类市场主体的实质性参与，及时清理不符合平等保护原则的各种企业性质规定，与企业平等保护、产权平等保护相背离的各项法律法规和政策规定也必须予以取缔。第三，在政府合同的签订、履行过程中，政府主体、市场主体之间要遵循平等保护的原则，双方的权利义务平等。

3. 法治推进原则

“法治是最好的营商环境”“法治是核心竞争力”已经成为改革者在国家治理现代化背景下推进营商环境建设的共识。① 发挥法治引领与保障作用促进营商环境优化成为近年来法律修改的关键动因。2019 年 4 月 23 日，第十三届全国人民代表大会常务委员会第十次会议通过了 8 部法律的修改，国务院修订了多部行政法规，最高人民法院则发布有关破产、中小投资者保护等多个司法解释。这些法律规则的修订，是因应世界银行评估而作出的制度性变革，对促进中国营商环境排名在 2020 年世界银行评估中的大幅提升发挥了作用。②

建设一流营商环境城市必须将法治推进原则融进海南自贸港各项政策制定与执行的各个流程、环节和阶段，必须在全社会范围内征求不同市场主体的建议和意见，执法过程中必须保证公平性和公正性，着力打造公平、规范、有序的市场氛围，着力营造完善、公平、长效的法治保障机制，这样才能让营商环境改革发挥良好功效。按照法治路径加强营商环境建设、强化法治政府建设，坚守政府与企业关系法定的本质，让法治思维成为社会共识。而市场经济的核心本质便是法治经济，因此，法治理念必须融入海南自贸港法治化营商环境建设的全过程，必须从根本上满足人民对美好生活的向往与追求，这是中国式现代化经济社会发展的核心原则。

---

① 例如，上海提出“使法治成为上海核心竞争力重要标志”，浙江提出“努力使法治成为核心竞争力重要组成部分”，江苏提出“真正使法治成为江苏核心竞争力的重要标志”，湖北提出“使法治成为湖北发展核心竞争力重要标志”，宁夏提出“让法治成为宁夏未来发展核心竞争力的重要标志”，广州提出“让法治提升广州核心竞争力”，等等。

② 参见罗培新：《世界银行营商环境评估：方法 · 规则 · 案例》，译林出版社 2020 年版，第 14 页。

（二）海南自贸港一流法治化营商环境建设的关键

1. 正确理解营商环境价值观

正确理解和准确适用营商环境的价值观与各项指标的方法论，一流营商环境城市建设才有望获得较为理想的效果。世界银行营商环境评估的核心价值在于通过法律规则及其实施机制的完善降低市场主体的制度性交易成本；世界银行营商环境评估的每一项指标体系都会有一篇经典文献作为理论支撑，并由此构建评估体系的方法论。① 在地方营商环境建设中，尤其是优化营商环境的相关法律规则制定过程中，部门利益和行业利益至上，许多部门领导因循守旧紧抱权力不放松，往往是制度优化的拦路虎。每一项改革推进的背后都要经历无数次的协调博弈，制度变革的成本巨大。政府营商环境优化绩效评估反馈的持续改进的高水平绩效信息，却并没有带来与之相应的公众对地方政府满意度和信任感的普遍提升。② 甚至有人说“营商环境是个筐，什么都可以往里装”，将企业经营、政府财政增长作为优化营商环境的内容。存在上述问题与观念，最根本的原因在于对于营商环境的价值观与各项指标的方法论存在误读，一知半解，不求甚解。虽说“改革是由问题倒逼而产生的”，但建设一流营商环境城市并不仅仅是“外源性改革”，③更需要“内源性动力”的推进。否则，即使有一流营商环境城市建设的

---

① 参见罗培新：《世界银行营商环境评估方法论：以“开办企业”指标为视角》，载《东方法学》2018年第6期。

② 参见孟宪斌：《融合工具理性与价值理性：对地方政府绩效管理运行逻辑的反思》，载《中国矿业大学学报（社会科学版）》2020年第4期。

③ 参见常修泽：《2020年代开放倒逼下中国改革之路怎么走》，载《群言》2020年第1期；常修泽：《以高端开放倒逼“五环式”改革——中国（上海）自由贸易试验区之我见》，载《中国经贸导刊》2013年第30期。

"良方",也未必能实现政府、市场与社会的"善治"。①

2. 完善制度,提升能力

建设一流营商环境城市,制度完善是核心,能力提升是关键。制度完善,尤其是法律制度的完善,在一流营商环境城市建设中的重要性是毋庸置疑的。"一个制度的好坏,老百姓是否最终接受,说到底是这个制度的'制度执行能力'所决定的。"②所以,营商环境强调的不仅是制度规则的完善,还要致力于实施效能的提升。制度完善与能力(效能)提升理应构成一流营商环境城市建设的两翼,缺一不可。目前,营商环境制度建设的差距日益缩小,"零跑动""一件事一次办""全省通办""多审合一""一业一证""一窗通办""一证准营""一帽牵头""一标核准""一单告知""一表申请""告知承诺""容缺办理""一枚印章管审批""拿地即开工""双随机一公开""包容审慎监管""分类监管""分级监管""轻微免罚"等规则普遍施行。而对上述规则实施的能力与效果,超大国家中不同地区的差异则十分明显。"治理能力不行,再好的制度也会因得不到有效落实而难以发挥作用。"③例如,"一窗通办"强调的是"无差别全科受理",即行政服务中心任何窗口都能代表政府受理办事事项,集中审批完成"通办"。在东部地区,对人才吸引力度大,财政支持能力强,使"一窗通办"推行效果明显;而中西部地区,窗口人员的工作能力、对政策制度的汇总准备、地方财力支持、服务理念等都会成为"一窗通

---

① 例如,根据科技部《国家众创空间备案暂行规定》,申请国家众创空间条件之一是"拥有不低于500平方米的服务场地"。在山东,这一场地标准被"严格"执行,地方官员认为创新创业"还是线下为主、线上为辅"。在浙江,基于"市场主体需求导向"规则执行要"灵活得多",对互联网企业的"服务场地"的理解,不仅包括办公场地,而且包括其在线服务辐射的公共空间,不仅包括集中的场地,也包括分散的点位。而基于各地方政府对营商环境价值和法律规则的不同理解,"凤岐茶社"在山东连市级众创空间都评不上,在浙江则被认定为国家级众创空间。参见《四位省领导先后批示"凤岐模式"在山东落地推广仍阻碍重重》,载《济南日报》2019年3月28日,第3版。

② 杨光斌:《"国家治理体系和治理能力现代化"的世界政治意义》,载《政治学研究》2014年第2期。

③ 罗宗毅:《国家治理现代化:把制度优势转化为治理效能》,载《学习时报》2019年10月7日,第1版。

办”制度落地的“瓶颈”。此外,执法权下沉到底的改革克服了“一个部门一支队伍”的行政碎片化等问题,形成综合执法的新格局;但基层的执法条件、设备和人员不足,专业化水平欠缺,“块块”协调困难,双重领导等问题则直接制约了执法的效果,①甚至在某些地区出现了“吃拿卡要”的问题。

3. 破除隐形壁垒,打通“最后一公里”

近年来,虽然海南自贸港营商环境水平基本稳定在高水平城市行列,“放管服”改革也取得了长足的进步,但“放而不松”“粗枝大叶”,“玻璃门、旋转门、弹簧门”等各种隐形壁垒并未彻底消除,改革创新往往梗阻于“最后一公里”。② 在世界银行营商环境评估体系中,“开办企业”等过程能够大幅削减程序、缩短时间、降低费用,其关键因素是政府部门的数据互联互通与共享应用。③ 但信息壁垒依然存在,部门数据共享推进艰难,尤其是一些强势部门,不情愿不配合,使营商环境优化的政策落地受阻于临门一脚。一些惠企纾困政策和产业促进政策,或没有及时推送政府政务中心,或没有针对市场主体进行主动精准推送,最终无法有效回应市场需求。凡此种种,营商环境建设在“最后一公里”发生梗阻,使市场主体对营商环境体验感提升的努力“功亏一篑”。“制度细节”和“制度末梢”是优化营商环境政策最终与市场主体需求有效对接的关键性节点,也应该是一流营商环境城市建设的重要着力点。

4. 对标找差,固优补短

建设一流营商环境城市如逆水行舟,不进则退,慢进也是退。海南自贸港建设营商环境城市,需要着重把握好两个维度。一是指标的先进度。海南自贸港建设一流营商环境城市必须对标国际先进、国内一流标准,聚焦政务环境、市场环境、法治环境三大方面,与最好的比、同最强的赛、向最高的攀。二是企业的满意度。营商环境好不好,最终企业说了算。建设一流营

① 参见叶必丰:《执法权下沉到底的法律回应》,载《法学评论》2021 年第 3 期。

② 参见李中:《破除隐性壁垒打通营商环境优化“最后一公里”》,载《经济界》2020 年第 4 期。

③ 参见罗培新:《世界银行营商环境评估方法论:以“开办企业”指标为视角》,载《东方法学》2018 年第 6 期。

商环境城市,必须坚持以企业集聚度、活跃度、感受度作为衡量标准,以市场主体的基本需求为导向,针对企业反映突出的重点、难点、堵点问题和政府服务的短板差距,拿出更加务实管用的政策举措,让企业办事更高效、更便捷、更舒心,让市场主体有更多获得感、有更强发展活力。

七、海南自贸港一流法治化营商环境建设的路径与措施

(一)对标国际,突出海南自贸港一流法治化营商环境特色

海南自贸港营商环境较国内其他地区而言最突出的特征和亮点就在于对标国际高水平经贸规则中的营商环境标准,这是国家对海南自贸港建设进行科学谋划的重要内容。从对标国际的层面看,不可否认的是海南自贸港的营商环境较世界一流营商环境以及国际高水平经贸规则确立的标准而言尚存较大的差距,某些长期存在的难题仍未得到有效解决,必须通过法治化这一规范途径予以有效化解。法治化营商环境建设必须符合国际水平,积极主动对接国际高水平经贸规则,将《区域全面经济伙伴关系协定》(RCEP)、《全面与进步跨太平洋伙伴关系协定》(CPTPP)、《数字经济伙伴关系协定》(DEPA)等国际高水平经贸规则中与营商环境密切相关的规则以及世界银行 B-READY 营商环境评估指标体系的最新研究成果转化为独具海南自贸港特色的标准体系。

1. 国际高水平经贸规则中的"营商环境"

(1)RCEP 中营商环境相关的核心规则

RCEP 是目前世界上发展潜力最大、覆盖人口范围最广的贸易协定,完全体现出现代、互惠、全面、高质量的突出特性。在国内国际"双循环"的格局下,海南自贸港对标 RCEP 经贸规则推进法治化营商环境建设是基于自身改革、发展、构建高水平的开放格局的现实需要。RCEP 也在一定程度上代表了成员国在营商环境建设方面的一致追求和共同目标。在公平竞争的市场秩序方面,RCEP 的规定全方位、多角度地涵盖了营商环境中的多项关键

因素,例如政府采购(第十六章)、知识产权(第十一章)、电子商务(第十二章)、贸易救济(第七章)、争端解决(第十九章)等具有强烈现代性的营商环境要素,为区域内市场主体在各成员国的公平竞争、平等保护提供了全方位的保障。此外,RCEP作为第一次将电子商务规则作为国际经贸规则重要内容的协定,与时俱进,针对新型的交易模式纳入了新型的交易规则,促进了无纸化交易和电子认证等新方式的发展,并对电子商务领域用户信息的保护和在线消费者合法权益的保护作出具体的规定,严格限制成员国对本国范围内的数字贸易行为的变相限制。从全面的角度为现代化一流营商环境的建设提供了思路,值得海南自贸港在找出自身差距的基础上进行精准有效地对标。

(2)CPTPP中营商环境相关的核心规则

CPTPP是亚太地区高水平的区域协定,也是亚太地区一流营商环境建设的风向标,为一流营商环境的具体内容作出了明确的制度安排。从市场主体的角度出发:在市场准入方面,CPTPP规定针对货物贸易、服务贸易和投资领域的市场准入问题,成员国必须以制定负面清单的方式对外开放本国市场,从而取消对外资进入市场的限制。金融领域和电信领域也实施高水平的开放,对相关机构的数量、人员数量、业务模式、企业组织形式等方面均不设限制。国有企业的政府支持如果是非商业性质的,则不得损害其他国家或者企业的利益。在市场经营方面,必须提高对劳工权益和环境保护的标准,成员国在市场经营过程中需要依照相同的环保要求和劳工标准进行,环境保护的覆盖面相当广泛,包含了臭氧层、渔业、海洋、生物多样性等方面。CPTPP对知识产权的保护力度相当大,要求保护气味商标、驰名商标等。在市场退出方面,CPTPP坚持对于各类市场主体退出市场赋予相对自由的权利,任何国家不得以自身权益保护为由限制特定市场主体的退出。从政府的角度出发:在监管一致性方面,CPTPP要求成员国建立中央协调机制,对市场监管执法行为的合法性合规性进行严格审查,将审查结果及时向社会公布,提高执法的透明度和反腐败的力度,确保监管的一致性。在政府采购方面,CPTPP规定成员国应当赋予外国市场主体、货物服务等在政府采购过程中的国民待遇,不得采取歧视性措施。总之,CPTPP 为政府和市场主体在一流营商环境中的活动提供了高标准高水平的便利程度和自由程度。

(3) DEPA 中营商环境相关的核心规则

在数字经济发展十分迅猛的时代,DEPA 作为目前最高标准的数字经贸规则,在构建全球数字信用体系、实现数字经济的包容性繁荣、促进数字贸易的自由和便利、推动数字经济快速创新发展等方面具有十分重要的意义,是新发展格局下海南自贸港对标国际高水平经贸规则的一项重要内容。在促进数字贸易的自由和便利方面,DEPA 在第二章(商业和贸易便利化)和第三章(数字产品待遇和相关问题)两章作出了详细规定,大致内容包括促进无纸化交易、搭建电子交易的桥梁、保证物流的高效率、实现电子支付、免征电子传输税、给予数字产品国民待遇等。在构建全球数字信用体系方面,DEPA 在第五章(更广泛的信任环境)和第六章(商业和消费者信任)两章对于信用体系的构建和维护作出了详细规定,主要包括实现相互信任的跨境数据自由流动、网络安全合作的有序开展、最大限度保障线上消费者权益以及对数字身份的互认等。在实现数字经济的包容性繁荣方面,DEPA 在第十章(中小企业合作)和第十一章(数字包容性)两章作出了详细规定,主要内容包括通过数字技术和工具的利用提高中小企业与其他企业在数字经济的浪潮中进行贸易和投资合作的水平、机会和能力,积极吸纳农村人口和低收入群体等参与到数字经济的发展之中,提高数字经济的包容性。在推动数字经济快速创新发展方面,DEPA 在第九章(创新和数字经济)一章中作出了详细规定,具体内容包括加强金融科技的发展与合作、加强人工智能领域的合作交流、推动政府数据共享、提高数据利用效率等。

2. 对标国际高水平经贸规则,突出海南自贸港营商环境特色

通过对 RCEP、CPTPP、DEPA 等代表国际高水平的经贸规则内容的梳理,足以发现海南自贸港目前营商环境现状与国际一流水平之间的差距和不足。因此,海南自贸港法治化营商环境建设应从基本原则、发展目标、主要建设任务等方面与国际高水平经贸规则及世界银行 B-READY 营商环境评估指标体系进行全方位对接,以突出海南自贸港营商环境的特色。现阶

段海南自贸港法治化营商环境需要重点对标和完善的内容主要包括以下方面。

(1)以法治保障贸易和投资的自由化及便利化

海南自贸港一流法治化营商环境建设的基本要求之一就是有利于贸易和投资的自由便利,RCEP、CPTPP、DEPA也对贸易和投资领域的自由便利程度提出了较高的要求,海南自贸港法治化营商环境必须着力为贸易和投资自由化便利化提供法律保障,促进贸易和投资自由便利的程度不断加深,缩小与国际高水平之间的差距。第一,关税制度上,海南自贸港税收立法需进一步降低进口关税,为进出口贸易的顺利进行提高税收便利,同时满足国际国内两个市场的迫切需要。第二,合理优化进入海南自贸港的通关手续,降低各类市场主体的通关成本,最大化地促进贸易和投资的自由流通。第三,将RCEP、CPTPP、DEPA中的众多受惠国视为一个统一的"经济区域",严格实行累计原产地的计税标准,以提升海南自贸港优惠税收政策的利用效率。第四,对标世界银行B-READY营商环境评估指标体系,围绕市场主体的生命周期,从市场主体的参与、开业、运营和关闭全流程全方位建立海南自贸港营商环境法治指数评价指标体系,为贸易和投资自由化便利化提供法律保障。

(2)完善负面清单管理制度

适当宽松的市场准入制度是向世界展示海南自贸港对外开放决心的重要途径,也是可以最大化地吸纳国外市场主体参与海南自贸港建设的最好方式。RCEP、CPTPP、DEPA均强调了在货物贸易、服务贸易、投资和数字经济领域以负面清单的方式对外开放市场。海南自贸港目前专门针对跨境服务贸易和外商投资准入方面出台了特别措施(负面清单),但对相关市场准入的限制仍然较多,且负面清单未依照海南自贸港的实际进行及时更新,外商投资准入特别措施是2020年版,跨境服务贸易特别措施最新版本是2021年版,截至目前均未出台最新版本的负面清单。据此,海南自贸港需要进一步完善负面清单管理制度,为优化营商环境的准入环节提供法治保障。第一,积极鼓励海南自贸港内企业与外资企业展开充分的、公平的、有效的市场竞争,一视同仁,不以所有制形式作为市场主体获得不同待遇的理由,增强海南自贸港各类市场主体的竞争活力和发展潜力。第二,在完善竞争政策的基础上优化法治化营商环境,并保持贸易和投资政策的相对稳定性,为市场主体在海南自贸港的经营活动提供稳定的市场预期。

(3)从立法层面加大知识产权保护力度

知识产权保护是新发展格局必须充分重视的议题,既是 RCEP、CPTPP、DEPA 等国际先进经贸规则中均进行重点强调的内容,也是海南自贸港对标国际完善自身法治化营商环境的核心内容。2022 年 1 月 1 日,《海南自由贸易港知识产权保护条例》正式生效,在一定程度上体现了海南自贸港对知识产权保护的重视程度,但对标国际高水平经贸规则中知识产权保护相关内容,仍存在一定差距和不足,需要进一步从立法层面加大海南自贸港知识产权保护的力度。第一,对海南自贸港市场主体的知识成果给予充分的保护,加强对侵犯知识产权行为的监管执法力度,对利用新型手段和方式侵犯知识产权的行为进行及时有效的制止,并承担相应的法律责任。为市场主体在经营活动中的创作行为和成果提供充分法治保障。第二,加强知识产权保护的国际合作,完善跨国安全审查机制,对于跨区域侵犯知识产权的行为与他国开展保护合作,并着力推动知识产权的保护标准与国际先进经贸规则的标准统一化行动。

(4)深化国有企业改革,加强廉洁高效政府建设

竞争中性原则是 RCEP、CPTPP、DEPA 等国际先进经贸规则中要求成员国承诺坚持的基本原则之一,海南自贸港法治化营商环境建设必须严格遵循竞争中性原则,继续深化国有企业改革,为各类市场主体营造公平竞争的营商环境;加大海南自贸港反腐败的力度,加强廉洁政府建设,避免政府基于自身利益的考量滥用行政权力。第一,进一步完善和规范针对国有企业的监督和管理,严格贯彻落实竞争中性原则,保障国有企业基于商业考量从事企业生产经营活动,尽量降低政府对国有企业进行非商业支持的力度和频率,在特殊情形下必须进行非商业支持时也不得损害其他市场主体的合法利益。第二,参考 RCEP、CPTPP 等国际高水平经贸规则中对“国有企业”

的规范定义，对海南自贸港内的国有企业按照市场竞争的程度进行科学合理分类，促进国有企业不断优化自身组织结构和治理体系，从而增强国有企业在国际市场上的竞争力。第三，逐步推进廉洁高效政府建设，提高行政机关行使权力的透明度，严格推进政务公开，在全社会范围内形成对政府履职尽责过程的监督合力。

（二）用好用足立法权满足构建一流营商环境的立法需求

一流法治化营商环境建设的首要任务就是完善立法、提供充分的制度供给。通过分析立法对营商环境的建设性作用，为海南自贸港如何用足用好《立法法》赋予的海南自贸港法规立法权满足构建一流营商环境的立法需求出谋划策，助力营商环境法律体系的进一步完善。

营商环境法治化的实现需要大量的制度供给和法治实践。要通过立法建立优化营商环境的制度体系和举措，充分发挥制度优势。“制度优势是一个国家的最大优势”。优化制度供给持续推进营商环境建设，是国际上发达国家和地区的成功经验，也是国内先进省市营商环境建设实践证明的有效途径。此外，从实际层面看，海南自贸港自 2018 年以来努力推进改革措施，取得了一系列成果，形成了相对成熟的经验，需要通过立法的形式将成果和经验固定下来，这样既可以为海南自贸港后续改革的推进提供经验参考和制度指引，又能将经由时间证明的有效举措及时推广到全国其他地区。从对标国际的层面看，不可否认的是海南自贸港的营商环境较世界一流营商环境而言尚存较大的差距，某些长期存在的难题仍未得到有效解决，必须通过法治化这一规范途径予以有效化解。营商环境立法对于营商环境建设实践的效果是显而易见的：一方面，立法可以将营商环境建设的全流程、全布局都纳入法治规范的体系之中，使营商环境工作的推进更具规范性和有序性；另一方面，营商环境立法可以有效规范市场的各类行为，如市场主体的经营行为、行政机关的执法行为、政府的政务服务过程等，可以对营商环境的构建起到全方位的保障作用，积极发挥法治引导、推动、规范、保障改革的积极作用。海南自贸港要充分利用特殊政策制度优势，抢占先机。

立法对于市场主体而言重点要调整三方面的关系：一是市场主体内部治理的关系，市场主体内部治理的好与坏直接关系到整体营商环境的建设质量，只有市场主体微观上完善了内部治理，才能在宏观上保证营商环境的建设效果。因此，需要通过公司法、企业法等与市场主体相关的法律规定，调整市场主体内部治理关系，使市场主体自身的治理和风险防控能力得以进一步提升。二是市场主体间的市场关系，需要通过反垄断法、竞争法等相关立法制定自贸港竞争政策以及配套的执法机制，确认公平的市场竞争机制，维护公平的市场竞争秩序，保障市场主体之间的平等关系。三是市场主体与政府、社会关系。法治化营商环境的核心关系包括政府、市场主体、社会三者之间的关系，需要依靠立法进行关系处理的顶层设计和框架指导。将法治化营商环境中政府与市场关系处理的重点放在解决过度政府干预、行政垄断以及降低产业政策多变性等方面。通过完善宏观调控政策法规的制定，从立法层面确定政府干预市场的合理界限，防止政府权力无限扩大，平衡政府与市场的力量。通过完善企业税费等优惠性政策，将市场主体进入海南自贸港可以享受的便利政策上升到立法层面，为其提供立法保障，增强市场主体的信心，为市场主体营造良好的市场环境。此外，还需将市场主体的社会责任通过立法的方式予以确认，激励市场主体积极主动地承担起社会责任，共同营造和谐、平安的社会环境。总而言之，需要通过营商环境立法，进一步破除各种市场准入壁垒，规范监管执法机制，促进市场主体依法合规经营，增强市场主体合法权益保护，营造更加公平的良好市场环境，让各类市场主体更加安心，给市场主体吃下未来稳定持续发展的“定心丸”，进一步增强市场主体在海南自贸港投资兴业的信心。

完善营商环境立法是推进海南自贸港法治化营商环境建设的首要前提，目前对海南自贸港而言，最为关键的并非立法权限的问题，而是如何用足用好中央对海南自贸港的立法授权为法治化营商环境建设提供充实的制度供给的问题。对此，本书认为：第一，要立足海南自贸港的建设实际，充分运用各类立法授权完善海南自贸港营商环境的法律体系；第二，必须坚持科学立法的原则，根据海南自贸港的客观需求做好立法规划工作；第三，要通过营商环境立法构建相对健全的纠纷解决机制。

1. 立足实际,充分运用立法授权完善营商环境立法

海南自贸港立法要充分考虑自贸港封关运作后作为独立市场单元和海关监管特殊区域的实际情况。现阶段,海南自贸港营商环境优化措施主要依靠省级层面的海南自贸港商事注销条例、破产条例、公平竞争条例、征收征用条例等相关立法。反观其他省份:广东省广州市出台了《广州市优化营商环境条例》《广州市政务服务便民热线管理办法》《广州市数字经济促进条例》《广州市公共法律服务促进办法》《广州市公共信用信息管理规定》《广州市建设国家营商环境创新试点城市实施方案》《广州市深化“放管服”改革优化营商环境 2021 年重点工作任务》《广州市优化口岸营商环境促进跨境贸易便利化工作方案》等 8 项优化营商环境的举措;江苏省南京市陆续出台了《南京市优化营商环境 100 条》《南京市社会信用条例》《南京市政务数据管理暂行办法》《南京市不动产登记失信行为信用管理暂行办法》《关于持续优化营商环境的实施意见》等一系列体系化的政策;浙江省杭州市出台了《杭州市国家营商环境创新试点实施方案》《杭州市不动产登记若干规定》《杭州市市场监管行政执法队章程》《杭州市就业创业政策实施办法》《杭州市深化数字政府建设实施方案》《杭州市涉企补偿救济实施办法(试行)》《杭州市市场监管领域重大违法行为举报奖励实施办法》《杭州市市场主体除名试点工作暂行办法》;山东省济宁市出台《济宁市优化营商环境条例》等。对比以上城市的营商环境立法工作,海南自贸港还需在贸易便利、投资准入、市场准入、财税政策、金融创新、数据便利流动、诚实信用、促进产业发展、环境保护和人才支撑等方面进行相应法规的系统设计。在政策法规体系探索方面,海南自贸港应以法治建设为关键性基础环节,进行政策法规体系的探索,实现改革创新的定向定点突破,以协助完善海南自贸港法规体系。海南自贸港可积极主动开展多种风险压力测试,建立完善的容错纠错机制,激发改革创新的主动性和积极性,可在国际业务规则、国际条约和惯例的司法适用、人和资本等要素的跨境自由流动等方面率先开展探索。

2. 做好法治化营商环境的科学立法规划

法治化营商环境建设必须做到立法先行,首先要做好立法规划,并使立法规划得到高效实施。必须列入立法规范的主要内容包括:各类市场主体对公平、高效、持续发展的法律规范的现实法治需求以及对服务类法律规范的需要。法治化营商环境需要哪些基本的制度?市场主体的注册成立问题、经营运行问题、权利维护和保障问题、公平地参与市场竞争的问题、出现经营危机后如何及时有序地退出市场的问题,等等,对这些问题需要认真调查研究。应当包括公平公正市场环境的制度性安排、投资贸易自由的制度性安排、鼓励性优惠政策(如特殊税制)制度性安排、市场主体权利保护(如产权保护)制度性安排、政府服务市场主体制度性安排。实现营商环境法治化的过程中,要坚持科学立法的原则,通过科学的立法规划建立起法治化营商环境需要的制度体系,明确保护市场主体的各项合法权益,对政府行政执法行为和服务管理行为做好立法监督工作,逐步形成规范有效的立法模式,在综合考虑社会实际需求的基础上不断完善各项立法规划。

3. 立法构建与营商环境相配套的争议解决机制

市场主体经营活动中的各类纠纷是无法避免的,政府在执法和提供服务过程中与市场主体之间的摩擦也常有发生,市场主体在承担社会责任方面也有可能产生争议。既然纠纷和争议在海南自贸港的营商环境中不可或,为了防止纠纷和争议对营商环境及整个社会产生的不利影响,也为了能及时有效地化解各类营商环境纠纷,需要通过营商环境立法的方式对纠纷和争议解决的途径、手段、流程和具体规范作出明确具体的规定。在立法层面确认种类丰富的纠纷化解和争议解决机制,给市场主体一定的选择空间,根据纠纷和争议的类型以及自身的实际情况选择最为合适的解决方式,多渠道、多途径地解决市场纠纷和争议,这是法治化营商环境对立法提出的更加具体的要求,需要立足发展实际,结合海南自贸港对纠纷化解和争议解决的需求,作出科学的营商环境配套立法规划。

(三)严格规范监管执法行为切实保护市场主体合法权益

"徒法不足以自行",法律必须得到有效实施才具有生命力,僵化的法律规定不具有存在的价值和意义。监管执法过程是法治化营商环境最重要的表现,实现海南自贸港法治化营商环境的重要环节就是严格规范监管执法行为。法治化营商环境建设,必须在用足用好立法权提供充分的制度供给和完善的法律体系的基础上,严格规范营商环境监管执法,切实维护市场主体的合法权益。对此,"法定职责必须为、法无授权不可为"是行政机关监管执法过程中必须坚持的基本原则,严格、规范、公正、文明监管和执法,营造良好的执法环境。

1. 行政机关监管执法行为的基本原则

执法是一流法治化营商环境在社会生活中最为普遍的存在以及最直观的体现。"法定职责必须为、法无授权不可为"是行政机关监管执法过程中必须坚持的基本原则,行政机关不得在法律之外为自己设定更大的权力,不干预市场主体的正常生产经营活动,主动和高效地担负服务与监管职责。

理论上讲,优良执法环境的营造应当坚持政府依法行政、维护公平竞争市场秩序以及行政权力监督 3 项基本原则。在政府依法行政方面,行政机关必须以法律为根本遵循,以法治思维和方式履行职责,监管执法实践中必须严格贯彻有法必依、执法必严、违法必究和依法监管的基础理念,坚持权力运行在法治框架内进行。依法行政的主要任务就是及时、有效、公平地为市场主体提供其经营所必需的市场秩序、政务服务等公共产品,严格执行依法办事的精神,为法治化营商环境的建设做好"服务"事项。在公平竞争秩序方面,市场主体参与海南自贸港经济社会建设的必备要素包含了自由交易、公平竞争、机会均等,这是海南自贸港营商执法环境建设的关键内容。行政机关在监管执法过程中必须对所有市场主体"一视同仁",避免因市场主体所有制形式或者经济实力的不同而区别对待,为市场主体的准入和退出、市场经营、产权保护、纠纷解决等市场活动提供公平的市场环境。在行政权力监督方面,"所有拥有权力的人都容易滥用权力"①,海南自贸港法治化营商执法环境的建设必须保证监管执法行为的公开和透明,让行政权力的行使

① [法]孟德斯鸠:《论法的精神》,张雁深译,商务印书馆 2006 年版,第 102 页。

受到强有力的规范、监督和约束,把行政机关的执法权力关进制度的“笼子”里,防止行政机关滥用行政权力,保障行政权力的行使能从真正意义上维护市场主体的合法权益,全力打造“亲”“清”政商关系。

2. 推进服务型政府建设,强化“放管服”改革

第一,让市场发挥其应有的功效,对一些市场完全可以自我调节的领域进行自由调节,在激发市场主体发展潜力的同时提高社会整体经济效益。第二,政府实时发挥合理的调控作用,在市场失灵的特殊情形下,政府应当及时“出手”,利用自身权力有效弥补和克服市场的缺陷,但同时也必须防止在特殊情形下政府权力滥用的问题。

在国际国内“双循环”的新发展格局下,海南自贸港必须为市场主体在海南自贸港的经营行为提供优质的政务服务。海南自贸港有必要提高简政放权的实施效果,立足海南自贸港区域内实际发展需要,尽量地降低政府对市场资源配置和经济活动的干预和控制,[①]为市场主体提供宽松、公开、透明的执法环境。注重政企沟通渠道的建设与畅通,着力营造“亲”“清”政商关系。

此外,随着“互联网+”、大数据的应用普及,海南自贸港也应着力打造“互联网+政务服务”电子政务平台,搭建与时代相适应的电子政务服务平台体系。但从海南自贸港政务服务网建设的实际情况来看,在系统实际使用体验、数据集成能力等方面还存在一定不足。鉴于此,建议海南自贸港一方面继续推进各部门系统改造与数据接入,加大对分散的政务服务资源(如市县级平台与省级平台,网站、公众号、小程序、App等)和网上入口的整合力度,推进信息资源交换共享,继续推进一体化办事服务平台建设,并通过系统升级减少系统卡顿、无响应等现象;另一方面以完善自贸港特色功能、探索新技术的应用为方向完善数字政务一体化平台,从而推动电子政务服务持续优化。

在新技术的探索方面,海南自贸港可推广普及电子证照,探索区块链等

① 参见袁莉:《营商环境法治化构建框架与实施路径研究》,载《学习与探索》2022年第5期。

新技术应用。电子证照是支撑"互联网 + 政务服务"的重要基础设施,其有助于推动部门间政务服务相互衔接,打通信息烟囱。而区块链等新兴技术则为电子证照提供了证照管理、应用过程存证和验证等服务支持。对标国内,北京市电子证照区块链试点第一批应用已在东城区落地,共推出身份证、居住证、户口本、驾驶证、营业执照、结婚证和离婚证等7类高频电子证照在区块链技术方面的应用。杭州市亦推出"一码管地",运用"土地码",整合土地出让、规划审批、竣工验收、不动产登记等业务链条,形成"赋码上云、按码供地、码上服务、见码发证"的数字治理新模式。电子证照推广使用方面,海南自贸港已逐步对接系统,实现电子营业执照在设计市场主体准入、纳税申报、银行开户、社保缴纳、不动产登记等领域的初步应用。建议海南自贸港参考先进经验,扩大全省范围的推广应用范围,以区块链底层技术建立完善电子证照管理、应用的开放体系和信任环境,进一步增加居民法人可领取的电子证照数,并推动银行等机构业务办理中对电子证照的互认,提高行政审批服务效率,让群众办事更加方便快捷。

3. 健全监管机制,维护公平竞争的市场秩序

维护公平竞争的市场秩序是行政机关监管执法行为的重要目标,海南自贸港需要通过监管机制的建立健全强化公平竞争秩序的刚性约束。监管机制的健全是维护公平竞争市场秩序的前提,必须为行政机关的监管执法权限和具体行使流程作出明确的规定,防止权力的行使超过法律的界限,并对各项监管执法行为进行全流程、全方位的规范和监督,行政执法"三项制度"必须始终贯彻于各类监管执法行为之中。① 公平竞争市场秩序的维护还体现在相关政策制定上,在制定市场与营商环境密切相关的政策措施的过程中,需要严格按照公平审查程序对审议中或者即将出台的各项政策、规定进行细致的审查,对各项竞争条款是否违反公平竞争原则进行严格审查和把关。对于已经出台的与市场主体的活动相关的法律法规和政策规定中有违背公平竞争原则的内容,必须进行及时的修正或者废除相关规定。在

---

① 行政执法"三项制度"是指行政执法公示制度、执法全过程记录制度、重大执法法制审核制度。

政策评价方面,建议海南自贸港探讨制定针对性的、科学合理的政策评价机制,通过合理的标准体系进行评价,并让社会大众参与到政策评价体系中来。此外,还建议各部门定期梳理制约政策推行的痛点堵点问题,督促相关部门和地方限期解决,对部门颁布的政策措施落实情况定期开展专项督察和评估。在健全轻微违法行为容错制度方面,建议海南自贸港参考杭州市的经验做法,建立不予实施行政强制清单,明确对食品外包装、广告发布、互联网经营服务等方面存在的 14 种轻微违法行为,不采取行政强制措施。

4. 加强行政权力监督机制建设,促进权力运行公开透明

行政权力运行离不开法律和社会的监督,海南自贸港法治化营商环境的建设必须加强对权力的监督,实现公开、透明的权力运行状态。首先,政府在履行职责时,必须按照相关法律的规定、严格遵循法定的程序和流程,需要吸收公众参与决策的必须落实相关程序,并扩大市场主体意见反馈和征集的范围和渠道,增强政策措施的有效性和科学性,保障市场主体在政策制定过程中的参与权、知情权和监督权。① 坚持法定职权和职责的统一,推动权责清单制度的进一步落地实施和健全完善。其次,政务公开是规范政府履职行为和过程、保障市场主体合法权益的有效路径。行政机关的监管执法行为应当坚持公开透明的原则,对与市场主体切身利益相关的政务信息应当进行及时有效的披露,对决策、执行过程、管理活动、服务结果进行全方位的公开,打造更为透明的法治政府、诚信政府。在有序推进公共数据开放方面,杭州市的相关经验值得海南自贸港参考,杭州市力求做好公共数据开放的制度设计,出台《杭州市公共数据开放管理暂行办法》《杭州市公共数据开放工作实施细则》等文件。最后,必须强化行政权力的监督,保持社会各界对各类侵犯市场主体合法权益行为、违法行政行为进行投诉和反映渠道的畅通和有效,并在调查核实的基础上进行合法处理和及时有效的回应

---

① 参见翁列恩、齐胤植、李浩:《我国法治化营商环境建设的问题与优化路径》,载《中共天津市委党校学报》2021 年第 1 期。

及反馈。建立违法行政行为的责任追究机制,对未依法行政的人员按照法律规定进行责任追究。

5. 加强政务人员培训,完善考评机制

通过培训提高政务人员的业务能力及综合素质,是新形势下提高政府服务水平、顺利实施政府职能转变的有效途径;而构建完整的服务型政府政务人员能力评估体系,也将有利于引导培训活动的有效开展,促进政务人员的业务水平提高。建议海南自贸港通过如下举措打造高水平政府服务队伍,优化营商环境,为企业发展提供助力:一方面,加强政务人员在职培训,提升业务能力水平。随着自贸港的建设发展步伐不断向前迈进,如何打造一支适应自贸港建设需要的高素质、专业化事业单位领导人员队伍,成为一个重要的话题。对于政务服务人员,海南自贸港要进一步加强建立涵盖业务水平、政务礼仪、组织纪律等各方面能力培养的系统培训,加强对窗口人员日常行为规范的监督管理,引导其以更好的精神面貌和服务态度服务市场主体,同时,海南自贸港可探索建立从上至下畅通的培训话题收集机制,及时有效地收集各级政务人员阶段性关注的共性话题,制定针对性的培训方案,有效提升培训成效。

另一方面,建立健全评价服务体系,完善考评机制。随着政务理念核心不断由"管理"向"服务"转变,各条线政务体系内建立健全一套较高权威、完整、可延续的评价服务指标体系对政务服务具有较强的指导意义,这也是包括培训、管理在内的各项工作进展都可被有效评估的重要保障。海南自贸港可考虑率先尝试建立更综合且更有针对性的评估体系用以综合衡量各市县、各部门政务服务的发展水平,并可对未来的工作进行可比化的动态跟踪。

(四)推进严格司法,营造公平公正的司法环境

司法环境不仅是与实施法律有关的各类要素的集合,如价值理念、适用对象、裁判依据、体系构造等一系列影响实施法律过程和结果的元素,还与

司法过程是否公正密切相关。[①] 法治化营商环境在司法领域的投影便是司法环境,在理论上是一种具有平等性、便捷性、权威性等特征的现代司法机制体系运行的动态构造。[②] 良好的司法环境应当具有以下特征:相互配合、相互制约的司法权运行机制科学有效,诉讼制度和执行制度改革深入推进,人民群众和市场主体的合法权益得到有效保护,社会整体的法治化建设有明显进展。市场主体尤其是域外投资者在对一个国家或地区进行战略部署时,是否具备良好的司法环境是考察的核心内容之一。能否快速定分止争、同时又充分保障各方合法权益是其中重要的衡量因素,也是一流营商环境的主要特征。市场主体在对司法环境进行评价时,首要的参考因素就是市场主体在经营活动和日常生活中参与司法活动和司法程序的真实感受。而这种感受的好与坏主要考虑司法程序的公正性及其结果实现的迅捷性。[③] 公正是司法的核心要求和立身之本。如果司法过程不能做到对每一个个体一视同仁,不仅会给人民群众的利益造成损害,还会破坏法律的尊严与权威,更甚于动摇党治国理政的制度根本,严重影响人民群众的幸福感、获得感。因此,在营商环境持续优化的过程中必须坚持打造公平公正的司法环境。良好的司法制度体系是实现"让人民群众在每一起案件中感受到公平正义"的关键所在。

司法机构通过公正司法,助力实现人民群众对美好生活的需求,为一流营商环境建设提供坚实的体系支撑。司法机构作为国家公权力的行使机构,其承担的职责便是运用国家赋予的司法权,对各类法律事实予以辨别,对各类法律关系予以明确。其中,最为重要的便是刑事审判权。刑事责任是最为严苛的法律责任,司法机构通过行使刑事审判权,对影响范围大、负面效应广、损害程度深的违法行为进行惩治,即各类破坏市场秩序、侵害财产权益、干扰经济活动的犯罪,从而保障市场主体的正常生产经营免于陷入不可控的危险,为市场主体提供可靠、稳定、可预期的投资创业环境。司法

---

① 参见石佑启、陈可翔:《法治化营商环境建设的司法进路》,载《中外法学》2020 年第 3 期。

② 参见莫良元:《转型社会司法法治生成的应然目标与多维价值》,载《学海》2012 年第 5 期。

③ 参见李建伟:《习近平法治思想中的营商环境法治观》,载《法学论坛》2022 年第 3 期。

机构通过行使民商事审判权，以平等原则为核心指导思想处理繁多复杂的涉商法律纠纷，确保当事人在主体地位、权利享有、责任负担、辩论机会、法律救济等方面拥有相同的待遇，并给予市场主体同等的保护，从而促进市场秩序平稳运行，持续打造和谐统一、富有生机的投资经营氛围。司法机构通过行使行政审判权，以法治手段促进政府治理能力提升，深化行政体制改革。其一，督促政府机构在法定范围内，以法定形式，行使法定职权，承担法定职责，确立、维护现代政商关系。习近平总书记用“亲”“清”两字阐明新型政商关系。① 司法机构通过依法履行审判职能，对政府机构及其工作人员的各种行为进行监督。一方面，一旦发现腐败贪污、滥用职权等“不清”事实，即可通过市场主体提起的行政诉讼对上述情况进行规制，从而确保市场主体可以安心、放心、省心地开展生产经营活动，助力“服务型”政府建设；另一方面，对于在工作过程中存在的懒政、怠政、庸政等“不亲”行为，司法机构也可以主动作出司法建议和风险评估，为相关单位和人员拉响警报，督促其增强服务意识，提高工作效率，为市场主体做好政策指导、答疑解惑等职责范围内的工作，承担应尽的义务。其二，司法机构以法治手段解决政府与民间资本合作过程中产生的纠纷，避免公权力的过度干预，确保处理结果符合法律规定和当事人的合理诉求。一方面，结合当前司法实务中遇到的高频问题、疑难问题，司法机构通过制定、修改有关法律法规、司法解释等方式进一步完善法制体系，从立法层面解决无法可依的根本原因；另一方面，司法机

---

① 2016 年 3 月 4 日，习近平总书记参加全国政协十二届四次会议民建、工商联界委员联组会时的讲话。对领导干部而言，所谓“亲”，就是要坦荡真诚同民营企业接触交往，特别是在民营企业遇到困难和问题情况下更要积极作为、靠前服务，对非公有制经济人士多关注、多谈心、多引导，帮助解决实际困难，真心实意支持民营经济发展。所谓“清”，就是同民营企业家的关系要清白、纯洁，不能有贪心私心，不能以权谋私，不能搞权钱交易。对民营企业家而言，所谓“亲”，就是积极主动同各级党委和政府及部门多沟通多交流，讲真话，说实情，建净言，满腔热情支持地方发展。所谓“清”，就是要洁身自好、走正道，做到遵纪守法办企业、光明正大搞经营。企业经营遇到困难和问题时，要通过正常渠道反映和解决，如果遇到政府工作人员故意刁难和不作为，可以向有关部门举报，运用法律武器维护自身合法权益。靠旁门左道、歪门邪道搞企业是不可能成功的，不仅败坏了社会风气，做这种事心里也不踏实。

构主动介入纠纷,定分止争,彰显法治光辉。司法机构通过在产业园区、写字楼群等企业集中地设置便民联络点,及时帮助企业排忧解难,减少矛盾。一旦产生纠纷,便可以引导企业通过提起行政诉讼的方式解决问题。但应当注意的是,在具体的案件审理过程中,要正确认定涉案事实和相关法律关系,严格审查行政协议的内容,包括合作范围是否合法、授权是否明确、履约是否充分等方面,谨慎划分各方当事人所应负担的责任。同时,也应进一步完善对政府机构的责任认定与追究程序,例如存在合同相对方损害第三方权益时,可以主动将政府机构追加为第三人,也可以经第三方申请,将政府机构增列为被告并变更诉讼事由。

此外,司法机构还可以通过司法信息公开、司法程序优化、打造数字司法、加强队伍建设等方式打造良好的司法环境,为营商环境优化提供助力。应当认识到,营商环境优化是一个极为繁复的体系构造过程,在这一过程中加入的"建设材料"上的差异,最终便会体现为"建筑风格"的不同。而司法环境的作用,就是为营商环境这座"高楼"奠定牢固的"地基",确保建设过程的稳步推进。无论营商环境优化过程中产生什么样的矛盾纠纷,良好的司法环境都可以提供解决路径,最大化减少"建设材料"之间的排斥反应和由此造成的损失。简言之,良好的司法环境为营商政策的创新尝试提供了坚实的体系支撑,是营商环境优化必不可少的制度保障。

1. 完善司法制度

科学合理的司法制度体系是司法环境建设的重中之重。如果没有相应的司法制度为司法环境建设搭建基本框架,纵有再多的举措也都是空中楼阁、无根之木。司法制度的完善过程本身就是优化营商环境的一种方式。我国的司法制度经过多年发展,已进行了足够的领域细分,几乎不存在空白空间。但随着社会整体的不断进步,仍会存在制度设计滞后于时代需求的情况。因此,改革是完善司法制度的主要方式。对于海南自贸港司法环境建设而言,改革的重点方向是司法责任制改革、诉讼制度改革以及执行体制改革。

(1)深化司法责任制综合配套改革,打造审判职能运行新模式。司法责任制综合配套改革体现了法治现代化进程中人民群众对良好的司法环境的迫切需求，是强化审判职能作用，完善审判流程监管的重要改革措施。海南自贸港作为我国试验最高水平开放政策的“排头兵”，具有我国其他地区没有的中央授权和制度优势。因此，也自然肩负了探索司法机制体制改革方向的重任。具体而言，可从以下几个方面深化司法责任制综合配套改革：完善具有海南自贸港特色的审判监督管理机制、司法资源配置机制、司法人员分类管理机制、法官检察官惩戒机制以及司法人才培养机制；根据不同产业的发展需要，提供与之相匹配的司法服务；以案件的不同类别为标准确定各自的管辖法院，打破地域管辖的束缚与限制；加强专业化审判队伍建设，根据诉讼事由选择所属法院。

（2）推进诉讼制度改革。诉讼制度是司法制度的核心组成部分，是人民群众和市场主体感受司法环境优劣的最直接途径。公正、高效、便捷的诉讼制度，对于充分保障当事人合法利益、及时救济当事人受损权益、有效提升当事人法治信心有着重要意义。具体而言，诉讼制度改革从以审判为中心的刑事诉讼制度改革、认罪认罚从宽制度、以证据裁判规则为核心的裁判体系等方面分别进行刑事诉讼制度改革、民事诉讼制度改革、行政诉讼制度改革；深化民事诉讼制度改革，打造数字司法体系，完善在线诉讼流程，探索智能化诉讼新方案；深化行政诉讼制度改革，加强区域联动，探索基层法院审理行政纠纷的新路径；推动行政案件简易程序改革，完善由行政复议到行政诉讼的司法救济方案，强化涉案当事人之间的沟通渠道，从根本上解决纠纷。

（3）促进执行体制机制改革。执行是公平正义的“守护神”，是保护当事人合法利益、救济当事人受损利益的直接方式。快速、充分的司法执行体制，是提升人民群众和市场主体幸福感、获得感、安全感的最为有效的法治手段。具体而言，要推动跨部门联合工作机制建设，采用综合手段化解执行难题；加强与破产制度之间的有机联动，开展“执转破”制度试点；通过信息一体化建设、大数据集成分析等技术手段补充被执行人财产保全规则体系。

2. 加强产权保护

对企业而言，司法程序是确保发展健康有序的必要保障，也是维护权益的最后一条救济途径。因此，司法环境建设的另一个重点便是发挥司法程序的应有之义，有效保护企业产权。第一，要在司法过程中坚守公正原则。公正是司法的本质要求。市场主体在市场经济活动中，必然会与其他市场主体、政府部门产生联系，纠纷与矛盾无可避免。在穷尽其他救济手段时，司法机构的审判活动便成为具有终局性和保障性的最后一道防线。公正司法是市场主体有序参与竞争的秩序保障。第二，强化监督干扰市场主体生产经营活动的司法活动。如果因查封、审判、执行等司法行为造成案件当事人、第三人利益在法定限度以外受损，司法机构要主动介入，积极同相关主体进行沟通，恢复其受损利益。如果存在审判人员或执行人员贪污受贿、徇私枉法等严重影响司法公正的情形，应及时采取必要手段以确保司法程序得以正常进行，保障相关主体利益不受侵犯，维护司法机构的纯洁性。第三，依法打击侵犯企业知识产权行为，保护企业合法权益。当前的知识产权保护体系尚不完善，仍需构建周密的制裁体系和完备的救济体系。要强化对知识产权领域虚假诉讼现象的打击，积极规制“专利海盗”“专利陷阱”等阻碍创新的不法行为。[①] 同时，着力构建知识产权领域刑事自诉制度，为权利人的自我权利救济路径的实现提供制度接口。在处理与知识产权有关的刑事案件时，司法机构要谨慎划分民事与刑事的边界。

在知识产权创新及保护的具体措施上，海南自贸港可参考广州市、杭州市、南京市的相关经验：广州市有效解决科技企业抵押物不多、融资增信方式不足、贷款期限短等难题，为科技型中小企业提供更便利的新型融资渠道。杭州市深化知识产权全链条集成改革，依托杭州知识产权运营公共服务平台，集成专利信息服务、快速专利预审、知识产权综合保护等场景应用，有效破解知识产权事权散、链条长、门类多的问题，成功推出全国首单基于

① 参见最高人民法院《关于加强新时代知识产权审判工作　为知识产权强国建设提供有力司法服务和保障的意见》(法发〔2021〕29 号)。

区块链数据知识产权质押。南京市连续十多年发布《知识产权白皮书》,先后获批首批国家知识产权强市、国家知识产权保护中心、国家知识产权服务业集聚区和国家知识产权运营服务体系建设城市 4 项国家级品牌。建立"法官 + 技术调查官 + 法官助理 + 法警"专业保全团队,加大侵权惩罚制裁力度,提高侵权成本。以上经验和做法都值得海南自贸港在优化营商环境方面进行学习和参考。

3. 革新办案理念

在数字化时代,司法机构在面对这些不断涌现的新业态新发展而产生的新纠纷时,应当以保护创新为指导思想,以谦抑、审慎、善意、文明、规范的法治化营商环境理念开展司法活动,主动学习,加深理解,提高水平,保障市场主体的知识产权和创业热情。在民商事案件审理过程中,要加强对市场主体的保护,不轻易对涉嫌一般违法行为的企业和人员采取强制措施。涉及经济类犯罪案件时,在采取刑罚措施时要以财产刑为主、减少自由刑的使用,[①]宽容对待市场主体的创新活动,客观公正处理新兴行业的矛盾。概言之,司法机构在司法过程中应当充分考虑各方当事人的诉求,依法保护各方当事人的利益,用最小代价在最大范围内定分止争,维护市场秩序稳定,促进市场经济发展。

具体到司法机构层面上,不同层级的司法机构承担着不同的工作职责。司法解释能够有效填补立法空白,维持裁判立场的一致性,保障审判职能的正确行使。[②] 指导意见的作用则在于传达特定的司法精神,统一价值导向,强化不同层级司法机构之间的沟通,为具体业务提供理论指导。[③] 司法理性的传递可以有效促进司法系统内部的体系化,进而在基础制度层面实现国家治理系统的有序统一。由此可见,司法解释和指导意见对于加强基层法治建设,保障法治全面平衡发展至关重要。通过将优化营商环境理念融入司法解释和指导意见,确保营商环境法治化程度整体一致,营造可预期的司

① 参见曹晓路、王崇敏:《中国特色自由贸易港司法保障研究》,载《法律适用》2020 年第 13 期。

② 参见苗炎:《司法解释制度之法理反思与结构优化》,载《法制与社会发展》2019 年第 2 期。

③ 参见石佑启、陈可翔:《法治化营商环境建设的司法进路》,载《中外法学》2020 年第 3 期。

法环境。一方面,在司法解释和指导意见的基础上,海南自贸港各级司法机构可结合自贸港建设的实际情况和具体需求,制定具有海南自贸港特色的司法政策。另一方面,加强上下级司法机构之间的联系,确保价值取向和政策制定的协调有序。还要加强上级司法机构对下级司法机构的指导和监督,定期开展检查纠错活动,维护司法公信力。对于基层司法机构而言,可以世界银行 B-READY 体系中的"争端解决"为切入点,构建科学可行的管理考核制度。以法院为例,可以将民商事案件的平均审理天数纳入审判管理考核指标中,提升审判和执行效力。

在司法人员层面上,司法人员作为代表国家行使司法权的公职人员,其直接参与并形成的具有法律效力的司法行为和司法结果会影响人民群众对司法过程乃至法治体系的美好期盼。因此,营造公平公正的司法环境也需要对司法人员提出严格要求。一方面,要树立正确的司法理念。如果没有正确的司法理念做指导,只是机械地适用法律法规,就会沦为僵硬的教条主义,使司法活动背离实际需求。司法人员在开展司法活动时,通常需要对各类客观事实进行判断,追求真善美,摒弃伪恶丑,这种行为本身就展现了一种符合社会主流风气的价值追求。因此,司法人员将法治化营商环境的理念执行到具体的司法活动中,有助于克服法条主义的不足,实现理论与实践、法律价值与社会需求的有机融合。另一方面,要强化司法活动中的论证说理环节。司法活动面向的主体是人民群众,通过司法人员的论证说理行为,将枯燥的法律规定转化为人民群众能够接受的客观真理,是树立法律权威,维护法律稳定的重要环节。在适用法治化营商环境理念时,应当注意遵守现行法律规定,在法律规定范围内选取符合理念的条款加以适用。若有关条款落后于时代发展,应当通过修改法律的方式化解实然与应然之间的落差。

(五)营造全民守法的法治氛围

全民守法的本质是构建一个守规则、讲道理的社会环境,使身处于这个社会中的成员在实施各类行为时都具有可预期性和稳定性。全民守法要求全体人民在法律框架内开展活动，以法律手段解决分歧；意味着消灭特权阶级，没有任何一个个体可以逾越法律规定，凌驾于法律之上；也表明人民群众在我党治国理政过程中平等的主体地位。全民守法的社会环境有助于提升法治软实力，增强市场主体对营商环境的法治信心。因此可以说，只有全民守法的法治氛围浓厚，才能让遵纪守法的企业不吃亏，使企业家安心经营、放心投资、专心创业。具体而言，在树立守法风气方面，政府带头守法用法，以法律规定为行为准则，对各类市场主体一视同仁，不随意干涉市场运作自身规律，以法定程序、法定形式解决各类纠纷矛盾；在全民普法建设方面，人民群众法治意识明显增强，社会法治程度显著改善；在法律服务环境建设方面，有完善的公共法律服务体系，良好的社会信用体系，纠纷解决机制多元化，法律服务水平处于领先地位，各领域法治化水平得到全面提升。

1. 政府带头守法用法

市场主体获得法律的平等保护是市场经济体制运行的基础。[①] 但从现状来看，各地政府为了保持本土企业的不正当优势，往往在市场准入、交易范围、交易价格、优惠适用中或明或暗地提高外地企业在本地开展投资经营活动的门槛，严重影响了市场经济的正常秩序和国内国际双循环的战略布局。因此，只有政府机构以身作则，带头守法，才能给市场主体带来信心，加速推动营造全民守法的法治氛围。

第一，平等对待不同性质、不同规模的市场主体。首先是平等对待国有企业与民营企业。民营经济在海南自贸港经济发展过程中占有重要地位。据统计，海南民营企业的数量占全省各类经济体的 90% 以上，税收占比超 80%，解决就业占比超 80%，民间投资占比超 40%。[②] 但不可否认的是，国有企业因其独特的战略定位，在获取信息、投资融资、人才引进、惠企政策等方面具有无法比拟的优势。因此，为了保护民营企业在市场竞争中获得平等的主体地位，政府应在税收减免、融资支持等方面予以倾斜，同时在招标

① 参见郭富青：《营商环境市场化法治化的中国思路》，载《学术论坛》2021 年第 1 期。

② 参见张熙宇：《我省建立民营企业帮扶机制，全力促进民营经济健康发展》，载《海口日报》2022 年 4 月 8 日，第 2 版。

投标和政府采购领域,不得对参加主体的资格设置各种隐形门槛。2018 年,南京市便出台了《关于支持民营经济健康发展的若干意见》,涉及“减轻企业税费负担”“解决民营企业融资难融资贵问题”“营造公平竞争环境”“完善政策执行方式”“构建亲清新型政商关系”“保护企业家人身和财产安全”共 6 个方面 30 条务实管用、便于操作的举措。这些举措针对民营企业在发展过程中遇到的共性问题和普遍诉求,拿出了“真金白银”,包括成立 100 亿元民企纾困和发展基金,推出对小微企业、科技型初创企业实施普惠性税收免除,放开投资领域和市场准入,政府采购专门面向小微民营企业比例不低于 60%,建立由市工商联、市政法委等有关部门组成的保护企业家权益联系协调机制等。海南自贸港可参考相关做法,出台促进民营企业健康发展的相关规定,用真心对待民营企业。

第二,平等保护海外企业和本土企业。海南自贸港营商环境建设的整体目标是法治化、国际化、便利化,这一目标的实现必然离不开海外企业的助力。因此,海南自贸港要全面落实准入前国民待遇加负面清单管理模式,主动与世界先进经贸规则接轨,消除海外企业在本地投资经营的不合理限制,打造具有国际竞争力的一流营商环境。

第三,促进政府履约体系的完善,提升诚信政府建设水平。政府在与民间资本进行合作时,在合同签订阶段应当严格审查合作内容,确保不超过政府财政能力,不超出合作范围限制,不超量作出优惠许诺;在合同履行阶段,政府应当全面履行约定义务,不随意修改承诺,或以政府换届、相关责任人调整等为由不履行,不违约拖欠或拒付款项;在合同救济阶段,明确政府及有关部门毁约的赔偿和补偿责任,并强化责任追溯机制,在基层政府建立政务失信责任追究制度。若有关行为涉嫌违法犯罪,应当严格按照法律规定办理,不包庇掩护,转移矛盾。

第四,强化政府依法行政意识。一是建立有事必应、无事不扰的经营便利政策制度,政府及有关部门未经允许或法律授权不得擅自干扰企业正常运行。二是构建政务服务跟踪机制,凡是以具有法律效力的形式作出的政务承诺或发布的政策规定,必须严格执行,全流程负责。三是以市场主体办事“零跑动”为目标，进一步简化政务流程，及时出台与减轻市场主体负担相关的政策规定，降低各类市场主体的各类交易成本，并提高市场主体的办事效率。四是以规章制度形式构建海南自贸港政务信息共享体系，实现政务服务的平等对待，推动海南自贸港政务信息一体化建设，大力推行电子证照运用。

2. 加强普法教育力度

一是提高法治教育的扩散程度。各级领导干部需按期在工作单位内组织多种形式的普法活动。加强青少年法治教育的平台建设，通过多种形式开展预防未成年人犯罪法和未成年人保护法等法律知识的学习宣传，积极引导未成年人在日常学习生活中养成守法意识。各职能部门及行业组织应当充分发挥自身作用，加强企业法治教育尤其是加强对董监高等企业管理者、决策者的普法力度，落实企业普法责任，促进企业依法经营。将制度保障和实践养成并重，在各类社会规范和标准创建中融入较多法治意识。

二是加强法治文化体系建设。推动以法治文化为主题的艺术创作活动，推出一批展现海南自贸港地方特色、具有充分辨识度、人民群众喜爱的法治文化产品。大力开展群众性法治文化活动，以各种节假日、民族习俗为媒介，广泛开展法治文化基层行等广泛性法治文化活动，让社会公众更多地分享法治文化发展成果。

3. 扩大法律服务供给

完善的法律服务供给能够提升人民群众对法治的切身感受，也是法治建设不落一人的必要保障。通过开展免费法律咨询、便民法律服务等方式扩大法律服务供给，增加人民群众与法律制度的接触面，是营造全民守法氛围的有力举措。

一是推进公共法律服务规范化、制度化以及精准化，不断完善公共法律服务体系的建设与应用。提升公共法律服务在人民群众生活中的参与度，主动对接少数群体特别是困难群体。完善法律援助制度，逐步降低申请条件，将法律援助范围扩大至更多领域。探索在公证、司法鉴定领域提供公共法律服务的方式。海南自贸港可参考广州市的做法，打造多元化园区公共法律服务平台。广州市创新提出“一园区一律师事务所”,出台园区公共法律服务站工作规范(试行)和园区公共法律服务工作站建设指引,以“政府搭建平台、园区协助管理、市场化运作”为原则,建设园区公共法律服务工作站,每个园区公共法律服务工作站安排3名以上驻站律师,每周至少安排8小时现场服务,随时提供线上法律咨询服务,每季度至少开展一次法治讲座,每年组织一次园区企业“法治体检”,为园区企业提供多元化法律服务,全方面提升区内法治营商环境。

二是加强社会信用体系构建,用好“黑红名单”制度。积极主动履约,信用表现良好的市场主体在办理政务服务时,可以给予适当便利,开设“绿色通道”和“容缺受理”。而对于一些不守信用,多次违法的市场主体,通过纳入“黑名单”,对其失信信息进行标记,限制其经营活动,并加以惩罚。“黑红名单”制度在守信水平较低的当前社会背景下具有显著作用。但需要注意的是,社会信用体系展现了一个个体的制度信用,制度信用具有识别成本较低、影响范围广、评价主体多等优势,但同样存在易造成误判、修复难度大、没有普遍性的评判标准以及滥用风险高的缺陷。① 应当认识到,制度信用很容易渗透个人生活领域,影响正常的人际交往和生活需要。在使用社会信用体系对一个个体进行评价时,要以法治为基本原则,在必要的范围内进行惩戒或奖励。因此,在使用“黑红名单”制度时,必须合理合法,在最低限度范围内发挥其作用。

4. 充分拓展宣传渠道,扩大政策的受众知晓度

企业反馈政府部门政策存在宣传效果不明显的情况,部分政策受众的知晓度不高,如企业对于能够享受的优惠政策知之较少,税收政策的更新不能及时掌握实务操作等。一方面,目前各政府部门的宣传多在政府官方平台的信息公开范围,主动公示、宣传的功能大大受限,加上缺乏在新媒体等方面的融合传播布局,当前许多部门的改革与优化仍然只能通过传统媒体渠道进行发布,未能根据受众的使用习惯来充分发挥宣传的主动性。另一

---

① 参见沈岿:《社会信用体系建设的法治之道》,载《中国法学》2019年第5期。

方面,线上功能的限制势必增加线下宣传的任务与工作量,线下政策的宣传也多局限在各部门的实体地点,如行政服务中心等,以及企业或个人与相关部门接洽的过程中。但上述宣传形式只能针对能实际到访办理地点的受众,而无法到达更广泛的受众群体,若欲达到更高的宣传效果则需动用更多人力、物力,成本也相应更高。广州市推出的营商环境观察员制度值得海南自贸港参考,广州市制定《营商环境观察员工作制度》,规范观察员任职条件、权利、职责,明确观察员意见建议办理机制。选聘并组织观察员定期走访调研部门、企业和园区,面对面听取意见,并参与区内涉企政策制定。定期召开"吐槽大会"分园区、分主体等多种形式,举办了中小微企业融资、企业筹建、工业项目审批中国软件 CBD 园区、加速器园区、高层次人才等不同专题座谈会和"吐槽大会"收集意见建议,汇总形成台账交办至相关责任部门落实。海南自贸港可参考该做法,推行观察员制度,在扩大政策知晓度的同时监督相关政策的实施。

进一步提升公民、企业的守法意识,将守法理念贯彻到海南自贸港各区县之中。各地可以制定关于开展法治宣传教育的五年规划,开展法律服务进企业活动,推动树立"遇事找法"的法治意识,以形成"营商环境法治化人人有责"的良好氛围。

第九章

海南自贸港金融监管法律制度研究

党的十九大明确,进一步给予自贸区更多的自主权,以期发展、探索自贸港。“自由贸易港是指设置在一个国家或地区的境内关外、货物资金人员等进出自由、大部分商品免征关税的特定区域,属于目前全世界开放水平最高最自由的特殊经济功能区。”货物、人员、资本及数据流通的高度开放、自由便利是自贸港的重要表征,并以此达成高效率的资源配置。在海南岛全岛建设具有中国特色的自贸港是我国在新时代全面深化改革的一项至关重要的举措,对海南形成更高层次改革开放的新格局具有深刻影响。基于重大改革必须于法有据的基本要求,全面深化改革所需的良好市场环境和营商环境需要依靠法治建设予以保障,法治建设也为自贸港的建设提供方向引领和基本保障作用。因此,在海南自贸港的建设过程中,必须高度重视法治。金融监管制度的改革与创新是金融法治的重要组成部分,监管规则健全与否将深刻影响我国未来的外向型经济的发展目标能否实现以及我国能否由“贸易大国”迈向“贸易强国”。

《海南自贸港总体方案》中强调了“跨境资金流动自由便利”对自贸港建

设的重要意义,①《海南自由贸易港法》第 50 ~ 52 条也对金融开放创新提出明确要求。在自贸港建设程度不断深入,海南省金融市场的开放程度不断加深,海南省内金融要素的流动逐渐频繁的前提下,金融监管能力如何满足金融开放创新的需求,不断涌现的金融系统性风险如何得以有效防范是值得重点注意的问题。金融的风险防控是跨境资金自由贸易便利与金融开放、创新的必然要求,金融监管是金融健康发展和创新的基本前提,为更好地顺应时代经济发展的浪潮,中国特色自贸港的建设作为当代我国金融市场实现全面对外开放的重要载体,无疑需要制度之翼、政策之轮为其保驾护航。金融监管改革将根据《海南自贸港总体方案》《海南自由贸易港法》等与自贸港建设相关的规定,对标世界先进规则,结合海南金融监管的实际,突出海南作为中国全面深化改革开放试验区的特殊定位,通过创设良好的监管规则和制度体系,构建和完善海南自贸港金融监管的法律制度体系与法治框架,使金融市场能够在先进规则框架下规范有序发展。

一、海南省金融监管存在的问题

海南省金融监管的现行体制和全国其他地区相类似,自 2023 年 3 月党和国家机构改革后,海南省地方的金融监管形成了海南省委金融委员会与“中国人民银行海南省分行”、“中国证券监督管理委员会海南监管局”、“国家金融监督管理总局海南监管局”的“一委一行两局”相结合的金融监管形式和方式。在新的金融监管体制改革背景下,海南省的金融监管体系虽已初具雏形,金融运行整体趋于稳定,但仍尚存如下问题亟待解决。

(一)海南省金融监管法律授权不足

金融监管权作为中央事权,依据我国《立法法》第 11 条的规定,金融制

① 《海南自贸港总体方案》中规定“跨境资金流动自由便利”,提出“构建多功能自由贸易账户体系、便利跨境贸易投资资金流动、扩大金融业对内对外开放、加快金融改革创新”。

度等基本经济制度事项只能制定法律。《立法法》第 12 条还规定,除了法律绝对保留的司法制度等事项,在没有制定法律事项的事件中,全国人民代表大会有权作出决定,授权国务院可以根据实际需要,对其中的部分事项先制定行政法规。中央金融监管部门的监管行为在一定程度上具有法律上的依据,但截至目前,国务院并未颁布与地方金融监管相适应的行政法规,未出台相关法律法规明确界定地方金融监管的职责,地方金融监管执法依据也只有部门相关文件,法律效力及实用性不高,导致海南地方金融监管部门在监管实践中权利受到限制,监管目的难以实现。目前,海南尚未出台"地方金融监管条例",虽然《海南自由贸易港法》第 56 条赋予了国务院及其有关部门和海南省针对特定事项制定过渡性具体办法的权利,但仅限于"本法规定的事项",仍未就海南制定金融监管法律制度的权利进行明确规定。总体而言,海南省金融监管的法律授权无法满足地方金融监管的需求,海南无法享有充分的、自主的金融监管权限,限制了海南金融开放和金融创新的整体进程,对海南自贸港建设的进程起到了一定的阻碍作用。

(二)海南省金融监管存在空白地带

目前,海南金融监管尚存在某些监管空白地带,主要体现在:第一,从我国现行的整体金融监管体系的角度看,纵向上依然体现出监管权的割裂。在我国"一行两会"的监管体系下,监管机构只设置到省或者县,但诸多金融机构存在于县域以下,导致监管机构对金融机构的监管不是非常到位,存在不足之处。第二,我国金融监管体系在横向上存在监管权分裂的现象。不同区域的监管机构只对本区域的风险进行预防,对区域外的金融监管并不负责,再加上监管机构区域之间的协调性差,相应的联动机制发展不完善,容易造成监管空白。第三,金融监管权的覆盖面存在一定的不足。例如,随着互联网金融的快速发展,P2P 等新兴业态层出不穷,但监管标准和制度相对滞后,大多处于无人监管的状态。一些金融机构例如投融资中介公司以及农村资金合作社等并没有经过金融监管部门的批准,在金融市场上自行开展相关的金融业务,地方的金融监管并未实现区域全覆盖。海南省金融监管空白地带的存在会使金融监管的整体效益受到不良影响，在存在监管真空的体系中，金融监管的整体性作用难以有效发挥。

海南省金融监管存在空白地带的原因主要在于：第一，金融监管范围的拓展和方式手段的创新跟不上金融产品、业务和服务等创新的步伐。在科技发展和技术革新如此快速的时代，在深入推进自贸港建设的背景下，海南省金融产品、服务和业务等方面的更新换代层出不穷，但金融监管理念和方式创新的速度相对缓慢，由此导致金融体系内部分内容游离于金融监管的范围之外。① 第二，自贸港的金融创新监管相对而言是局部的、具有实验性的，而非全局的，无法对全国金融系统的整体性变革和相应顶层制度的设计产生较为深入的影响。而海南省的金融创新性监管只能在法律授权的范围内进行，金融系统内整体性监管的范围和方式限制是海南省局部金融监管空白地带产生的主要原因。

（三）海南省金融监管权的配置存在差异

金融监管权的配置是相关部门行使职权、履行职责的关键之所在。海南"一行两局"与海南省委金融委员会（办公室）、海南省委金融工作委员会在机构设置、职能定位、履职手段等方面存在诸多差异。第一，机构覆盖面、管理架构不同。中国人民银行海南省分行、国家金融监督管理总局海南监管局和海南省委金融委员会在市县层面设立了派出机构，而中国证券监督管理委员会海南监管局仅设立了省级机构；"一行两局"均施行总部专管。第二，行使职权的方式不一。中国人民银行海南省分行行使职权的方式主要包括实地检查与非实地检查、考核等。中国证券监督管理委员会海南监管局及国家金融监督管理总局海南监管局主要通过对相关金融机构的准入及其高管任职资格的审批，以及日常监管等方式行使职权。而海南省委金融委员会行使职权的方式则较为有限，仅包括协调、牵头各单位设立议事规则等。概言之，"一行两局"在行使职权的方式上更为明确，机构建制上亦较

① 参见刘辉：《论地方金融监管权的法治化重构》，载《宁夏社会科学》2021年第3期。

为稳定与规范;海南省委金融委员会则侧重于推进金融行业发展与防控金融风险等。

目前海南金融监管权的配置差异导致相关部门职责分工的确定性和监管效率大打折扣,更为甚者,此种差异会使海南金融监管各部门之间存在一定的职能冲突。与中央金融监管机构不同的是,在建设自贸港的大背景下,海南省地方金融监管既担负着促进金融创新发展的职能,又具有规范金融秩序、防范金融风险的使命,但金融发展和金融监管之间本质上具有一定的内在冲突。[①] 这种冲突主要体现在地方金融监管部门的独立性较弱,加上海南地方金融监管权的配置差异,海南金融监管机构作为海南省政府的直属机构,地方政府有时为追求地方经济利益最大化,在监管实践中往往会发生"重发展、轻监管"的现象,使海南省整体承受的金融风险相比全国其他地区而言较高,从而对海南省金融秩序的稳定产生不利影响。

(四)海南省金融监管协调机制不健全

海南省金融监管必须在负担地方"7 +4"类金融机构监管的同时,肩负起地方金融风险防范和化解的职责,此外还需要协助中央监管部门完成在海南省的相关监管工作。机构职能相对复杂,其职责的有效履行离不开中央金融监管机构的宏观指导和监督,也离不开海南省同级金融监管部门之间的相互协作和支持,更离不开海南省金融监管部门的分支机构和派出机构的积极配合和执行。[②] 由此,海南省金融监管部门与中央监管机构之间、"一行两局"及其分支和派出机构之间的监管协调机制就显得尤为重要,会对海南省金融监管效率的提升发挥重大影响,决定着海南省金融监管的整体效益。

2017 年,全国金融工作会议上明确提出,为加强金融监管协调、补齐监管短板,要夯实地方金融监管的责任,加强属地金融风险的处置,强化对相

① 参见姜宇:《地方金融监管体制改造论:矛盾、路径与方案》,载《经济问题》2021 年第 4 期。

② 参见胡继晔、董亚威:《基于央地博弈的地方金融监管体制完善》,载《宏观经济研究》2021 年第 3 期。

关金融事件的监管问责，并宣布成立了国务院金融稳定发展委员会。2020年，国务院金融稳定发展委员会要求在全国各省市设金融委办公室，以协调、强化中央与地方在金融风险防控、金融监管、金融信息互通及金融消费者权益保障等层面上的协作；同年3月，海南省通过《国务院金融稳定发展委员会办公室地方协调机制（海南省）工作制度（草案）》，海南地方金融监管协调机制初步建立。但在具体实践中，海南各级地方政府在统筹协调地方金融监管事宜方面发挥的作用不够充分，更多关注经济金融的改革发展，对金融监管、金融风险防范化解处置等事项往往是“一事一议”，在推动加强监管协作、形成监管合力方面的统筹力度不够。“一行两局”牵头成立的专项工作协调机制的作用发挥有限，工作议定事项主要集中于某项专业领域，金融监管部门整体参与协调配合处理金融风险的积极性较低，在监管工作中的参与度有待加强，金融监管的牵头部门很容易成为承办部门。此外，“一行两局”与海南省委金融委员会（办公室）、海南省委金融工作委员会之间的工作协作还未建立有效的制度机制，一定程度上影响了对金融市场、金融主体等的穿透式监管和整体监管。“一行两局”的分业式监管将海南省金融监管权分配至各部门“各管一摊”，但在我国金融混业发展趋势逐渐深入的背景下，金融监管必须跨部门、跨领域进行，海南省金融监管各部门之间的协调和衔接机制的不健全的现状，难免会导致金融监管的真空状态。

（五）海南省金融监管信息的共享障碍

信息对于金融风险的预测以及处理发挥着重要的、关键性的作用，信息的传播速度对风险的解决以及监管行为的效率都产生较大的影响。海南省金融监管职能的有效发挥离不开监管信息的有效、及时、充分共享，尤其在金融混业趋势越发明显的状况下，金融监管往往需要不同监管部门之间的有效配合和衔接，其中，监管信息在监管部门之间的共享便是一个关键环节。①

---

① 参见黄震：《地方金融监管的法理问题》，载《中国金融》2018年第3期。

综观海南省金融监管信息共享的现状,主要存在以下问题和挑战:第一,在海南省的地方金融监管体系中,特别是海南省委金融委员会与“一行两局”之间工作协调机制不健全,存在金融信息被分割,各自为政,不同部门互相协调与配合力度不够,信息不能实现共享的现象,这在加大监管部门之间不必要的沟通成本的同时影响了监管效率的提升。尤其在金融风险传播速度非常快的前提下,监管信息的共享障碍会严重影响金融监管的有效性,金融风险无法及时得到化解,会造成金融系统灾难性损害的不良后果。第二,由于信息数据较为分散,海南省委金融委员会对金融风险的把握与预测无法有效控制,对金融风险的研判处理并不能做到准确及时,难以有效应对。其中除了各监管机构基于对自身利益的考虑不愿意进行信息共享的原因之外,还存在共享技术发展较为落后,不同监管部门缺少信息分享的平台等问题。第三,信息共享技术跟不上金融科技迅速发展的步伐。随着区块链、人工智能等高新科技的应用,金融行业的状态也在不断更新改造,金融新产品、新服务、新业务的产生在对传统金融行业进行大幅度创新的同时,也对金融监管信息的共享模式和方式产生了新的要求,但海南省地方金融监管信息的共享技术与传统技术的差异不大,无法适应金融科技发展的新要求,这也是产生信息共享障碍的主要原因。

(六)海南省金融监管对金融创新回应不足

从目前中央对海南自贸港未来的发展定位来看,建立一个公正、协调、合作的新型金融秩序对于海南自贸港实体经济和金融经济的健康发展十分关键。尽管金融已经成为现代市场经济的核心,但我们仍要坚持金融为实体经济服务的正确面向。这就要求我们要落实金融为实体服务,并以监管规则保障该目的的实现。海南自贸港金融监管法律制度的供给必须切实保障虚拟经济与实体经济之间的密切结合,因为实体经济的发展是虚拟经济得以健康发展的基石,也是金融监管法律制度改革的主要方向。金融产品、服务货物业务作为虚拟经济的组成部分,其发展并非不受限制,相反,金融的发展和创新要有明确的界限,而这个边界就是金融的发展与创新必须切实符合实体经济发展的需要。总体而言,金融创新不是金融发展的最终目的,而是金融发展的一种手段,金融发展和创新的第一要义是推动和服务实体经济的繁荣与发展。

金融监管在维持金融稳定的同时必须注意促进金融创新,在监管的范围内创新,在创新的基础上加强监管。目前,海南省地方金融监管对金融创新的整体回应稍显不足,主要体现在:首先,随着科技的发展,传统金融机构可通过区块链、大数据等互联网技术绕过金融监管部门设立的防火墙,以实现规避金融监管、监管套利等目的。其次,海南自贸港建设的主要关注点在于跨境资金流动自由便利与金融的开放与创新。那么,金融监管机构在今后的监管过程中,会面对融资汇兑自由、资本项目兑换自由、外汇结算自由、离岸金融创新自由等新情况,若金融监管部门无力及时发现并弥补监管漏洞,或将引起并加剧地方金融动荡,并进一步致使系统性金融风险的发生。再次,海南各金融监管机构在金融基础设施建设方面与经济发达地区存在较大差异,监管能力、监管技术、监管水平等方面均存在短板,难以适应现代金融创新与发展的整体要求。最后,海南地方日常性金融监管的重心在市、县两级,目前,海南省委金融委员会设置较为完备,市级与县级的金融工作人员不充足、不专业。尤其是县级金融监管机构人员数量有限,在面临大量的工作任务时,需要与其他部门协调与配合,地方金融发展迅速,基层金融监管机构在发现和处置风险方面难以有效应对。此外,海南地方金融监管机构从某些方面而言依然存在"重审批、轻监管"的现象。综上,海南省金融监管需要进一步强化对金融创新的回应,在金融开放的基础上保持金融创新的活力,促进海南省金融体系稳健发展。

综上所述,海南省金融监管体系虽已初具雏形,但在建设自贸港的新背景下,海南省金融监管仍具有法律授权不足、监管空白地带尚存、监管权配置差异、协调机制不健全、信息共享障碍、对金融创新回应不足等突出问题,为更好地适应海南建设自贸港的发展需求,海南省金融监管需立足实际、对标国际规则,进一步完善和发展金融监管法律制度,以期为自贸港的发展创造良好的金融环境。

二、海南自贸港相关法律规定对海南金融监管的新要求

在中央宣布在海南建设中国特色自贸港之后,一系列与此相关的法律法规陆续出台:《海南自贸港总体方案》于 2020 年 6 月 1 日正式对外公布,该方案整体设计了海南探索和推进中国特色自贸港建设的蓝图。全国人大常委会于 2021 年 6 月 10 日通过了《海南自由贸易港法》,这标志着海南自贸港建设的立法进程迈出了具有里程碑意义的一步。相关法律法规的陆续出台标志着自贸港建设的战略决策正式进入了实施阶段,为金融保障自贸港建设提供了道路指引的同时,也对海南金融监管提出了新的要求。海南省作为国家推进全面深化改革的重要试验区,在合法有效管控金融风险的基础上,还需在法治建设轨道上努力探索金融创新与金融开放的新对策,实现监管法治化。

(一)海南金融监管需满足金融开放与金融创新的双重要求

金融创新是金融自由化和市场化的独特产物,是金融发展的坚强动力和不竭源泉,也是实体经济健康发展的重要力量支撑。金融创新使金融行业整体良性发展不断进阶,是金融实践的积累和理论认识的升华,为经济的整体运行注入了不竭的动力。金融开放与金融创新之间相辅相成、相互促进、共同发展,海南自贸港的建设需要在金融开放的基础上进行金融创新,在金融创新的过程中加大金融开放,这对海南金融监管也提出了新的要求:满足金融开放与金融创新的双重要求,二者共同推进、不可偏颇。《海南自贸港总体方案》第 2 条第 3 款针对海南自贸港的金融创新问题,明确提出要坚持金融服务实体经济这一基本原则,住房租赁业务的金融创新主要体现在发展房地产投资信托基金,同时应注重金融领域的科技创新。《海南自由贸易港法》第 50、51 条也明确要求在海南自贸港建设过程中全力推进金融的改革与创新,并对资本项目的开放、跨境资金流动制度的建立、外汇的自

由兑换、跨境结算等方面的金融创新提出了总体性的要求。① 以上规定均对海南自贸港的金融开放与金融创新提出了新要求和新期待，金融监管制度作为顶层的制度安排也必须将金融开放与金融创新作为其主要目标，将贸易投资自由化、便利化作为核心，将金融要素市场的国际化作为主要驱动力，将金融行业的全面全方位开放作为突破点，将不发生系统性风险作为底线，以推进金融服务自贸港建设的进程。总的来说，海南建设中国特色自贸港过程中的金融监管法律制度如何实现引领金融开放和促进金融创新的双重目的和要求，已经成为海南自贸港建设中的关键环节。

（二）海南金融监管需在服务职能与监管责任之间保持平衡

金融监管机构从一定程度来说兼具服务和监管的双重职能，扮演着服务者和监管者的双重角色，在建设自贸港的进程中，海南省金融监管相关部门切不可“重监管、轻服务”，金融监管必须在服务职能与监管责任之间寻求平衡。《海南自贸港总体方案》第 2 条第 9 款第 28 项专门指出，必须推进海南自贸港政府职能的转变；②《海南自由贸易港法》第 8 条也明确规定了自贸港的治理体系必须符合科学规范、系统完备、运行有效的基本要求，政府机构的改革及相关职能的转变必须同时推进，以提高政府服务社会的标准和

---

① 《海南自由贸易港法》第 50 条规定：“海南自由贸易港坚持金融服务实体经济，推进金融改革创新，率先落实金融业开放政策。”第 51 条规定：“海南自由贸易港建立适应高水平贸易投资自由化便利化需要的跨境资金流动管理制度，分阶段开放资本项目，逐步推进非金融企业外债项下完全可兑换，推动跨境贸易结算便利化，有序推进海南自由贸易港与境外资金自由便利流动。”

② 《海南自贸港总体方案》第 2 条第 9 款第 28 项规定：“推动政府职能转变。强化监管立法和执法，加强社会信用体系应用，深化‘双随机、一公开’的市场监管体制，坚持对新兴业态实行包容审慎监管。充分发挥‘互联网＋’、大数据、区块链等现代信息技术作用，通过政务服务等平台建设规范政府服务标准、实现政务流程再造和政务服务‘一网通办’，加强数据有序共享，提升政府服务和治理水平。政府作出的承诺须认真履行，对于不能履行承诺或执行不到位而造成损失的，应及时予以赔偿或补偿。”

水平。[①] 以上规定对海南金融监管机构的职能转变也提出了新要求、新期待，海南必须积极主动地推进相关职能部门的职能转变，并在此基础上深入推进金融监管法律制度的变革，摸索出符合海南自贸港建设实际的金融监管体制。在满足海南金融市场发展实际需要的过程中，对标国际投资贸易规则，实现监管法治化国际化。金融监管机构职能的转变应以简政放权、放管结合为核心，加强金融事前、事中和事后的全过程监管，创立一个有效的金融服务和监管体系，为自贸港整体治理能力的提升做出积极的贡献，推进自贸港治理体系现代化建设的进程。

（三）海南金融监管制度需发挥监管和激励的双重功能

根据海南金融基础和目前的发展状况，海南金融监管制度不仅要监管风险，而且还要发挥金融监管法律制度的促进和激励功能，推动海南金融市场发展，发挥海南金融经济助力实体经济发展的作用。首先，在海南自贸港金融法制建设过程中，要克服传统压制型法的弊端，逐步实现金融监管法律制度迈向自治型法和回应型法，为适应海南自贸港经济改革所带来的社会变化并解决因此而产生的问题提供一种新的、有效的思路。其次，从传统的惩罚性规制转变为惩罚和激励相结合的规制模式。在海南自贸港金融监管法制的建设中，必须充分发挥激励机制对金融监管的重要作用，加强市场上的金融机构对自身经营风险和危机的持续改善，使其经营的稳健性、效益性和安全性等基本指标均符合金融监管的客观需要。最后，坚持预防性监管的新理念和新思路。从各国金融实践的情况来看，无论金融监管的力度有多大，监管水平有多么高，金融监管对金融风险的防范都有滞后性，这对金融市场的发展十分不利。如何在金融监管改革中贯彻预防性监管理念，设计具体可行的规则十分重要。

---

① 《海南自由贸易港法》第8条规定："海南自由贸易港构建系统完备、科学规范、运行有效的海南自由贸易港治理体系，推动政府机构改革和职能转变，规范政府服务标准，加强预防和化解社会矛盾机制建设，提高社会治理智能化水平，完善共建共治共享的社会治理制度。国家推进海南自由贸易港行政区划改革创新，优化行政区划设置和行政区划结构体系。"

(四)海南金融监管制度需保持金融效率和金融安全的对立统一

金融监管法律制度肩负着金融效率和金融安全的双重使命,①金融效率是指在金融市场中的各项资源配置达到"帕累托最优"的状态,②金融安全是指金融监管法律制度既要保障金融交易活动的安全,又要确保金融体系的安全,防范金融风险,维护金融市场行为的安全与稳定。③ 对正处于建设中国特色自贸港关键时期的海南而言,海南金融监管法律制度的改革与创新也应当围绕着这两项任务进行,以保持金融市场活动的经济功能与社会功能的有效统一。为促进金融效率和维护金融安全,《海南自由贸易港法》从金融风险防控的角度,对金融安全提出了宏观的整体性要求。④ 关于金融效率的问题,《海南自由贸易港法》主要从"简化办事程序,提高办事效率"的视角作出了原则性的制度安排。⑤ 保持金融效率和金融安全的对立统一无疑对海南金融监管法律制度的变革提出了更高的要求和期待,因为金融安全与金融效率之间的矛盾和冲突是先天性的:为保障金融安全,监管当局势必会采取手段管制金融活动,这会降低金融创新的积极性,金融交易成本的大幅增加会造成金融效率降低的后果;为促进金融效率,监管当局也势必会弱化对金融市场行为的约束,这在很大程度上容易造成金融市场失灵的结果,威胁金融安全与稳定。因此,在建设海南自贸港的进程中,如何有效协调金融安全与金融效率之间的关系,缓和二者之间的冲突和矛盾,寻求调和二者

---

① 参见冯果:《金融法的"三足定理"及中国金融法制的变革》,载《法学》2011 年第 9 期。

② 参见王振山:《金融效率论——金融资源优化配置的理论与实践》,东北财经大学 1999 年博士学位论文,第 20 页。

③ 参见宣頔:《金融法价值的"新二元化"均衡构造》,载《广西社会科学》2015 年第 12 期。

④ 《海南自由贸易港法》第 55 条第 4 款规定:"海南自由贸易港建立健全金融风险防控制度,实施网络安全等级保护制度,建立人员流动风险防控制度,建立传染病和突发公共卫生事件监测预警机制与防控救治机制,保障金融、网络与数据、人员流动和公共卫生等领域的秩序和安全。"

⑤ 《海南自由贸易港法》第 21 条规定:"海南自由贸易港按照便利、高效、透明的原则,简化办事程序,提高办事效率,优化政务服务,建立市场主体设立便利、经营便利、注销便利等制度,优化破产程序。"

矛盾的参考指标,需要从金融监管的制度层面入手,利用海南金融监管法律制度创新和完善的根本路径来破解这一亘古难题。

综上所述,在海南建设中国特色自贸港的大背景下,相关法律法规的陆续出台对海南省金融监管法律制度的变革和完善提出了一系列新要求、新期待,海南金融监管制度的改革需要满足金融开放和金融创新的双重需求,平衡金融监管的服务职能和监管责任,发挥监管和激励的双重功能,保持金融效率和金融安全的对立统一,以更好地保障金融市场的发展活力和动力。

三、著名自贸港金融监管的经验与国际金融监管法律发展趋势

截至目前,世界上已有部分国家和地区成功建成了自贸港并取得不错的成效,值得我国在建设中国特色自贸港的进程中进行学习和参考,金融监管体制的完善也不例外。虽然中国香港、新加坡、迪拜等自贸港的建设具有不同的角色定位和发展形式,其金融监管的主要特点、方式和手段也不完全统一,但它们目前都已成功建设为国际上著名的自贸港,上述自贸港在建设过程中的金融监管体制变革也值得海南自贸港学习和参考。

(一)著名自贸港金融监管法律制度的先进经验分析

1. 中国香港金融监管的法制经验

香港是国际上的全能型金融中心,也是世界公认的最开放、最自由、最有活力的国际贸易港口。良好的营商环境、“积极不干涉”的经济政策体制、健全的法治环境等优势,使中国香港自贸港迅速成长为全球最具竞争力的国际金融中心。银行业方面,香港无疑是世界银行业最密集的都市之一,世界百大银行中,就有近 70 家在香港营业;证券业方面,香港有全球集资额最高的股票市场——香港证券交易所;保险业方面,香港是全球最开放的保险业的地区之一。在此基础上,香港形成了以银行、证券、保险等行业为核心金融要素的市场。作为国际金融中心,香港的金融法制相当发达,围绕前述

三大行业所制定的三类条例①共同组成了香港金融监管的法治基石。香港金融监管的主要特征体现在：第一，在政府监管方面，依据三类条例之规定，香港设立了金管局、证监会、保监处银行、证券、保险等行业机构进行业务监管；第二，在行业协会自律方面，香港银行公会、香港交易所和香港保险业联会作为银行业、证券业和保险业的行业自律机构，强调对自身行业内部风险的控制和审查。在金融监管的过程中，政府以"协调者""管理者"自居，体现了"大市场，小政府"的金融监管理念。以上两方面特点共同构建了以"政府监管为主＋行业协会自律为辅"的金融监管体系，并与香港自身发展需求相适应。

香港金融市场的自由度是极高的，早在 20 世纪 70 年代，中国香港便陆续取消了金融监管中对外汇、黄金等事项的管制，香港区域内进行的金融交易无外汇限制，所有在世界范围内合法发行且经由金融交易双方认可的货币都可以进行自由兑换，香港的银行市场也开始对外资银行开放。香港赋予所有在港企业绝对开放的投资环境，只要不违反相关法律法规，任何投资经营项目均不受金融监管机构的干预，同时会出台相关政策为企业寻求对外投资的机会。自此，香港金融市场体系中外汇可以自由汇兑、资本可以自由流动、本地及外地的金融机构在金融监管方面享受平等的待遇，金融市场开放且自由。② 中国香港自贸港另一独特的优势表现在其税收制度是在港内实行典型的零关税和低且简单税率。除了甲醇、酒类、碳氢油类、烟草与香烟等 4 种商品进出港口需缴税，其他商品货物可以自由进出港口，不受监管审批约束，无须缴纳任何关税。整体而言，中国香港具有比较完备的金融法律体系、监管制度及国际准则，其采用的事前金融风险防范体制对金融监管具有重要意义。③ 此外，中国香港地区的金融监管机构具有较高的独立

---

① 《银行业条例》《证券及期货条例》《保险公司条例》。

② 参见马国强、赵晓彤：《建设中国特色海南自由贸易港的金融环境分析》，载《海南大学学报（人文社会科学版）》2018 年第 4 期。

③ 参见曹晓路：《海南自由贸易港金融创新的法律规制》，载《海南大学学报（人文社会科学版）》2020 年第 3 期。

性,独立于香港地区的行政机构而存在,享有比较充分的监管自由,在金融自由监管的范围内不受行政力量的干扰,可以充分发挥金融监管领域的专业优势和技术优势,有利于金融监管工作的顺利进行。

2. 新加坡金融监管的法制经验

新加坡自贸港的地理位置优越,位于全世界极重要且繁华的海峡通道,其借助自身优势积极融入经济全球化,迅速成长为世界著名自贸港。自新加坡自贸港成立以来,新加坡政府积极提倡建设全球性金融中心,并将发展金融服务产业作为一项重要的战略方针。优越的营商环境、开放的经济和相对成熟的金融监管政策共同形成了新加坡独特的竞争优势,并不断推动着其金融产业的成熟与完善。新加坡的金融发展也一直走在世界金融的前列,是世界上较为容易开展贸易的国际港口,金融监管的体制相对健全。1970 年,新加坡颁布了《新加坡金融监管局法》,并以此为据成立了 MAS,是世界上最早推行金融监管制度的地区之一。MAS 既是新加坡央行,又是金融业监管机构,其除了通过货币政策工具,调节货币供给和外汇储备,保持汇率和物价稳定外,还负责对银行、保险、金融中介等行业进行监管。MAS 下设"金融监管机构"以履行金融监管职能,该机构下设银行署等六大部门[①];这种彻底的"混业监管体系"能够很好地应对金融机构混业经营的发展趋势,既降低了多机构监管的协调成本又缓解了推行制度的阻力。MAS 在借鉴发达国家骆驼评级法的基础之上,进一步探索并完善了金融风险分析系统;建立并健全了监管数据处理体系,实现了从非现场监管到现场检查,从风险评估到追踪监管的全流程式良性循环系统。MAS 在推动金融自由化的进程中,在金融监管上形成了全新的理念,其主要特征有:一是通过立法形式进一步放宽流动性管制。[②] 二是侧重于风险性防控。三是以银行业治理及信息披露为重心,敦促银行建立、健全内控机制。四是积极与他国中央银行合作,并对境外金融企业施行联合监管。五是关注金融的持续性监管。

① 银行署、保险署、证券期货署、市场体系与风险顾问署、监管政策署、监管法律服务署。

② 但允许银行实现自我申报的流动性证成,逐步取消银行统一执行的流动性指标等。

新加坡金融监管还非常注重利用法治手段推进金融创新，防范金融风险。2017 年 11 月，新加坡通过相关法律规定，[①]将 ICO 行为[②]纳入国家期货证券及金融顾问法案等项下条款进行规制。

除此之外，MAS 还先后颁布《众筹监管新规》《金融科技监管沙盒指南》等，推进众筹监管、"沙盒"监管制度的完善，推进金融科技新时代的监管模式创新。新加坡金融市场同样也取消了对外汇和资本项目的管制，外国资本经由合法的交易可以在新加坡外汇、资本和债券市场自由兑换，且外汇交易免缴相关税费。在监管方式上，新加坡善于运用高水平高科技的监管平台，监管信息披露制度比较完善，在节约监管成本的同时提升了监管效率。新加坡金融监管主要采用事前风险防范与事中事后监管相结合的监管模式，对金融活动的全过程进行了统合性的监督和管理，金融监管制度比较完备。

3. 迪拜金融监管的法制经验

迪拜是阿联酋的七大酋长国之一，国际化水平较国内其他地区而言较高，吸引了世界各地大批优质机构和企业的投资，成为总部经济的代表。迪拜自贸港主要是由阿联酋行政范围内的拉什德港区和杰贝阿里港区组成，涵盖多个自贸区，是目前中东地区最大的自贸港。如今，迪拜自贸港已从单一型的转口贸易港转型成为"港口 + 工业 + 服务"的"1 + N"模式的自贸港。

为将迪拜打造为国际金融服务中心，2004 年，阿联酋颁布相关法律，[③]授权各酋长国成立金融自由区，在区内可不受联邦民商事法律的约束；随后迪拜国际金融中心（DIFC）也依据阿联酋联邦《2004 年第 35 号法令》而设立，迪拜自此成为阿联酋的"法律经济特区"。在获得联邦授权后，迪拜地方政府积极创制适应迪拜国际金融中心建设的地方法律——《2004 年第 9 号法律》，构建迪拜国际金融中心法律体系的核心。在金融及行政管理方面，《2004 年第 9 号法律》赋予迪拜国际金融中心一定的自主权，归到迪拜国际金融中心的监管机构包括迪拜国际金融中心管理委员会（DFCA）、迪拜金融

---

① 其中包含《新加坡关于 ICO 及加密指南》。

② ICO 行为即以区块链技术为主出售数字货币的行为。

③ 主要是指《2004 年联邦第 8 号法律》（《金融自由区法》）。

服务局(DFSA)和争端解决机构(DRA),并划分了各自的权利与义务。DFCA是迪拜的常务管理机构,具有制定迪拜区域内的相关政策及基本法律法规的权力;DFSA是独立于DFCA的金融管理机构,主要负责制定金融交易活动相关的法律法规,管理金融交易活动;DRA作为独立的司法机构,主要负责处理迪拜区域内的纠纷和民商事案件。此外,为促使迪拜国际金融中心的法律规则与国际规则相接轨,根据《阿联酋宪法》规定,迪拜作为独立于阿联酋其他地区的法律经济特别区,享有独立的民商事法律监管制度和辖区内的司法管辖权。迪拜地方依据联邦授权还出台了大量专门针对迪拜国际金融中心的特别法律与规章,从而形成了完整的与国际规则接轨的金融创新与监管的法律体系。

迪拜与中国香港、新加坡类似,区域内的资本、外汇实行自由兑换,且享有相关税收优惠,迪拜是实行低税负的地区,其税收制度具有税率低、税收范围小和征收税种少3个典型特征。在自贸港内,迪拜政府以更大的力度推行税收优惠政策。在港区内,外国投资者可单独控股进行企业投资经营,不需要本地担保人,也不受阿联酋公司法的限制。货物可以自由进出港区进行存储或者二次加工处理,并且港区对企业生产加工所需的机器设备不征收任何关税。同时,迪拜自贸港不征收个人所得税、利息收入税或者税后分红税等,港内企业经营50年内不征收公司所得税和营业税。迪拜的金融监管的主要特点和经验主要体现在其对外国投资的广泛有力吸引,外资投入的激励政策和优惠政策十分完备,金融市场比较活跃。例如,迪拜将外商设备租赁的最长期限设为25年,对于外商投资的稳定性发挥了重要作用;迪拜金融中心区域内的所有企业免缴公司税、外商可以完全控股等措施也为迪拜吸引外商投资提供了具有吸引力和竞争力的条件。

4.世界著名自贸港金融监管法律制度的特点分析

基于横向比较的视角,对中国香港、新加坡和迪拜世界三大知名自贸港的金融监管法律制度进行分析,主要从以下4个方面展开:第一,金融管理模式方面。中国香港自贸港以"大市场、小政府"为管理核心,下放行政权力,充分发挥市场作用;新加坡自贸港的金融管理是由政府统筹协调运营,政府起重要引导作用;迪拜自贸港则采用“政企合一”的管理模式,政府注重提升效能。第二,税收优惠方面。中国香港自贸港实行零关税和简单且低税率的税收政策,并对企业实行两级累计税率政策;新加坡自贸港内外汇兑换自由,资金流动自由便利,且政府为企业提供不同的融资模式,外资准入门槛低;迪拜自贸港内外资企业拥有100%的所有权,境内外资本利润转移无限制,并且港内企业经营50年内无须缴纳所得税和营业税。第三,金融监管方式方面。中国香港自贸港参考英国“监管沙盒”机制,以风险防控为核心,依据港内监管特点,形成“三支柱”的“监管沙盒”体系;新加坡自贸港奉行自由贸易政策,主要以《新加坡自由贸易园区法》为监管依据,通过一系列商事法律规范对企业进行统一监管;迪拜自贸港采用国际通行法律体系,由阿联酋和地方政府立法,形成独立的金融监管体系。第四,金融创新方面。中国香港特区政府对自贸港采取不干预政策,给予市场充分自由,营造优质税收环境;新加坡自贸港紧抓数字机遇,积极推动“自由贸易港+数字金融”融合发展;迪拜自贸港充分发挥地域优势,形成“1+N”港区联动发展模式,吸引金融业集聚发展。

(二)国际金融监管法律制度的发展趋势

金融监管法律制度的修改具有“危机导向”的历史特征。2008年国际金融危机后,各国(地区)纷纷审视自身金融监管法律制度,掀起了新一轮金融监管法律制度修改的浪潮。纵观国际上金融监管改革和发展的主要进程,整体上金融监管法律制度的发展呈现出以下主要趋势。

1. 大规模修法引导和促进金融监管体制的变革

金融危机过后,世界范围内掀起了一股修法引导和促进金融监管体制变革的热潮,多数国家纷纷对传统金融监管体制进行修订和创新,以期更好地促进金融的创新和发展。经历次贷危机后,美国政府先后公布一系列方案,①并

---

① 美国出台的金融监管相关法案主要包含《金融监管体系现代化改革蓝图》、《金融改革框架》和《金融监管改革——新的基础:重建金融监管》等。

最终在2011年通过《多德佛兰克法案》推动美国金融监管体制的变革。2009年至2016年,作为全球金融中心之一的英国出台包括《2009年银行法》在内的多部法案,[①]推进本国金融监管体系的变革。2011年《欧盟金融监管体系改革法案》出台,吸收、借鉴国际先进金融监管举措并将其纳入欧盟法,提升了欧盟银行防控金融风险的能力,推动欧盟层面监管合作的展开。总体来说,世界范围内促进金融监管体制改革的"立法先行"与"法律推动"色彩浓厚,这也是国际金融监管法律制度发展的主要趋势之一。

2. 实施金融综合监管的趋势明晰

近几十年来,综合金融监管成为国际金融监管的主要发展趋势,多数国家从传统的功能监管或行为监管转变为金融行业的综合性监管,从宏观审慎的角度加强对金融领域的综合监管。《美国华尔街改革及消费者保护法》明确将对冲基金、保险等业务纳入美联储的监管范畴;授予美联储对资本市场支付、结算及清算的监管权力。于美联储而言,获得上述监管权力意味着其监管范围扩大到金融系统的任何角落,使其完成了从中央银行到"金融警察"的身份转变,并成为维护美国金融市场稳定的坚固"柱石"。英国《2012年金融服务法》《2013年金融服务(银行改革)法》和《2016英格兰银行和金融服务法》将制定并执行货币政策、宏观调控与微观监管等职能赋予英格兰银行,使其具备开展综合性金融监管的权力。欧盟的金融改革方案也是如此,欧洲中央银行下设"欧洲系统风险委员会",其参与并指导如行业养老署等机构的金融监管运作,使欧洲中央银行的金融监管权力向综合化发展。综上,国际金融监管的综合性越来越强,综合监管的发展趋势越来越明显。

3. 金融科技监管的发展态势迅猛

近十几年来,随着金融科技的迅猛发展,金融系统性风险传播速度逐渐加快,呈现出由线下向线上转移、由集中变为分散的整体趋势,科技与金融的深度融合也为新时代的金融监管带来了新的挑战。一方面,科技的创新

---

① 英国出台的金融监管相关法案主要包含《2009年银行法》《2012年金融服务法》《2013年金融服务(银行改革)法》《2016年英格兰银行和金融服务法》等。

使得金融监管范围以外的金融活动大量涌现，但一般而言，这些金融创新活动的风险承受和缓冲的能力较弱，加上其游离在金融监管体系之外，使系统性金融风险的不确定性逐渐增强。另一方面，金融科技的广泛使用促使金融体系内的关联性日益增强，很大程度上加大了系统性风险。由此，金融科技监管成为国际金融监管法律制度发展的主要趋势之一，为世界各国金融监管制度的完善指明了一条道路。

为了应对金融科技的发展带来的新挑战，各个国家和地区金融监管机构的监管措施由松散变为紧迫，在综合考量了金融市场的实际需求、金融创新和金融监管的实质理念等因素的基础上，各国推出了"创新型""严格禁止型""运动型"3 种金融监管模式，以期解决金融科技创新带来的系统性风险加剧的难题。国际金融稳定理事会（FSB）一份针对全球 26 个国家和地区的金融监管部门的调查结果显示，有 20 个国家已经对金融科技创新引发的相关问题采取了必要措施，有 5 个国家正准备实施监管，只有 1 个国家认为没有必要对金融科技进行监管。由此体现了金融科技监管的重要性，英国的金融行为监管局承担着金融科技监管的职责，其监管模式是行为监管，主要方式是通过相关制度的设计鼓励金融创新。2014 年，英国金融行为监管局实施了一项"项目革新"计划，其主要目标便包括协助监管局对金融科技创新企业提供税收激励等优惠政策。2016 年 5 月，监管沙盒被正式启用，旨在适当放宽对金融科技创新产品和服务的法律约束。美国则主要采纳功能监管的方式对金融科技进行监管，2017 年 3 月，美国货币监理署（OCC）开始对区域内金融科技企业颁发牌照，进行规范监管，并依据金融科技企业的业务所涉及的具体领域来确定专门的金融监管机构。2016 年 3 月，中国香港地区正式成立了金融科技促进办公室（FFO），主要负责金融监管部门与金融科技企业之间的监管衔接工作。从上述分析中可知晓，金融科技监管具有现实必要性，金融科技的创新便伴随金融风险的扩张，金融创新与金融风险本质而言便是同时存在的，金融监管部门必须足够地重视，完善金融监管法律制度，跟上世界金融科技监管的步伐。

综上所述，中国香港、新加坡、迪拜等自贸港建设进程中的金融监管体制变革有许多值得海南自贸港学习和参考的内容，国际金融监管法律制度为海南金融监管在方向及制度方面的完善给予了有益的参考思路。

四、海南自贸港金融监管的法律制度构建

依据《海南自贸港总体方案》《海南自由贸易港法》的规定，海南自贸港金融创新和金融风险防控要相辅相成、相得益彰。因此，我国自贸港金融的发展，首先应秉持“法治先行”“一体推动”等基本理念；其次，积极推行并创新不同类型的金融创新业务与产品，推进跨境资金流动自由便利与金融开放创新的发展；最后，也要做好顶层设计，通过立法途径赋予海南自贸港自主探索、构建与本港自身发展相适应并对标国际先进规则的金融新体制的权力，以规避系统性金融风险的发生。

（一）运用立法授权，完善海南自贸港金融发展与监管的法律规则

2021 年 3 月 30 日，中国人民银行等部门颁布了《金融支持海南改革开放意见》，从支持跨境贸易投资自由化便利化、完善海南金融市场体系、扩大海南金融业对外开放、加强金融产品和服务创新、提升金融服务水平、加强金融监管、防范化解金融风险 6 个方面提出 33 条具体措施。2021 年 4 月 21 日商务部发布的《海南省服务业扩大开放综合试点总体方案》中提及在金融服务领域，应授予海南金融服务业开放创新更多自主权，推动金融服务业对内对外全方位开放。香港等自贸港金融行业成功的关键在于健全的金融监管体系与执法制度。《海南自由贸易港法》第 10 条第 1 款的规定，[①]可认为是中央对海南的立法授权，赋予海南在贸易、投资及相关管理活动领域以立法变通权，该项立法授权甚至可以直接涉及中央事权。充分运用《海南自由

---

① 《海南自由贸易港法》第 10 条第 1 款规定：“海南省人民代表大会及其常务委员会可以根据本法，结合海南自由贸易港建设的具体情况和实际需要，遵循宪法规定和法律、行政法规的基本原则，就贸易、投资及相关管理活动制定法规（以下称海南自由贸易港法规），在海南自由贸易港范围内实施。”

贸易港法》的立法授权，对海南自贸港金融的发展与监管规则设计进行系统化设计，即逐步出台以“海南自由贸易港金融发展促进条例”“海南自由贸易港金融监管条例”为核心，同时包括“海南自由贸易港离岸金融条例”“海南自由贸易港金融消费者保护条例”等在内的一系列海南自贸港金融法规，推进海南自贸港金融业的有序发展、促进行业风险防范规范的有效落实。

“海南自由贸易港金融发展促进条例”侧重在坚持金融服务实体经济的前提下，推进融资汇兑自由、资本项目兑换自由、外汇结算自由、离岸金融创新自由、推动金融业开放、推进金融变革创新；“海南自由贸易港金融监管条例”则规定海南自贸港金融监管的基本原则、组织架构、监管的主体、监管的对象、监管的手段、风险防范、危机救助等内容。金融创新发展与金融监管之间贯穿平衡协调的原则，即在探索海南自贸港金融创新的同时需注重对自贸港内各类金融风险管控，以利益平衡原则为出发点，保障各项金融创新与金融监管措施的系统协调，将金融创新与金融监管作为相互影响、相互作用的统一整体进行制度集成创新。

（二）借鉴先进经验，推进金融监管法治创新

在金融混业发展的今天，我国长期以来推行分业监管及分业经营等传统监管模式，其缺陷十分明显。虽然国务院金融稳定发展委员会的设立和原银监会、原保监会的合并在一定程度上改进了“分业监管”协调不畅、信息不通的问题，但“分业监管”与“混业经营”的不兼容并没有从根本上得以纠正。尤其是地方金融监管情况更为复杂，金融监管体系纵向权力与横向权力之间的不协调无法得以有效缓解。海南自贸港推动的一系列金融改革创新政策，[①]其带来的金融风险无疑是巨大的。显然，当前海南以“一行两局”为主的金融监管体系难以应对自贸港金融开放创新的新局面。

---

① 例如，融资汇兑自由、资本项目兑换自由、外汇结算自由、离岸金融创新自由、扩大金融业对内对外开放、加快金融改革创新等。

《海南自由贸易港法》第 7 条①关于行政管理权限授权的规定,为海南金融监管体制的改革提供了基本思路和法治保障。海南应借鉴世界著名自贸港金融监管体制的设计,顺应国际金融监管法治的发展趋势,探索建立社会和海南的金融综合监管体制,即争取国务院授权,逐步实现海南"一行两局"与地方金融监督管理局在职能上整合,探索并建立海南自贸港金融服务机构,发挥对海南自贸港金融创新发展引导和对银行、证券、保险等行业统合监管的职能,对标国际先进的监管标准与规则,提升监管效率,提高监管水平和国际化水平。

创新金融监管法治,需要建立一套符合现代金融要求的金融监管法律制度,需要金融监管部门充分尊重金融市场发展的内在规律。金融市场本质上来说是以经营金融风险为核心内容的信用市场。因此,海南金融监管体制的变革要处理好金融市场与监管之间的关系,充分发挥市场机制在金融市场中的决定性作用,使金融监管的规制与市场经济发展的客观规律相符合,推进金融法治的现代化和创新性。由于我国金融结构上长期奉行的是"外植型"金融体制,在金融发展日益变化的当下,各类障碍与弊端逐渐显现,金融市场资源配置程度不足、监管权力干预不恰当的情形时有发生。随着我国市场经济体制的深入发展和不断完善,海南自贸港的建设中,必须进一步发挥金融市场机制在资源配置中的关键性作用。只有以此为基础,才能构建完备的金融要素市场,促进金融市场更高效地进行资源配置,最终发挥服务实体经济发展的关键性作用。相关的监管部门要进一步调整其自身定位,切断不必要的行政隶属管理关系,减少多余的干预。同时还应当注意,很多情况下单纯依靠市场的自身力量无法实现资源的有效配置,尤其是在金融市场中,资源配置不当导致的市场失灵危害性较大。对于金融领域垄断、机会主义行为侵害投资者利益等违法违规现象,单纯依赖市场机制难以消除,相关监管部门应对此类现象进行坚决打击。

---

① 《海南自由贸易港法》第 7 条规定:"国务院及其有关部门根据海南自由贸易港建设的实际需要,及时依法授权或者委托海南省人民政府及其有关部门行使相关管理职权。"

从构建和完善海南自贸港金融监管制度、加强规则国际化方面来看，可以从以下3个方面推行并落实：一是在监管方面，需要构建不同主体间的协作体系，主要是指政府之间的协作，市场利害相关主体间的相互协作。比如构建评级单位的国际行为标准，对全世界财务监管准则实现全面覆盖。提升对世界资本流通的监测强度，注重对全球各类资本机构、中介组织金融风险的揭露，提高金融市场及其产品的透明度。随着世界金融市场一体化进程的不断推进，金融产品进一步的推陈出新，金融乃至资本市场的流通速度将日趋加快，其伴随的风险也必将逐渐提升。此时，监管制度方面的调整与变革将变得越发重要，其中监管标准是否具备恰当性及系统性是能否实现有效监管的关键所在，而恰当且系统的市场监管准则的核心是充分揭露金融风险。此外，在强化世界各国在金融监管方面进行协作的同时，仍需加强市场中不同主体间的相互协作。二是创设全球金融风险监管的联通、协作机制。此举既是国际监管协作有效履行的前提，又是提升市场效率的要件之一。三是在全球金融协作方面，要强调监管责任机制的重要性，进而实现国际监管合作的功能。金融监管法既是问责之法，又是责任之法，金融风险防控、维护金融安全要明晰政府、企业、监管的职责所在，需严格奉行“权利义务相统一”等国际法治理念，以体现金融监管的法治精神。

（三）借助科技力量，提升金融监管能力

金融领域对新兴技术的普遍运用，使金融行业的渠道和形态都发生了改变，金融创新与监管规则之间的失衡亟须加以调整。从监管的角度来看，金融科技的应用不仅使监管对象呈现跨行业、跨地区的多元化特点，还造成了监管机构难以界定主体责任、难以认定金融违法行为的困境。由于金融机构具有天然逐利的内生动力，加之政治体制对监管机构在新兴科技投入和运用上存在一定的约束，监管机构很难在科技运用上与金融科技企业保持同步。此外，以科技为主驱动力的金融创新之下所隐藏的操作风险、技术风险等，可能导致系统性风险的爆发，而传统的金融监管的不足导致其难以应对。在传统金融监管的范畴下，金融规则多为危机型立法与监管的衍生

物,“指令与控制”是其主要表征,因而对于金融科技变革带来的金融风险、金融体系内生与外部风险等问题无力应对。但是挑战也孕育着机遇,金融创新的动态与多变不仅是风险的来源,也是监管变革的机遇,因此,金融监管范式的转变势在必行,其对离岸金融市场的构建以及金融科技的兴起,相应监管理念与监管方式的革新,对海南自贸港建设整体目标的实现,以及经济发展的促进具有重要的价值与意义。

在金融监管范式转变的过程中,监管科技作为解决监管滞后的新途径,能够有效防范金融科技创新的风险和金融大数据的垄断。海南自贸港可进一步创新监管举措,以科技手段为核心建构新型的金融监管体系。第一,借鉴英国、新加坡监管科技手段,引入“沙箱监管”(SandBox Regulatory)制度。发挥“沙盒”风险导向性、透明性、多元性特性,促使企业在可控的风险环境下和明确的空间、期限内推进金融科技创新工作。海南自贸港金融监管机构应主动学习国际先进的金融科技监管理念、原则与标准,实现与国际主流监管路径的对接,构建以信息披露为核心的金融监管制度、开辟“监管对话”模式、探索与境外的金融监管合作、吸纳境外金融新创企业进入“监管沙盒”,从而运用监管科技手段促进金融开放创新并有效防范金融风险。第二,构建本港金融风险防控预警机制,将大数据、区块链、云计算和智能化等新科技、新技术运用于金融监管领域,推动资本流通数据监测管理机制、金融综合智能服务系统等不同系统数据的互联互通,实现跨部门、跨机构、跨市场和跨区域的监管数据全覆盖,能够事先甄别异常金融活动,对港内贸易、投资及金融等行业的活动皆全程进行监控。第三,必须建立适应自贸港建设的金融监管协调机制,组建专业化的金融管理队伍,合并相关金融监管部门职能。打破监管信息垄断的障碍,实现监管信息共享,解决监管滞后、空白与真空等重大问题,进而提升金融监管能力。

此外,金融监管机构还需注意要通过正当合法的程序规范金融监管行为。金融监管程序是规范金融监管行为的重要内容,也是促使金融监管行为符合市场客观规律的程序性机制。金融监管程序具有保障公平、限制恣意等功能,法治化下的现代国家侧重于保障行政行为在程序方面的规范化,对于可能直接影响行政相对主体重要权益的行政行为，将施行严密的程序控制，设立诸多法定程序来规范行政权力的运行，以维护金融市场主体的法律地位，提高金融监管效率。我国关于行政程序的相关法律尚未出台，相关行政程序规则散见于诸如《行政处罚法》等单行法律中。从事中事后监管角度分析，现有的金融监管程序规定缺乏足够的上位法依据，难以适应监管转型的现实需求。因此，在中国特色自贸港事中事后监管立法过程中，为了规范金融监管行为，提升监管水平，应当注重监管程序的相关立法，为金融监管部门开展金融监管活动提供依据；监管程序立法的内容与重点应当紧紧围绕事中事后监管的全过程，从程序层面保障监管举措的合法性及目的性；通过程序规则提升监管过程的透明度，确保监管政策的制定与颁布、监管机制的运行、执法结果的作出均向社会公开，落实金融市场主体的知情权，确保社会公众的有效监督；应当以程序规范确保金融监管的常态化，通过对监管程序的科学设置，确保金融监管具体行为的实施以常态化、稳定化的形态推进，从而规范金融市场主体的行为，助力金融市场在金融资源配置中发挥决定性作用。

（四）发挥行业功能，提高金融自律型监管的水平

“政府监管＋行业协会自律”是香港金融监管的显著特点。政府在金融监管过程中充当着“管理者”和“协调者”的角色，体现了“大市场，小政府”的金融监管特性。借鉴该经验，海南自贸港在建设进程中应当强化政府与行业对金融市场的协作监管。强化市场主体自治，将市场主体视为权利主体，而不仅仅作为被监管主体，引导市场主体自治自律，树立市场主体的责任意识，推进行业自律建设。发挥商会以及行业协会等组织在事中事后监管中的作用，探索并出台政府职权下放清单并赋予行业协会一定的自主权，逐步减少政府干预。明确行业自律的发挥空间，形成与行业协会在事中事后监管的协作关系。具体而言，可以建立政府与行业协会商会间的信用信息互联共享机制，发挥和借助行业协会商会在权益保护、资质认定、纠纷处理、失信惩戒等方面的作用；在事中事后监管的各个环节建立行业协会商会

的参与机制,将行业协会商会的意见建议作为制定法规、重大政策及评估执行效果的重要参考;加快建设全国统一的信用信息共享交换平台,促进政府与社会多元主体间的信息共享、互通,进一步发挥诚信对于市场主体的制约作用,以政府购买等途径委托社会商事主体推进信用评估、法律服务、监管评测等工作。推动政府监管与企业自律的良性协作,在政府指导的前提下,由行业协会等社会主体推动行业诚信评估工作,构建商事主体的诚信档案,健全行业诚信体系。

此外,加强金融自律监管还要注重发挥市场专业化服务组织的监督作用。市场专业化服务组织在各自领域内具有专业优势,能够在市场监督中发挥重要的作用。为此,应当根据中国特色自贸港建设的需求,结合市场专业化服务组织的优势,构建多层次的监督机制。关注行业协会等社会多元主体的反馈,进而充分掌握监管过程中产生的关键问题,以此方能在监管上切中要害。支持仲裁机构、调解组织等通过裁决、调解等方式解决市场主体之间的争议;在社会多元主体辅助监督方面,发挥会计师事务所、律师事务所、公证机构、评估机构等机构的专业作用;探索社会多元主体评估制度,引导并建立社会诚信评估主体,引导构建诚信评级机制。利用互联网等技术构建便利化的诚信信息公示系统,便于社会主体查询企业的诚信档案,使企业能明确认知诚信对于其开展商事活动的意义,提高社会监督的效能,加强信用自治的作用。

(五)优化权力配置,推进金融监管权力配置改革

我国自贸港事中事后监管中出现的问题主要有以下几点:其一,简政放权的力度不够,政府与市场之间边界模糊。其二,监管主体各自为政,缺乏协调整合。从自贸试验区改革的进程来看,中央与地方表现出较强的积极性,而中央部委和地方有关单位怠于配合,改革进程中,“中梗阻”症状频发。并且,因在顶层上未能有效集中协调事中事后监管,各单位的监管系统纷繁无序,虽广泛覆盖但缺乏互通、共享,甚至相互矛盾,从法治的角度,其表现在于立法、执法、授权、规制等方面皆缺乏有力整合。其三,监管职权不明,

各单位间“职权交叉”情况凸显，出现问题后各单位互相推责，最终致使监管缺位的情况频出。基于上述问题的存在，必须推进金融监管权力的配置改革，积极采取以下对策：第一，在金融行业作用日益凸显的今天，应逐步将准入、审查等方面的职权赋予市场。在简政放权、政府权力下放的进程中，事中事后监管起着决定性作用，这也是政府职能转变的新趋势和新要求，其有助于推动政府从审批型向监管服务型转变。比如上海在建设自贸区进程中所出台的“减权清单”，其特点在于放权、简政等，该清单明确划定了政府的职权范围，以此真正实现了“阳光政务”，并进一步保障了企业在商事竞争上的公平公正，最终保证了企业的合法权益。第二，金融监管部门及其工作人员都要严格遵守宪法与法律，按照“法定职责必须为，法无授权不可为”的原则开展工作。应当明确划分监管主体职责，遵循“谁管理，谁担责”的法治理念，明确划定各政府单位及其下属部门的监管职权范围，厘清职权范畴内的具体监管事宜，坚决遵循依法履职并规范执法。在立法中进一步厘清并明确监管主体、职权范围、执法标准、执法程序等，并以此出台具体且操作性强的事中事后监管法律制度。对下属单位的金融监管方面，要积极履行对其的监督、领导工作。推进市场监管法治化、制度化、规范化、程序化。职责法定原则有利于明确各监管主体的监管责任，以此方能保证权力行使主体严格依法行使自身权力，进而保障在法无授权的情况下，权力行使主体不会擅自越权行事。第三，要梳理并明确不同监管机构间的关系，明确各部门间的职权与分工，既要保证各部门在职权与分工上的分离、互不干预状态，又要维护各部门间的协作关系。推动各部门在监管上的协作与信息共享、互通，并以此为基本理念成立集联合执法、协作执法、信息互联、快速反应于一身的协作监管系统。

（六）丰富监管手段，加强金融信息收集与共享

为适应事前事中事后全过程监管的现实需求，海南金融监管机构需要运用多样化的监管手段，具有针对性地使用最好的监管手段来解决某一具体领域的突出问题，为实现金融监管的现代化创造条件。在当代国家治理

中,监管方式是公共管理体系和公共管理能力中不可或缺的要件之一,也是不断发展的监管实践对政府所提出的新要求,是提高金融监管效率的重要保障。海南省金融监管制度需要根据金融市场监管对象的不同特征,综合运用多种监管方式,合理地把握监管的尺度,采用相对柔性的监管方式,充分尊重金融市场主体的权利,保障金融市场主体的正常经营行为和竞争行为。其中,监管方式主要包括以下两个方面:其一,柔性监管。政府在监管中,应尽量规避对商事主体的直接干预,在法无授权的情况下不得擅自越权行事,尤其对于如共享企业、直播平台、区块链等当下新兴的互联网行业,当其行为对市场运行造成负面影响时,应优先采取如协调、行政指导、警告、行政协议等"柔性规制"手段,尽量避免使用罚款、停业整顿等"刚性强制措施"。前述"柔性规制"方式具有灵活、简洁、可执行性强等特点,若处置得当,便可充分发挥其内在的预防、指引、协调等功效。以此既可弥补法律制度在规制新兴行业中的空白,又不会对新兴行业的成长造成伤害。行政协议也是我国常用的一种监管方式,在行政协议监管方式使用的过程中,应强调其协调性,尊重并保障当事人的基本权利与意思表示,进而体现出协作治理的基本精神。其二,激励式监管,[①]较之传统的监管模式,激励式监管更能满足当事人的基本需求,能更高效地进行监管,且激励式监管的运用能有效缓解监管者与被监管者间的冲突关系,益于维稳。在监管制度变革的进程中,应关注并不断扩大激励式监管的效能与范围,通过恰当的引导方式使当事人愿意配合监管,最终达成监管单位所追求的终极目的。

海南金融监管机构在丰富监管手段的同时,还需要依托监管科技,建立信用信息收集制度。综合运用"双随机"抽查、联合检查等手段,加强信用信息归集与管理。应根据国务院办公厅《关于推广随机抽查规范事中事后监管的通知》的要求,全面推行"双随机、一公开"等新型监管方式,充分体现科学监管、公正监管等特点,形成保障被监管者守法且有效监督监管者的透明

① 主要是指金融监管机构利用经济诱因手段间接引导金融市场主体作出或不作出一定的行为,以实现其既定的政策目标的监管方式。

监管形态；建立、健全有关数据库，构建行之有效的筛查标准与程序，实现新型监管方式与阳光政务、企业信用系统等制度的有机结合。着力形成全面的信用信息记录披露机制和信用信息使用机制，实现信息归集查询、信用联动监管、信用监测预警、信用市场培育等功能。应当充分运用大数据及技术，构建社会信用体系。加速推进“互联网＋法治”，主动运用大数据、云计算等现代科技，加强政府机构公共服务和智能服务效能，以大数据、云计算等手段建立司法案例收集与共享系统，便于市场主体相互间查询对方信用状况。建立社会诚信系统，实现信息共享，激励诚信守约行为。鼓励与引导中介服务机构以互联网为途径为市场主体查询交易相对方的信用状况及其交易评价。

在信息收集制度的基础上，海南金融监管机构还应确立信用信息公示和共享制度。构建市场主体的诚信清单、诚信异常清单、严重失信清单及诚信查询和共享制度，明确信用信息保密等级，拓宽信用查询渠道，发挥公众和舆论监督作用，引导市场主体自律；构建企业信用信息公示系统，使监管者可通过企业诚信信息公示平台、“信用中国”等相关网站向公众公开行政处罚等方面的信息。关于监管信息的共享，海南省金融监管的各部门之间必须加强协调机制和共享机制，加强监管信息的充分披露，基本实现监管信息在监管机构范围内的透明化，以确保金融监管各部门能及时了解到金融监管的相关信息，防止信息的延误导致金融风险迅速蔓延。

（七）注重事后监管，建立和完善动态监管规则

在海南自贸港金融监管构建中，要坚持在系统性监管的基础上，重视动态监管。众所周知，金融监管本质上是一个各方为自身利益博弈与协调的动态过程，在金融风险日益凸显的当下，系统性金融风险频发；因而，构建与时代发展相适应的金融监管机制有着重大的意义。当下国际金融监管的立法趋势在于追求监管在动态与系统两方面的有机结合。在立法上，动态金融监管的完善可以从以下两个方面来展开：第一，利用现代科技条件，不断强化信息监管。在现代金融市场的条件下，信息成为金融市场监管的重要

抓手,金融经济的本质是信息经济。金融市场是信息高度不对称的不完全市场,传播性与感染性是金融风险的两大显著特点。能迅速收集客观且有效的信息是金融监管者施行监管行为的重要保障,因此,在制定金融制度时应着重关注信息披露机制。在实践中,信息作为公共物品,将致使金融监管者出现信息收集不足的状况,在此状况下,金融监管部门的决策便将受到不利影响,以此对金融监管的有效性便造成了极大的负面影响。综上,金融制度的构建是否完备取决于信息披露制度是否健全。第二,加强监管的连续性。如前文所述,金融监管是各方相互博弈的过程,因此金融监管制度自身亦应在监管进程不断推进、金融市场日益发展的进程中,持续革新与优化其自身制度。具体途径在于以下两个方面:一是在监管的步骤、具体方式、技术上持续革新与优化,以满足金融发展的现实要求;二是要重视激励相容机制对于金融监管的意义,侧重于对金融企业本身的不足与风险进行连续性的优化,直至其在安全、稳定与功效等方面的标准皆满足金融监管的现实要求。

后　记

2018 年 4 月 13 日，习近平总书记《在庆祝海南建省办经济特区 30 周年大会上的讲话》中郑重宣布："支持海南逐步探索、稳步推进中国特色自由贸易港建设，分步骤、分阶段建立自由贸易港政策和制度体系。"2020 年 6 月 1 日中共中央、国务院发布了《海南自贸港总体方案》，明确了海南自贸港建设的"时间表""路线图"。党的二十大报告再次提出："加快建设海南自由贸易港。"全国人民代表大会常务委员会于 2021 年 6 月 10 日通过了《海南自由贸易港法》，为将海南打造成中国特色自贸港提供了顶层法治指引，也给海南自贸港的建设提出了多项法治任务。笔者长期从事自贸港法学的教学与研究，对中国特色自贸港建设法治发展的理论与实践比较关注。2018 年以来，海南自贸港的建设引发了笔者对相关问题的思考，笔者相继主持和参与了国家社科基金重大项目"中国特色自由贸易港建设路径及法治保障研究"（项目编号：18ZDA156）、海南省哲学社会科学规划课题"中国特色自由贸易港金融开放创新的法律引导与规制研究"［项目编号：HNSK（YB）19 - 02］、海南省哲学社会科学重大委托课题"中国特色自由贸易港建设法治发展路径研究"［项目编号：HNSK（ZD）19 - 111］、海南省高等学校教育教学改革研究重点项目"自由贸易港法治人才培养模式与课程体系研究"（项目编号：Hnjg2021ZD - 2）等科研项目，作为课题组核心成员全程参与了《海南自由贸易港法》（专家建议稿）的起草，还直接主持了多个省级地方立法（包括海南自由贸易港法规)和政策性文件专家建议稿和送审稿起草,包括《海南自由贸易港优化营商环境条例》《海南自由贸易港极简审批条例》《海南自由贸易港文昌国际航天城条例》《海南自由贸易港三亚中央商务区条例》《海南自由贸易港放宽市场准入特别措施》《海南自由贸易港实施市场准入承诺即入制管理规定》《海南自由贸易港违反市场准入承诺即入制失信惩戒若干规定》《海南省法治政府建设实施方案(2021—2025 年)》《海南省关于进一步加强基层法治建设的实施意见》《关于构建海南自由贸易港要素市场化配置体制机制的实施方案》《三亚市优化营商环境规定》《儋州市优化营商环境若干规定》等。在研究过程中深化了对中国特色自贸港法治理论与实践的理解。笔者也长期从事了自贸港法治理论与实践的相关教学工作,开设多门课程,为本科生讲授《自由贸易港法学》,为硕士研究生讲授自由贸易港法学、自由贸易港比较法学、海南自由贸易港政策和制度体系 3 门课程,为博士研究生讲授中国特色自由贸易港法治理论与实践专题、自由贸易港法律制度专题、自贸港法治前沿问题专题 3 门课程。在教学过程中对中国特色自贸港建设法治发展有了更为系统和深入的认知。

海南建设中国特色自贸港过程中如何运用法治规则引领和规制自贸港的发展,成为海南自贸港建设中的重要保障和关键环节。本书立足于中国现实语境,立足于海南自贸港建设的实际,运用法学理论和多种研究方法,分析我国目前各自贸港(区)法治建设的发展,借鉴世界上成熟的自贸港建设的立法经验,以法律引导促进中国特色自贸港的开放与创新,探讨中国特色自贸港建设法治引导与法治发展路径的基本问题。依据《海南自由贸易港法》和《立法法》的相关规定,提出海南自贸港建设发展的法律设想;分析自贸港法治一体建设、协同治理、指导性授权的治理模式,探究海南自贸港营商环境、第七航权、融资租赁、离岸金融、金融监管等领域法治发展趋势;提出制定“海南自由贸易港金融监管条例”“海南自由贸易港融资租赁条例”“海南自由贸易港离岸金融发展促进条例”等海南自贸港法规的立法建议,为中国特色自贸港建设的实践提供理论支撑。参与本书写作的还有饶常林(华中师范大学)、王清粤(海南大学)、马文娟(海南大学)。本书的部分内容已在《人民日报(理论版)》《中国政法大学学报》《行政管理改革》《海南大学学报(人文社会科学版)》《中国矿业大学学报(社会科学版)》《首都法学论坛》《南海学刊》《海南金融》等报纸和刊物上登载,感谢上述报纸和刊物的编辑给予的支持。

在本书写作过程中,参考了诸多相关著作和论文资料,在此表示感谢。同时也感谢海南自贸港法律创新团队、海南大学法学院对本书出版给予的大力支持,衷心感谢法律出版社的编辑为本书的顺利出版所做的大量辛苦且烦琐的工作。